谨以此书献给

内蒙古自治区成立六十周年

鄂温克民族传统社会与文化

EWENKE MINZU CHUANTONG SHEHUI YU WENHUA

白丽民　主编

科学出版社
北京

图书在版编目（CIP）数据

鄂温克民族传统社会与文化 / 白丽民主编. —北京：科学出版社，2007
ISBN 978-7-03-019299-8

Ⅰ.鄂… Ⅱ.白… Ⅲ.鄂温克族－民族文化－中国
Ⅳ.K282.3

中国版本图书馆CIP数据核字（2007）第099564号

责任编辑：张亚娜
责任印制：赵德静/责任美编：王　浩
制版：北京美光制版有限公司

科学出版社 出版
北京东黄城根北街16号
邮政编码：100717
http://www.sciencep.com

北京华联印刷有限公司 印刷
科学出版社发行　各地新华书店经销
*
2007年7月第　一　版　开本：889×1194　1/16
2007年7月第一次印刷　印张：14 1/4
印数：1－1 800　字数：356 000

定价：280.00元
（如有印装质量问题，我社负责调换）

《鄂温克民族传统社会与文化》编辑委员会

鄂温克族自治旗行政区划示意图

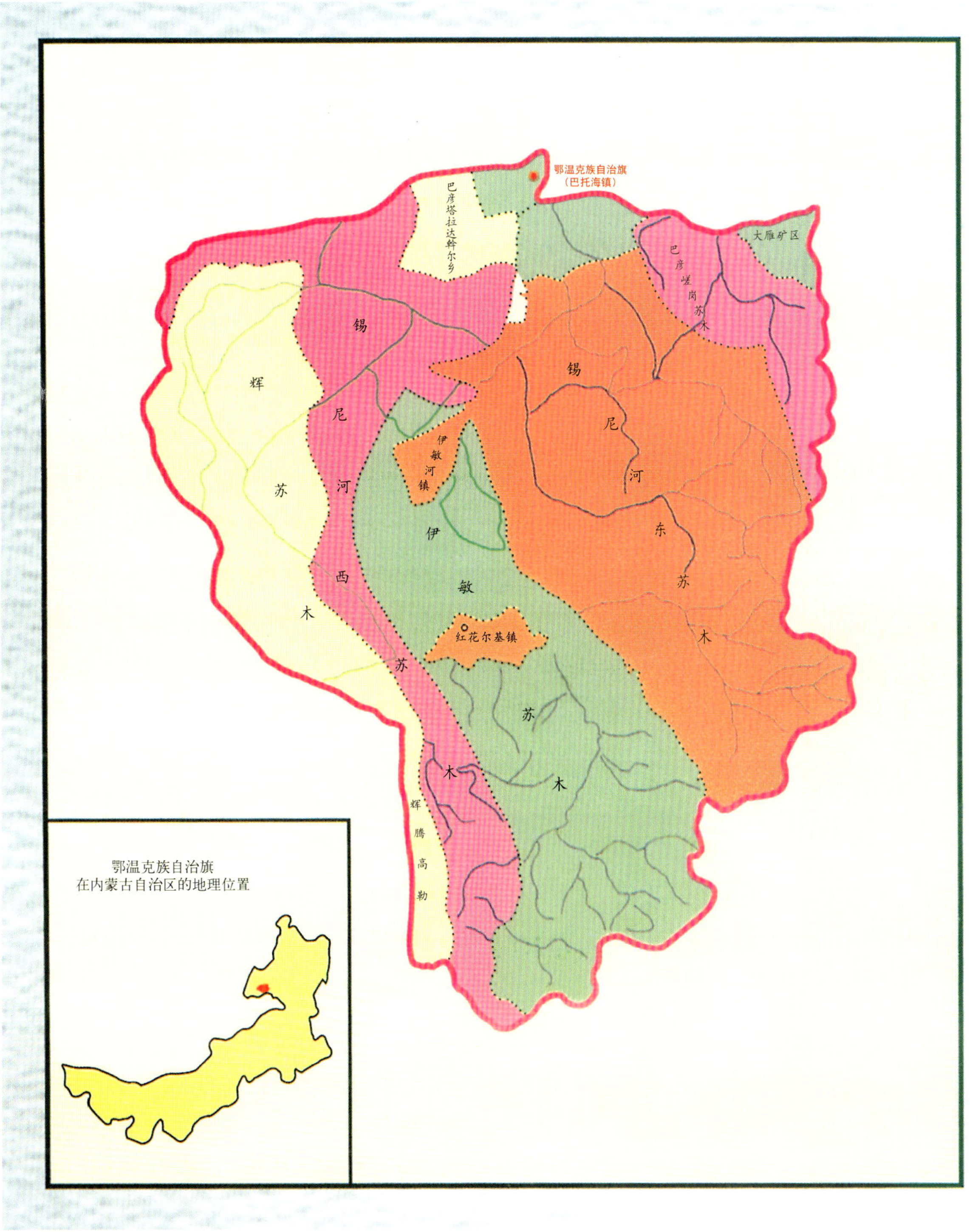

序 / FOREWORD

鄂温克族自治旗位于祖国北部边疆内蒙古自治区东北部，大兴安岭西麓，呼伦贝尔草原的南端，伊敏河从南至北穿越其全境。地域北宽南窄，呈枫叶状，总面积19 111平方公里，人口143 270人，是一个以鄂温克族为主体，兼有蒙古、达斡尔、汉、锡伯等21个民族的多民族聚居区。鄂温克族自治旗旗政府所在地巴彦托海镇，北距呼伦贝尔市的政治、经济、文化中心海拉尔区9公里，地理位置优越，交通便利。

鄂温克族自治旗自1958年建旗以来，近半个世纪，在党的民族政策的光辉照耀下，不但实现了梦寐以求的民族平等和当家作主的愿望，而且通过各民族人民的共同努力，经济建设和各项社会事业都有了突飞猛进的发展。人民生活水平日益提高，文化精神需求逐渐增强，在各级领导的关爱和支持下，一批具有现代化标准的文化设施拔地而起，尤其是博物馆的建设，大大丰富了人们的精神文化生活。现有鄂温克博物馆一处、苏木（乡、镇）博物馆四处，这在内蒙古自治区乃至全国都处于领先地位。博物馆事业的繁荣发展，为鄂温克旗人民以及来鄂温克旗观光、旅游、经商的社会各界人士提供了一个了解鄂温克旗、了解鄂温克民族历史文化的窗口。

鄂温克草原很久以来就是人类生息、繁衍之地，是北方民族成长的摇篮。贯穿鄂温克旗的伊敏河两岸有着丰富的细石器遗存，在人类文明的起源上占据一席之地。至秦、两汉以降，北方狩猎、游牧民族登上历史舞台，在这片草原上演了一幕幕波澜壮阔的历史剧，东胡、匈奴、鲜卑、室韦、契丹、女真、蒙古等北方少数民族，通过这片优良的草场，武装了自己，继而跨过草原大漠，入主中原，为我国统一的多民族国家的形成和发展作出了卓越的贡献，而狩猎、游牧民族特有的淳朴、豪放、粗犷、武勇的新鲜气质，多次打破了中原以儒家思想为核心的传统文化，为中原文化断裂后的整合起到了关键性的作用。

在清代，出于戍守边关的需要，鄂温克、达斡尔、巴尔虎等民族于乾隆年间从大兴安岭南麓移居呼伦贝尔，从此，鄂温克族成为了这片草原的主人。鄂温克族历史悠久、文化灿烂。现生活在呼伦贝尔大地上的鄂温克族人有三支：索伦鄂温克、通古斯鄂温克、使鹿鄂温克。由于其生产生活地域的不同，经济形态也呈现出多样性，有走出森林后仍在不同程度上以狩猎经济方式生存的使鹿鄂温克；有在呼伦贝尔草原上游牧的索伦、通古斯鄂温克；有未迁移到呼伦贝尔草原仍生活在大兴安岭南麓的早期以狩猎为生，现已转为农业经济的索伦鄂温克。经济的多样性，造就了多姿多彩的民间民俗物质文化，这种文化质朴、自然，具有原始性，在当今喧嚣尘上的信息时代，如一缕清风，荡涤着人们的心灵。21世纪是倡导人与自然和谐发展的世纪，鄂温克族世居森林、草原，热爱大自然、保护大自然是他们的天性，鄂温克族文化遗产从另一个侧面充分体现了人与自然的和谐关系，基于此，以鄂温克民族民间民俗文化为代表的森林、草原文化正越来越受到世界人民的瞩目。

《鄂温克民族传统社会与文化》一书，以图文并茂的形式对鄂温克民族的文化遗产进行了详细介绍，并从自然风光、服饰、饮食、居舍、生活用品、生产交通工具、婚丧嫁娶、文化娱乐、风俗礼仪、宗教信仰、历史人物等方面予以分类，这是一项基础性工作，对鄂温克民族文化的弘扬、发展和传承将起到不可估量的作用。

本书的出版，是我旗文化建设史上的一件大事，对于弘扬民族文化，加强民族团结，增强民族自豪感，建设美丽、富裕、和谐的鄂温克具有重大意义。同时，恰值内蒙古自治区60年大庆之际，《鄂温克民族传统社会与文化》的诞生，也是全体鄂温克人民献给自治区的一份沉甸甸的厚礼。

在本书出版发行之际，谨代表鄂温克族自治旗人民政府以我个人的名义向予以热情帮助的各级领导、各位专家学者和为此书编辑出版而付出艰辛劳动的同志们表示衷心的感谢！

前言 / PREFACE

鄂温克民族是祖国大家庭中56个民族之一，是北方的古老民族，有着悠久的历史和灿烂的文化。

新中国成立后，根据党的民族平等和民族区域自治政策，内蒙古自治区人民委员会批准，于1958年8月1日撤消了原鄂温克族聚居的索伦旗，成立了鄂温克族自治旗。并根据鄂温克族人口大分散、小聚居的分布现状，先后分别成立了九个民族乡：陈巴尔虎旗鄂温克民族乡、额尔古纳左旗（现根河市）敖鲁古雅鄂温克民族乡、扎兰屯市萨玛街鄂温克民族乡、阿荣旗查巴奇鄂温克民族乡、音河达斡尔鄂温克民族乡、莫力达瓦达斡尔族自治旗巴彦鄂温克民族乡、杜拉尔鄂温克民族乡、黑龙江省讷河县兴旺（嘎布卡）鄂温克民族乡。从此，鄂温克族人民不仅成为新中国的主人，而且也实现了自己管理自己民族内部事务的自治权利。

根据2000年全国第四次人口普查统计，鄂温克民族全国共有30 500人，其中大部分居住在内蒙古呼伦贝尔市，主要分布在鄂温克族自治旗、莫力达瓦达斡尔族自治旗、陈巴尔虎旗、阿荣旗、扎兰屯市、鄂伦春自治旗、海拉尔区等旗市。此外，在黑龙江省、新疆维吾尔族自治区也有散居鄂温克族分布。

由于历史上的迁徙，形成了鄂温克民族居住地域的不同，不同地区的鄂温克人被其他民族分别称为“索伦”、“通古斯”和“雅库特”。到20世纪50年代初期，被称为索伦的鄂温克族主要指居住在今鄂温克旗、阿荣旗、扎兰屯市、莫力达瓦达斡尔族自治旗、鄂伦春旗等地的鄂温克人；通古斯主要指居住在陈巴尔虎旗的鄂温克人；雅库特则是对根河市敖鲁古雅鄂温克民族乡的鄂温克人的称呼，现在把这部分人称为使鹿鄂温克。这三部分鄂温克人有着共同的语言、共同的风俗习惯、共同的宗教信仰、共同的思想情感，只因所居地域不同、自然环境不同等，而在生产生活上有所差异。中华人民共和国成立后，根据这三部分鄂温克族人民的共同心愿，党和政府于1957年批准恢复了原来的族称，统一称为鄂温克族。

鄂温克民族由于频繁迁徙，活动地域广，逐步形成了大分散、小聚居的分布格局。尤其是1689年签订中俄《尼布楚条约》后，鄂温克民族形成了跨中俄两国的跨国民族，其中大部分人口在俄罗斯联邦，据俄罗斯有关文献记载，鄂温克民族在俄罗斯分布更广。在西伯利亚一千万平方公里的土地上，鄂温克族涉足活动的范围就有七百万平方公里，在远东地区广袤无垠的山林中也有鄂温克人的足迹。

一

鄂温克，族名自称，意为“住在大山林中的人们”。鄂温克族的语言属阿尔泰语系满通古斯语族北语支，没有文字，使用汉文和蒙文，历史上曾经用过满文。早在远古时代，鄂温克族的祖先即生活在黑龙江上游及贝加尔湖沿岸，至隋唐时，始见于史策，称为“室韦”，元时期统称为“林中百姓”，清时称为索伦。

17世纪初，鄂温克族分为三支：一支居住在勒拿河一带，共有十二个大氏族，据史书记载为使鹿“喀穆尼堪”，亦称“索伦别部”；一支是在黑龙江上游石勒喀河和聂尔察河地区的使马鄂温克部，被称为“纳米雅儿”；一支在精奇里江和牛满河一带，与达斡尔族毗邻，是鄂温克族中最主要的一支，有别于其他鄂温克，被称为“索伦本部”。

17世纪中叶，沙俄利用明清交替、政局动荡之机，组成大规模远征队伍，野蛮侵入贝加尔湖及黑龙江北岸地区，至1689年签订中俄《尼布楚条约》。鄂温克人民与其他兄弟民族一道，英勇抗击沙俄入侵，也饱受了沙俄的欺凌和蹂躏。清政府为了减轻边境各族人民的负担和保护他们的安全，也为了切断沙俄入侵者的给养来源，采取了凡受俄兵扰害的居民，一律免纳贡税，并允许他们迁往东北内地安全地方落户居住。因此，世居贝加尔湖、黑龙江上游的鄂温克人于顺治年间陆续迁移到大兴安岭东麓嫩江流域各支流居住，即在诺敏河、格尼河、阿伦河、音河、雅鲁河、绰尔河、济沁河流域山林居住，清廷把这部分鄂温克人及与其共同迁来的达斡尔人统称为“布特哈人”，汉译为打牲人，把这些部落统称为“布特哈人打牲部”。在此期间，齐齐哈尔、昂昂溪一带的“牛录索伦”，由于不适应当地的地理环境，他们走出沙漠、走出沼泽，回归森林，举家迁到了离他们最近的大兴安岭雅鲁河流域，从雅鲁河下游至上游，共建17个村屯，被称为“雅鲁千”。

当时，大兴安岭、嫩江流域地区属宁古塔昂邦章京辖区，“打牲部落”迁来后，清政府为了加强对其统治，改由中央政府理藩院直接管辖，为了使“打牲部落”适应清政府封建统治需要，于康熙六年（1667年）始，逐步取消部落氏族制，按八旗编佐，平时猎貂纳贡，战时出征。清政府为了便于管理，又于康熙二十二年（1683年）在布特哈打牲部落之下、佐之上设立“阿巴”（围猎场），但未称旗。当时鄂温克人的阿巴共五个，即：诺敏河流域的阿尔拉阿巴；阿伦河及尼格河流域的涂格敦阿巴；雅鲁河及音河一带的雅鲁阿巴；济沁河流域的济沁阿巴；绰尔河上游一带的托信阿巴，五个阿巴与达斡尔族三个扎兰（队或连）统属齐齐哈尔总管。康熙三十年（1691年）“打牲部”划归黑龙江将军管辖，复设副都统衔满洲总管一员，总管衙门设在嫩江西岸宜卧奇屯。

雍正九年（1731年），清政府将布特哈地区的鄂温克、达斡尔、鄂伦春族编为布特哈八旗，其中鄂温克（包括鄂伦春）五个旗，达斡尔三个旗，并为了在行军、安营中便于识别，规定了旗色，正式起用“布特哈八旗”之称谓。八旗编制如下：诺敏河一带的阿尔拉阿巴为正红旗，鄂温克九佐，鄂伦春一佐；阿伦河一带的涂格敦阿巴为镶白旗，鄂温克四佐，鄂伦春一佐；雅鲁河及音河一带雅鲁阿巴为镶红旗，鄂温克五佐；济沁河一带的济沁阿巴为正蓝旗，鄂温克一佐，鄂伦春三佐；绰尔河一带的托信阿巴为镶蓝旗，鄂温克三佐，鄂伦春一佐。其余三旗为达斡尔的三个扎兰。从此，索伦人具有了八旗制的军事、行政、生产三种职能。

雍正十年（1732年），为了加强边疆地区的防守，清政府决定“移民实边”，抽调布特哈地区鄂温克壮丁1636名与达斡尔、鄂伦春和巴尔虎壮丁一道移驻呼伦贝尔地区，编为呼伦贝尔八旗。

编入八旗的鄂温克族官兵，与其他兄弟民族一道，参加了巡逻边境、驻守国境、驿站传达的任务。同时，由于鄂温克族将士骁勇善战，清朝政府频繁征调他们往各地作战，其中有抗击外国入侵，平定地方暴乱，也有镇压农民起义，转战二十二省，为保卫国家领土主权完整和维护祖国统一发挥了重要作用，作出了不可磨灭的贡献。

使鹿鄂温克于17世纪中叶，由于不堪哥萨克和雅库特人的侵扰陆续由勒那河流域迁到漠河南岸；而通古斯鄂温克则是由于俄罗斯十月革命而迁徙到呼伦贝尔特尼河、莫尔根河流域。

二

鄂温克民族是勤劳勇敢的民族，有着热爱家乡、热爱民族、热爱祖国的优良传统。在清朝，特别是康熙、乾隆年间，鄂温克族官兵为了维护祖国统一、反对分裂，在打击叛乱、抗击外国入侵上作出了卓越的贡献。据记载，在保卫边疆的斗争中，清政府多次征调索伦（鄂温克）官兵出征，在平定新疆准格尔和伊犁、云南、四川大小金川等叛乱以及抗击廓尔喀（尼泊尔）入侵西藏等战役中，鄂温克官兵出征达六七十次之多。因能打硬仗，“以一当十”，清朝统治者把鄂温克族军队视为“英勇善战的先锋”，哪里有硬仗苦仗，就把鄂温克军队派往哪里，而且战无不胜、攻无不克，在战斗中涌现出许多指挥有方、英勇善战、战功赫赫的英雄人物，如海兰察、穆图善、莽喀察、博尔本察等永载史册的历史英雄人物。民族英雄海兰察将军率领鄂温克官兵进军西藏反击入侵之敌廓尔喀兵，为保卫国家领土完整，立下大功，被晋升为一等公爵，曾先后四次被绘像于紫光阁。清代频繁的战争，给鄂温克族人民带来了深重的灾难，鄂温克族成年男子常年在外征战，留在家乡的多是妇女、儿童和老人，生产生活全由妇女和老人承担，生活之艰辛可想而知。最为严重的是出征参战的鄂温克族官兵能够生还的寥寥无几，他们不是死于战争，就是死于瘟疫、传染病，这使鄂温克族的人口急剧下降。直到解放前，鄂温克族人口几乎为负增长，总数不到一万人。

建国后，尤其是十一届三中全会以后，鄂温克民族在政治、经济及各项事业上都有了长足发展，党的民族政策照耀着鄂温克民族，并从各个方面关心、照顾、扶持鄂温克民族，尤其是经济文化事业突飞猛进，取得了辉煌的成果。在文坛上涌现出了乌热尔图等鄂温克本土作家，在全国文坛上确立了“森林文化”的地位。文学、艺术、体育等方面有多人多次在全国摘得桂冠。

三

鄂温克人的祖先早期主要以简单的弓箭、矛枪狩猎和采集为生，吃兽肉、穿兽皮、使用桦树皮器具，住在用桦木杆和桦树皮或兽皮搭盖的“仙仁柱”中。鄂温克人生活居住的地方，大都是群山巍峨、河流众多之地，那里山清水秀、风光旖旎、土地肥沃、水草丰美。在茂盛的森林里，栖息着多种珍禽异兽，生长着丰富的植物，盛产着各类珍贵草药，所有这些来自于大自然的恩赐，为鄂温克人提供了丰富的生产生活资源。鄂温克人世代在这里从事着狩猎、驯鹿饲养、捕鱼和采集业，并由此逐渐形成了独具特色的传统生产生活方式和民族民间文化，也造就了积淀非常深厚、个性非常鲜明的民族文化。

早在元、明时期，鄂温克就有了牛马饲养业，到了清代，索伦在我国东北已很有名气。1732年，部分鄂温克人由布特哈地区的雅鲁河流域迁居到呼伦贝尔草原，畜牧业有了较大发展，不仅饲养牛马，而且开始饲养羊；而未迁的鄂温克人则在狩猎的同时，开始从事种植业；至今住在山林中的敖鲁古雅鄂温克人仍然从事着狩猎业和驯鹿饲养业，这是我国境内唯一饲养驯鹿的民族。由于驯鹿喜食苔藓、石蕊的习性，决定了这部分鄂温克人至今也不能走出森林，他们是真正的“最后的猎人”。鄂温克人的驯鹿饲养，不但丰富了我国的动物种类，而且为驯化饲养野生动物提供了宝贵的经验。驯鹿饲养，对于鄂温克人来说，可以追溯到1400多年前，鄂温克语称其为“奥荣”，俗称“四不像”，即头似马、身似驴、蹄似牛、角似鹿，它的一个重要特征就是无论雌雄均生有茸角，被人称为“森林之舟”。驯鹿浑身是宝，肉、奶可食，茸角及鹿鞭、鹿筋、鹿心血、鹿尾是名贵的药材，鹿皮可衣，其本身还是重要的交通运输工具，一个驯鹿可驮载25～30千克货物，也可以拉爬犁或乘骑。驯鹿饲养业的出现，使鄂温克猎民从大自然获得了主动权，经济上有了一定的保障，因而从整体推动了鄂温克民族经济社会的发展。

在长期的生产生活中，鄂温克民族创造发明了形式各异的狩猎工具和生活器具，并由此形成了为世人所瞩目的桦树皮文化、皮毛文化以及敖包信仰、萨满教文化等。桦树皮文化的历史可以追溯到3000年前，在黑龙江省镜泊湖莺歌岭原始遗址发掘中，曾出土了一件桦树皮器物，该遗址距今3000年左右。此外，在呼伦贝尔的鲜卑、室韦、辽代的墓葬中经常出土有桦树皮制品，表明了从古至今中国北方的桦树皮文化从未间断过，鄂温克族的桦树皮制品种类有桦树皮建筑——仙仁柱，有交通工具桦皮船，有大量的生活器皿具，如：桶、盒、箱、碗、盆、篓、摇篮、撮子、刮果器、挎包、刀鞘、鹿哨、驮箱等，种类繁多，大小各异，应用广泛，装饰风格独特，纹饰有几何纹、花草纹、动物纹等；装饰技法精美纯熟，有压花纹、点刺打花纹、剔刻纹、画纹、墨纹等。

皮毛文化是狩猎民族狩猎生产的必然产物，原始的狩猎生产方式决定了狩猎民族以野兽皮肉为衣食的生活条件，他们所创造的皮毛工艺，可称之为北方狩猎民族独具特色的皮毛文化，皮毛制品丰富而多姿，有皮帽、皮袍、皮裤、皮靴、皮袜、手套、皮套裤、挎包、皮口袋、驮箱、皮袄、皮褥、滑雪板等。这些皮制品上多有装饰花纹，花纹大都为几何纹和花草纹，纹饰质朴、粗犷，具有原始气息。

敖包文化是鄂温克族博大精深的民族文化的又一种体现形式。北方民族都有祭祀敖包的习俗，他们敬天地日月山川河流的信仰意识特别浓厚，集中表现在祭祀敖包和敖包民俗文化上。“敖包”是蒙古语，一般指平川或山上突起的山包，在这里指以石头块堆积起来的锥形体为“敖包”。每年农历5月间选择吉日祭祀敖包，部落全体带着祭祀物品，从四面八方赶来，聚集在敖包周围，杀牛宰羊作为祭品。祭祀敖包是为了祈求上苍降下风调雨顺、四季平安、狩猎满载而归的年景。祭祀敖包的同时，要进行体育比赛，有赛马、射箭、摔跤等。

萨满教是北方民族狩猎、游牧文化的重要组成部分，是原始宗教之一。萨满教曾被生活在北纬35°～70°之间的众多世界居民所信仰。萨满教因“萨满”而得名。萨满意为“知晓”、“晓彻”，即是能晓彻神意的人，是神灵的使者、人类代表、人神的中介者。萨满是本民族的智者，渊博多能的文化人。在一定意义上讲，萨满是一个氏族的精神、智慧和力量的综合。平时萨满是氏族的普通一员，不享受任何特殊礼遇，然而氏族或其成员罹难时，他是首当其冲的化导者，同时是本氏族的药师和女人育婴的保姆。萨满地位崇高，他不但会击鼓甩铃，焚香祈祷，吟唱神歌，和诸多的神交往，转达人的愿望，传达神的意志，有的还会模拟各种神兽灵禽翩翩起舞，能够讲解萨满教神话，这种神话充满了英雄主义，凝聚着族人的理想、愿望、憧憬，规范着人们的道德、行为，实际上，它是原始社会的民族宪章。萨满不但在祭祀中扮演重要角色，而且，在往昔的民族生活大事上，如出征、打围、婚嫁、育子、送葬等要请萨满祈祷或经过一定仪式来求得神灵保佑。自然崇拜、图腾崇拜、始祖崇拜是萨满教的三大历史发展阶段。萨满教的自然崇拜大致有日月神、雷神、火神、山神等；图腾崇拜有鹿、蛇、鹰、熊、鸟、天鹅、狼、野猪、工具、面具等；始祖崇拜主要表现在民族剪贴偶像、画像或绣像上，从未出现过偶像之类明确形象，只是以一种意念存在。

鄂温克民族民风淳朴，热情好客，有着优秀的文化传统。在婚、丧、嫁、娶、节庆、禁忌、礼仪等方面形成了自己的规范，成为了鄂温克人彼此尊重和民族内部共同遵守、世代相传的习俗；在长期的实践中创造了丰富的森林和草原特色并存的传统民族民间文化艺术，他们的民间歌曲、舞蹈、音乐、谜语、故事、传说、神话、谚语、绘画、岩画、雕刻、刺绣等丰富而多彩，鄂温克舞蹈的内容和形式大都来源于自然界，动作来自对动物的模仿，贴近生活，别具风格，歌曲既是歌又是诗，有些传说或叙事诗，曲调悠长悲伤或豪放，富有浓郁的森林和草原气息，优美动听。赛马、射箭、摔跤、抢枢、抢银碗、颈力、夺宝等体育竞技项目锻炼了他们强健的体魄。

四

鄂温克民族长期与大自然和谐相处，他们热爱大自然，在不知不觉中形成了保护大自然的心理意识，他们有着天然的生态道德，人与自然和谐发展，在他们身上得到了完美的体现。

鄂温克民族厚重的历史文化、质朴的民间民俗文化以及高尚的民族精神、天然的生态道德观等已经引起了国内外专家学者的高度重视，国际国内学术界撰写了大量的有价值的学术报告和专著，目前已基本形成了“鄂温克学”研究体系。这本书为关注热爱鄂温克民族社会各界人士提供了进一步了解认识鄂温克民族的宝贵翔实的资料，同时也希望关心爱护鄂温克民族的社会各界人士与鄂温克人民携起手来，乘风破浪、扬帆远航，共创鄂温克民族更加繁荣昌盛、辉煌灿烂的未来！

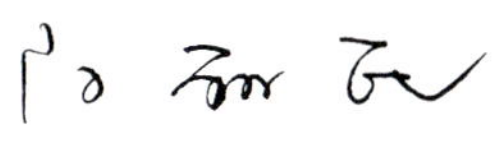

ᠡᠮᠦᠨ᠎ᠡ ᠦᠭᠡ

ᠡᠮᠦᠨ
ᠦᠨᠳᠦᠰᠦᠲᠡᠨ ᠦ ᠣᠯᠠᠨ ᠪᠣᠯᠪᠠᠰᠤᠷᠠᠯ ᠤᠨ ᠪᠠᠶᠢᠳᠠᠯ ᠢ ᠪᠦᠷᠢᠨ ᠳᠦ 56 ᠦᠨᠳᠦᠰᠦᠲᠡᠨ ᠦ ᠨᠢᠭᠡ ᠪᠣᠯᠬᠤ ᠡᠸᠡᠩᠬᠢ ᠦᠨᠳᠦᠰᠦᠲᠡᠨ ᠦ ᠲᠡᠦᠬᠡ ᠰᠣᠶᠤᠯ ᠢ ᠰᠤᠳᠤᠯᠬᠤ ᠨᠢ ᠴᠢᠬᠤᠯᠠ ᠠᠴᠢ ᠬᠣᠯᠪᠣᠭᠳᠠᠯ ᠲᠠᠢ ᠪᠣᠯᠤᠨ᠎ᠠ ::

1958 ᠣᠨ ᠤ 8 ᠰᠠᠷ᠎ᠠ ᠶᠢᠨ 1 ᠦ ᠡᠳᠦᠷ ...

2000 ᠣᠨ ᠤ ... 30500 ...

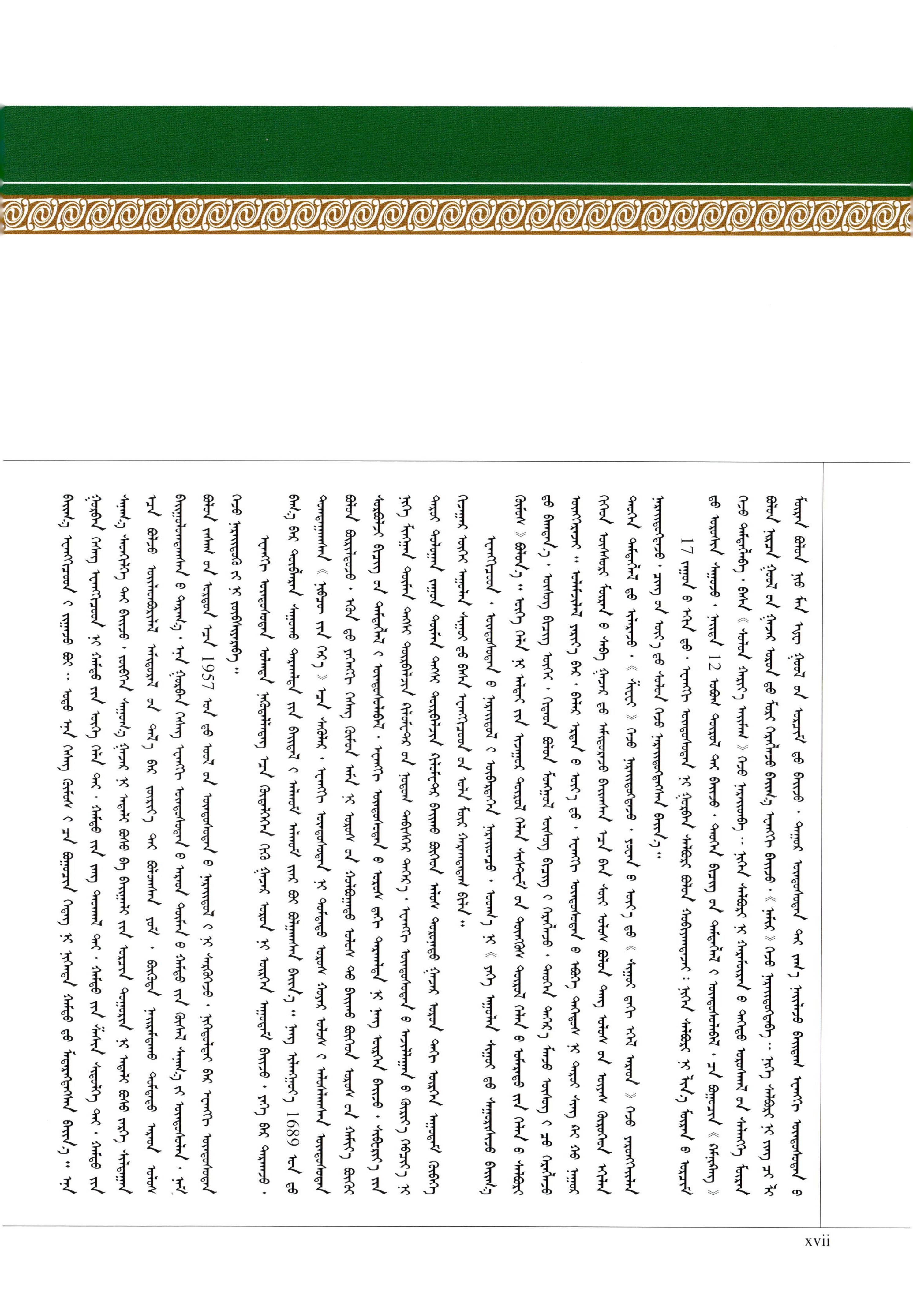

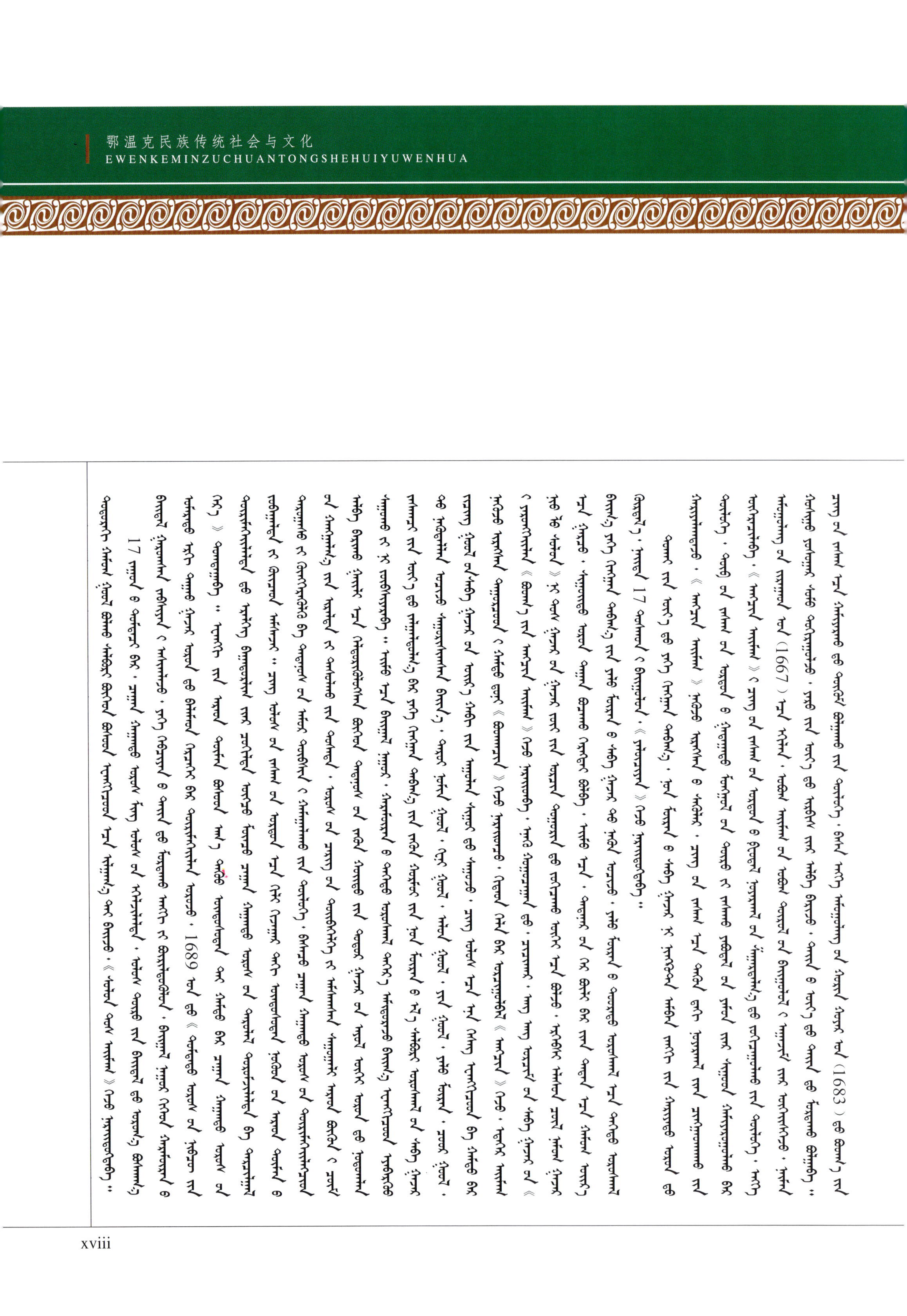

[illegible]

1636 [illegible]

[illegible] (1732) [illegible]

[illegible] 3 [illegible] 1 [illegible] 1 [illegible] 3 [illegible] 1 [illegible] 5 [illegible] 1 [illegible] 4 [illegible] 9 [illegible] « [illegible] » [illegible]

[illegible] (1731) [illegible]

[illegible] « [illegible] » [illegible] (1691) [illegible] « [illegible] » [illegible]

[illegible]

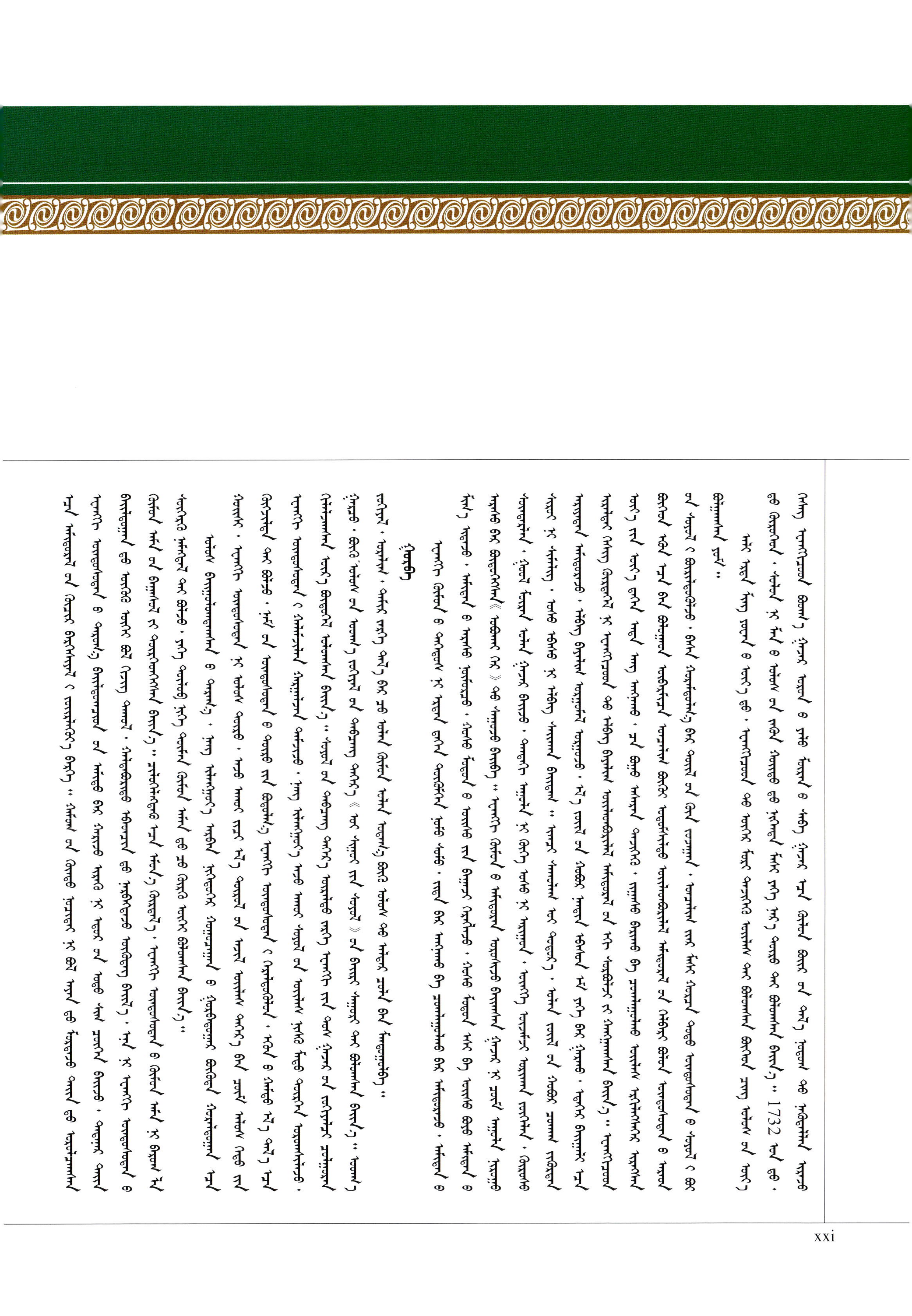

[illegible]

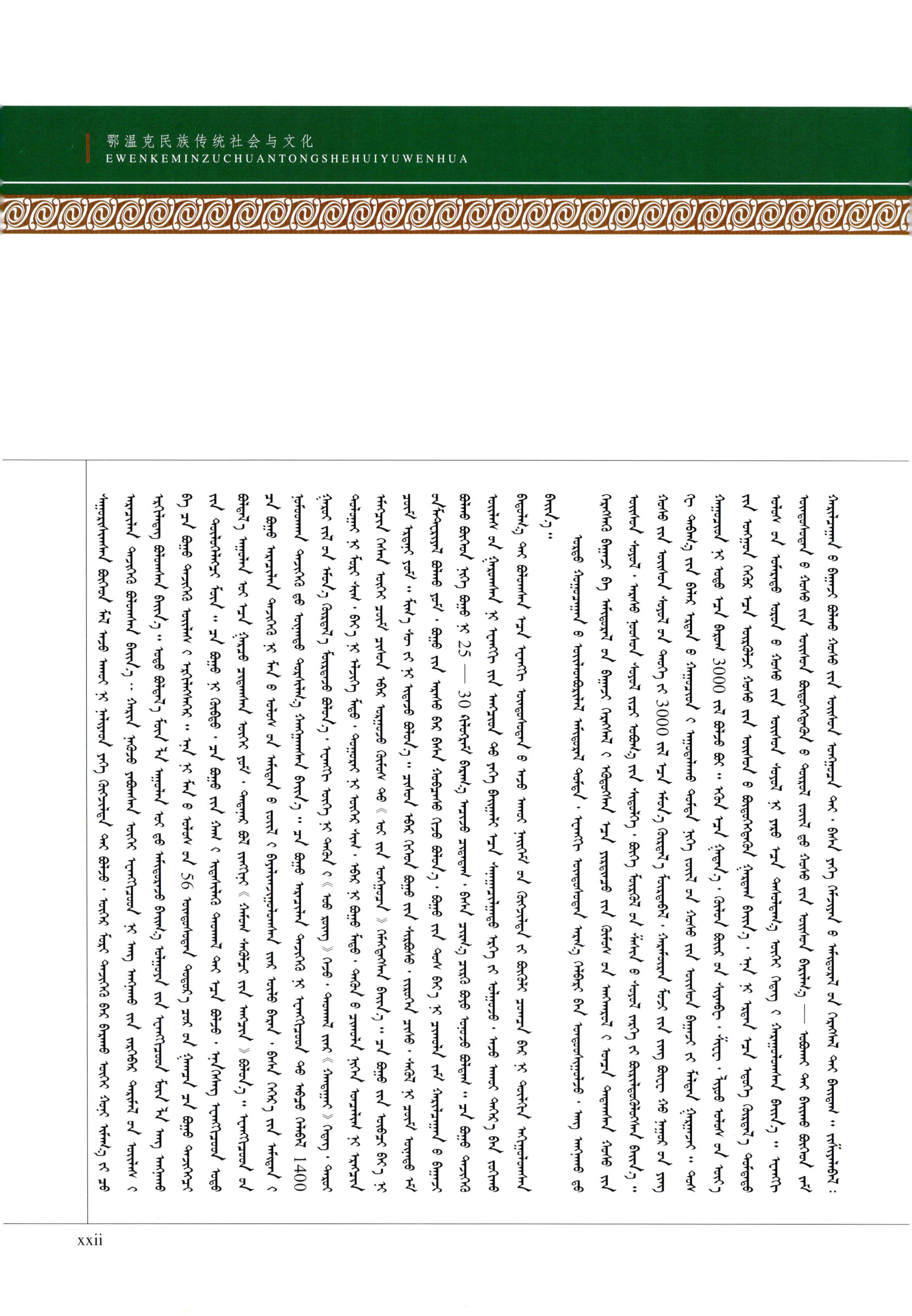

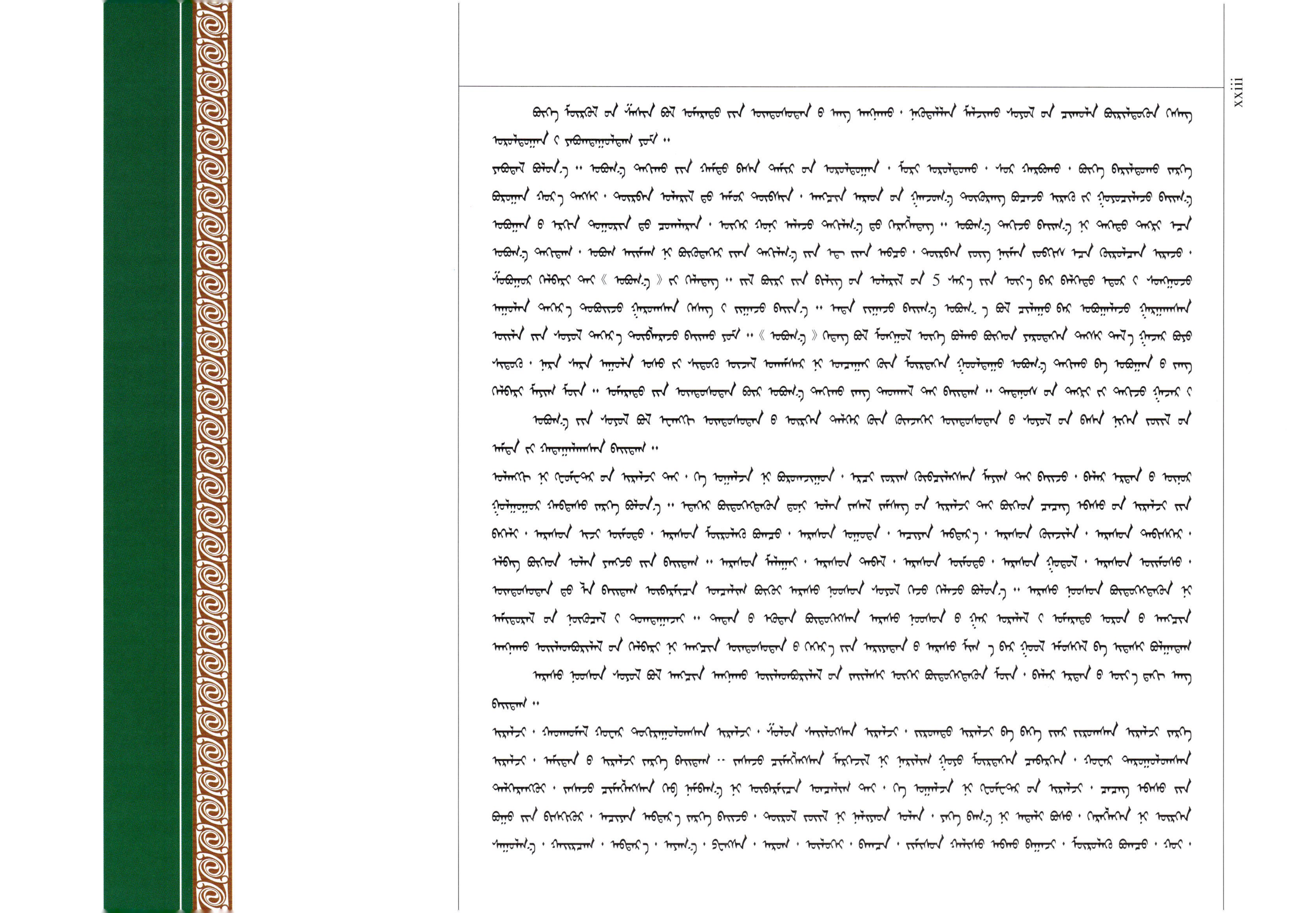

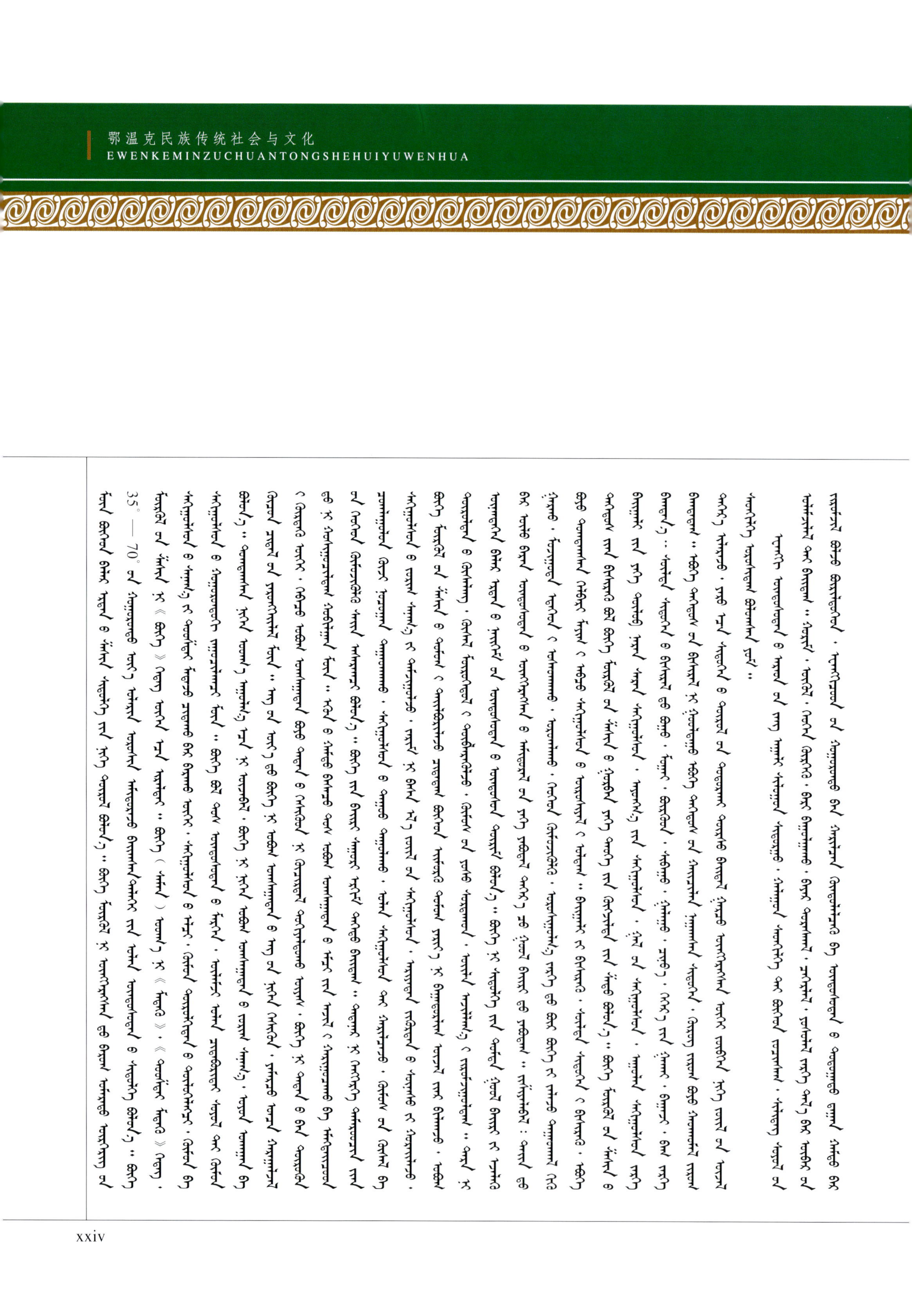

[illegible]

ᠳᠤ ᠪᠣᠯᠵᠤ ᠪᠠᠢᠨ᠎ᠠ ᠃ —

ᠳᠡᠯᠭᠡᠷᠡᠭᠦᠯᠦᠨ ᠂ ᠨᠢᠭᠡᠨ ᠦ ᠳᠠᠷᠠᠭ᠎ᠠ ᠂ ᠮᠣᠩᠭᠣᠯ ᠰᠤᠳᠤᠯᠤᠯ ᠤᠨ ᠰᠢᠨ᠎ᠡ ᠠᠯᠬᠤᠮ ᠳᠡᠪᠰᠢᠯᠲᠡ ᠂ ᠮᠣᠩᠭᠣᠯ ᠰᠤᠳᠤᠯᠤᠯ ᠢ ᠬᠦᠭᠵᠢᠭᠦᠯᠬᠦ ᠳᠤ ᠴᠢᠬᠤᠯᠠ ᠪᠣᠯᠤᠭᠰᠠᠨ ᠶᠡᠬᠡ ᠠᠴᠢ ᠬᠣᠯᠪᠣᠭᠳᠠᠯ ᠲᠠᠢ ᠮᠣᠩᠭᠣᠯ ᠤᠨ ᠲᠡᠦᠬᠡ ᠰᠣᠶᠣᠯ ᠤᠨ ᠰᠤᠳᠤᠯᠭ᠎ᠠ ᠂ ᠪᠦᠭᠦᠳᠡ ᠪᠣᠯᠤᠨ᠎ᠠ ᠃ ᠨᠢᠭᠡᠨ ᠦ ᠬᠤᠪᠢᠳᠠ ᠮᠣᠩᠭᠣᠯ ᠰᠤᠳᠤᠯᠤᠯ ᠢ ᠳᠡᠯᠡᠬᠡᠢ ᠳᠠᠬᠢᠨ ᠳᠡᠯᠭᠡᠷᠡᠭᠦᠯᠬᠦ ᠪᠣᠯᠤᠨ᠎ᠠ ᠃ ᠲᠡᠦᠬᠡ ᠰᠣᠶᠣᠯ ᠤᠨ ᠰᠤᠳᠤᠯᠭ᠎ᠠ ᠲᠠᠢ ᠮᠣᠩᠭᠣᠯ ᠰᠤᠳᠤᠯᠤᠯ ᠤᠨ ᠰᠢᠨᠵᠢᠯᠡᠬᠦ ᠤᠬᠠᠭᠠᠨ ᠤ ᠬᠡᠷᠡᠭᠯᠡᠭᠡ ᠶᠢ ᠨᠡᠮᠡᠬᠦ ᠳᠤ ᠬᠦᠷᠲᠡᠯ᠎ᠡ ᠰᠤᠳᠤᠯᠤᠭᠰᠠᠨ ᠪᠠᠢᠨ᠎ᠠ 《 ᠮᠣᠩᠭᠣᠯ ᠤᠨ ᠰᠤᠳᠤᠯᠤᠯ 》 ᠤᠨ ᠨᠡᠢᠲᠡ ᠪᠦᠷᠢᠯᠳᠦᠭᠦᠯᠦᠭᠰᠡᠨ ᠪᠠᠢᠨ᠎ᠠ ᠃ ᠡᠳᠡᠭᠡᠷ ᠨᠢ ᠮᠣᠩᠭᠣᠯ ᠰᠤᠳᠤᠯᠤᠯ ᠤᠨ ᠰᠢᠨᠵᠢᠯᠡᠬᠦ ᠤᠬᠠᠭᠠᠨ ᠤ ᠲᠡᠦᠬᠡᠨ ᠦ ᠰᠢᠨ᠎ᠡ ᠦᠶ᠎ᠡ ᠶᠢ ᠨᠡᠭᠡᠭᠡᠭᠰᠡᠨ ᠪᠣᠯᠤᠨ ᠂ ᠰᠤᠳᠤᠯᠭ᠎ᠠ ᠶᠢᠨ ᠠᠷᠭ᠎ᠠ ᠵᠦᠢ ᠶᠢᠨ ᠬᠢᠷᠢ ᠬᠡᠮᠵᠢᠶ᠎ᠡ ᠶᠢ ᠳᠡᠭᠡᠭᠰᠢᠯᠡᠭᠦᠯᠪᠡ ᠂ ᠰᠤᠳᠤᠯᠤᠭᠠᠴᠢᠳ ᠤᠨ ᠬᠦᠴᠦᠨ ᠪᠠᠷᠢᠮᠲᠠ ᠶᠢᠨ ᠠᠷᠭ᠎ᠠ ᠪᠠᠷ ᠲᠡᠦᠬᠡᠨ ᠦ ᠪᠣᠳᠠᠳᠠ ᠶᠢ ᠰᠡᠷᠭᠦᠭᠡᠨ ᠮᠣᠩᠭᠣᠯ ᠰᠤᠳᠤᠯᠤᠯ ᠤᠨ ᠰᠢᠨᠵᠢᠯᠡᠬᠦ ᠤᠬᠠᠭᠠᠨ ᠳᠤ ᠰᠢᠨ᠎ᠡ ᠠᠮᠢ ᠣᠷᠣᠭᠤᠯᠤᠭᠰᠠᠨ ᠶᠤᠮ ᠃

ᠮᠣᠩᠭᠣᠯ ᠰᠤᠳᠤᠯᠤᠯ ᠤᠨ ᠬᠦᠷᠢᠶ᠎ᠡ ᠪᠠᠢᠳᠠᠯ ᠲᠤ ᠂ ᠰᠢᠨ᠎ᠡ ᠪᠦᠲᠦᠭᠡᠯ ᠤᠯᠠᠮ ᠤᠯᠠᠮ ᠣᠯᠠᠨ ᠪᠣᠯᠵᠤ ᠂ ᠰᠤᠳᠤᠯᠤᠭᠠᠴᠢᠳ ᠤᠨ ᠬᠦᠴᠦᠨ ᠰᠢᠭᠠᠳᠠᠭ ᠪᠣᠯᠤᠭᠰᠠᠨ ᠶᠤᠮ ᠃

ᠪᠢᠴᠢᠭ ᠦᠨ ᠪᠠᠢᠳᠠᠯ ᠪᠠᠷ ᠪᠣᠯ ᠡᠨᠡ ᠪᠦᠲᠦᠭᠡᠯ ᠢ ᠨᠠᠢᠷᠠᠭᠤᠯᠤᠨ ᠨᠡᠢᠲᠡᠯᠡᠭᠰᠡᠨ ᠨᠢ ᠮᠣᠩᠭᠣᠯ ᠰᠤᠳᠤᠯᠤᠯ ᠤᠨ ᠰᠢᠨ᠎ᠡ ᠠᠯᠬᠤᠮ ᠪᠣᠯᠤᠨ᠎ᠠ ᠃ ᠡᠨᠡ ᠪᠦᠲᠦᠭᠡᠯ ᠦᠨ ᠬᠣᠶᠠᠷ ᠪᠣᠳᠠᠳᠠ ᠨᠢ ᠮᠣᠩᠭᠣᠯ ᠲᠦᠪ ᠤᠨ ᠬᠡᠯᠡ ᠪᠢᠴᠢᠭ ᠂ ᠲᠡᠦᠬᠡ ᠰᠣᠶᠣᠯ ᠤᠨ ᠰᠤᠳᠤᠯᠭ᠎ᠠ ᠳᠤ
ᠮᠣᠩᠭᠣᠯ ᠰᠤᠳᠤᠯᠤᠯ ᠤᠨ ᠬᠡᠷᠡᠭᠯᠡᠭᠡ ᠪᠣᠯᠤᠭᠰᠠᠨ ᠨᠢ ᠡᠨᠡ ᠪᠦᠲᠦᠭᠡᠯ ᠦᠨ ᠬᠣᠶᠠᠷ ᠪᠣᠳᠠᠳᠠ ᠶᠢᠨ ᠦᠨᠳᠦᠰᠦᠨ ᠦ ᠡᠨᠡ ᠪᠦᠲᠦᠭᠡᠯ ᠦᠨ ᠦᠨᠳᠦᠰᠦ ᠂

ᠬᠠᠮᠲᠤᠪᠠ

ᠪᠦᠲᠦᠭᠡᠯ ᠦᠨ ᠰᠤᠳᠤᠯᠤᠭᠰᠠᠨ ᠤ ᠬᠦᠷᠢᠶ᠎ᠡ ᠨᠢ ᠪᠣᠳᠠᠳᠠ ᠶᠢᠨ ᠲᠡᠦᠬᠡ ᠰᠣᠶᠣᠯ ᠤᠨ ᠬᠡᠯᠡᠬᠦ ᠵᠦᠢᠯ ᠢ ᠪᠦᠷᠢᠳᠬᠡᠨ ᠬᠠᠮᠲᠤᠷᠤᠭᠤᠯᠤᠭᠰᠠᠨ ᠪᠠᠢᠨ᠎ᠠ ᠃

ᠪᠠᠢᠨ᠎ᠠ ᠃ ᠲᠡᠦᠬᠡ ᠰᠤᠳᠤᠯᠤᠯ ᠂ ᠬᠡᠯᠡ ᠰᠢᠨᠵᠢᠯᠡᠯ ᠂ ᠪᠢᠴᠢᠭ ᠪᠠᠷᠢᠮᠲᠠ ᠂ ᠤᠳᠬ᠎ᠠ ᠵᠣᠬᠢᠶᠠᠯ ᠂ ᠰᠣᠶᠣᠯ ᠤᠨ ᠳᠤᠷᠠᠰᠬᠠᠯ ᠂ ᠠᠷᠠᠳ ᠤᠨ ᠵᠠᠩᠰᠢᠯ ᠵᠡᠷᠭᠡ ᠰᠢᠨᠵᠢᠯᠡᠬᠦ ᠤᠬᠠᠭᠠᠨ ᠤ ᠡᠯ᠎ᠡ ᠰᠠᠯᠪᠤᠷᠢ ᠂ ᠡᠨᠡ ᠮᠡᠳᠡᠭᠡ ᠳᠤ ᠪᠠᠢᠭ᠎ᠠ ᠳᠤ ᠰᠤᠳᠤᠯᠭ᠎ᠠ ᠶᠢᠨ ᠪᠦᠲᠦᠭᠡᠯ ᠦᠳ ᠪᠠᠢᠨ᠎ᠠ ᠂ ᠪᠣᠯᠤᠨ ᠤᠨ ᠰᠢᠨᠵᠢᠯᠡᠯ ᠢᠨ ᠪᠣᠳᠠᠳᠠ ᠶᠢᠨ ᠠᠷᠭ᠎ᠠ ᠵᠦᠢ ᠶᠢ ᠨᠡᠭᠡᠭᠡᠭᠰᠡᠨ ᠵᠡᠷᠭᠡ ᠪᠣᠯᠤᠨ ᠰᠤᠳᠤᠯᠭ᠎ᠠ ᠶᠢᠨ ᠰᠢᠨ᠎ᠡ ᠠᠯᠬᠤᠮ ᠪᠣᠯᠤᠨ ᠂ ᠮᠣᠩᠭᠣᠯ ᠰᠤᠳᠤᠯᠤᠯ ᠢ ᠰᠢᠨ᠎ᠡ ᠳᠡᠪᠰᠢᠯᠲᠡ ᠳᠤ ᠬᠦᠷᠭᠡᠭᠰᠡᠨ ᠪᠣᠯᠤᠨ᠎ᠠ ᠃ ᠲᠡᠦᠬᠡ ᠰᠣᠶᠣᠯ ᠂ ᠪᠢᠴᠢᠭ ᠂ ᠰᠢᠨᠵᠢᠯᠡᠯ ᠂ ᠰᠤᠳᠤᠯᠤᠯ ᠂ ᠰᠤᠳᠤᠯᠭ᠎ᠠ ᠶᠢᠨ ᠵᠡᠷᠭᠡ ᠂ ᠠᠷᠭ᠎ᠠ ᠵᠦᠢ ᠂ ᠬᠡᠯᠡ ᠪᠢᠴᠢᠭ ᠂ ᠰᠣᠶᠣᠯ ᠤᠨ ᠰᠤᠳᠤᠯᠭ᠎ᠠ ᠂ ᠰᠢᠨᠵᠢᠯᠡᠬᠦ ᠤᠬᠠᠭᠠᠨ ᠤ ᠪᠦᠲᠦᠭᠡᠯ ᠦᠳ ᠨᠢ ᠮᠣᠩᠭᠣᠯ ᠰᠤᠳᠤᠯᠤᠯ ᠤᠨ ᠰᠢᠨ᠎ᠡ ᠠᠯᠬᠤᠮ ᠪᠣᠯᠬᠤ ᠶᠢᠨ ᠲᠤᠯᠠ ᠲᠡᠦᠬᠡᠨ ᠦ ᠠᠴᠢ ᠬᠣᠯᠪᠣᠭᠳᠠᠯ ᠢ ᠬᠠᠷᠠᠭᠤᠯᠤᠨ᠎ᠠ ᠃ ᠪᠣᠳᠠᠳᠠ ᠶᠢᠨ ᠲᠡᠦᠬᠡ ᠶᠢᠨ ᠰᠤᠳᠤᠯᠭ᠎ᠠ ᠂ ᠣᠯᠠᠨ ᠣᠯᠠᠨ ᠰᠤᠳᠤᠯᠤᠭᠠᠴᠢᠳ ᠤᠨ ᠬᠦᠴᠦᠨ ᠪᠣᠯᠤᠨ᠎ᠠ ᠃ ᠲᠡᠦᠬᠡ ᠰᠤᠳᠤᠯᠤᠯ ᠤᠨ ᠰᠢᠨᠵᠢᠯᠡᠯ ᠦᠨ ᠪᠦᠲᠦᠭᠡᠯ ᠢ ᠰᠤᠳᠤᠯᠤᠨ ᠬᠡᠪᠯᠡᠭᠦᠯᠬᠦ ᠳᠤ

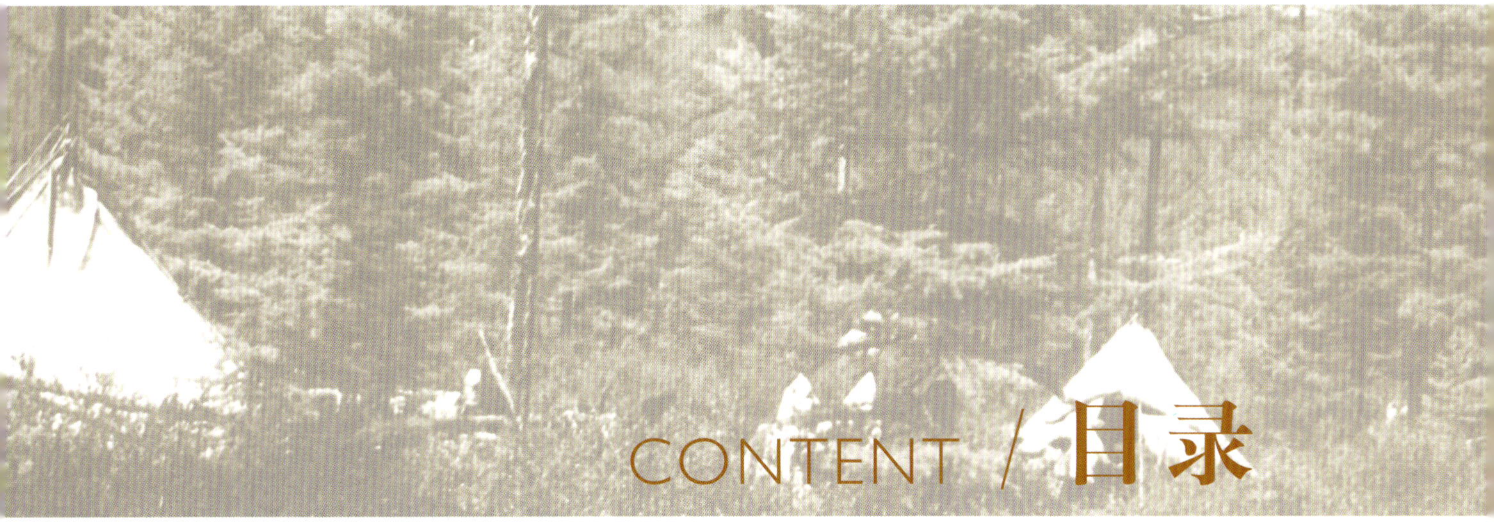

CONTENT / 目录

自 然 环 境 ZIRANHUANJING

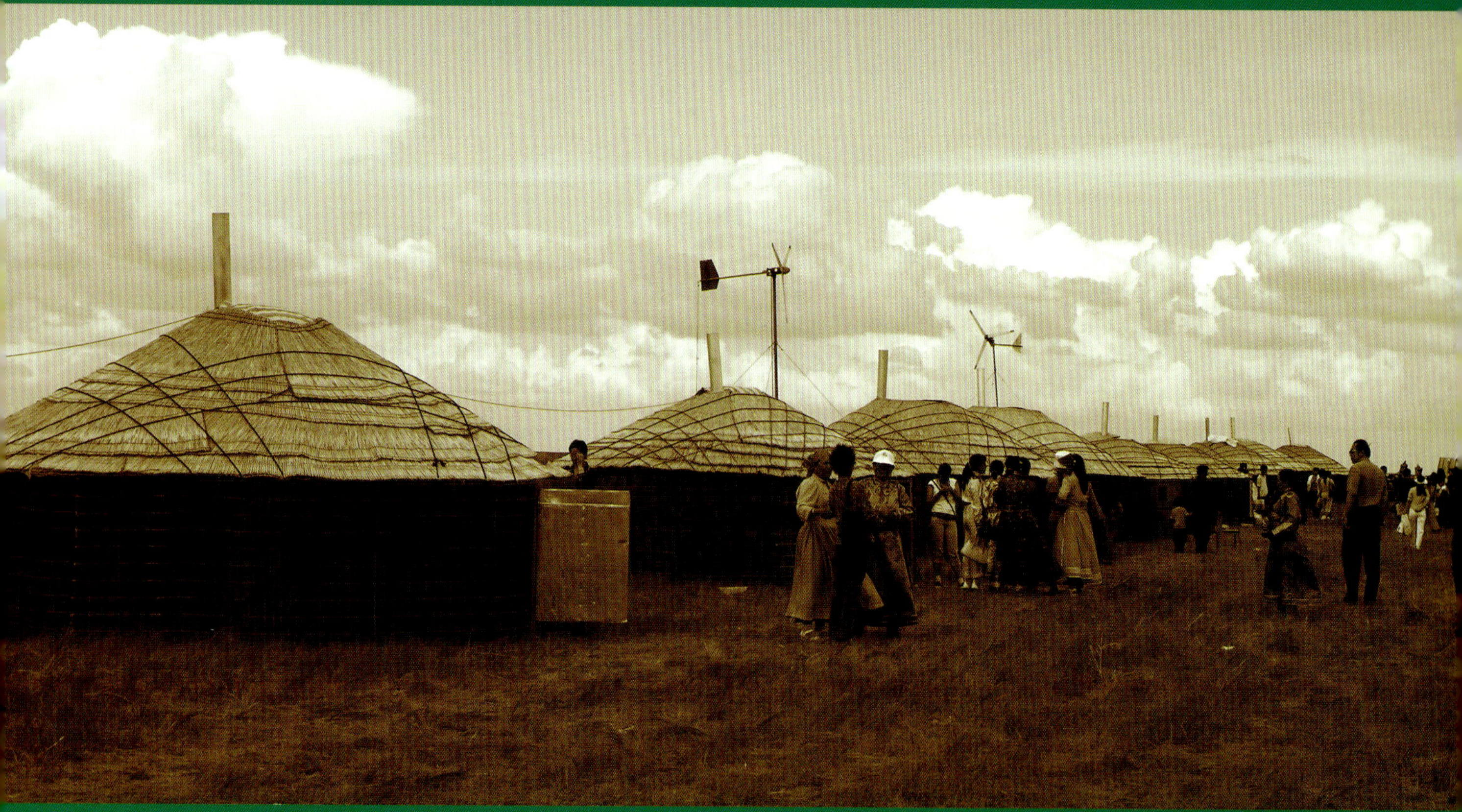

自然环境

大兴安岭、呼伦贝尔草原和嫩江流域各支流是鄂温克族人繁衍生息的地方。这些地方山清水秀、土地肥沃、水草丰美、自然资源丰富，养育了一代又一代的鄂温克族人民。

蜿蜒雄伟的大兴安岭全长1400公里，宽二三百公里。在大兴安岭的北段，森林茂密，树木参天，河流众多，是使鹿鄂温克人的游猎及放牧驯鹿的场所。这里丰富的野生动植物资源为鄂温克人提供了衣、食、住、行的需要。他们在森林中，追寻野兽的踪迹，寻找驯鹿喜食的苔藓丰厚的地方，进行频繁的搬迁，但他们的足迹，始终没有离开过大兴安岭。

鄂温克旗位于呼伦贝尔草原的东南部，总面积19 111平方公里，境内有大小河流263条，其中主要河流伊敏河、辉河纵贯全旗。水草丰美的鄂温克草原是个天然的大牧场。每到盛夏，草原上鲜花开放、牧草碧绿、牛羊成群、骏马奔驰、景色迷人。地上资源有森林和湿地，森林面积110万公顷。其中红花尔基樟子松林带面积30万公顷，是全国最大的樟子松林基地。辉河湿地面积为4218.48平方公里。森林和湿地中有多种珍禽异兽，生长着各种野果、野菜。草原上生长着蘑菇、黄花菜等。地下资源以煤为主。鄂温克族人自1732年奉清政府之命调驻这里后，一直在这片草原上从事畜牧业生产，直到现在。

嫩江流域各支流两岸地势平坦，土地肥沃，无霜期长，适于多种农作物的生长。迁徙到这里的鄂温克人受周围兄弟民族农业生产的影响，逐渐放弃了狩猎而从事农耕生产，种植稷、小麦、燕麦、大豆、玉米等，还在房前屋后的园圃里种植各种蔬菜，自给自足。

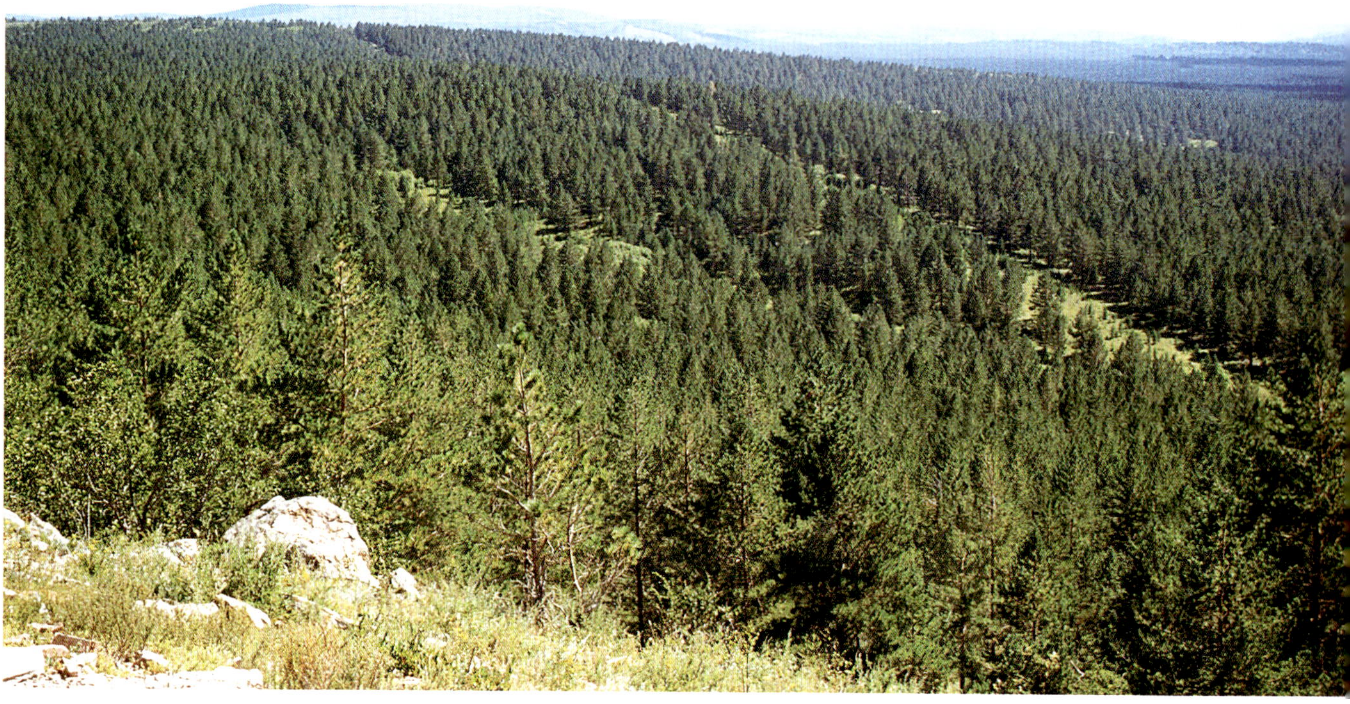

大兴安岭森林

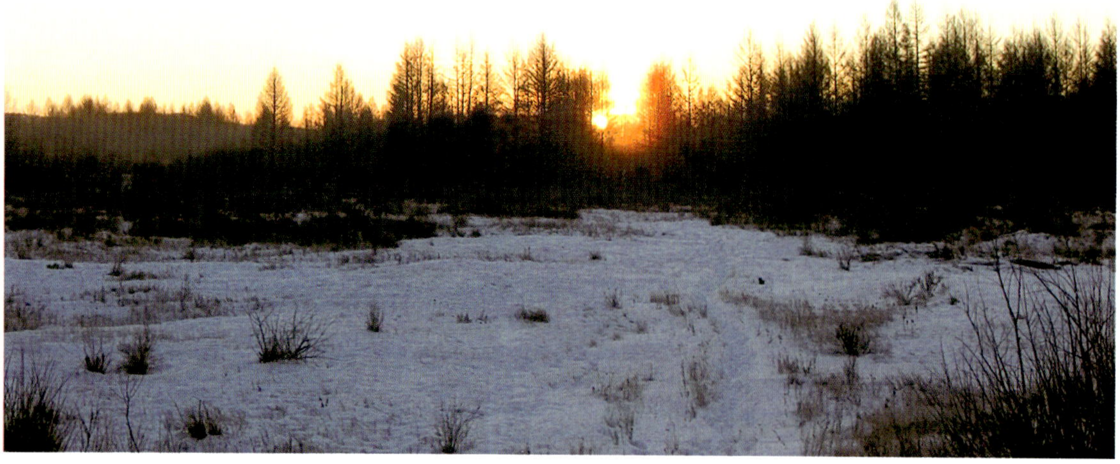

大兴安岭森林是使鹿鄂温克赖以生存的家园

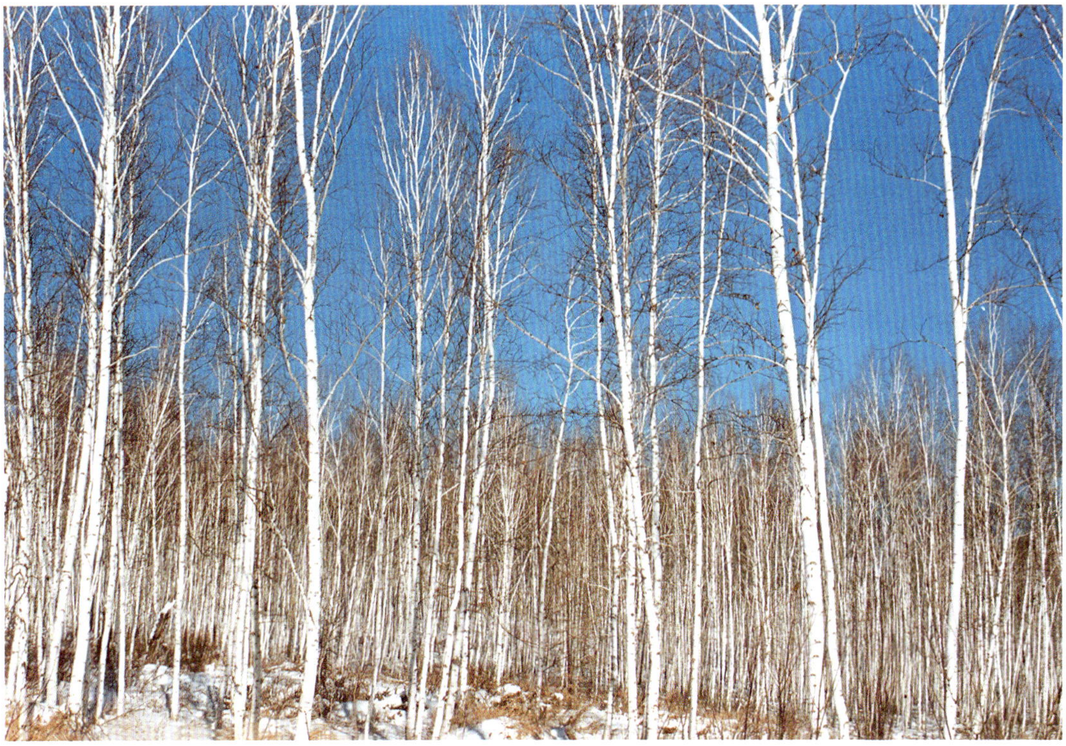

大兴安岭白桦林

呼伦贝尔草原

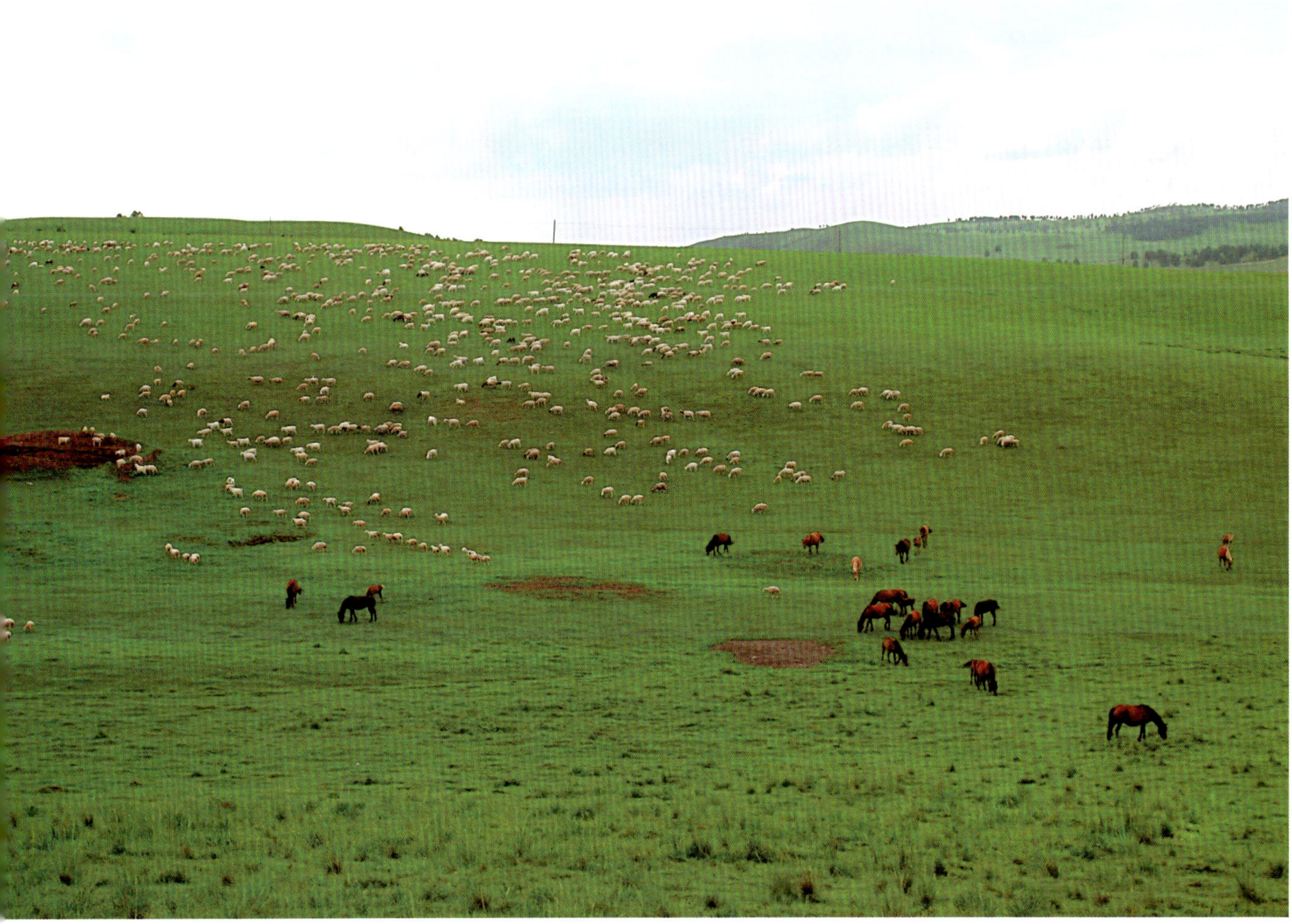

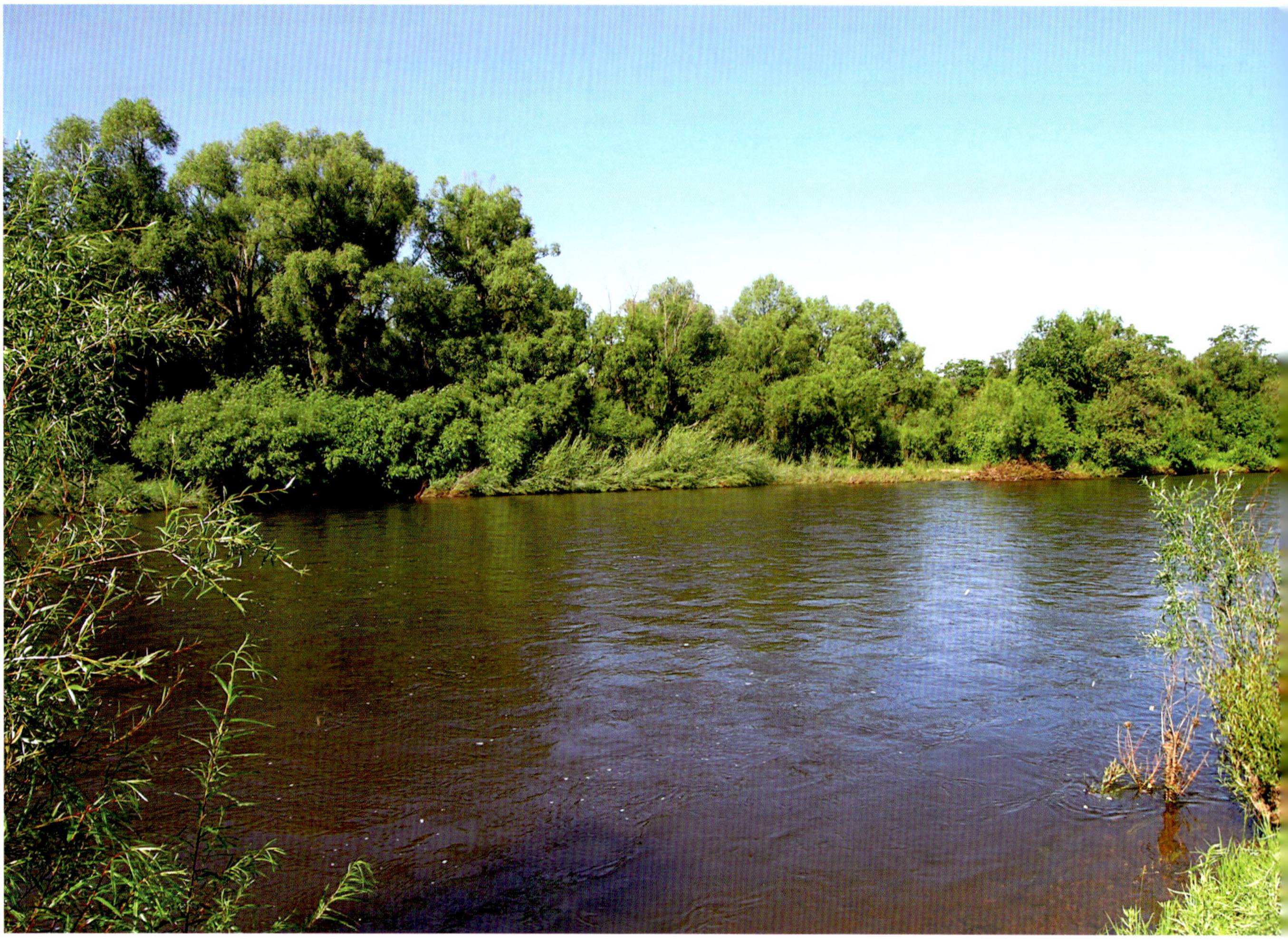

伊敏河上游

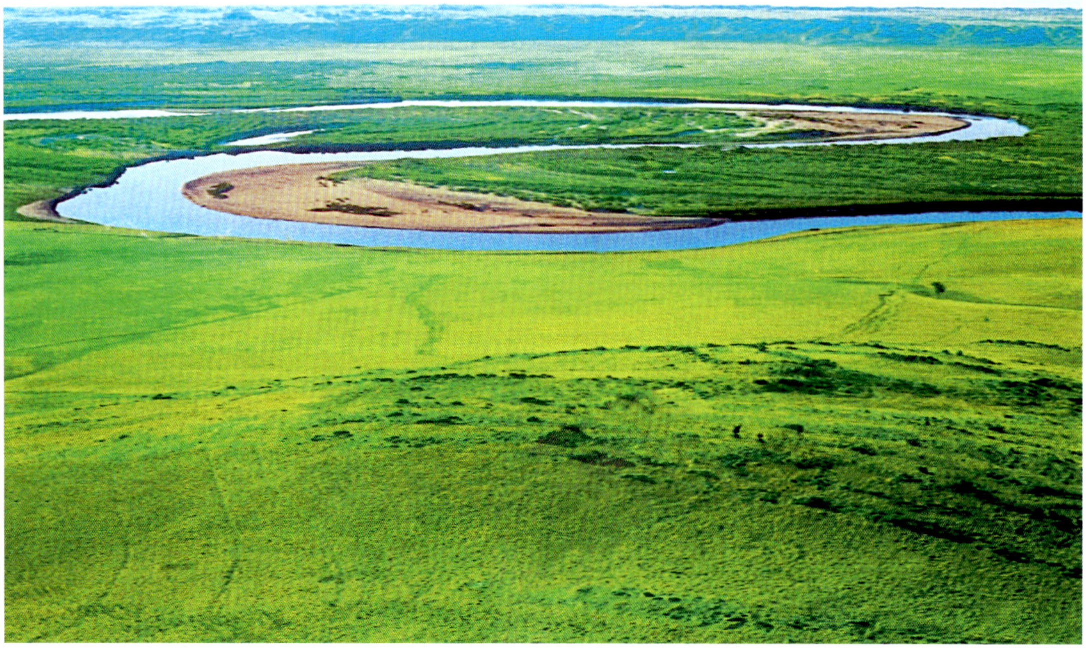

伊敏河

流经鄂温克族自治旗全境，是鄂温克人的母亲河。河长359.4 km。

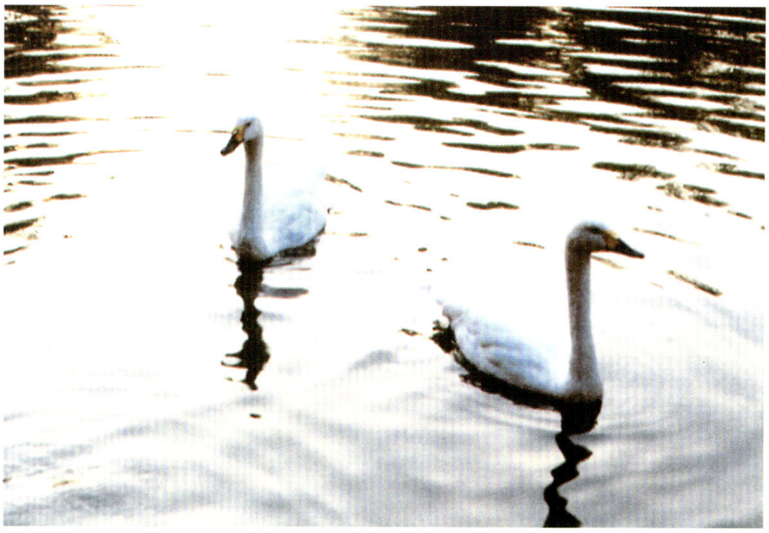

天鹅 鄂温克族的吉祥之鸟。

辉河湿地天鹅湖

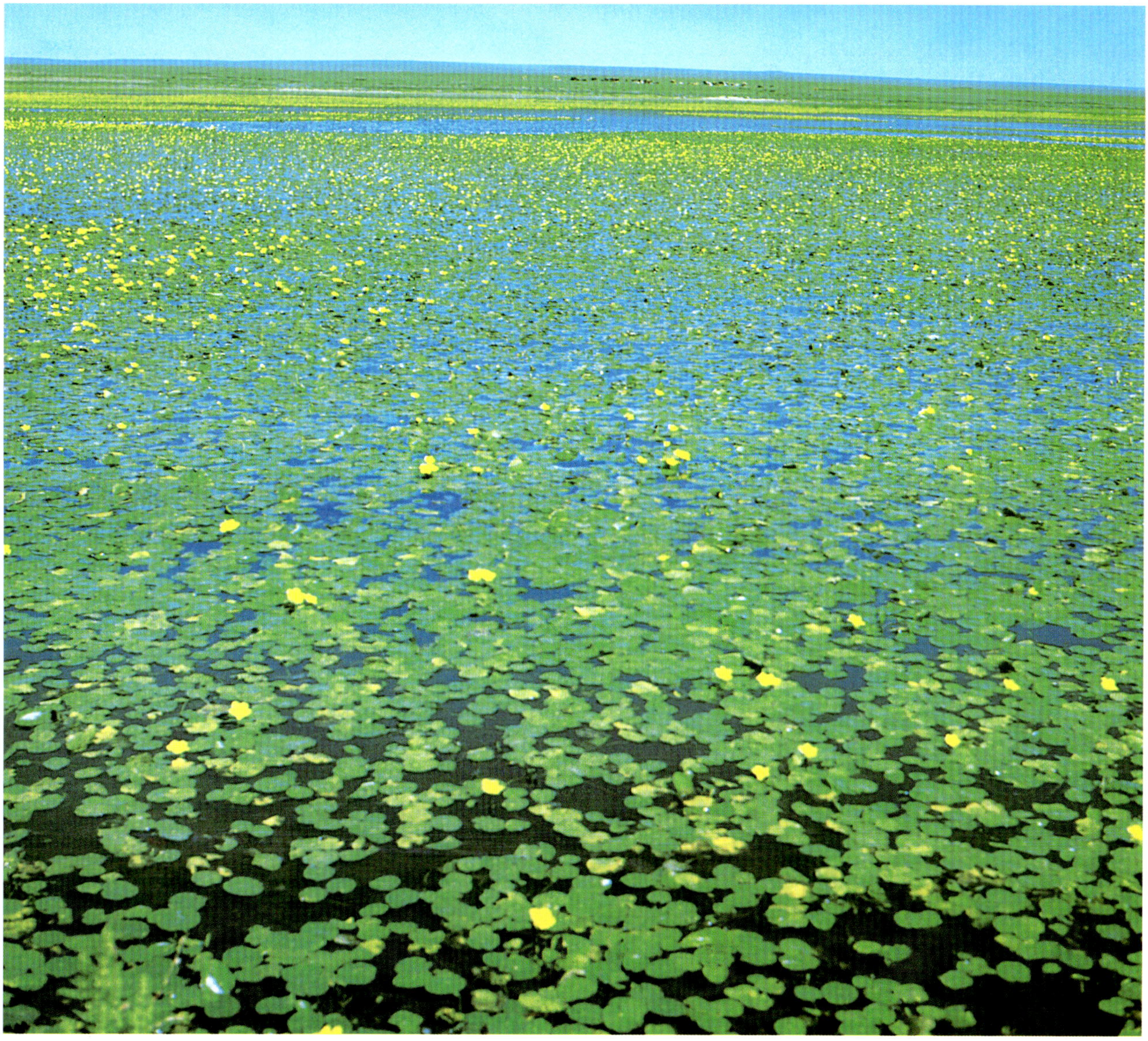

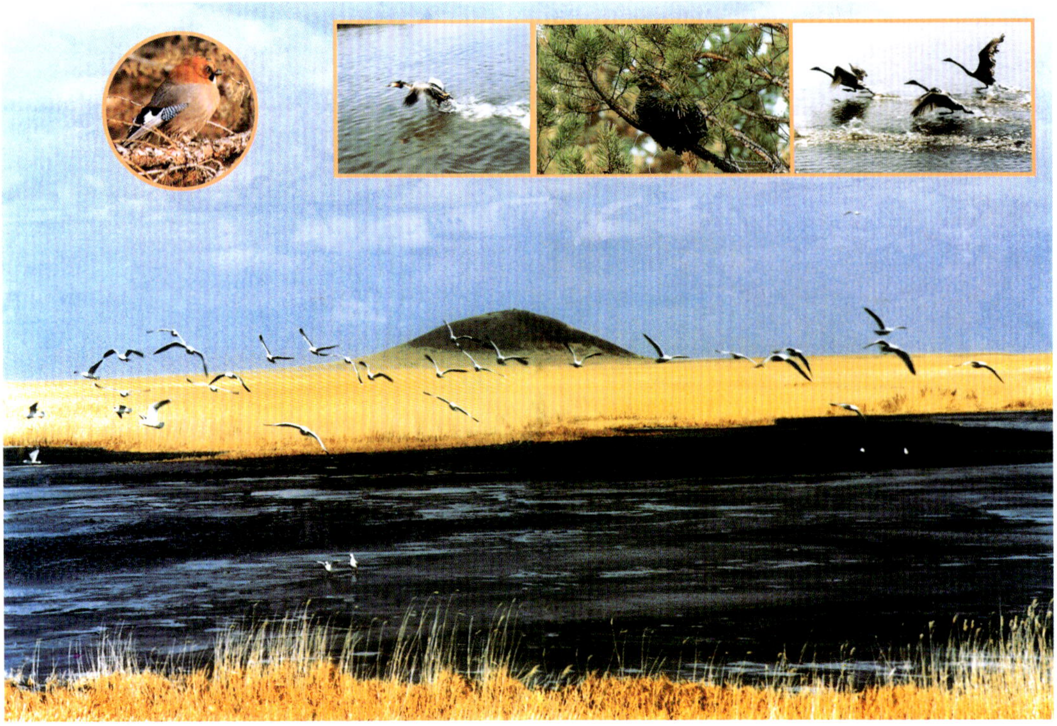

辉河湿地

位于鄂温克旗境内，总面积4218.48平方公里，国家级自然保护区。

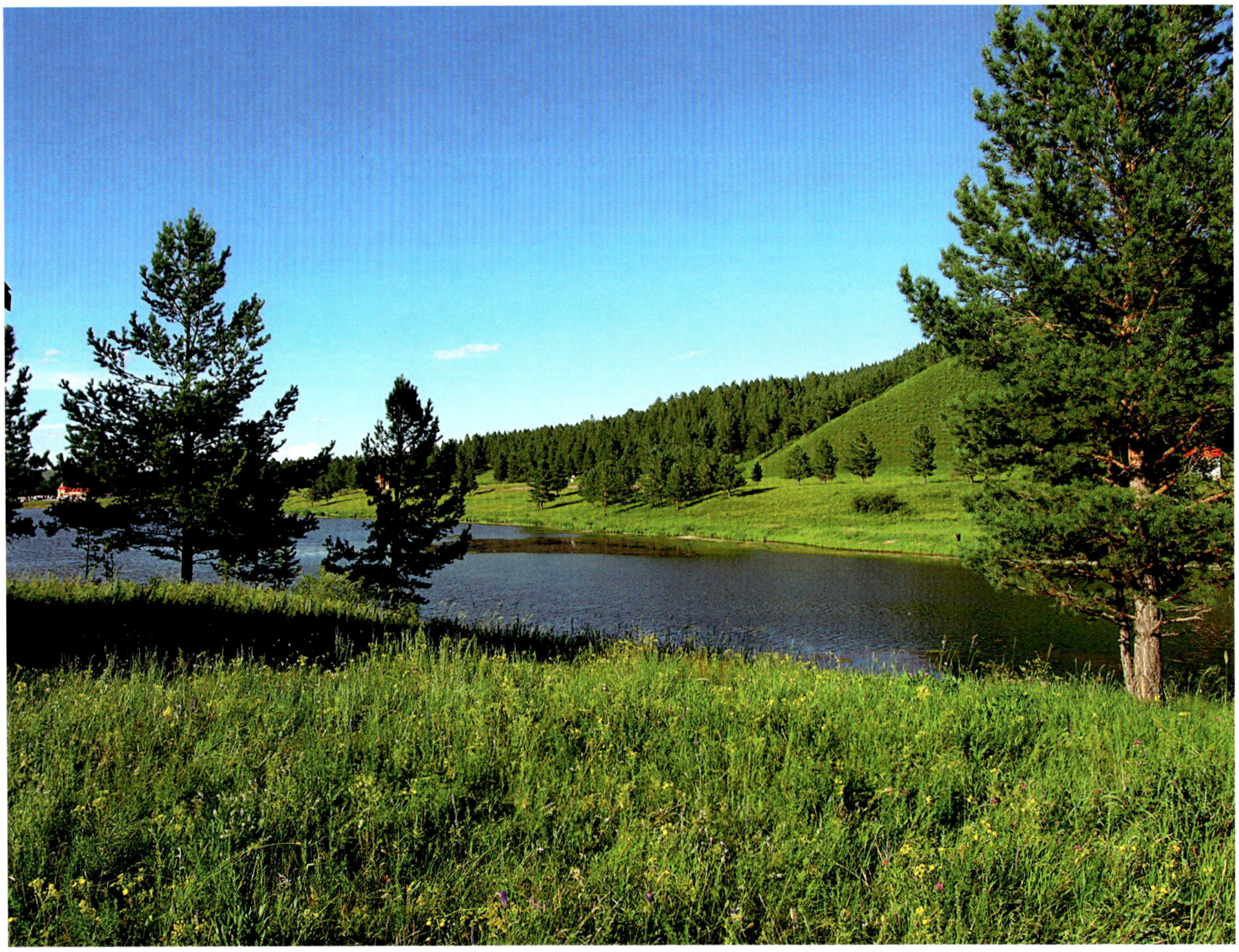

红花尔基森林公园

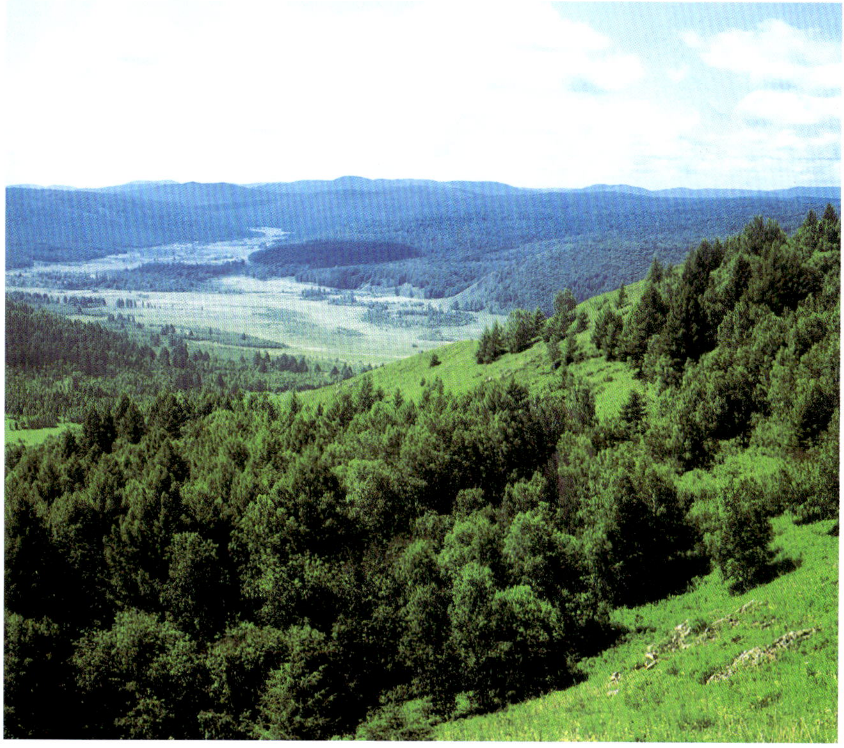

五泉山

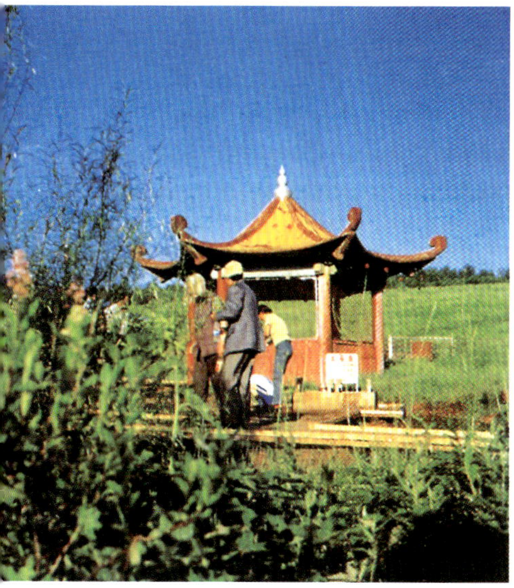

维纳河矿泉一号泉眼

维纳河 矿泉疗养区位于鄂温克草原，有七处泉眼，泉水含有二十多种矿物质，对多种疾病具有疗效。

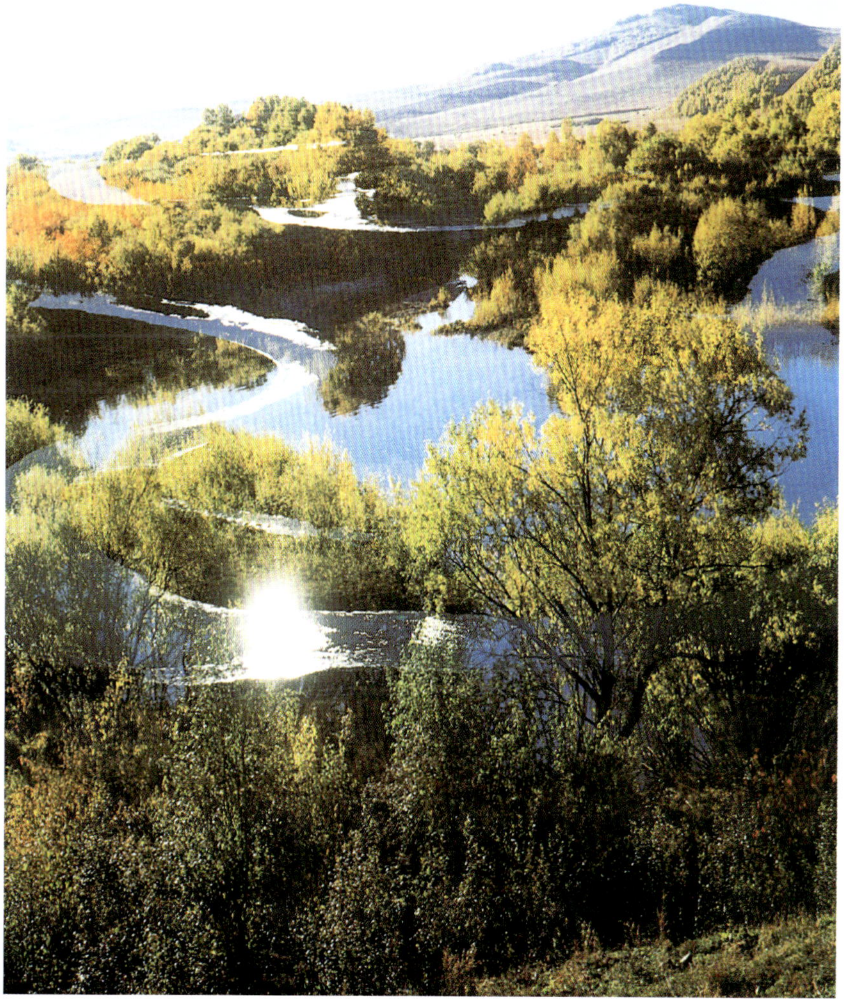

维纳河

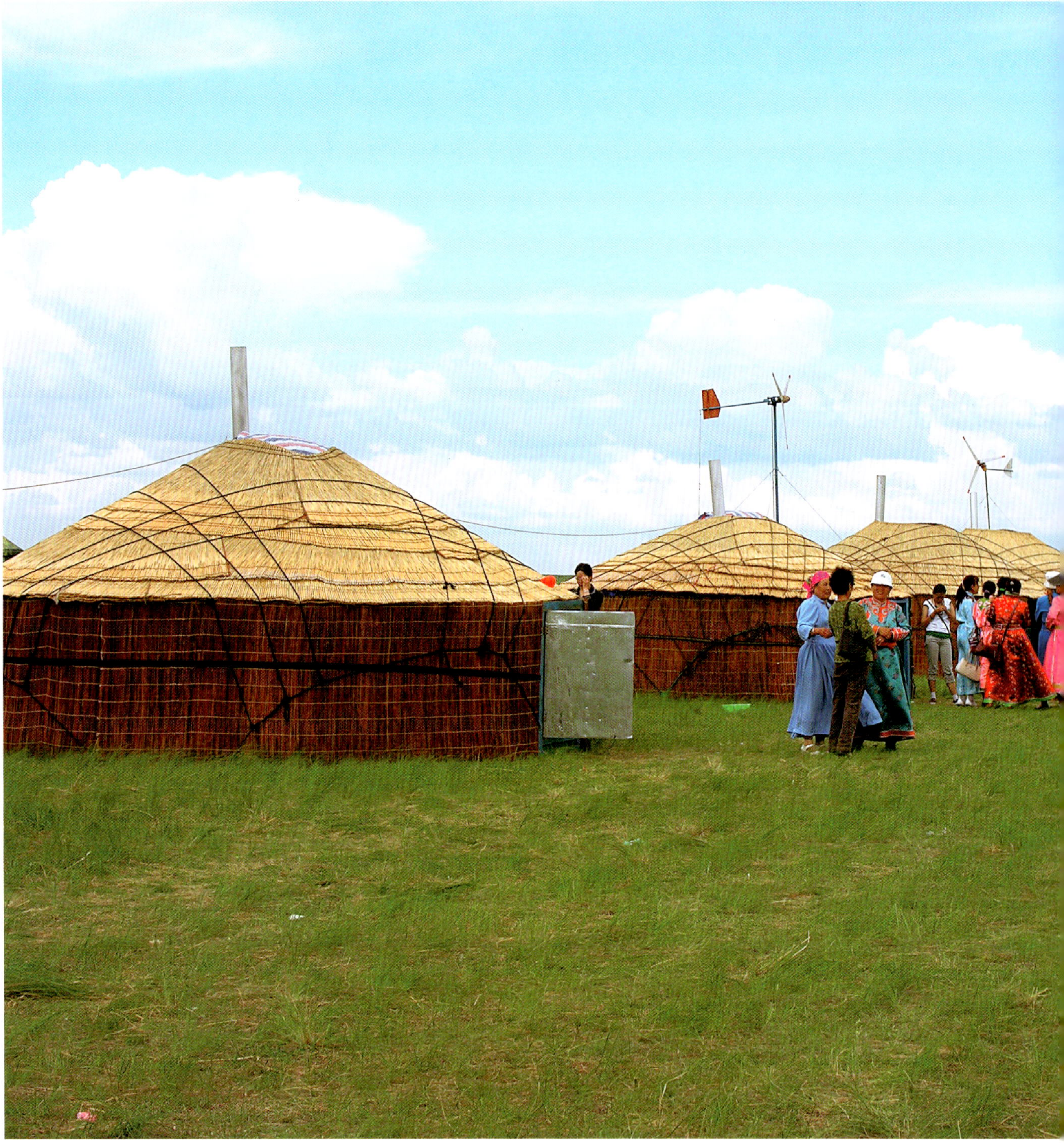

德仁夏营地　位于鄂温克草原，是牧民夏季放牧的主要场所。

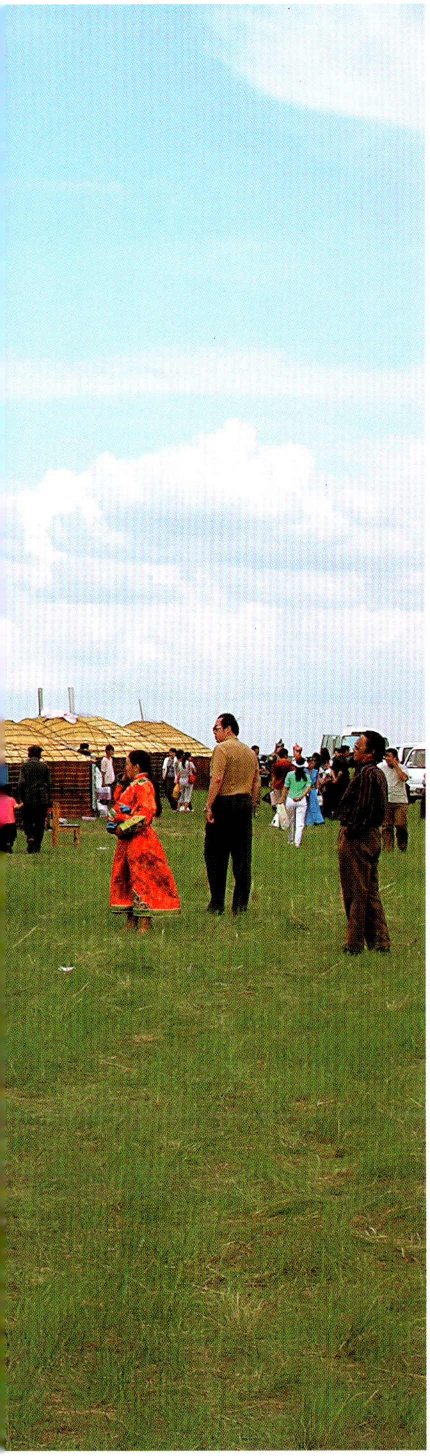

农田

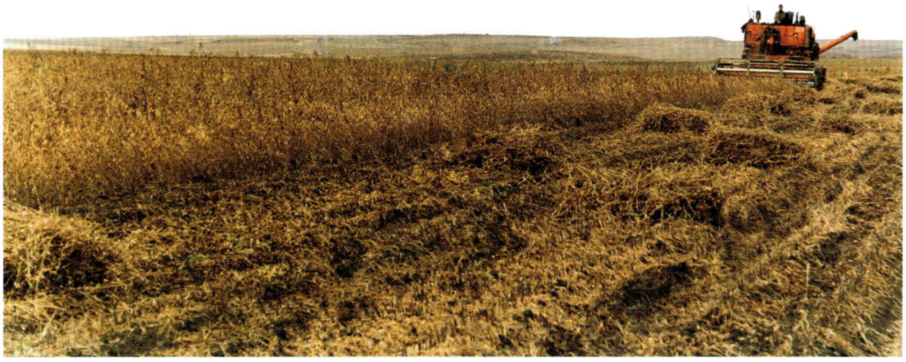

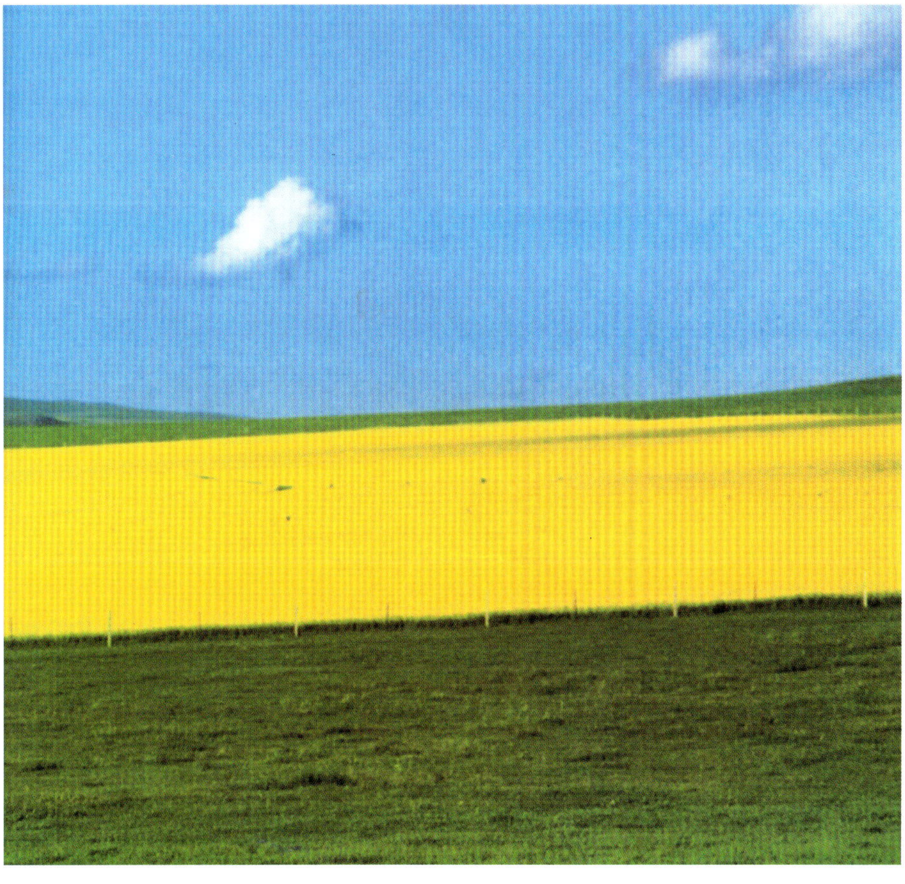

油菜地

衣食住行 YISHIZHUXING

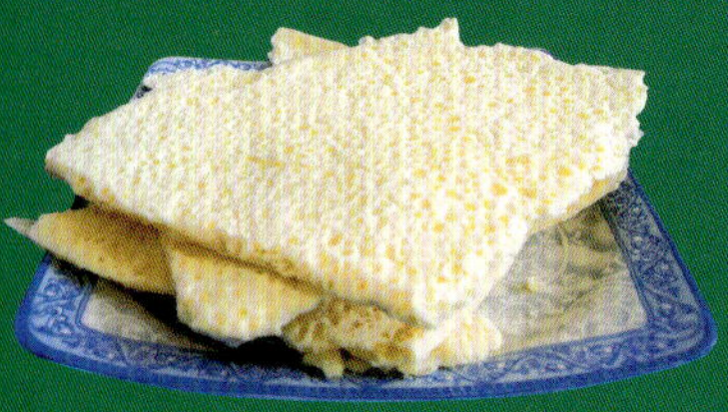

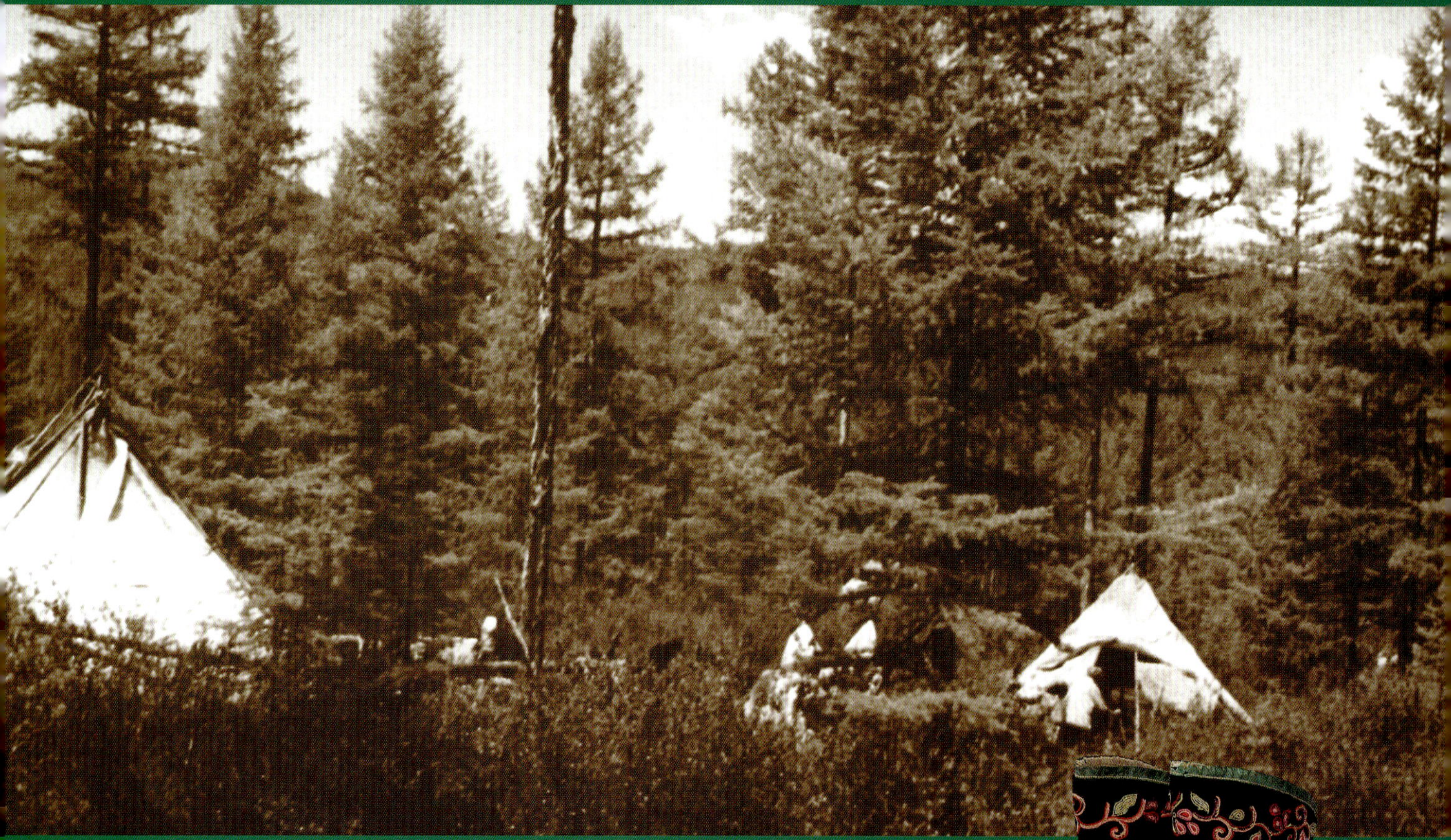

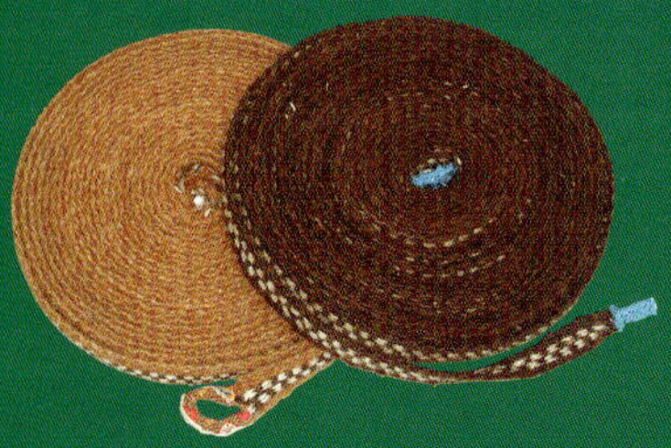

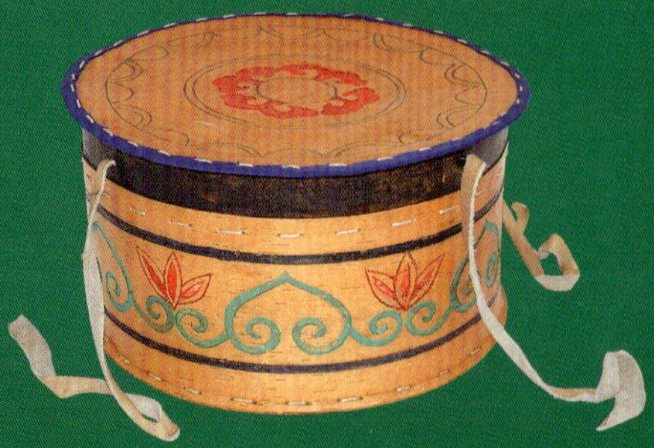

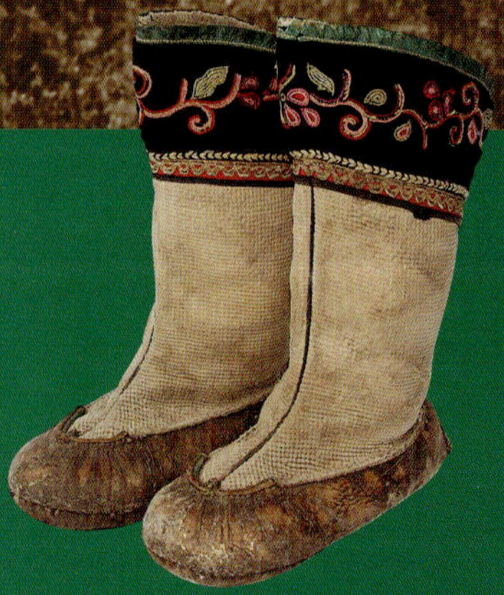

服饰

鄂温克族三个部落的服饰由于居住地的不同而各有特色，因为早期都是从事狩猎生产，三个部落都有用兽皮制作的服装，这些服装以狍皮和犴皮居多。狍皮具有轻便保暖的特点，多用于制作上衣、帽子、手套等。犴皮具有厚重结实的特点，多用于制作套裤、靴子及男猎装。在有了商品交换后，鄂温克同其他民族的交往不断加深，易货贸易交换来的布料、绸缎便成为他们的主要服装材料。生活在牧区的鄂温克人也用羊皮等牲畜皮张制作服装。在款式上使鹿鄂温克的服装女服为方领，收腰对襟长袍；男服为对襟短上装，下装为在裤子的外面穿皮质套裤。索伦鄂温克中的农区鄂温克人的服装受满族服饰影响，男女装都为右衽长袍，女装没有开衩，男装在前后左右都有开衩，便于骑马；牧区的服装则受蒙古族的影响较深，男女服均为右衽长袍。通古斯部落的已婚妇女装为起肩，未婚妇女装为平肩。鄂温克族妇女的头饰也比较讲究，用金银、贝壳、红珊瑚、绿松石等做装饰的头饰在三个部落中均有体现。

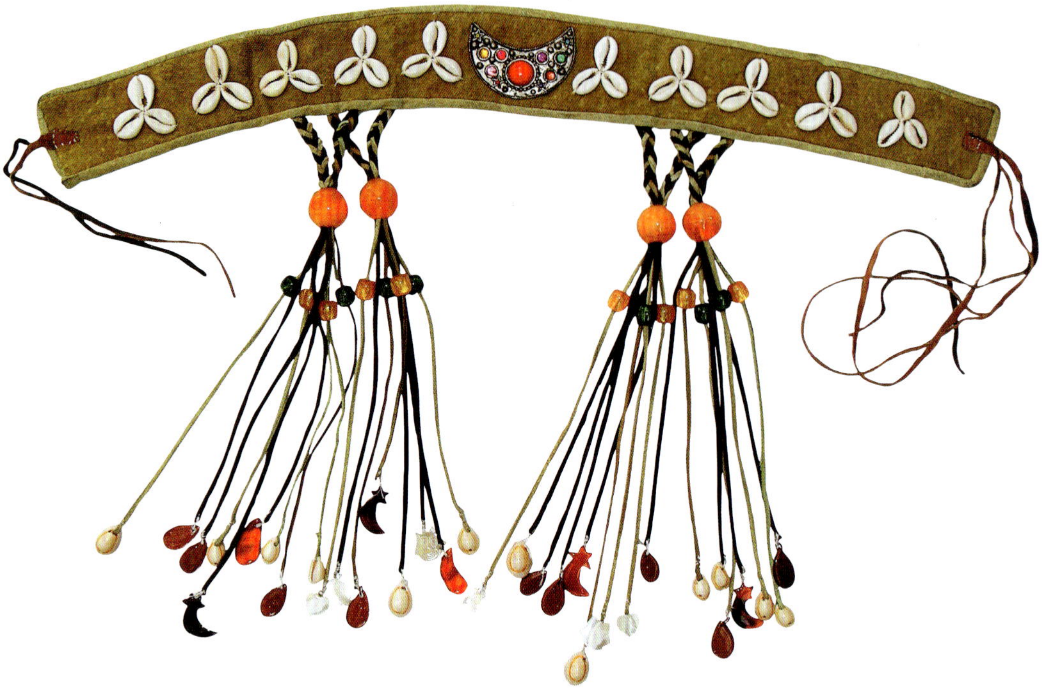

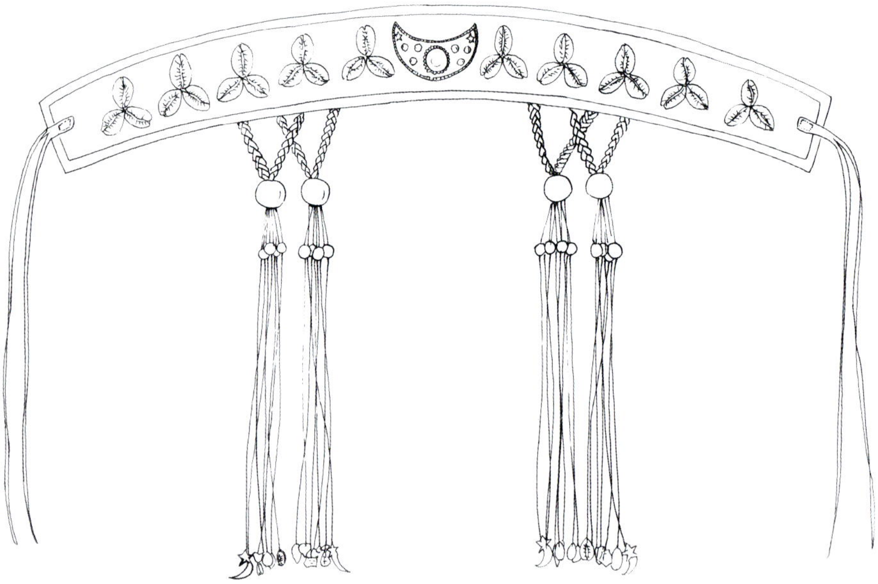

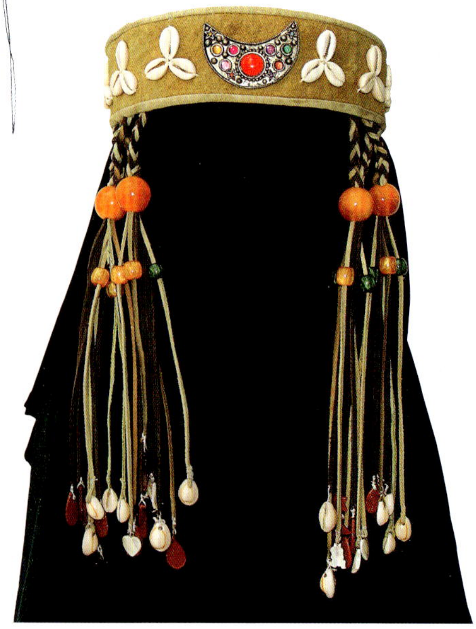

使鹿鄂温克妇女头饰　长57cm　宽6.6cm

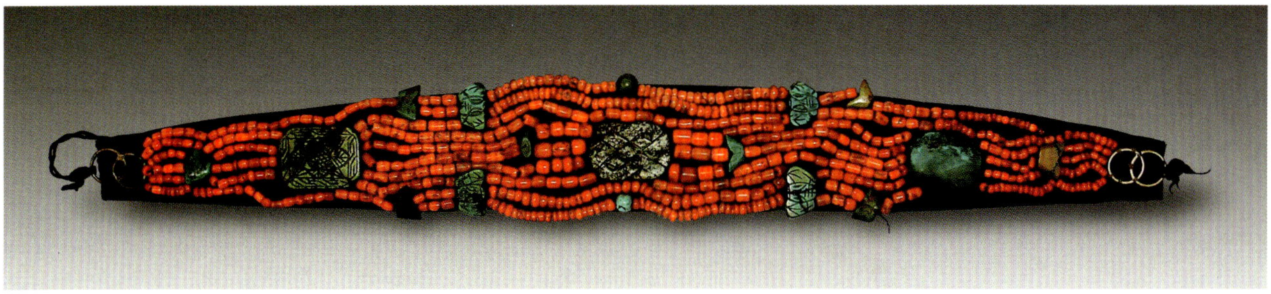

农区鄂温克妇女红珊瑚绿松石头饰　长45cm　宽6cm

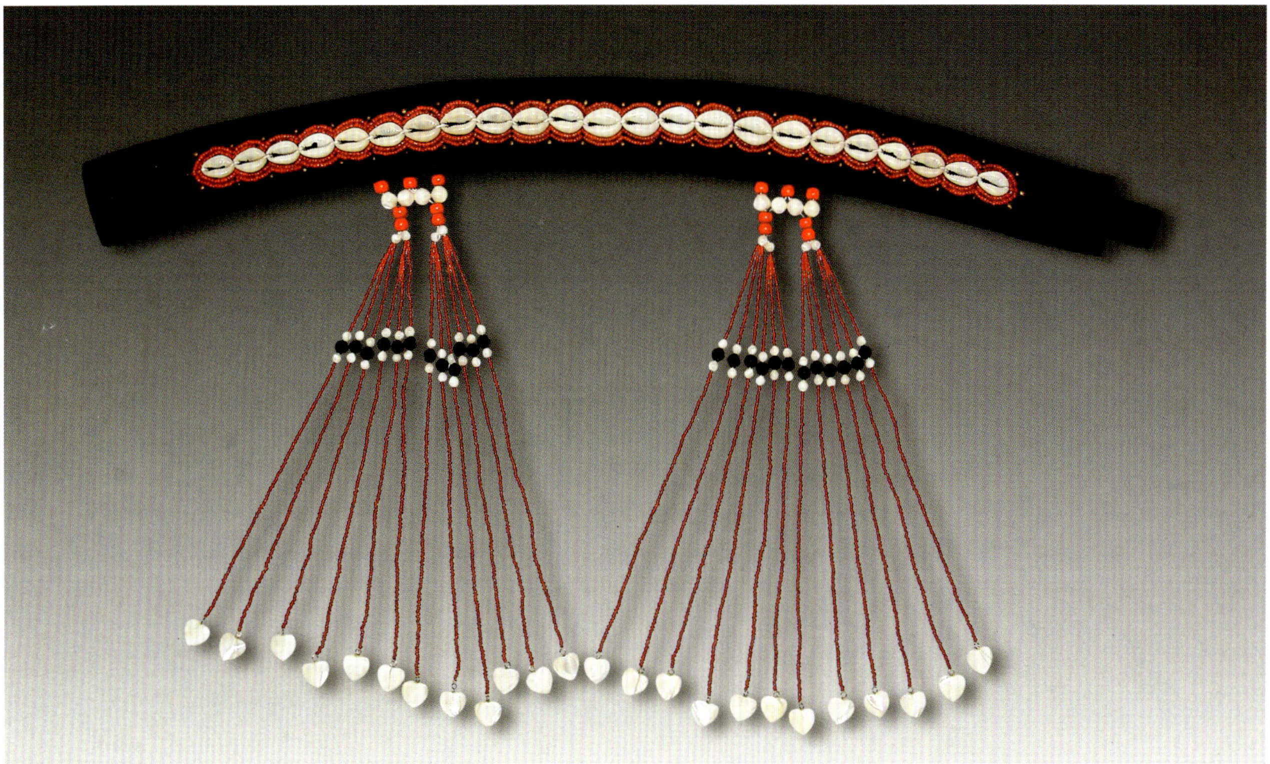

农区鄂温克妇女头饰

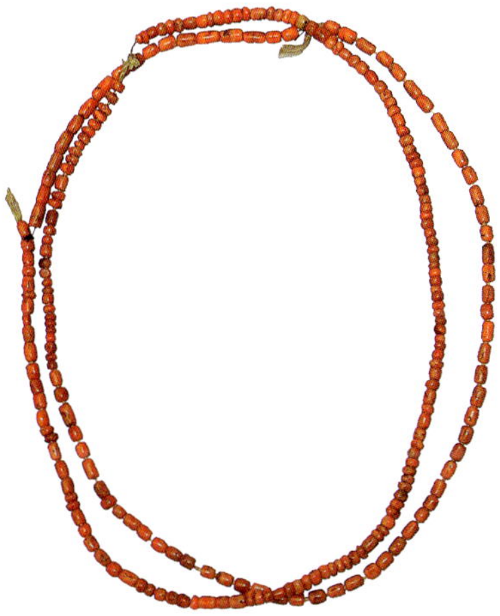

农区鄂温克妇女红珊瑚项链　周长50cm

通古斯鄂温克妇女头饰

帽子：直径 19.5cm　高 16cm
发带：长 58cm　宽 8cm

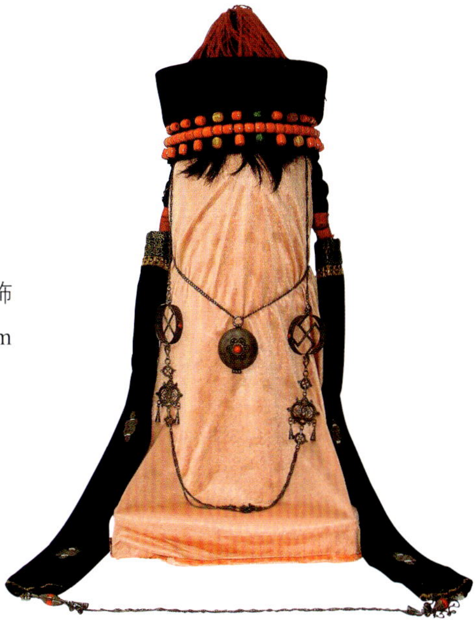

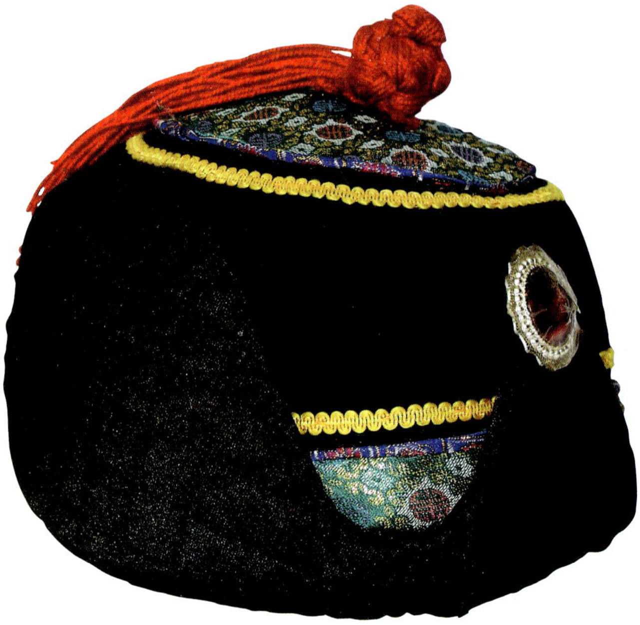

牧区鄂温克女布帽　高13cm　帽围62cm

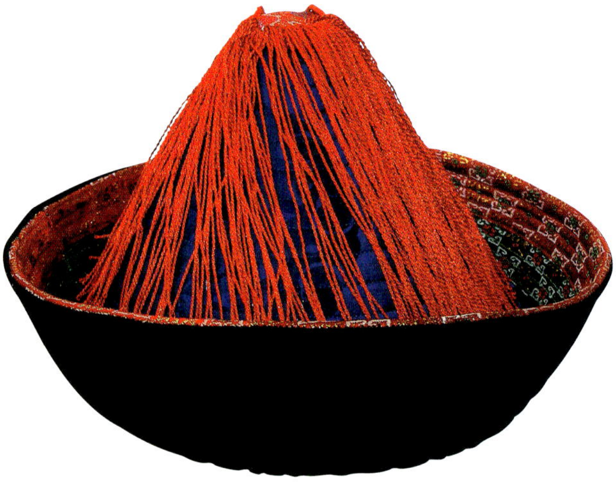

通古斯鄂温克水獭皮女帽　高17cm　帽围60cm

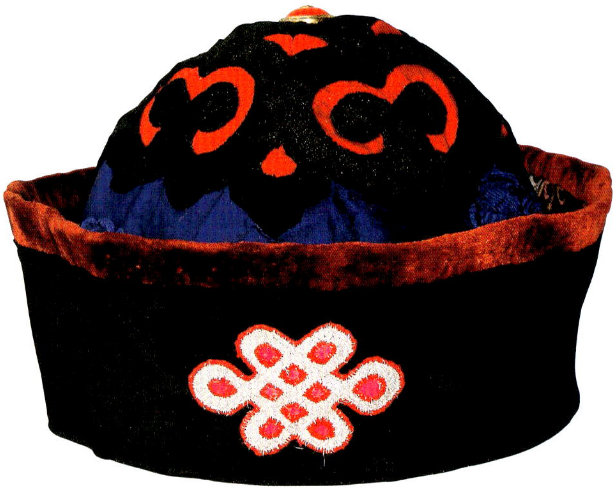

农区鄂温克男帽　高17cm　帽围62cm

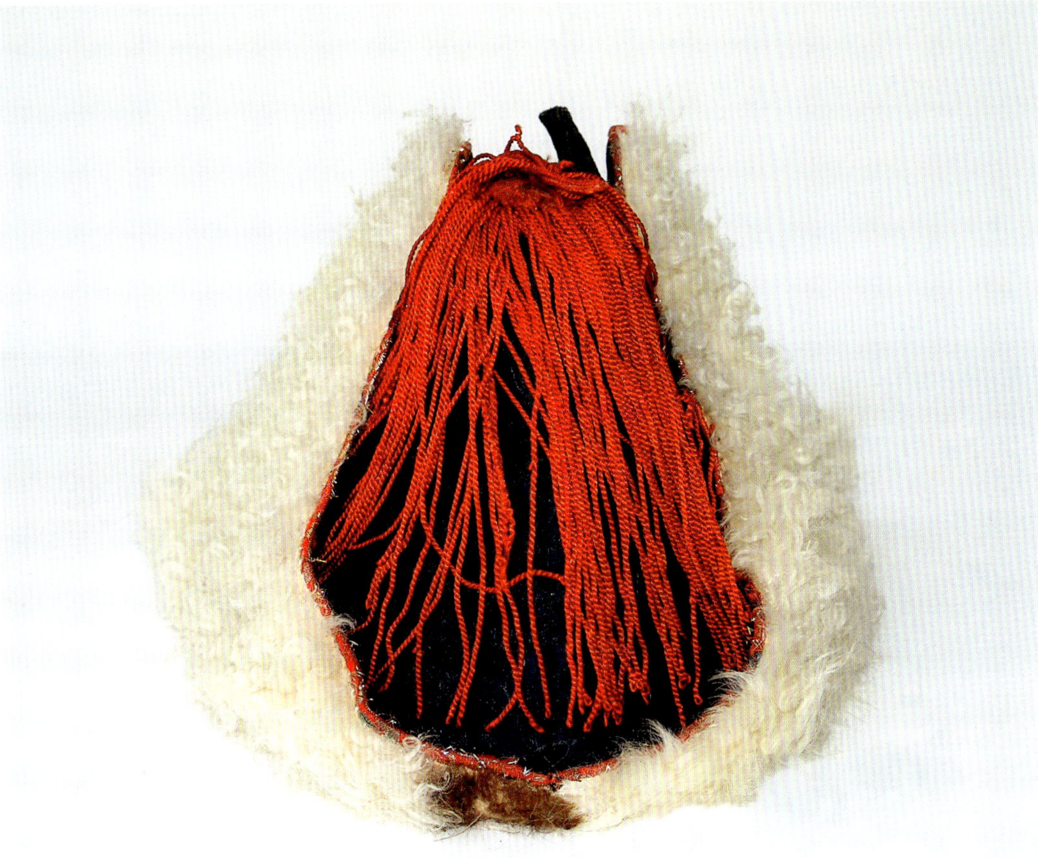

通古斯鄂温克羊羔皮风雪帽　长36cm　宽36cm　帽围61cm

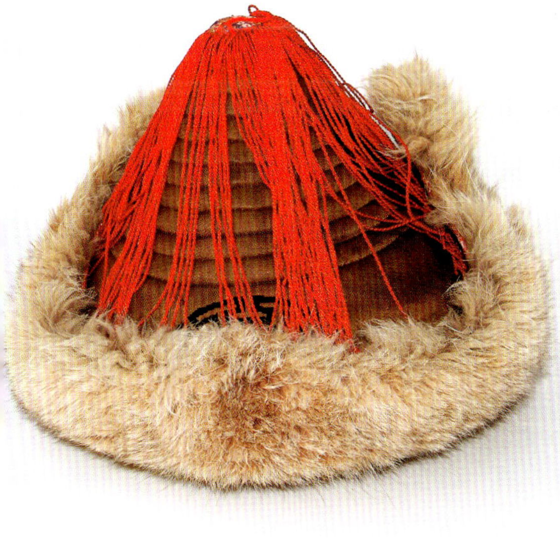

正面

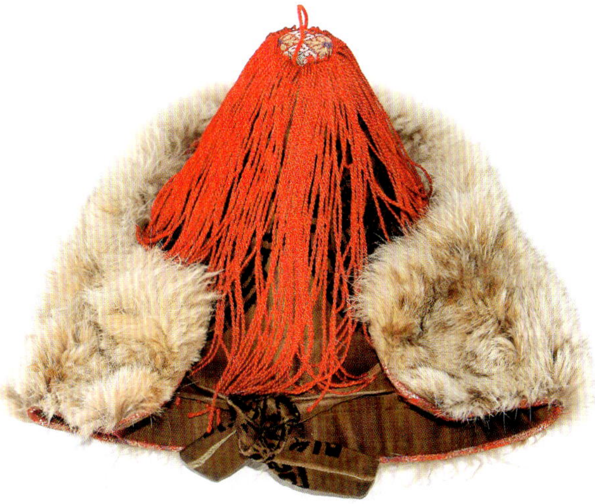

背面

通古斯鄂温克猞猁皮帽　长38 cm　宽34cm　帽围75cm

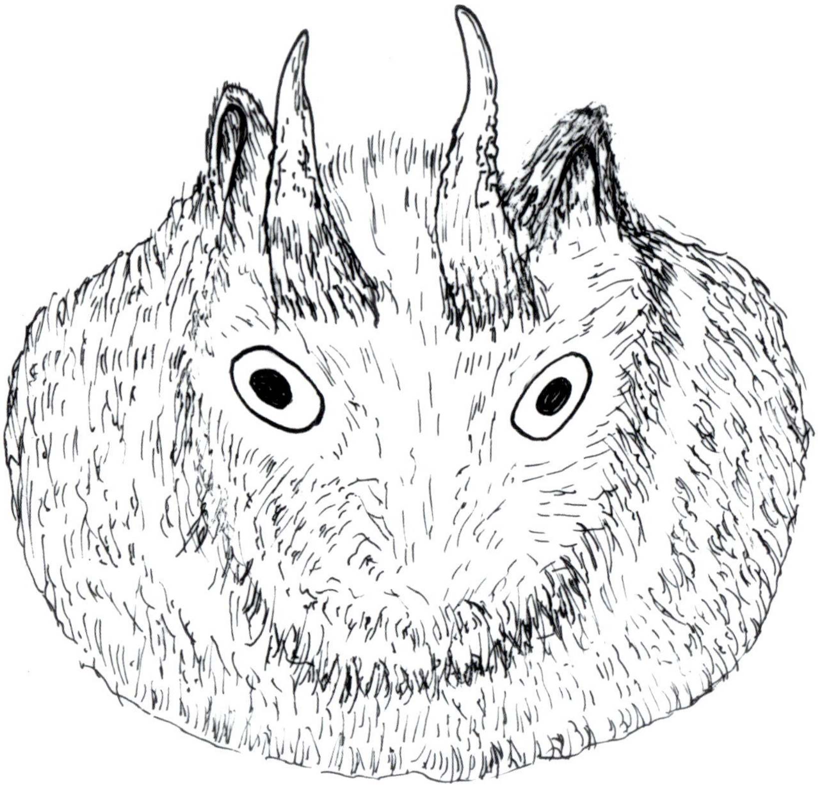

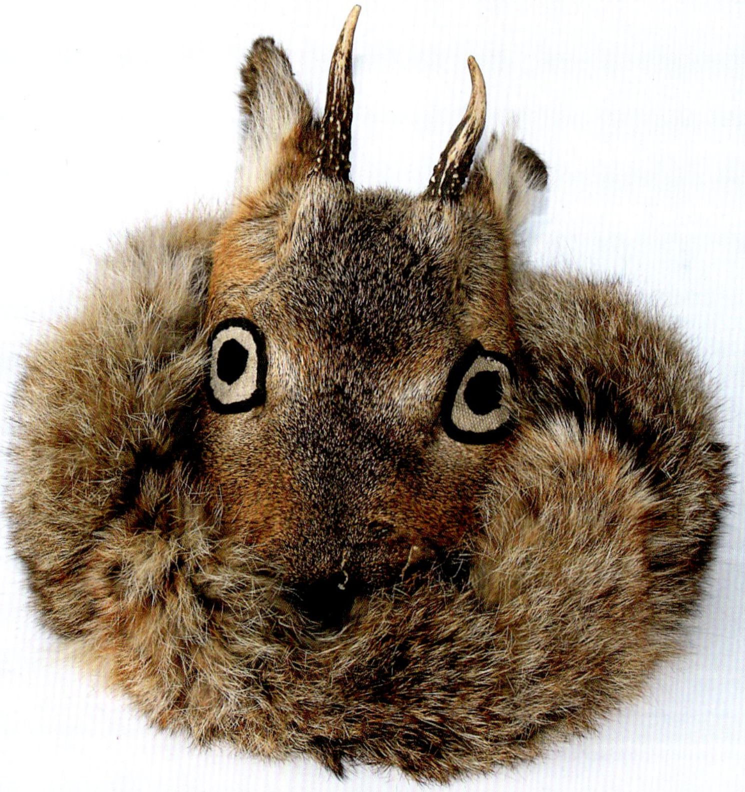

狍头皮帽　通高22cm 周长69cm

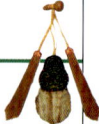

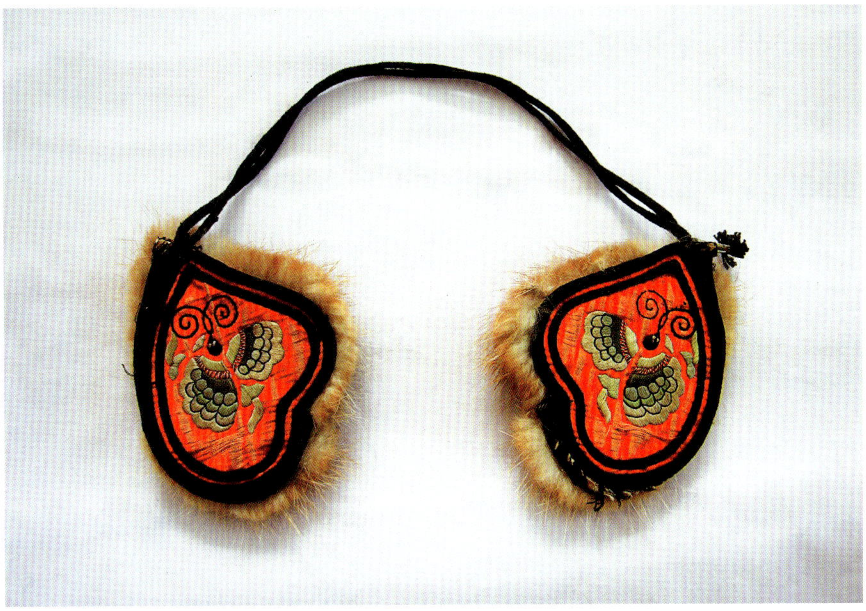

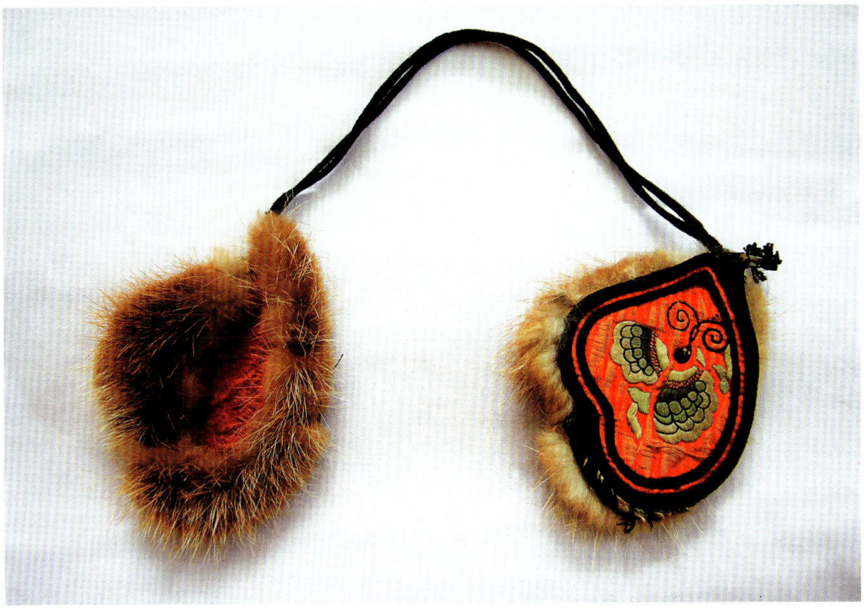

红底绣蝴蝶图案包猞猁皮耳包　长9cm　宽7cm

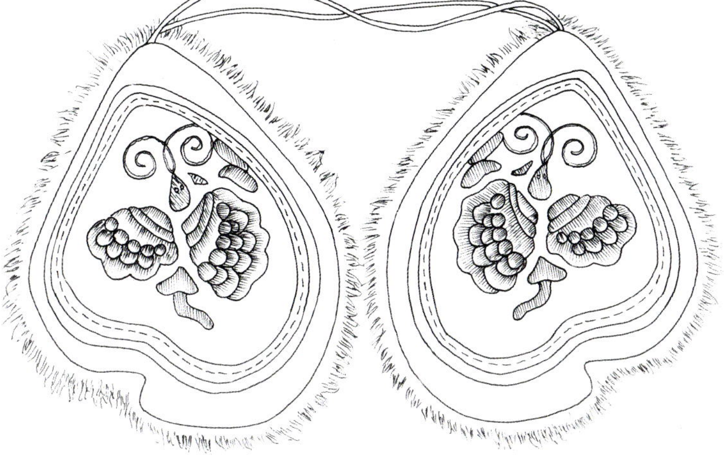

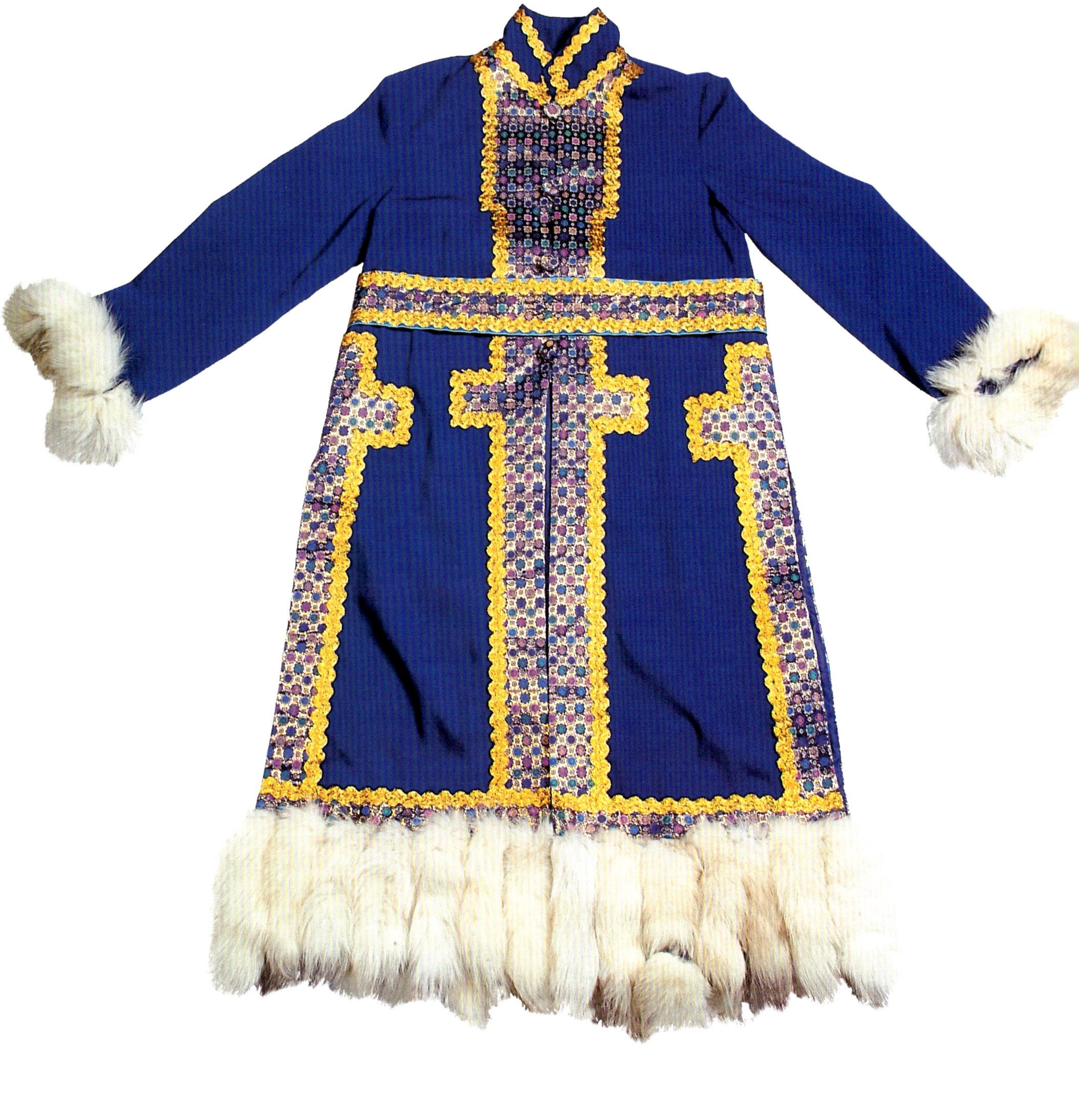

使鹿鄂温克男服　衣长140cm　袖长70cm

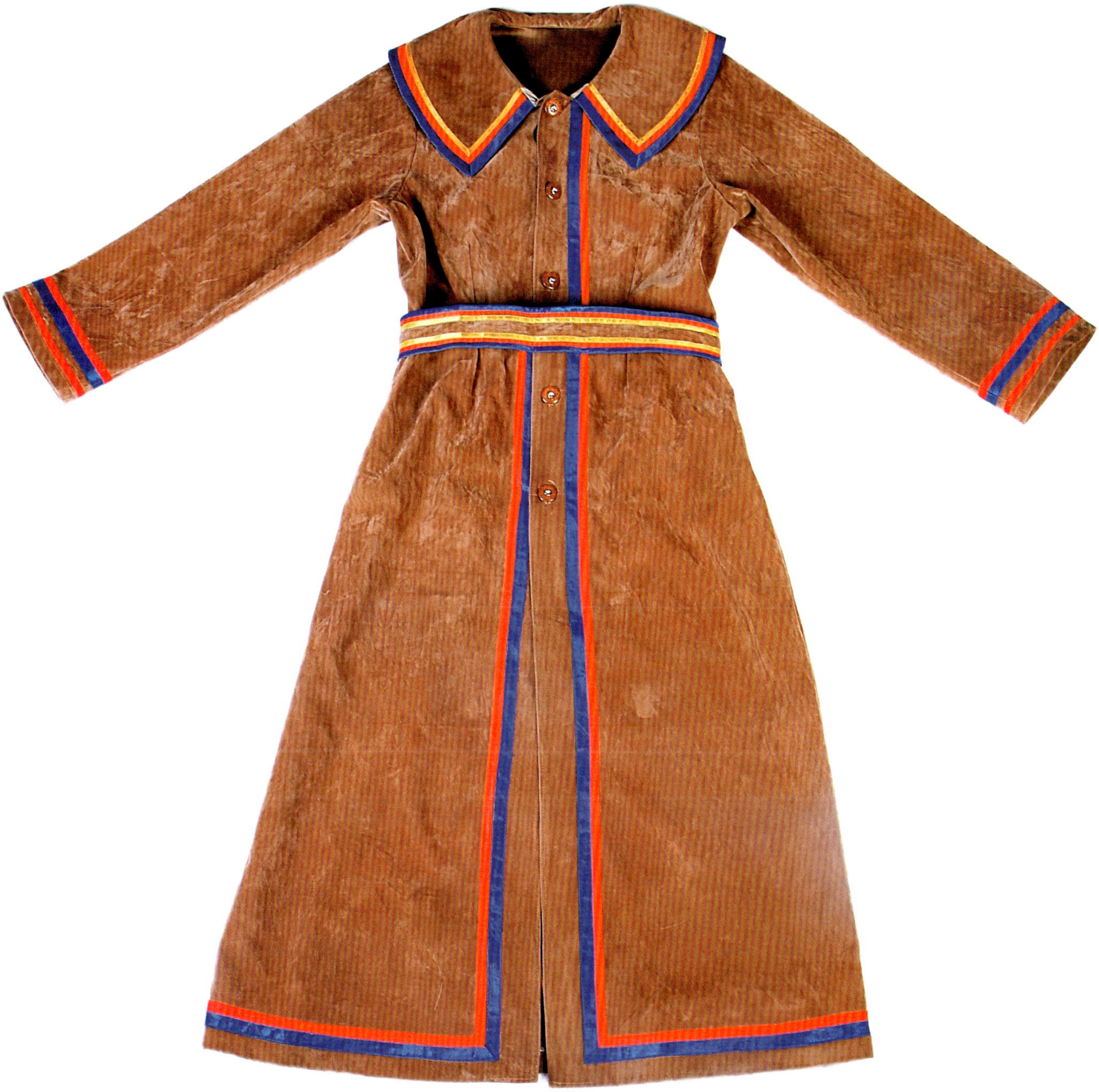

使鹿鄂温克女服　衣长134cm 袖长60cm 领宽14cm

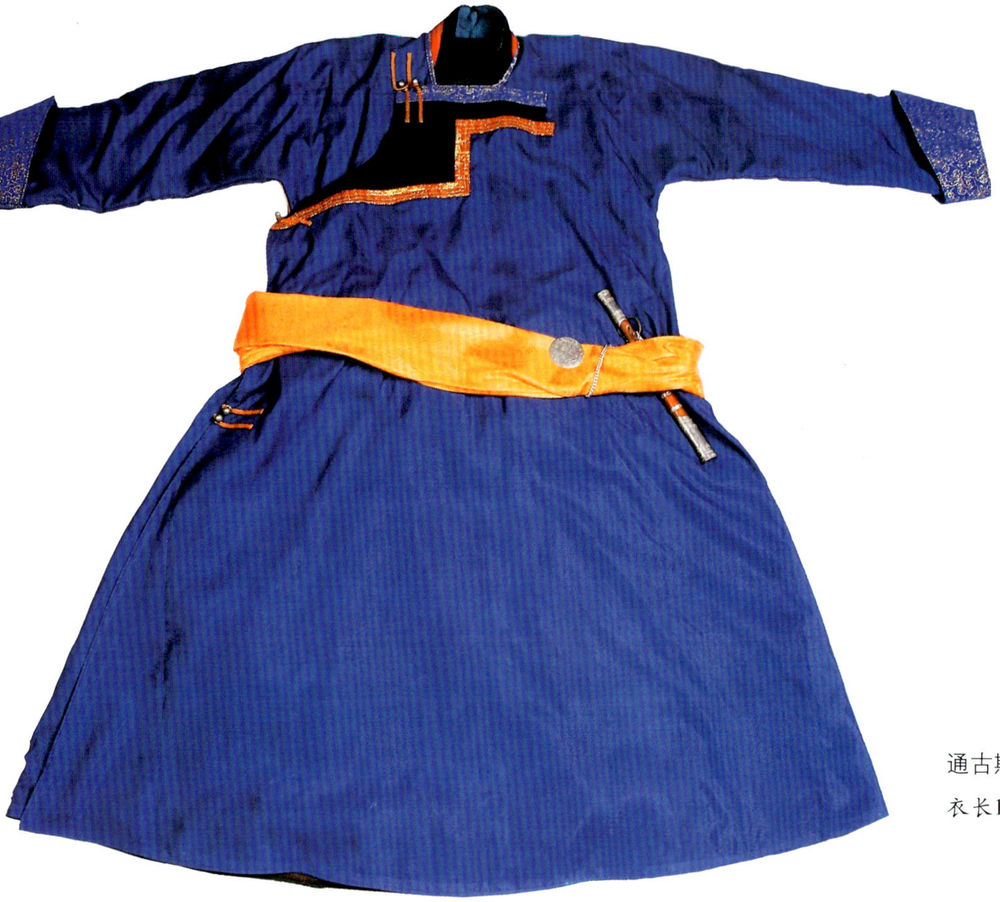

通古斯鄂温克男服

衣长138cm 通肩宽160cm

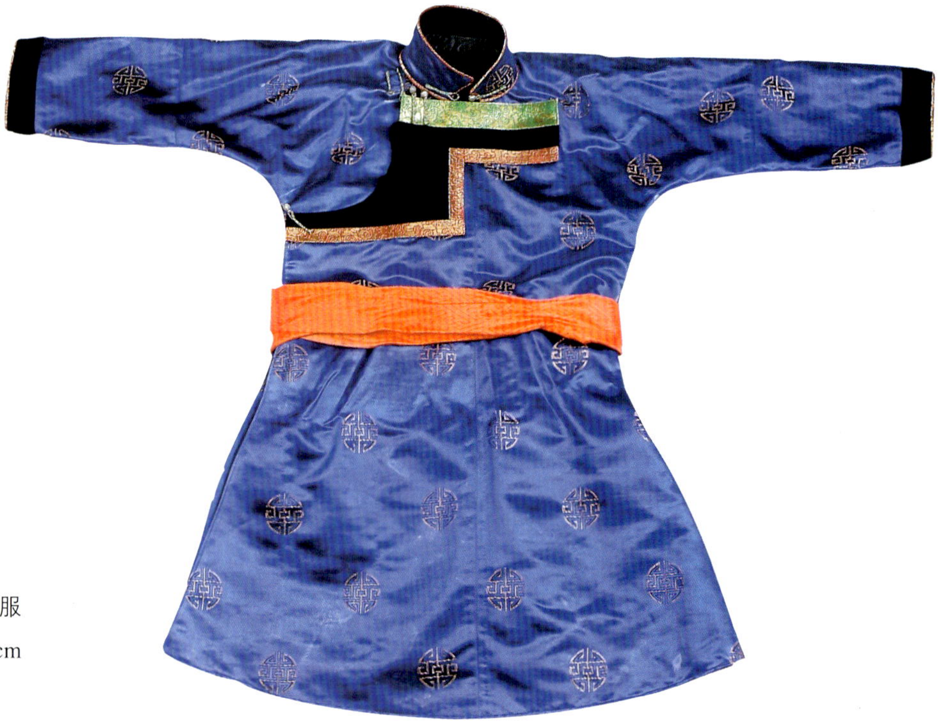

通古斯鄂温克儿童男服

衣长86cm 通肩宽120cm

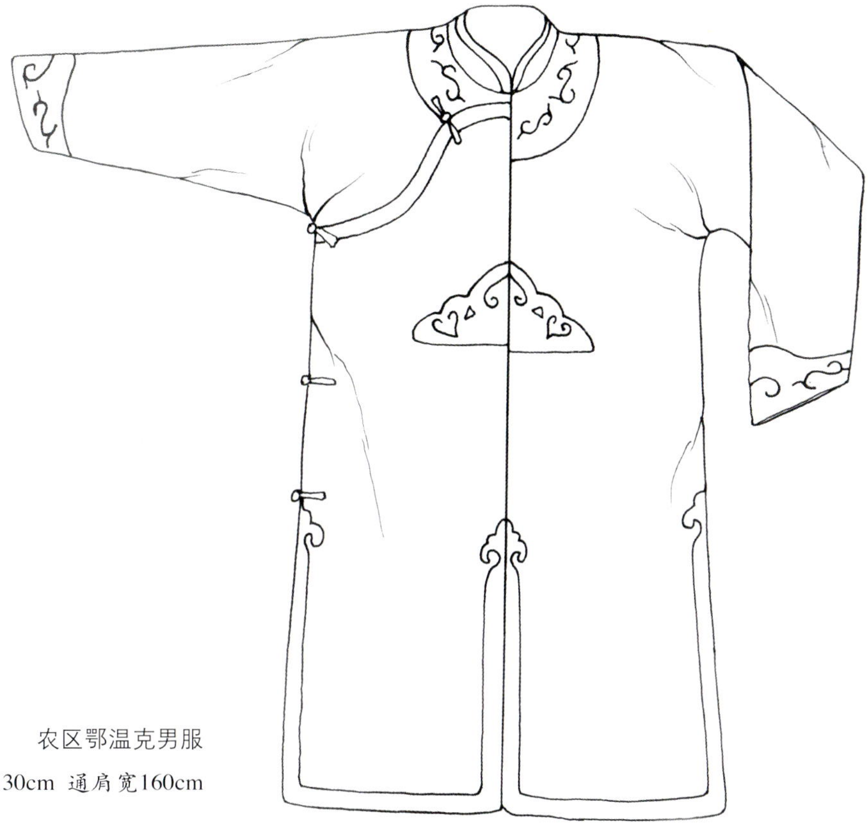

农区鄂温克男服

衣长130cm 通肩宽160cm

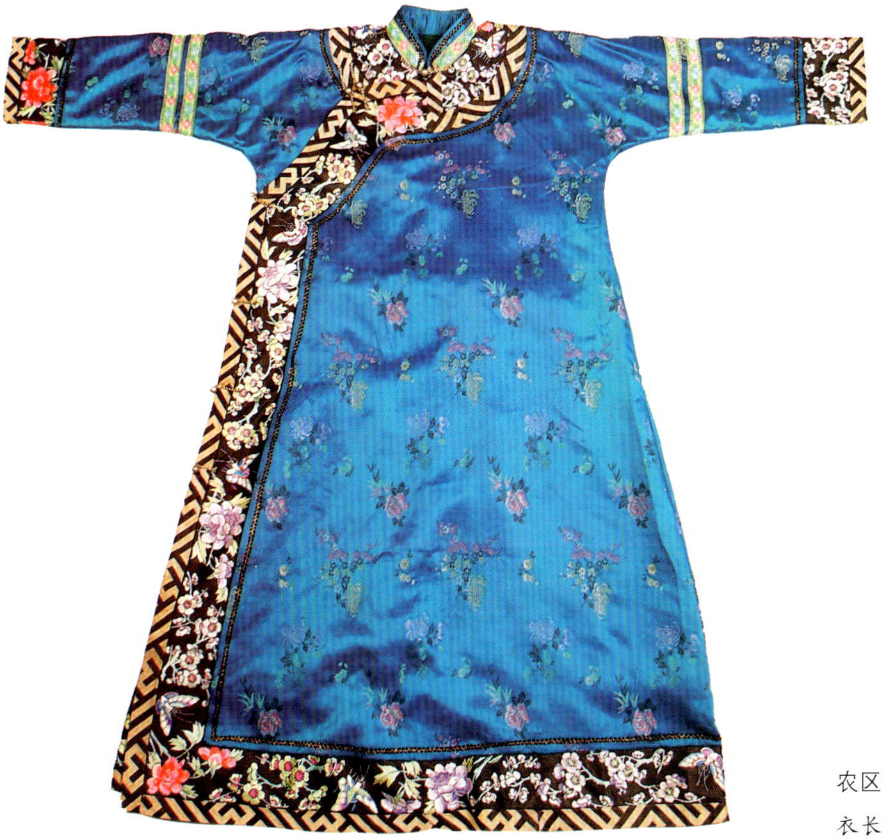

农区鄂温克女服

衣长130cm 通肩宽160cm

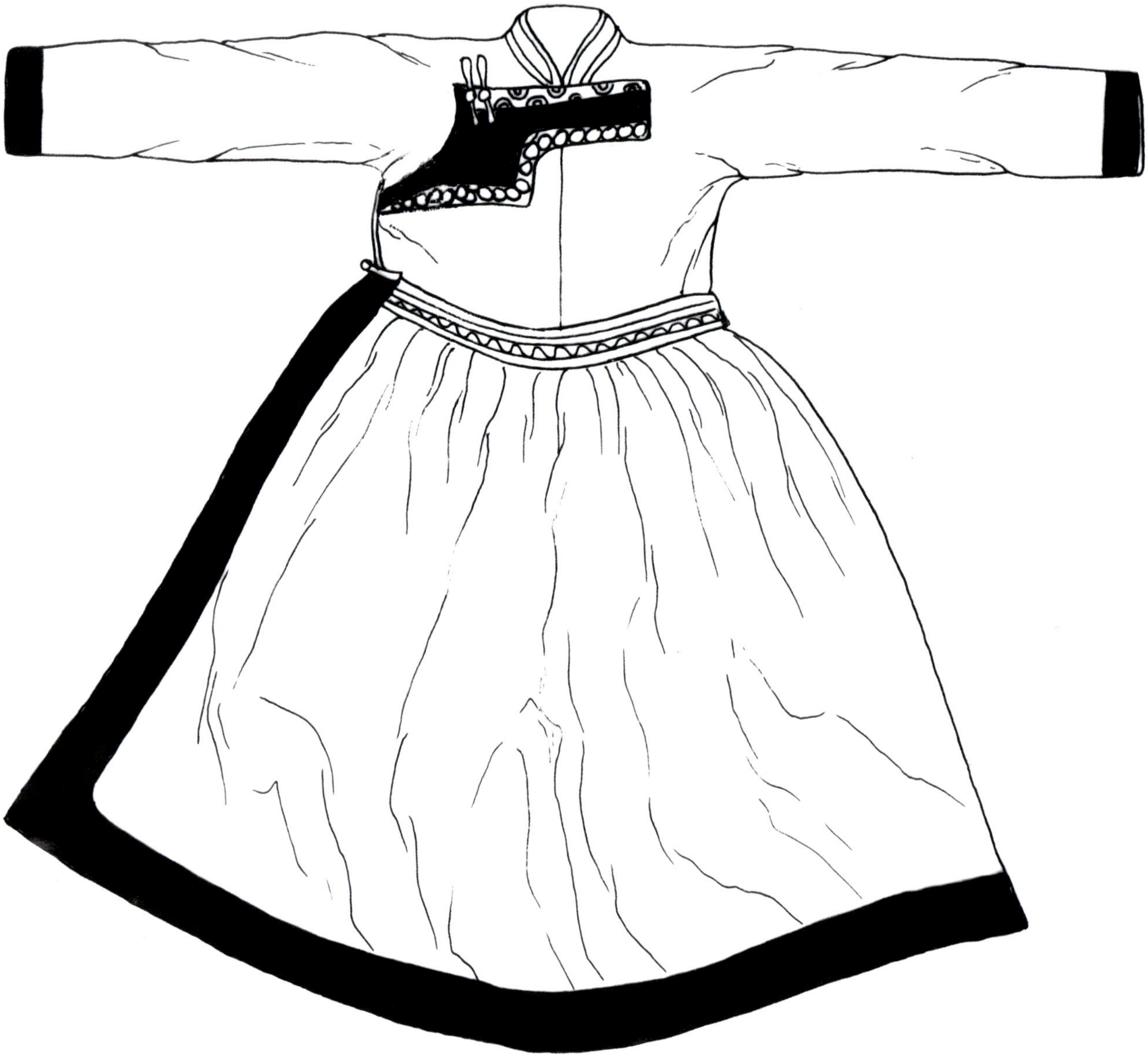

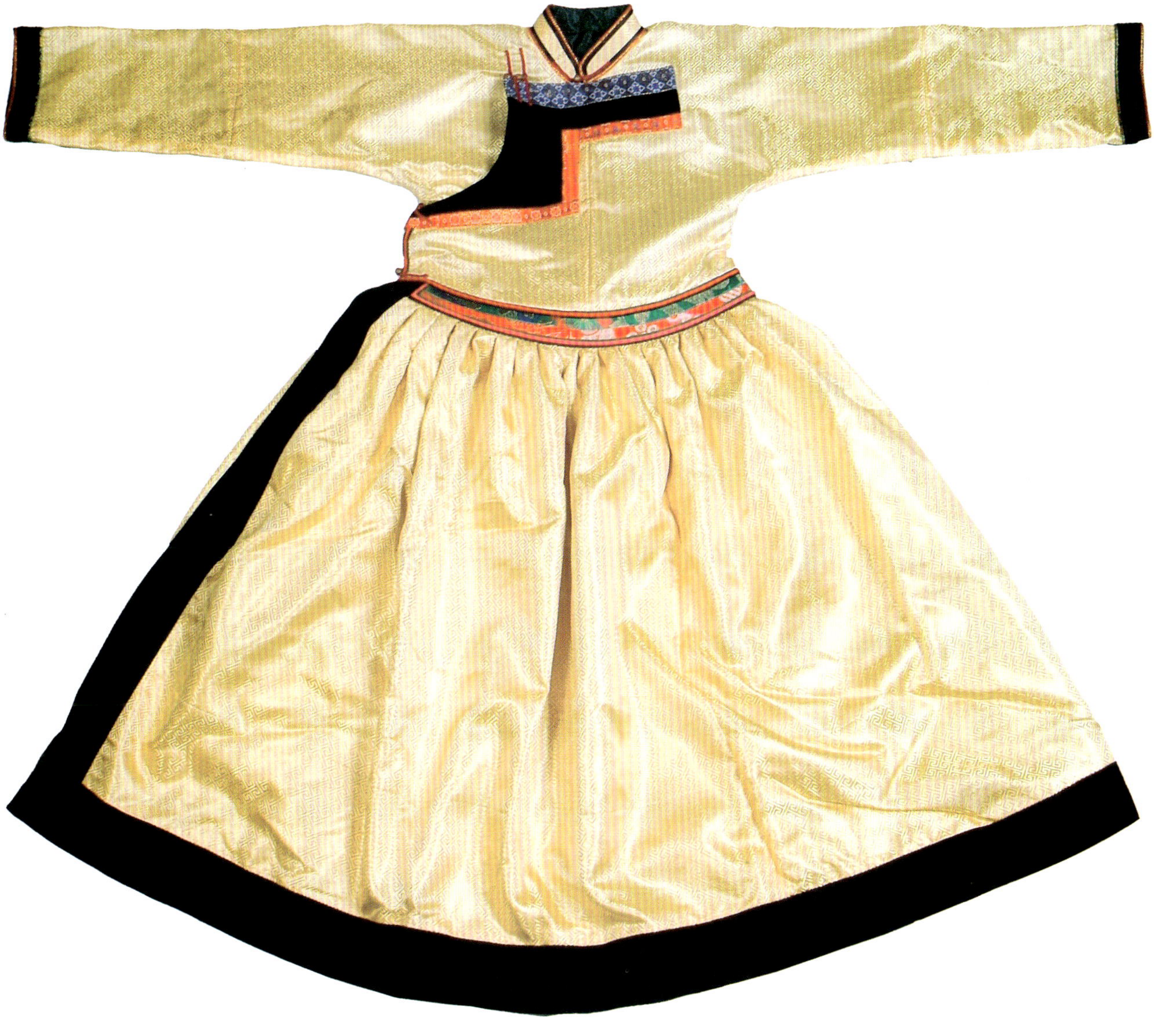

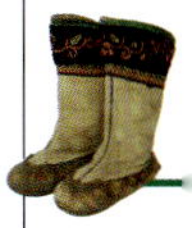

通古斯鄂温克未婚女服　衣长120cm 通肩宽145cm

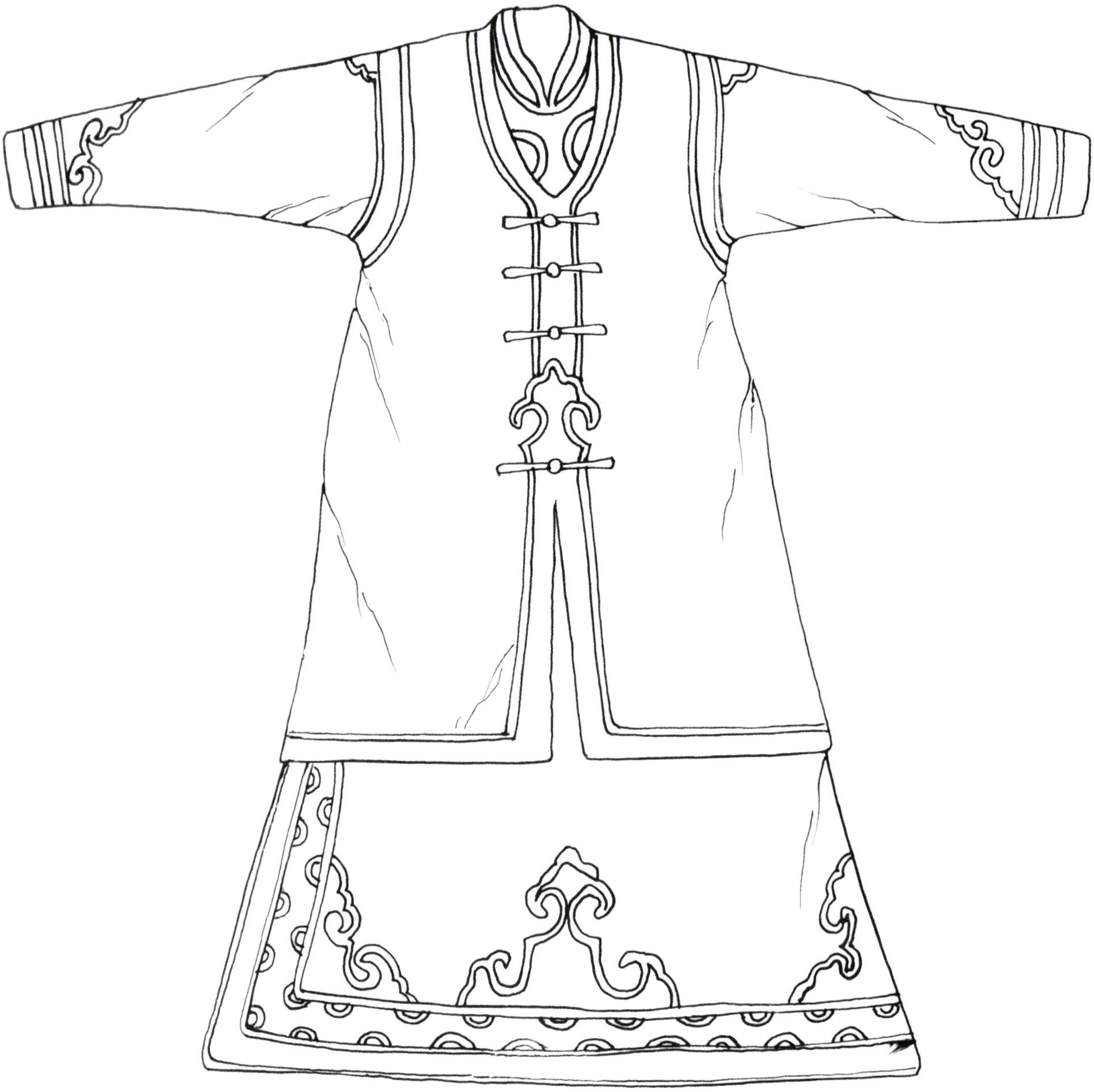

新疆鄂温克女服

衣长133cm 通肩宽105cm 坎肩长100cm

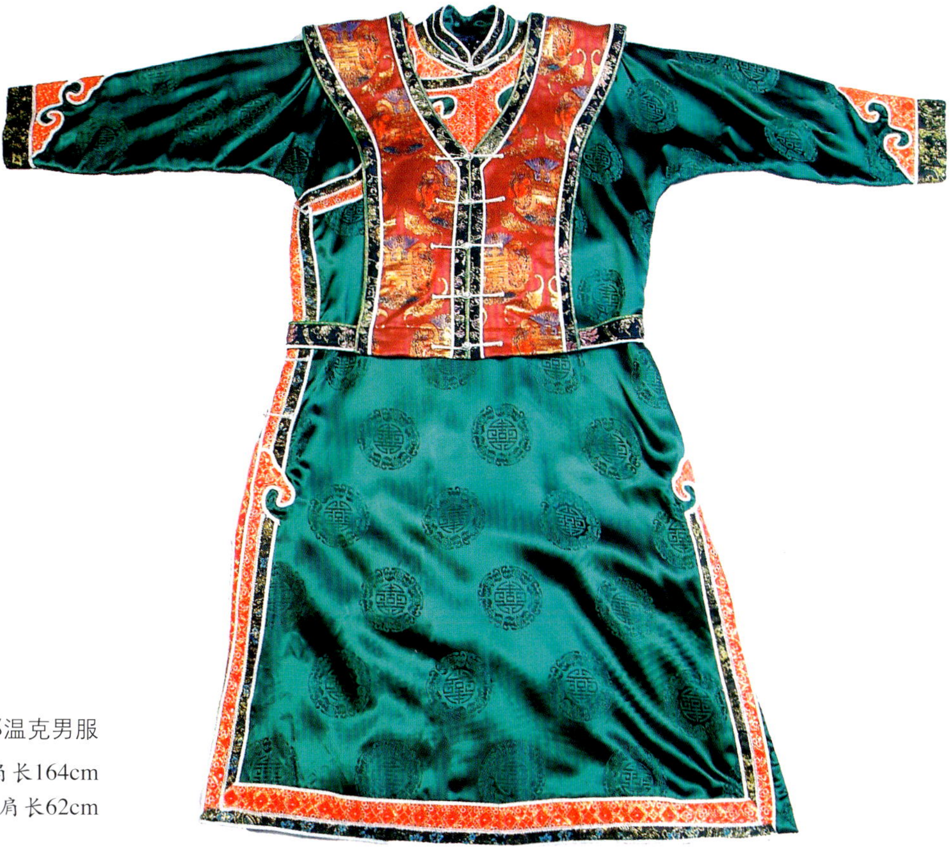

新疆鄂温克男服

衣长134cm 通肩长164cm

坎肩长62cm

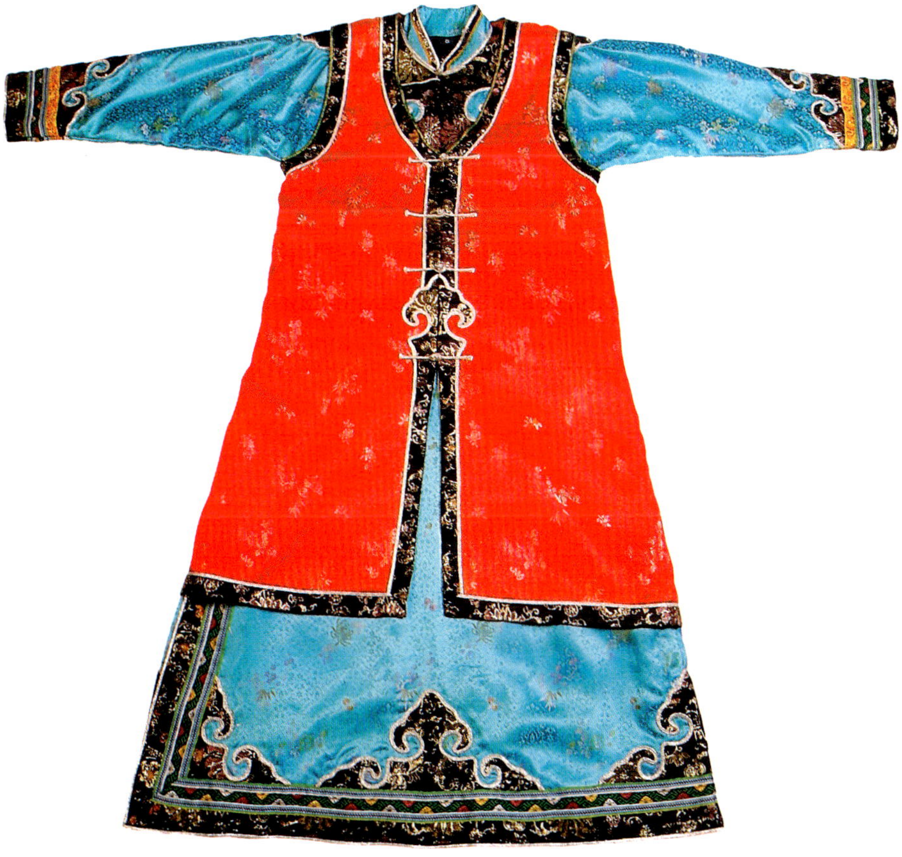

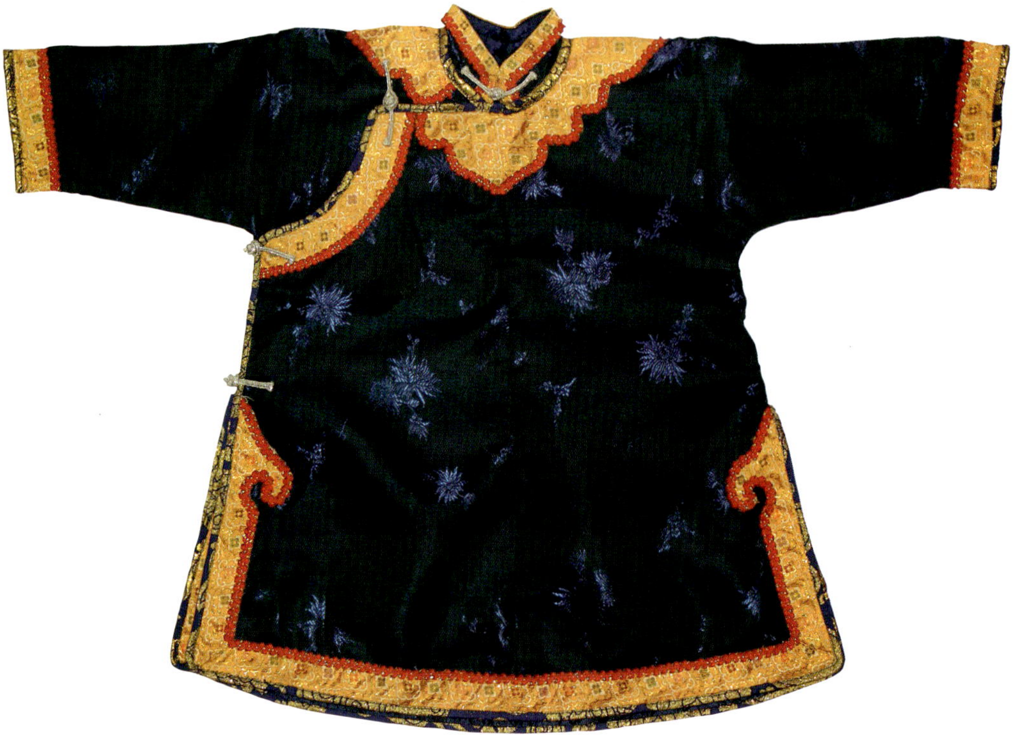

牧区鄂温克男童服　衣长57cm 通肩宽85cm

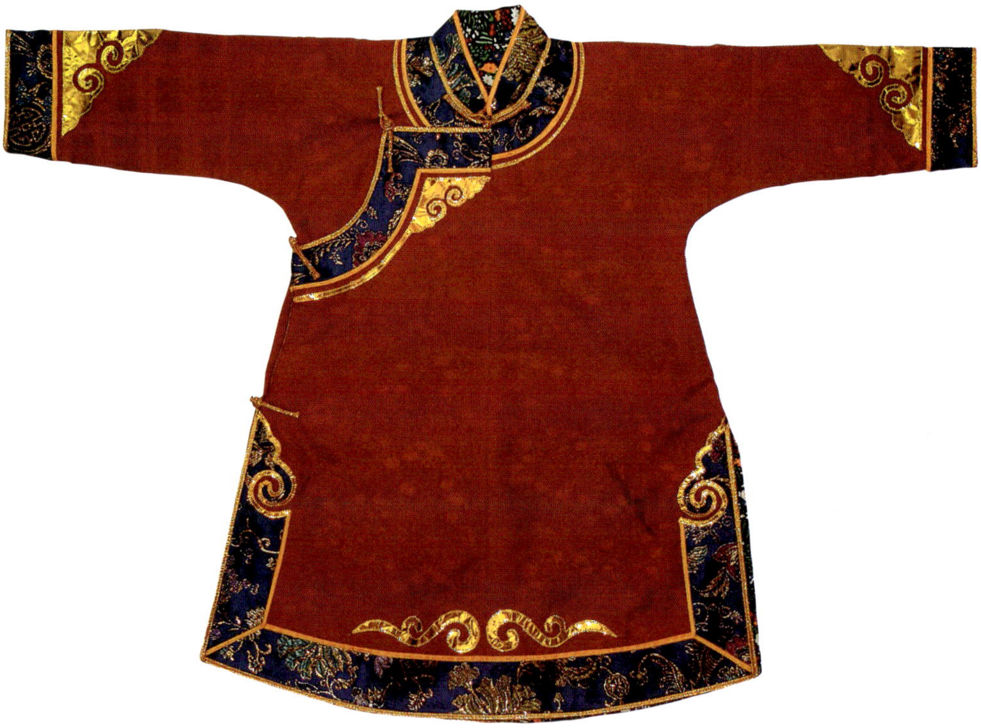

牧区鄂温克女童服　衣长60cm 通肩宽83cm

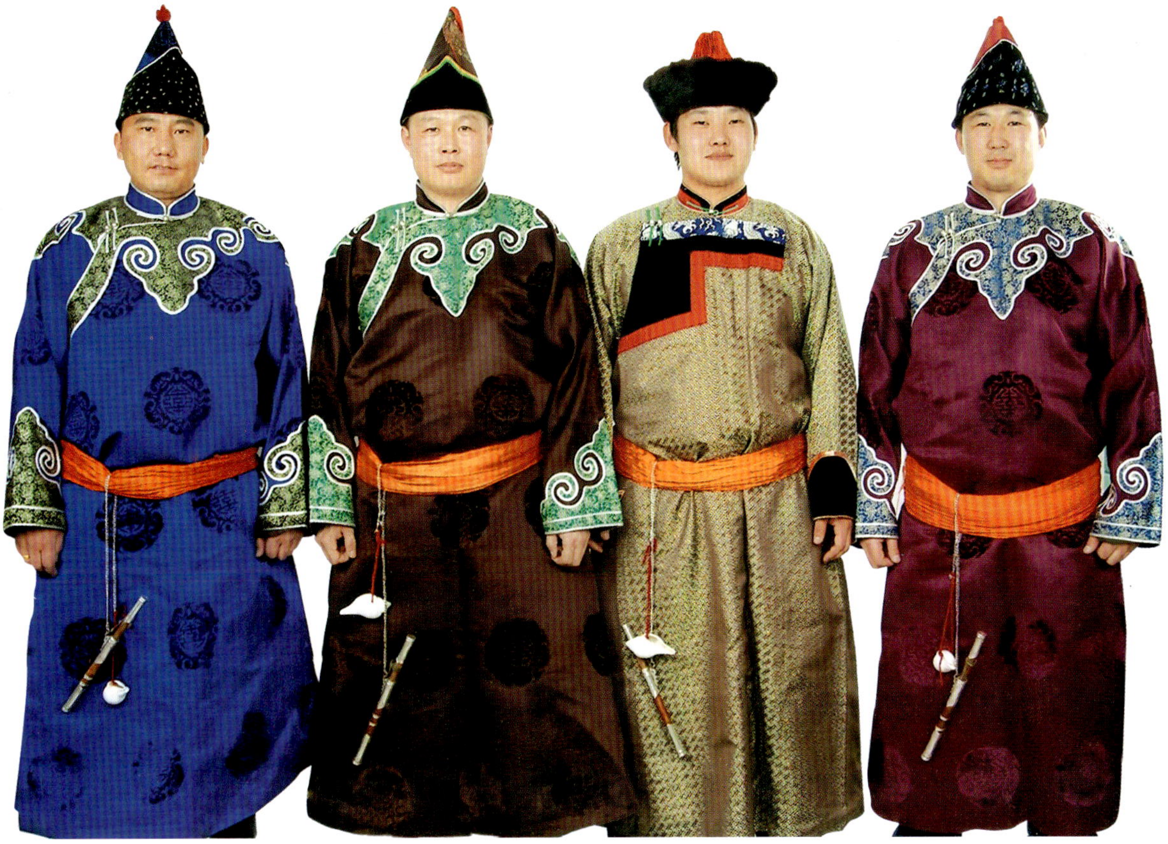

鄂温克族男青年

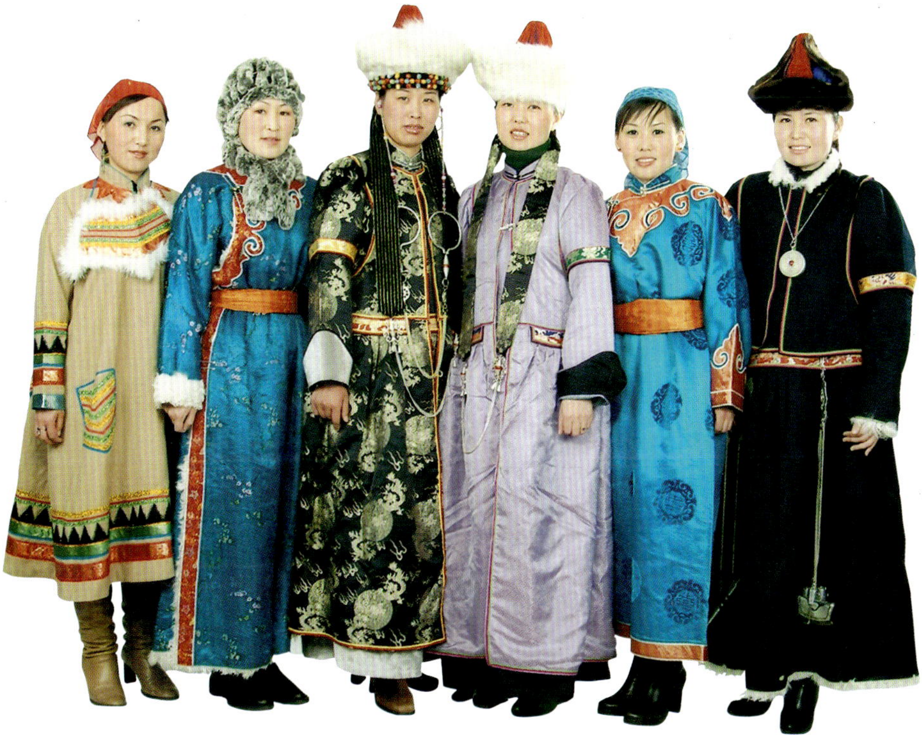

鄂温克族女青年

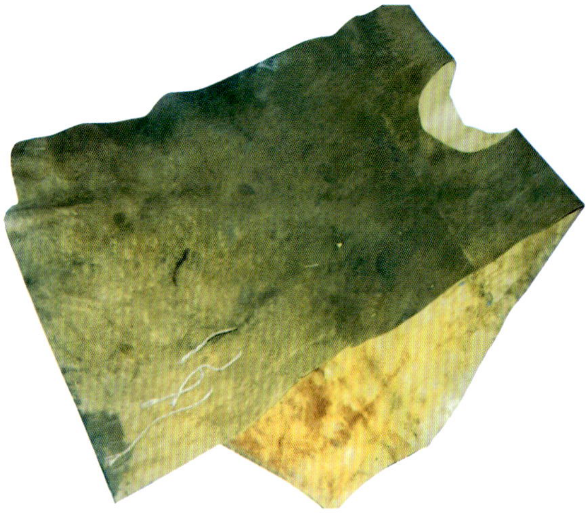

使鹿鄂温克犴皮背心

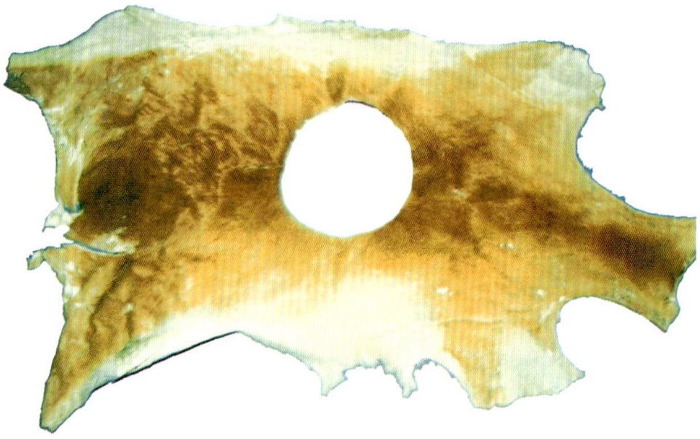

使鹿鄂温克狍皮背心

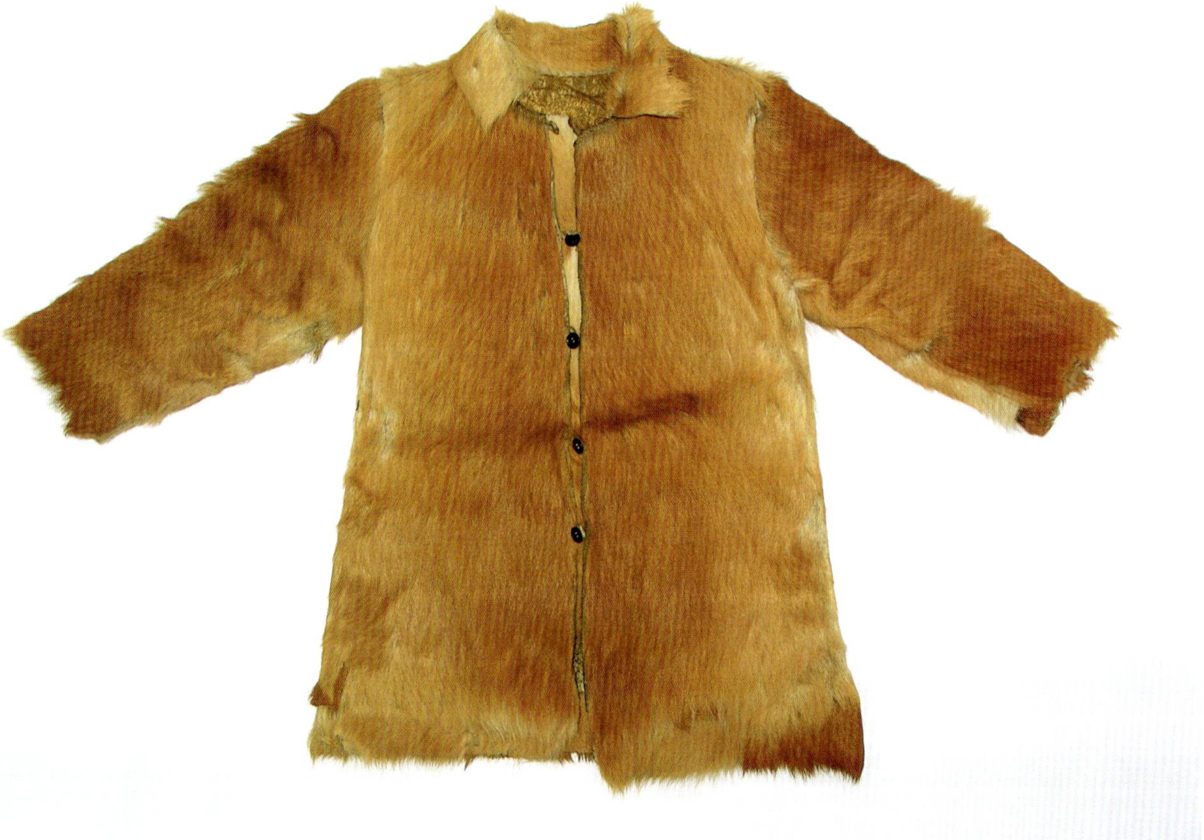

狍皮童装　衣长66cm　袖长42cm

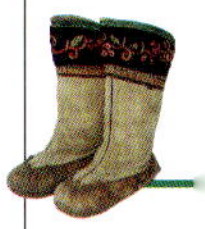

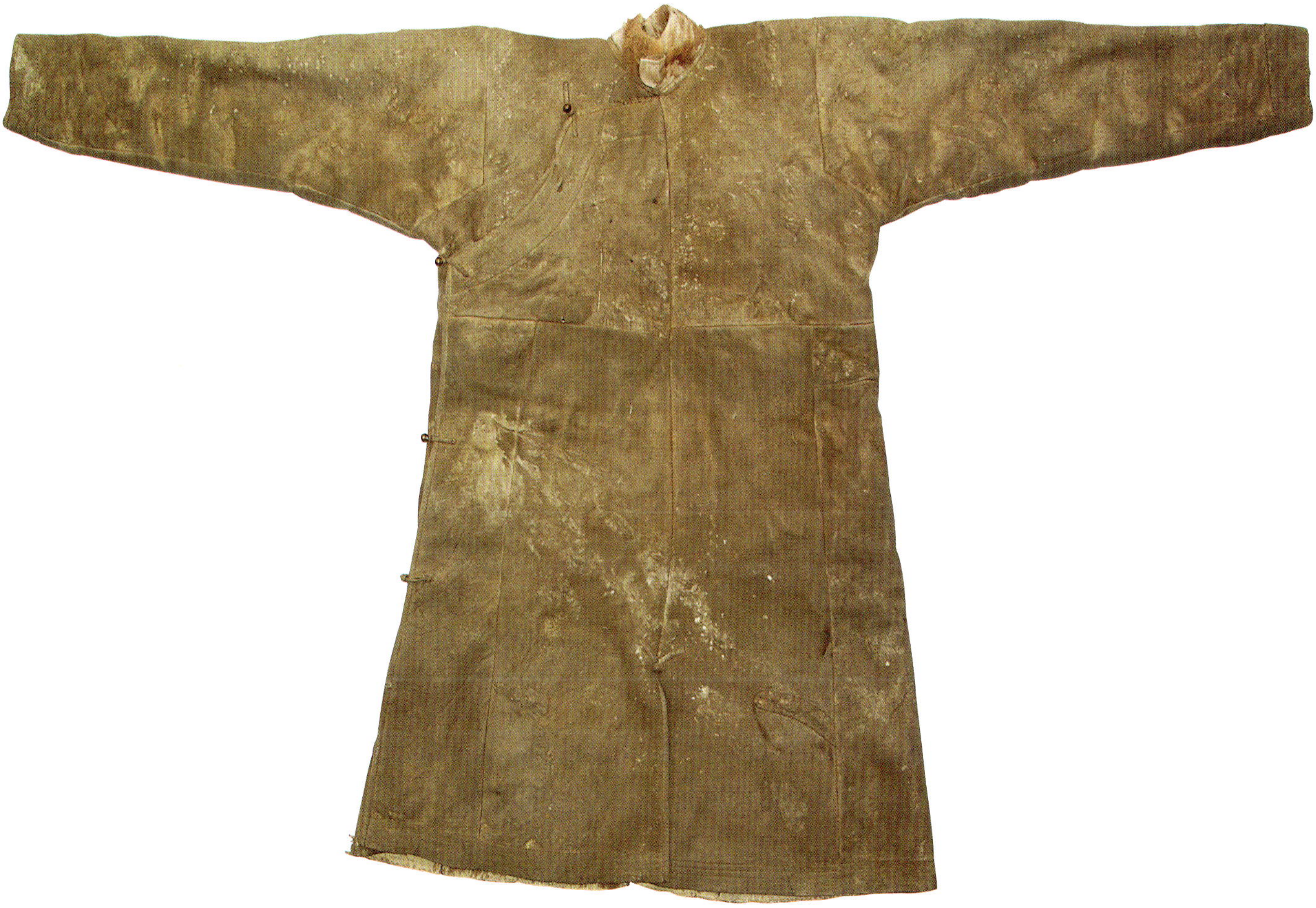

农区鄂温克狍皮男装
通肩长164cm 衣长102cm

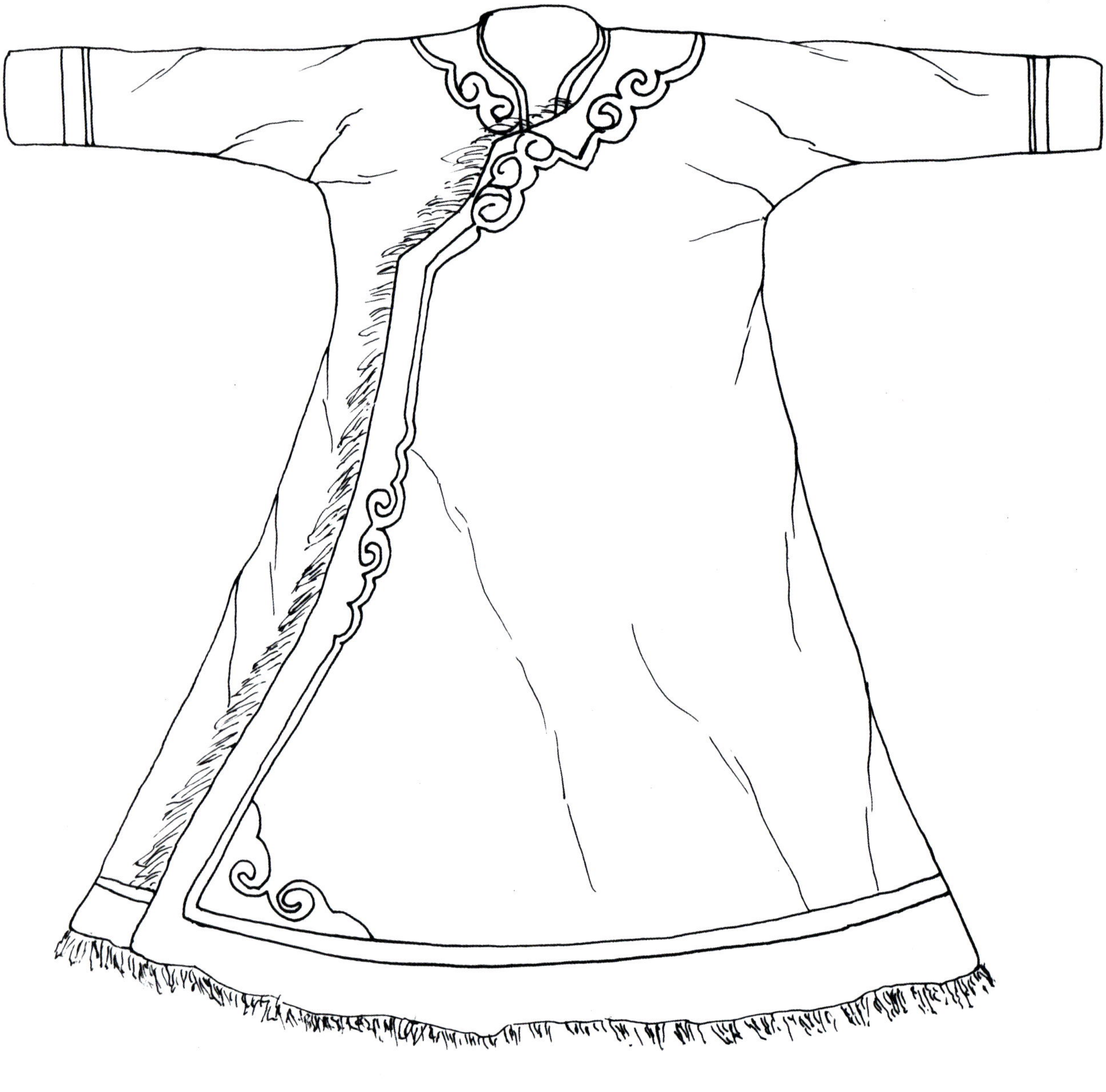

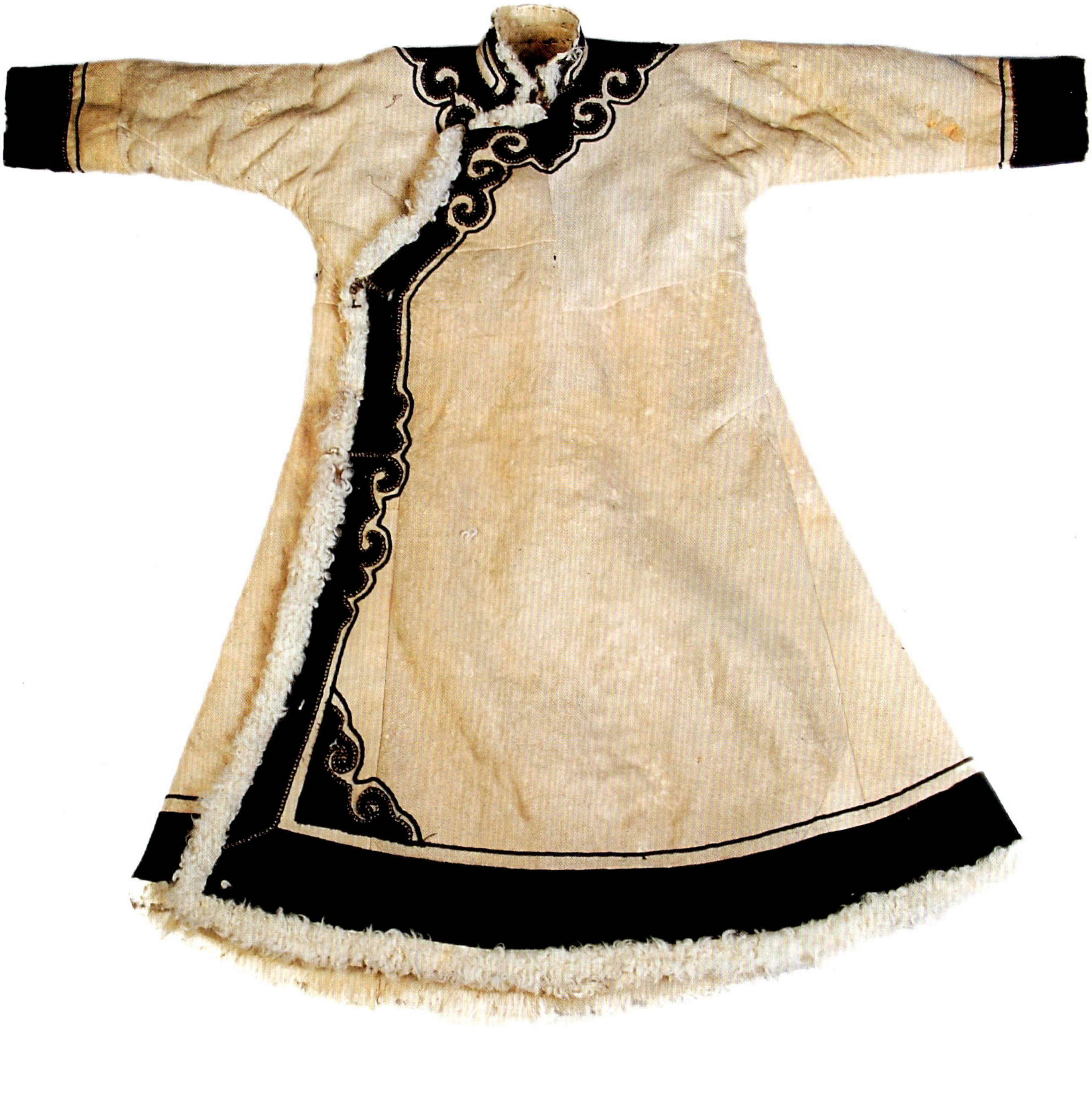

牧区鄂温克羊羔皮女服　衣长114cm 通肩宽120cm

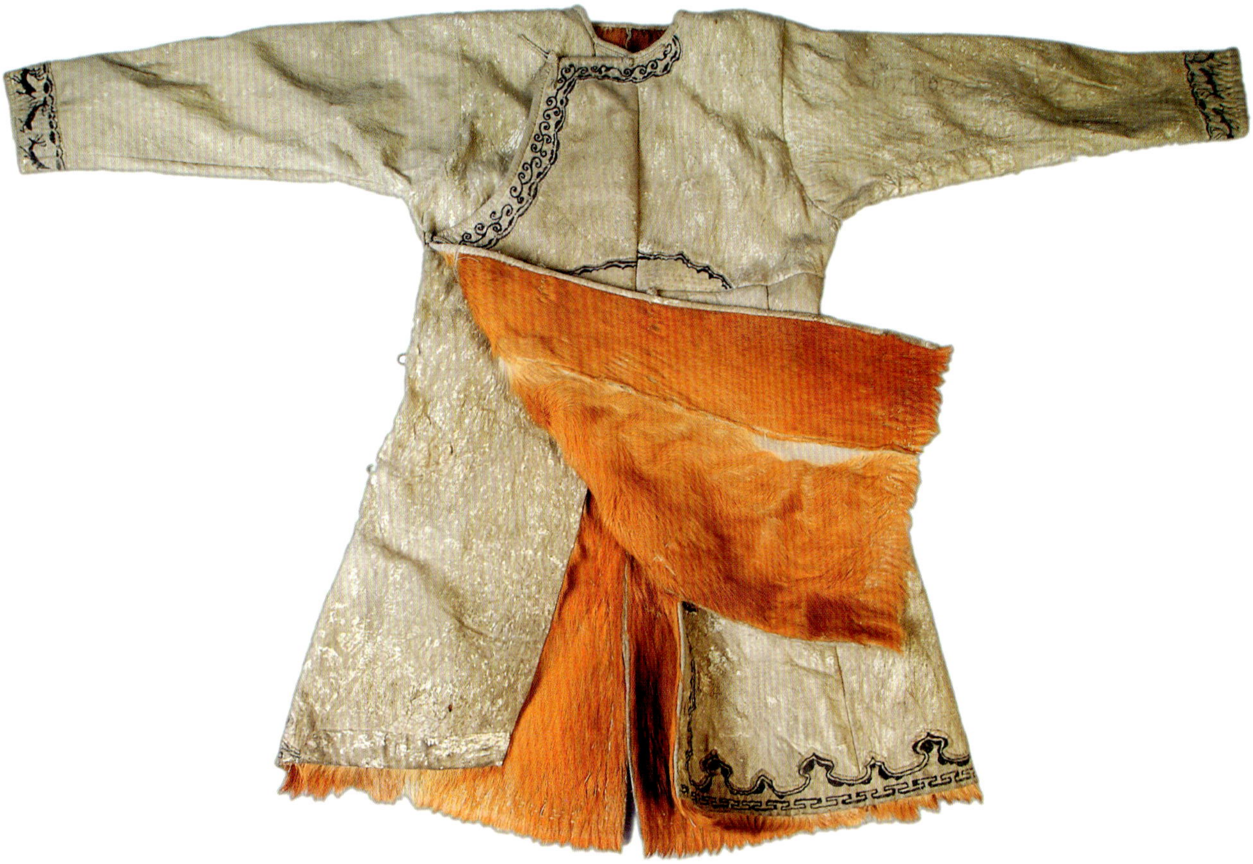

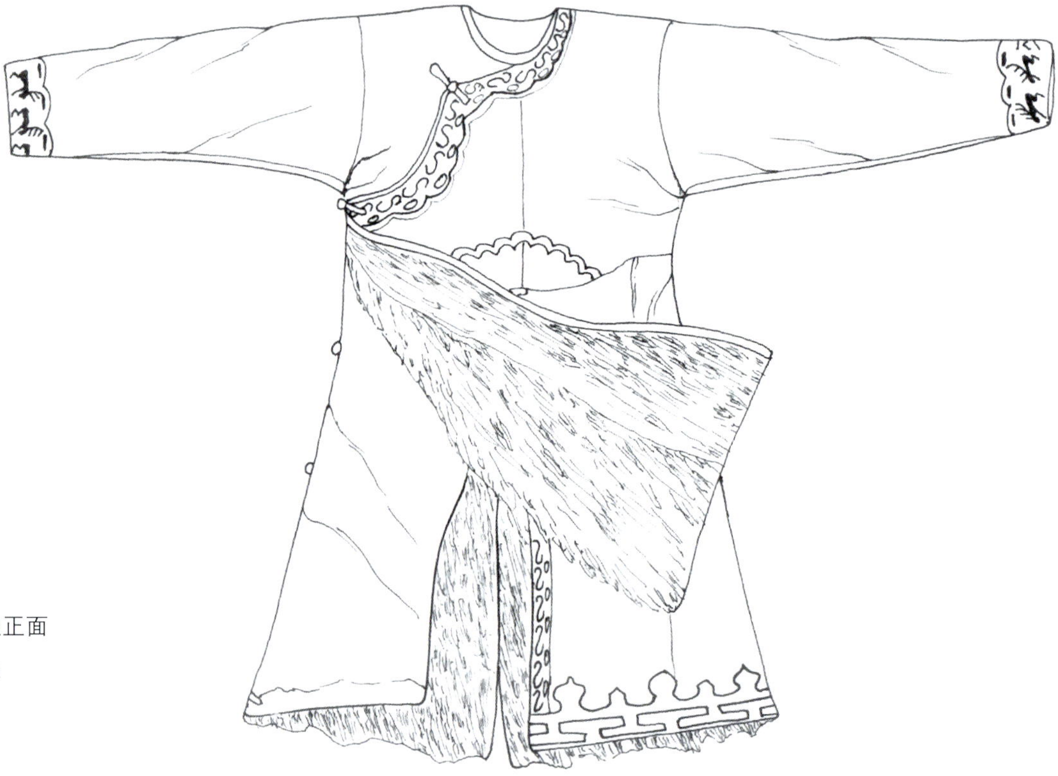

农区鄂温克贴绘狍皮男服正面

衣长102cm 通肩宽164cm

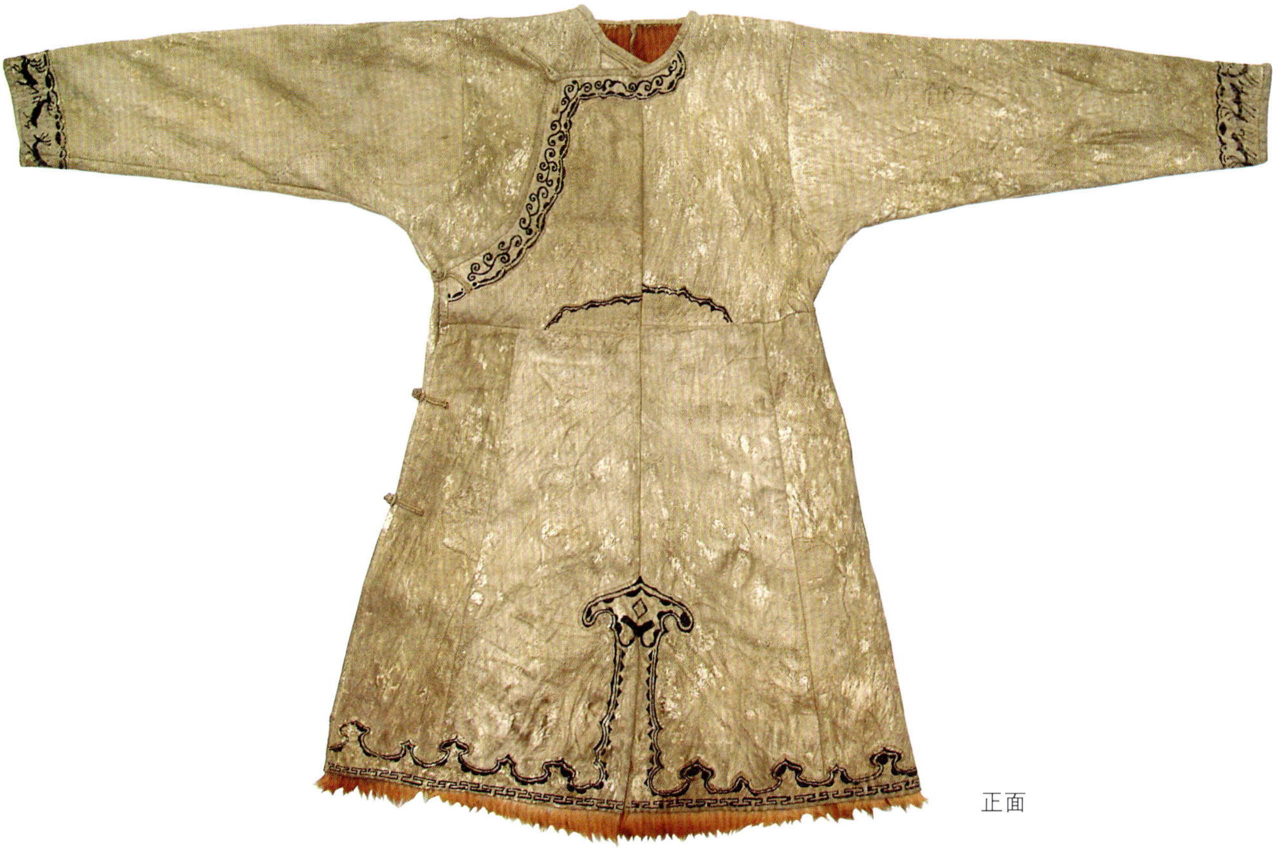

正面

农区鄂温克贴绘狍皮男服

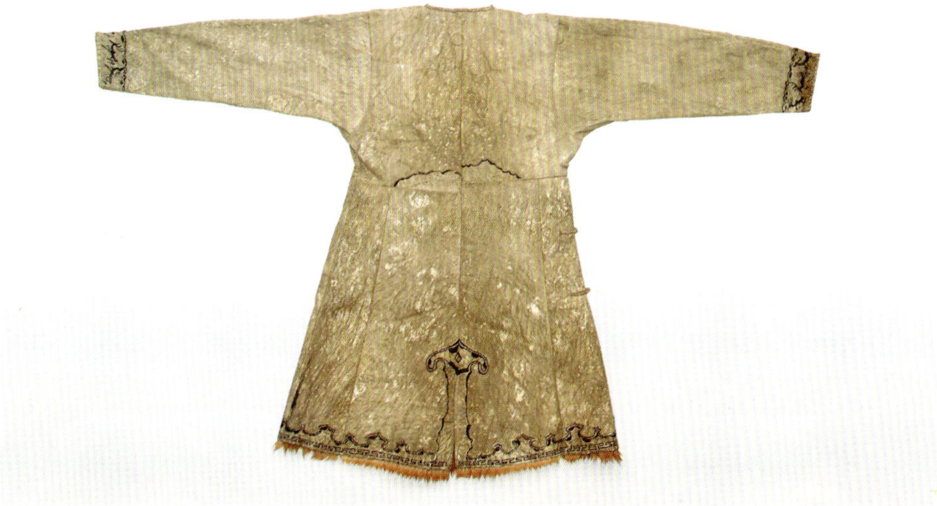

背面

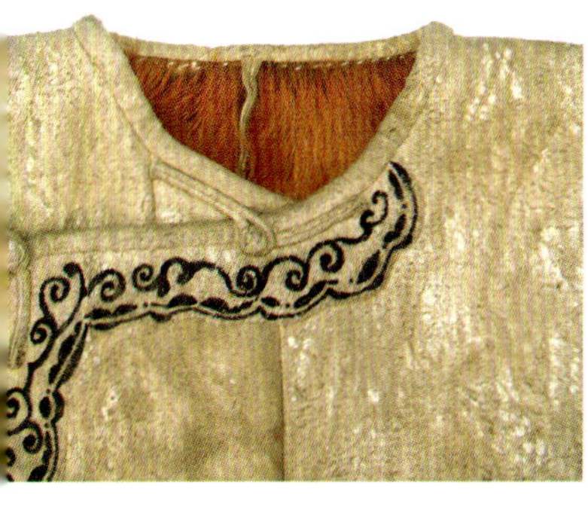
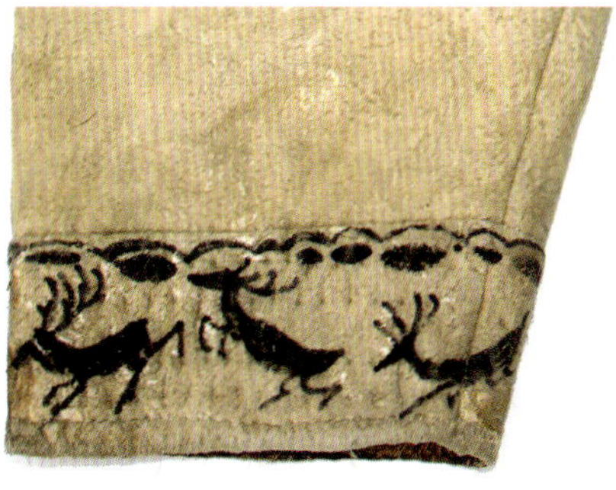
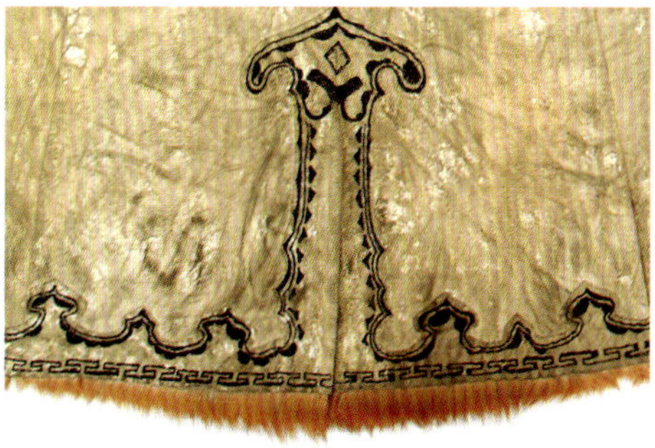

细部

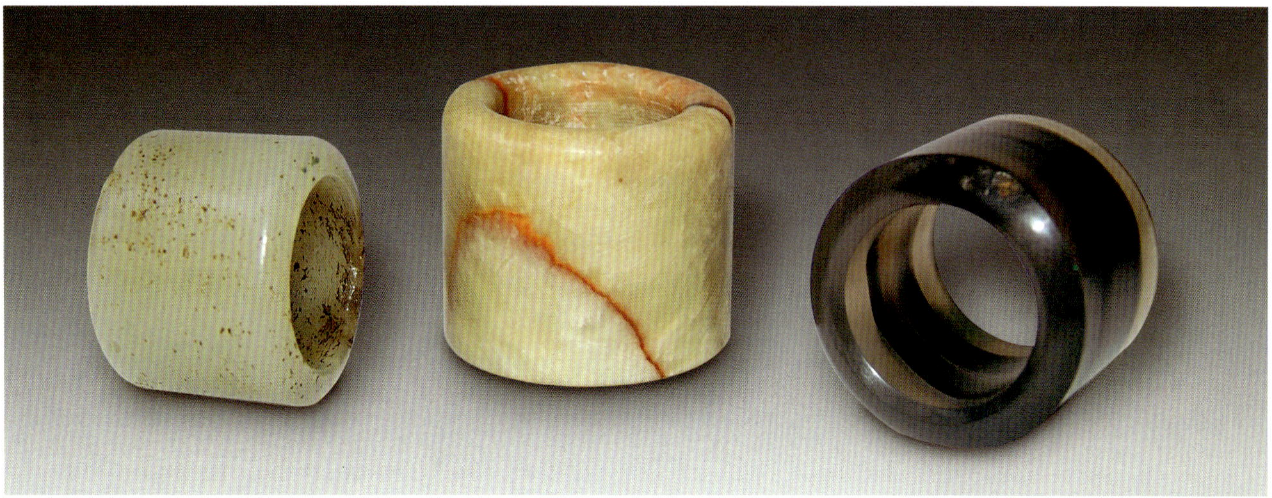

扳指

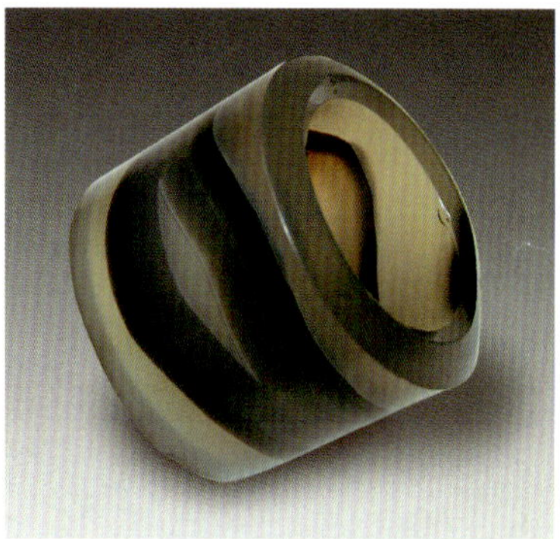

玛瑙扳指　直径3.5cm　高3cm

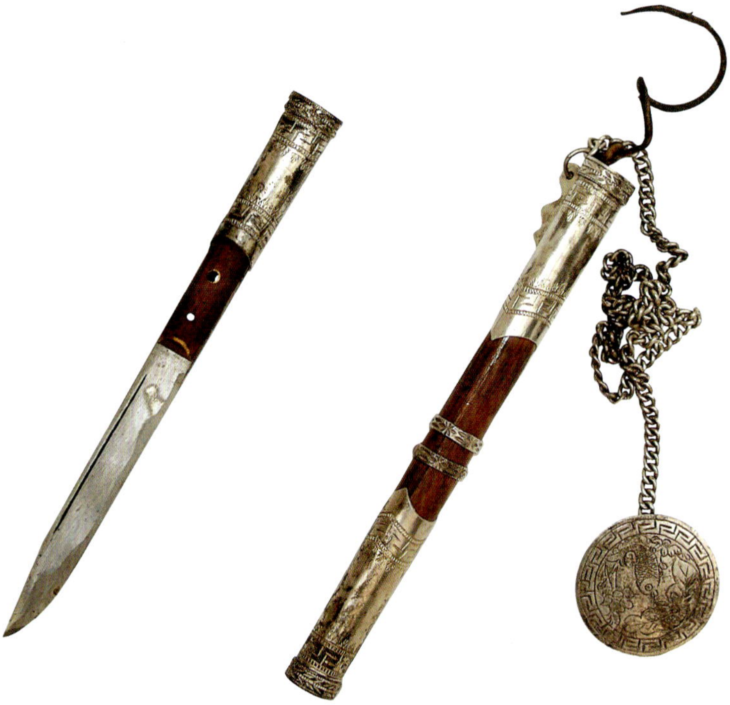

佩刀　通长32cm　刀刃长12cm

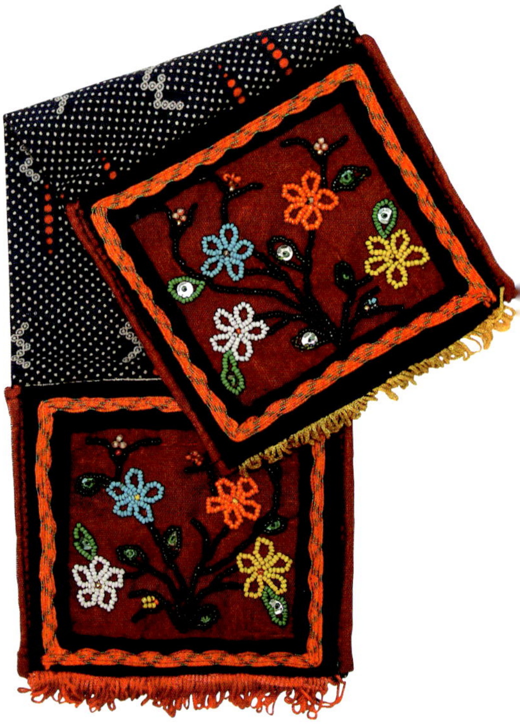

绣花搭链　长44cm　宽15cm

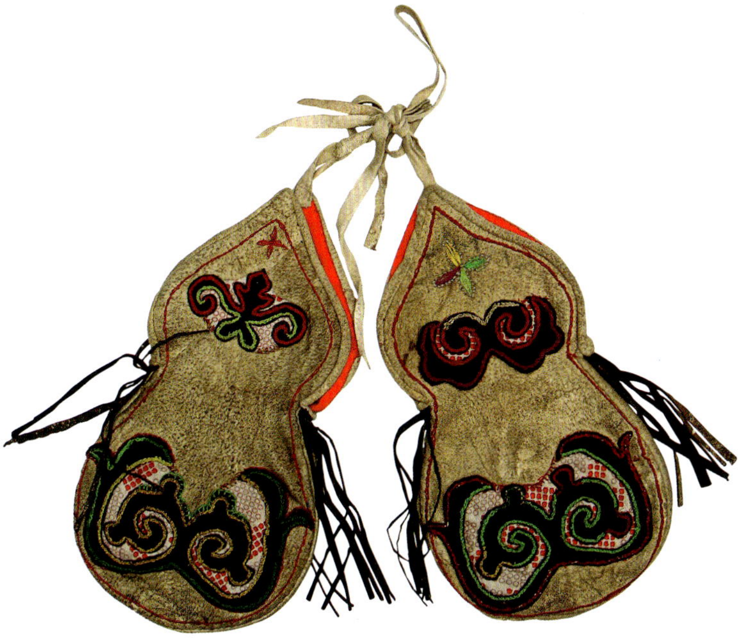

葫芦形狍皮绣花荷包　长25cm　宽14cm

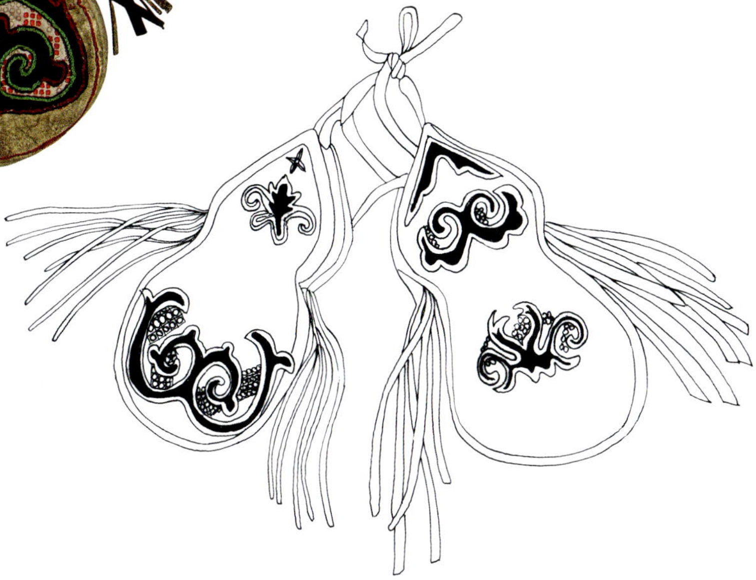

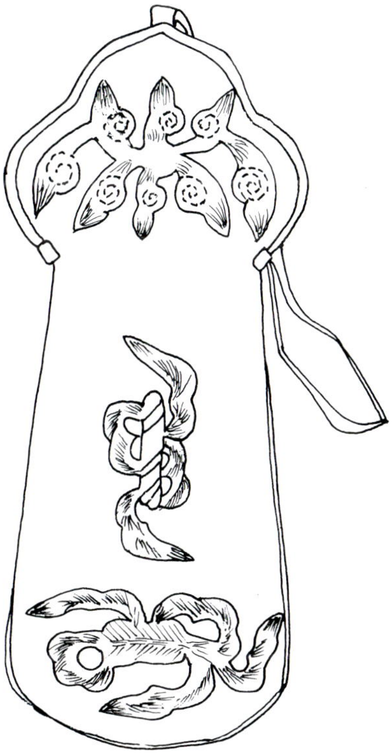

黑皮绣花荷包　长21cm　宽8.5cm

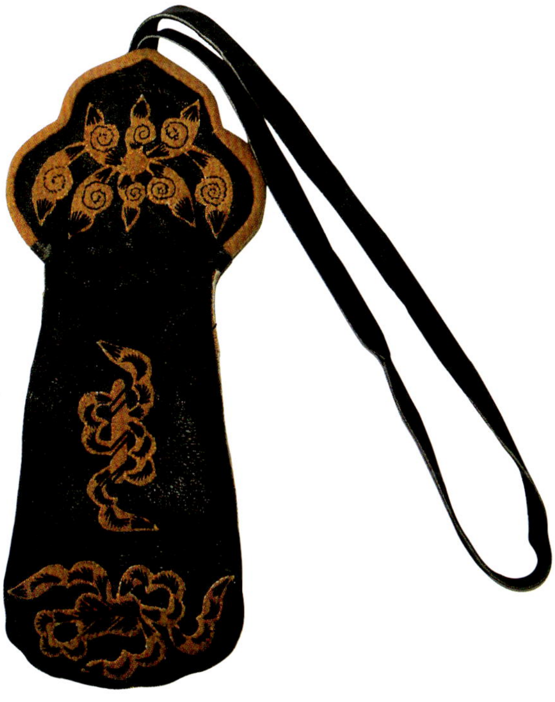

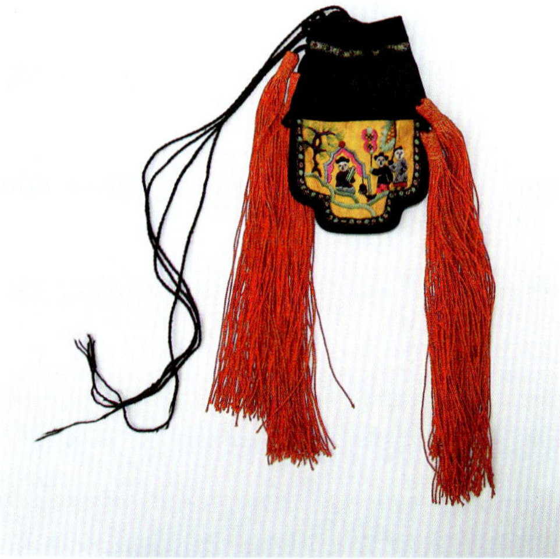

红穗绣人物图案荷包

长12cm 宽8.5cm 穗长24cm

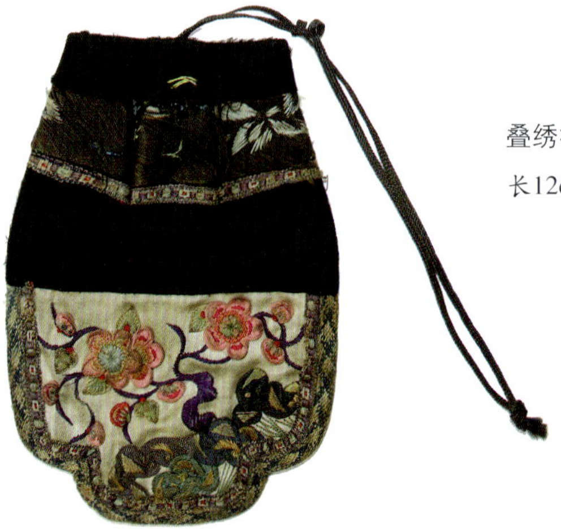

叠绣梅花图案荷包

长12cm 宽8cm

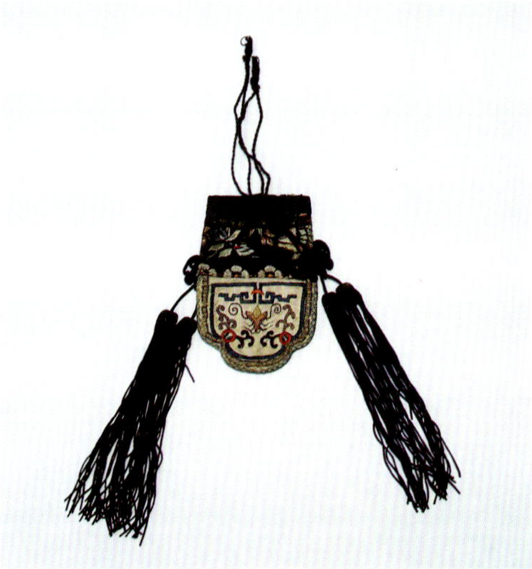

黑穗绣花荷包

长13cm 宽8.5cm

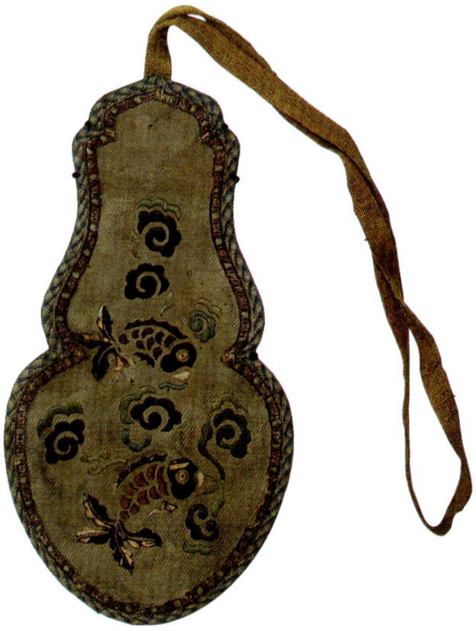

灰底鱼纹葫芦形荷包

长16.5cm 宽9cm

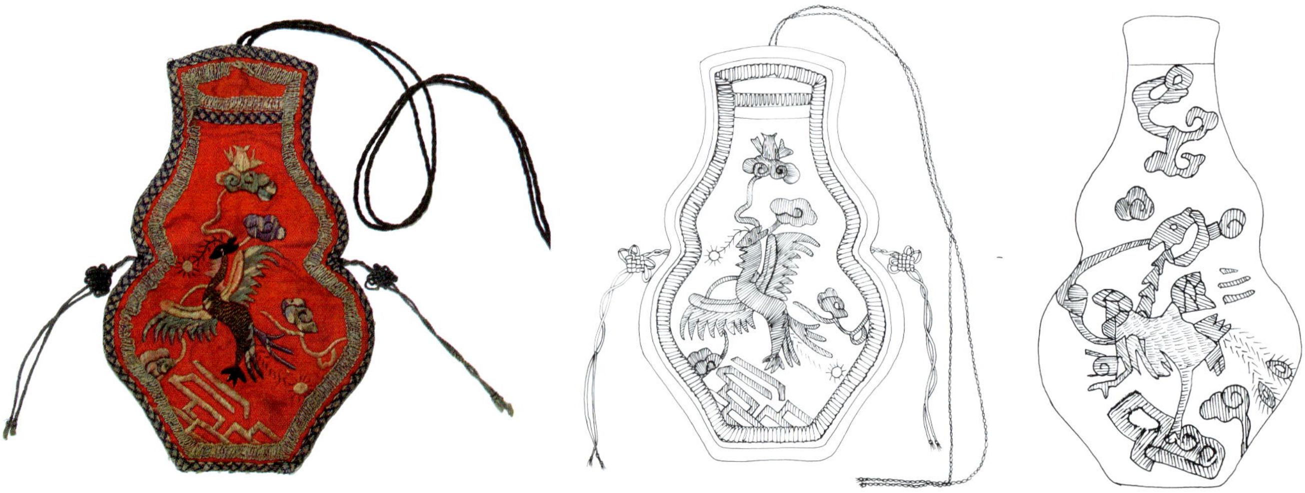

红底绣凤凰图案荷包 长13.5cm 宽9cm

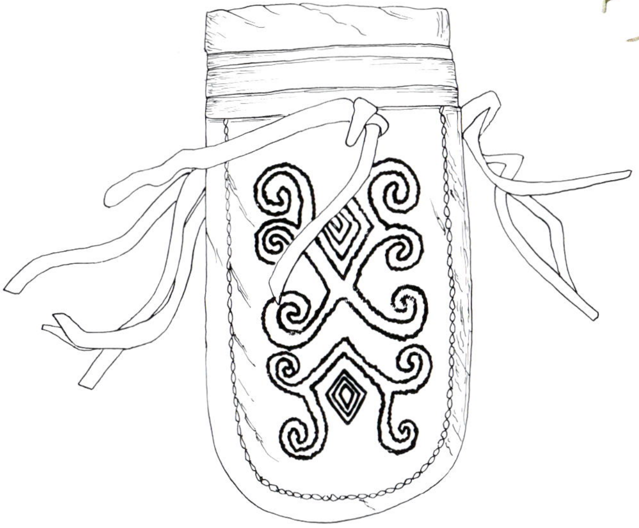

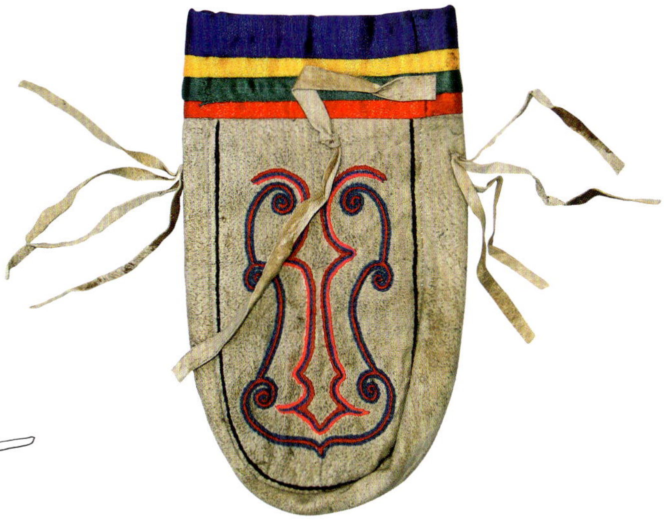

绣花狍皮荷包　长23cm　宽13cm

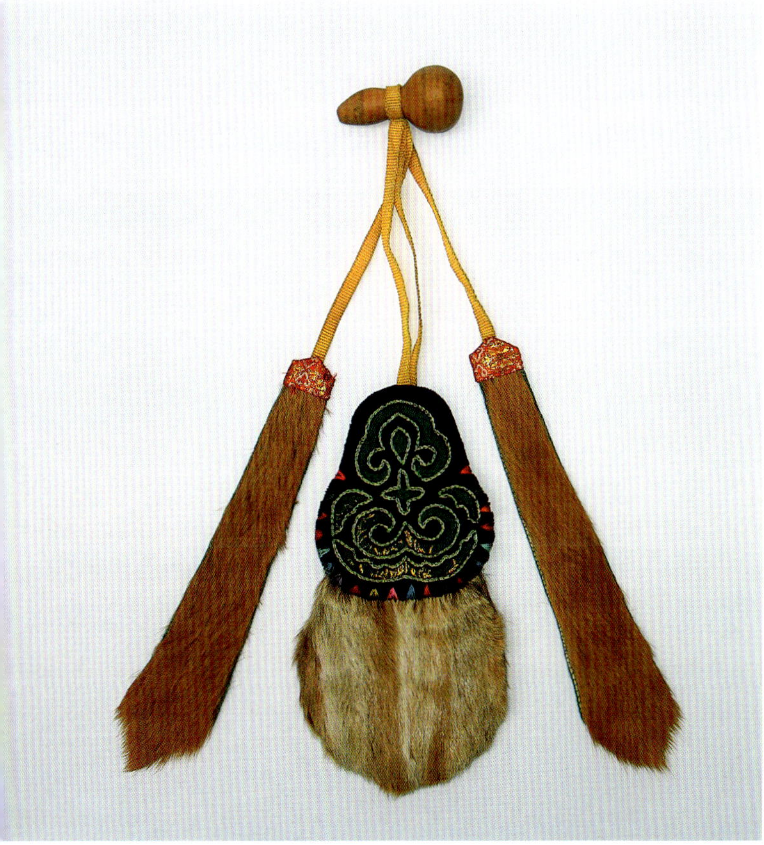

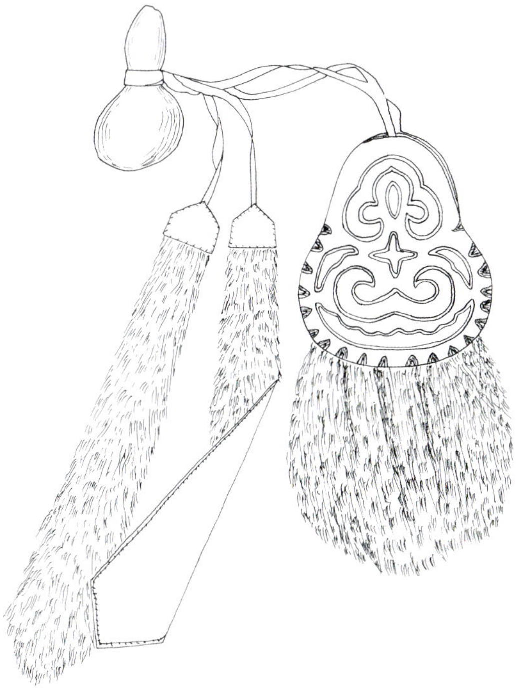

绣花狍腿皮荷包　长22cm　宽11cm

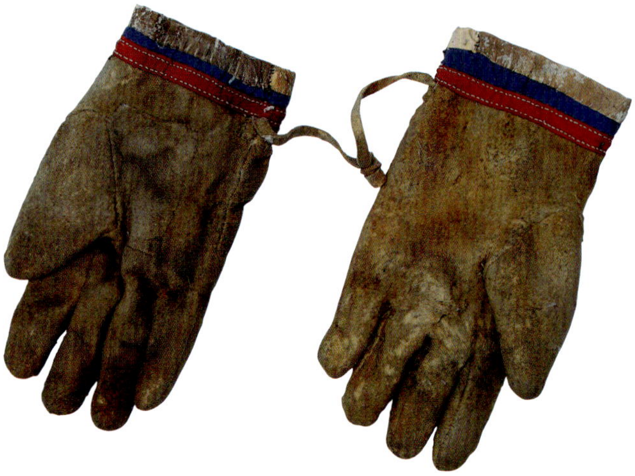

五指犴皮手套　长25cm　宽13.5cm

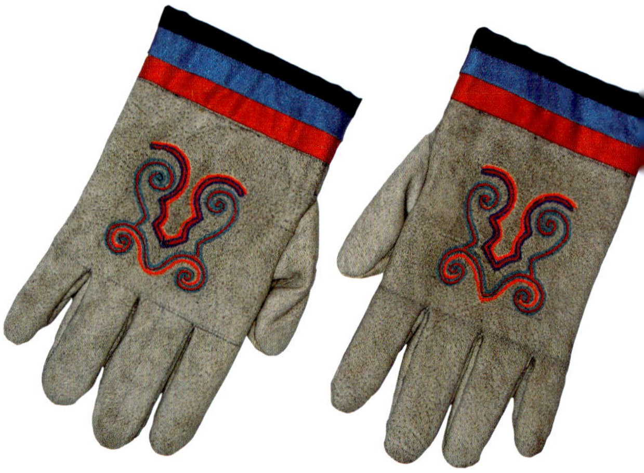

绣花五指狍皮手套　长26cm　宽14cm

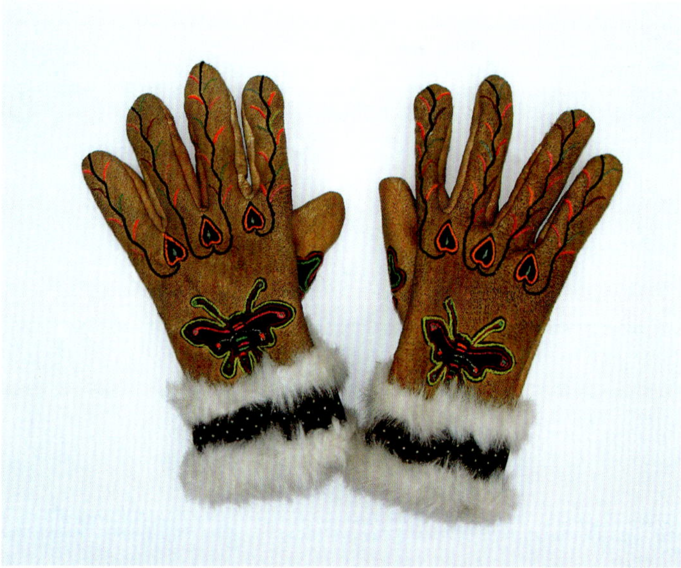

绣蝴蝶纹五指狍皮手套　长24cm　宽10cm

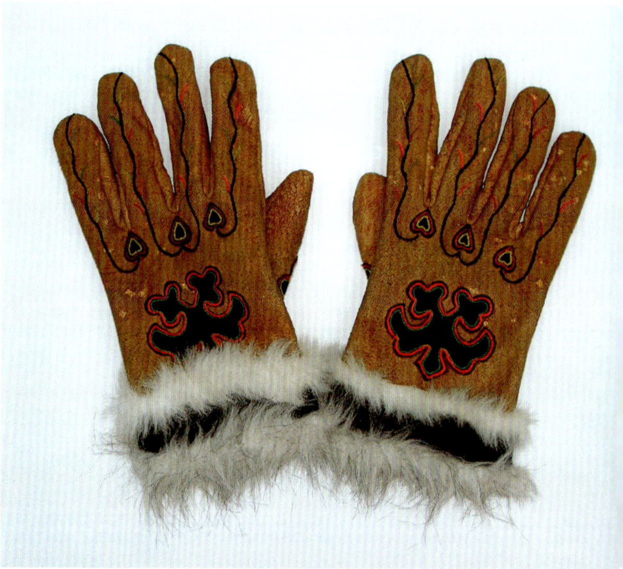

绣花五指狍皮手套　长26cm　宽10cm

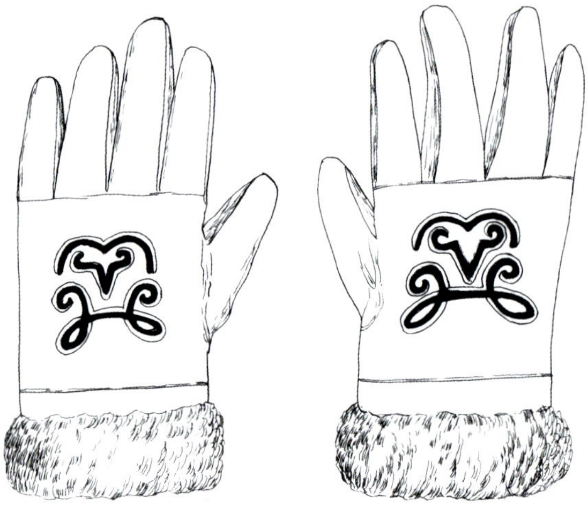

五指狍皮手套　长24cm 宽10cm

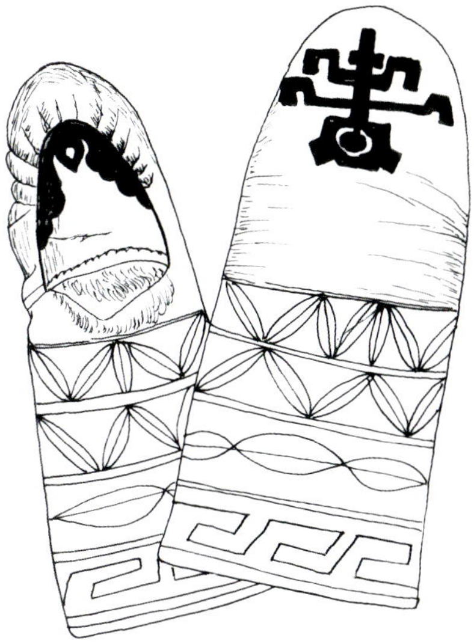

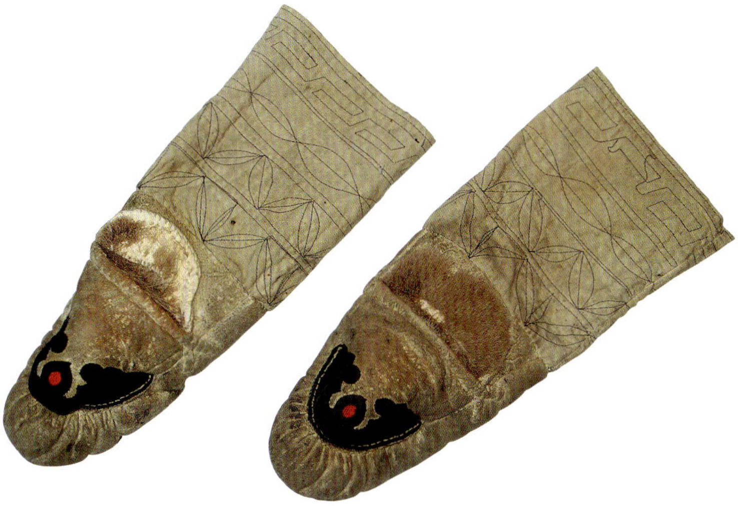

手焖子　长41cm　宽18cm

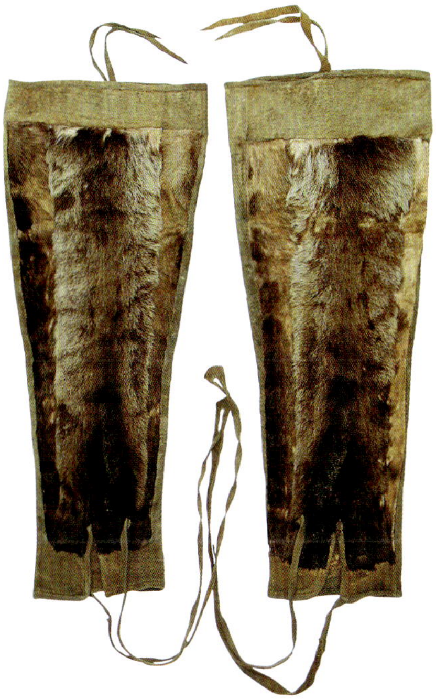

使鹿鄂温克犴皮套裤
长69cm　上口宽29cm　下口宽18cm

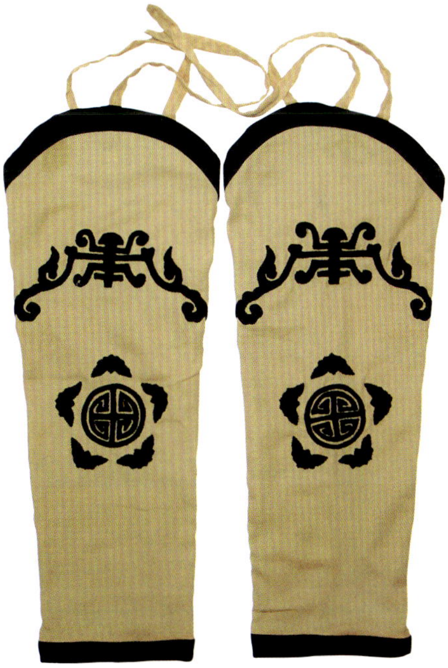

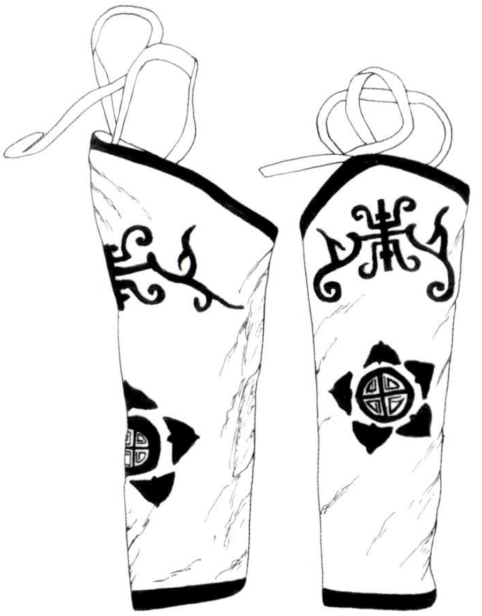

农区鄂温克贴花绣布套裤
长70cm　上宽29cm　下宽20cm

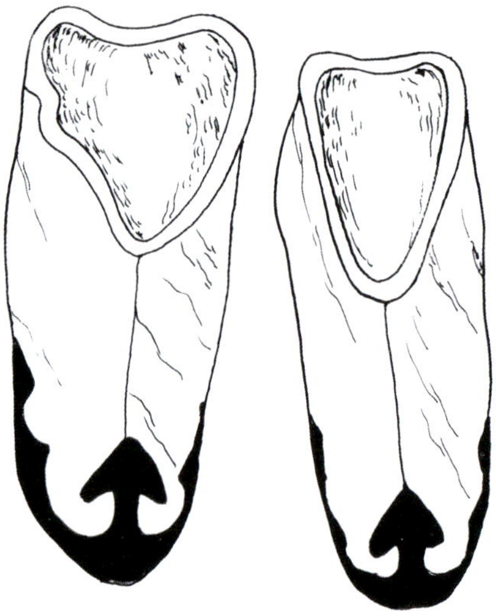

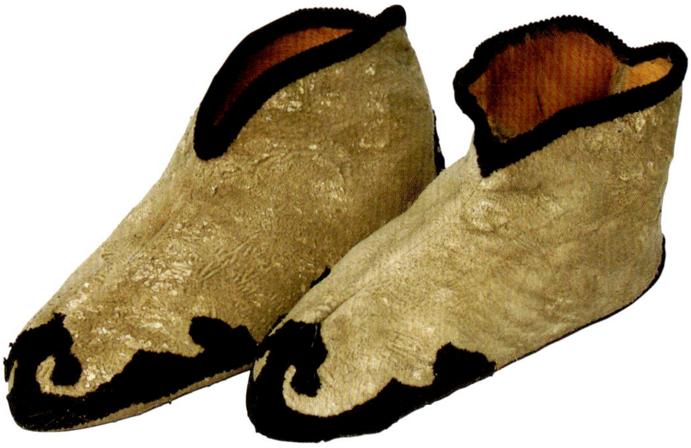

贴花绣狍皮袜　长27cm 高13cm

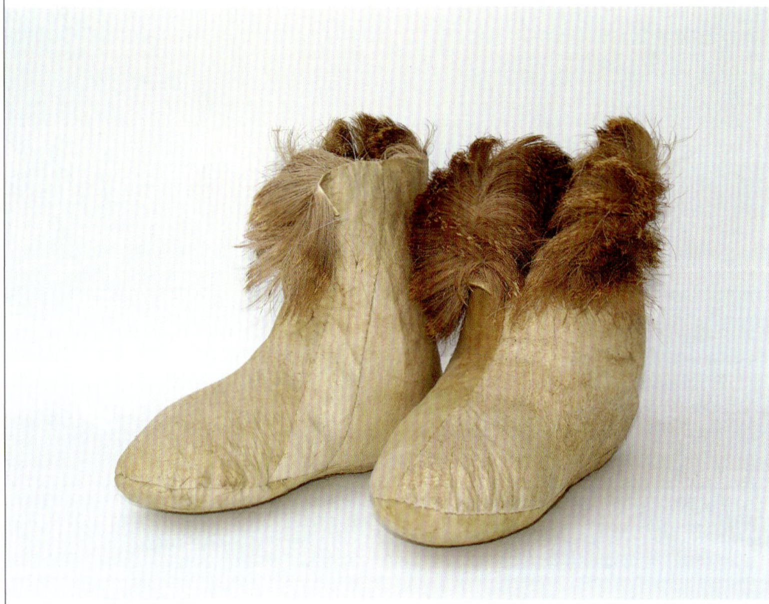

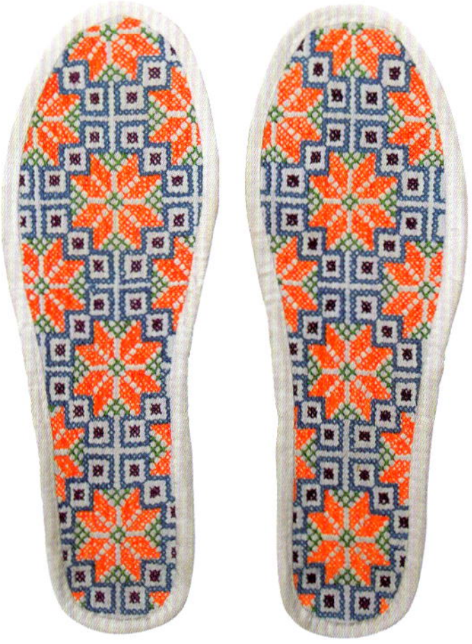

新疆鄂温克绣花靴垫

狍皮袜　长28cm 高22cm

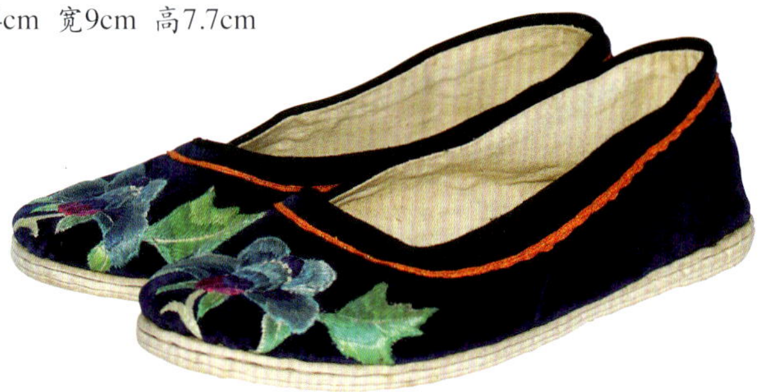

农区鄂温克绣花鞋
长24cm 宽9cm 高7.7cm

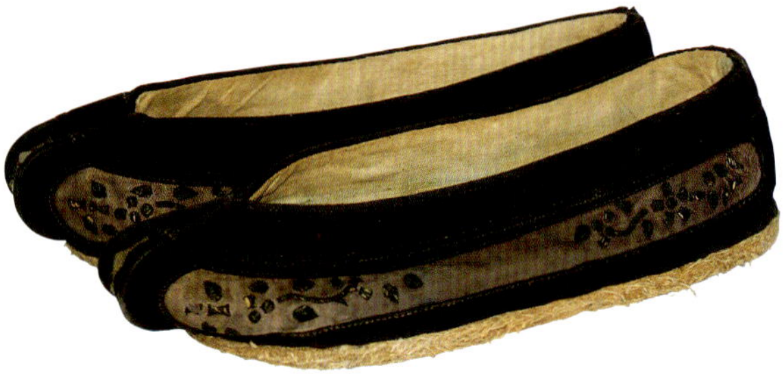

农区鄂温克绣花鞋
底长22cm 鞋长24cm 宽7cm 高6cm

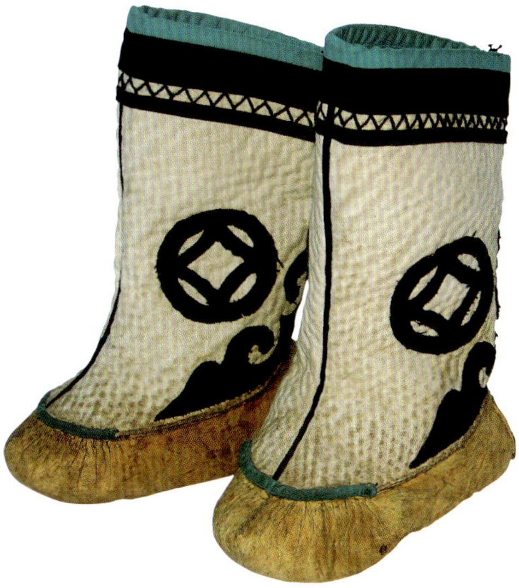

牧区鄂温克布腰牛皮底童靴　高22cm　直径8cm

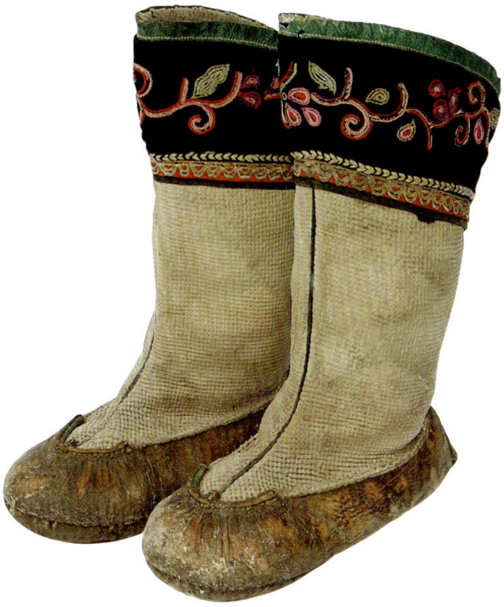

牧区鄂温克布腰牛皮底靴　长25cm　高33cm

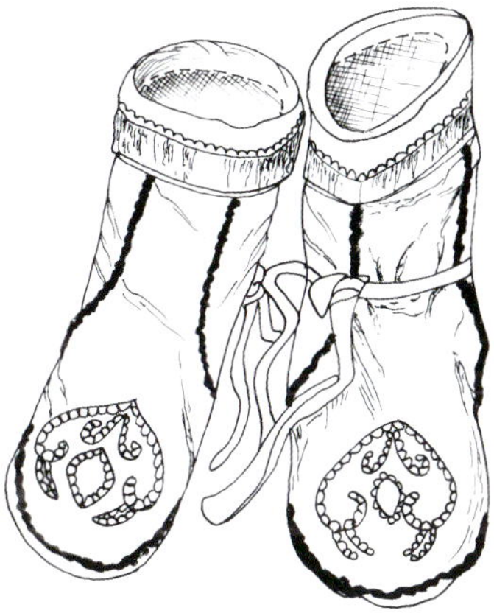

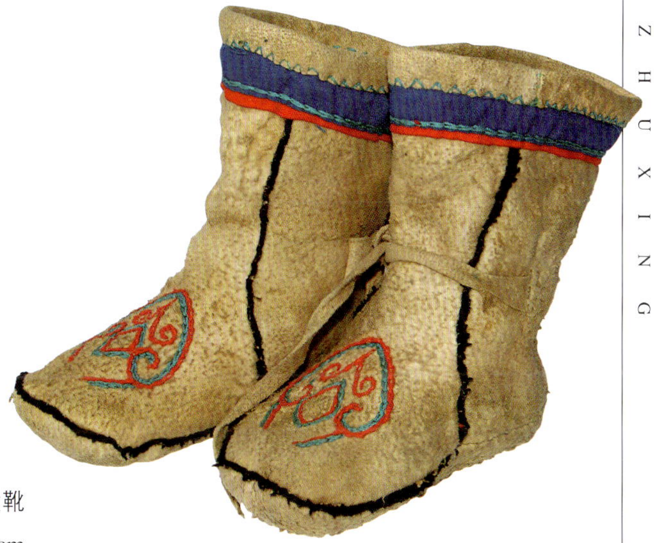

使鹿鄂温克鹿皮童靴
鞋长 13cm　高12.5cm

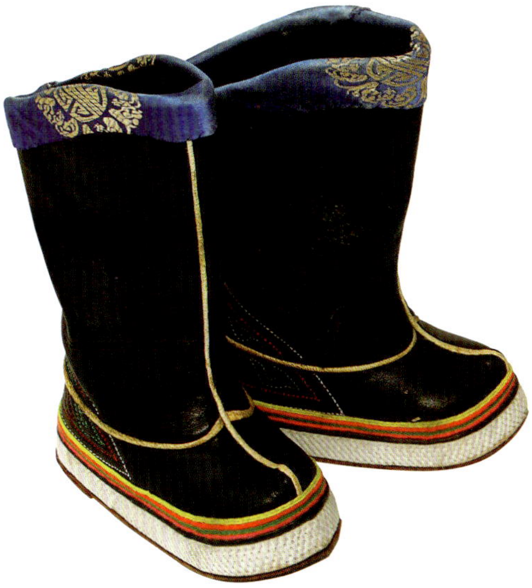

通古斯鄂温克童靴　鞋长18cm 高24cm

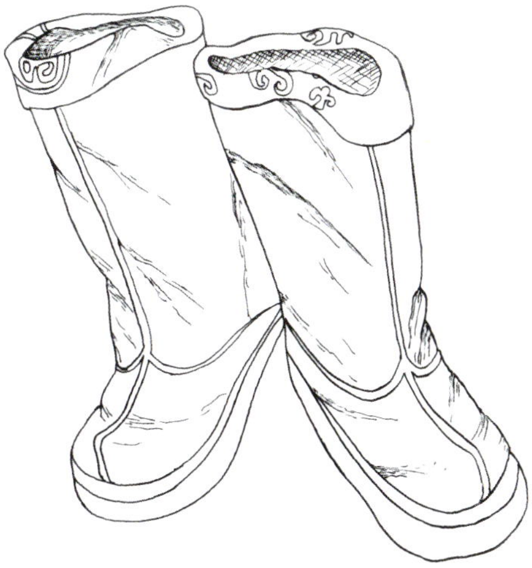

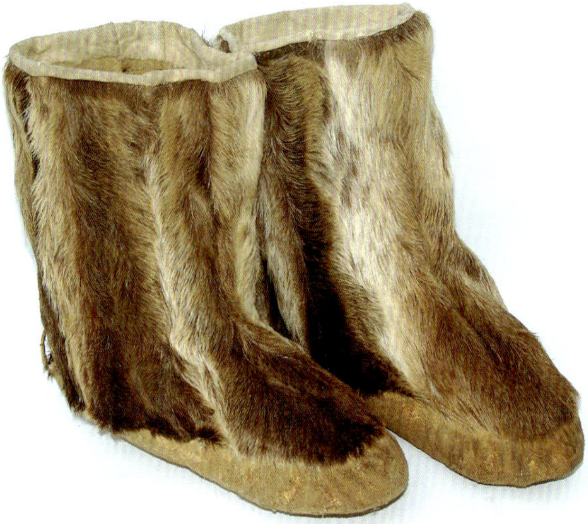

使鹿鄂温克犴皮靴　长32cm　高26cm

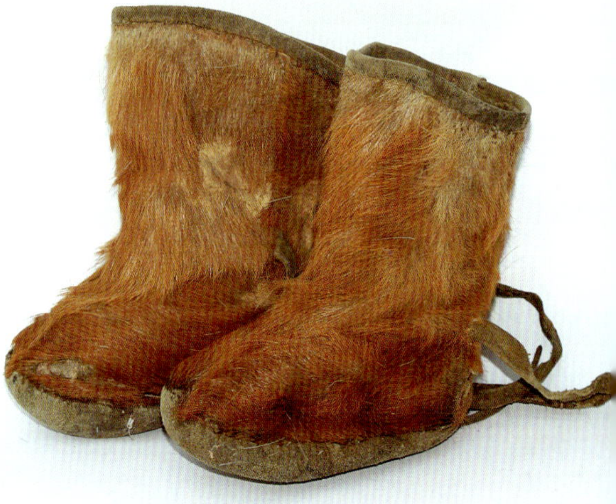

狍皮童靴　长14cm　高15cm

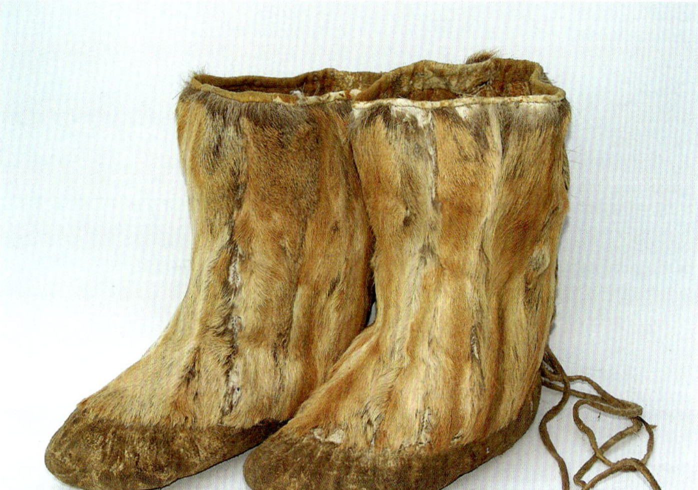

农区鄂温克狍腿皮靴　长28cm　高24cm

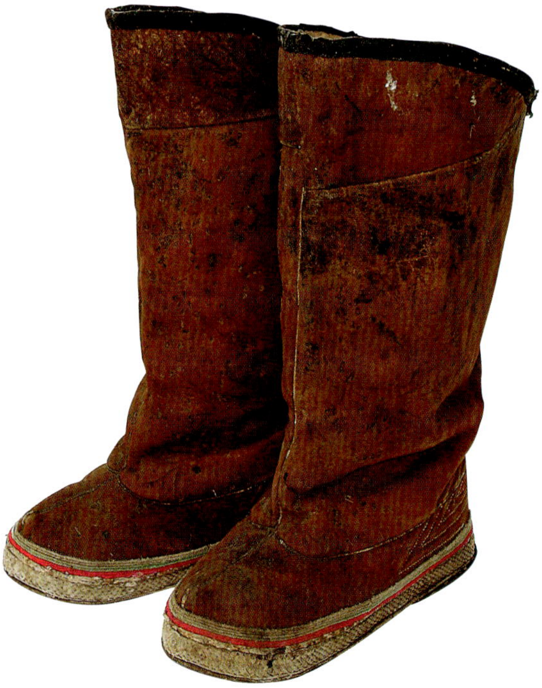

通古斯鄂温克犴皮靴　长29cm　高42cm

饮食

鄂温克族由于小集中大分散的聚居特点，受生产生活的影响，各地的饮食习惯有所差异。居住在鄂温克自治旗和陈巴尔虎旗的鄂温克人主要从事畜牧业，以前以牛羊肉为主要食物，米面因为较少而成为辅助食物。喜欢喝奶茶、吃奶制品，也自制奶酒，以供自饮或待客。使鹿鄂温克人从事狩猎生产，以前他们的食物来源主要是猎获物，以狍、犴、鹿、野猪、飞禽等野生动物的肉为主食，米面甚少。面食中他们最喜爱的是自制的“列巴”（即面包，一种外面烤焦的面包），可以长时间贮存，便于携带和存放，非常适于游猎生活。红茶和用驯鹿奶制作的奶茶是他们的主要饮料。使鹿鄂温克人还喜欢含一种口烟，即用干烟叶砸碎后兑上少许红茶和木炭灰，制成棕黑色的烟末，将这种烟末含在下唇和牙龈之间的位置，作用类似于吸烟。以上这两部鄂温克人都很少食用蔬菜，只在应季时采摘一些野果、野菜佐食，如山丁子、稠李子、杜柿、红豆、野葱、野韭菜、柳蒿芽、蘑菇等。居住在嫩江流域的鄂温克人主要从事农业生产，一直以自己种植的作物为主要食物来源，曾以稷、荞麦面、燕麦面为主，现在以玉米、小米、小麦为主食，喜欢食用多种蔬菜，这些蔬菜也同样来自他们的耕作。同时他们也有食用山野菜的习惯，喜欢吸自己种植的烟叶。

主要的狩猎动物

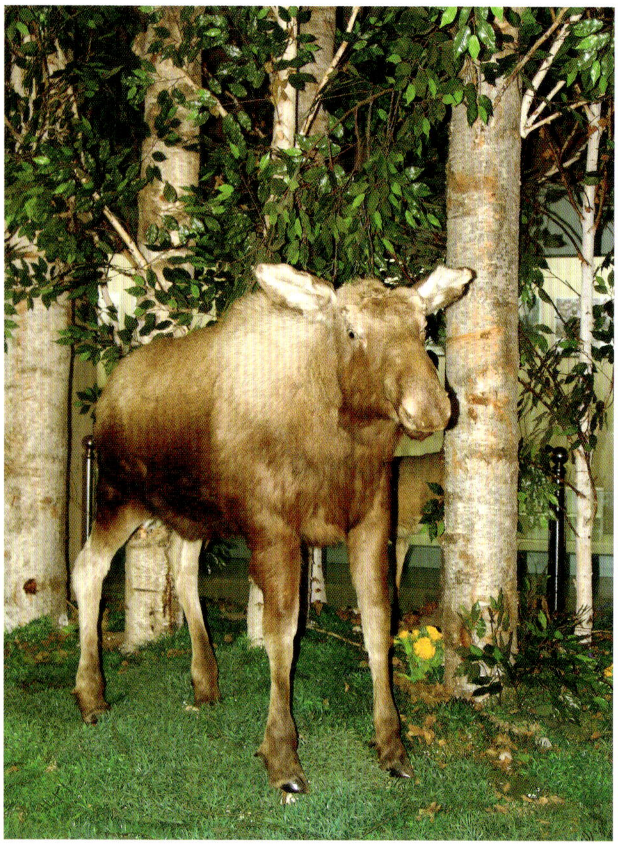
驼鹿（雄性）标本　长174cm 高140cm

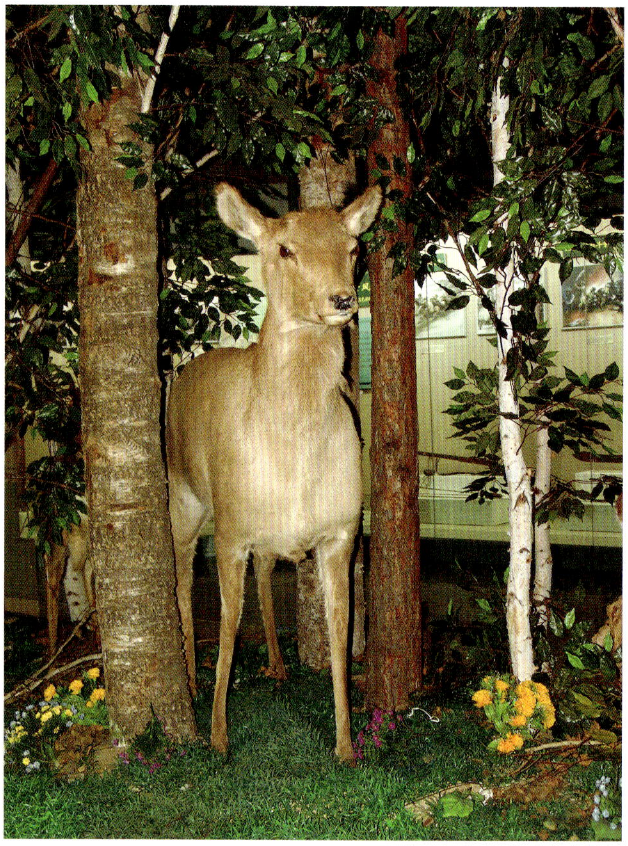
马鹿（雌性）标本　长174cm 高174cm

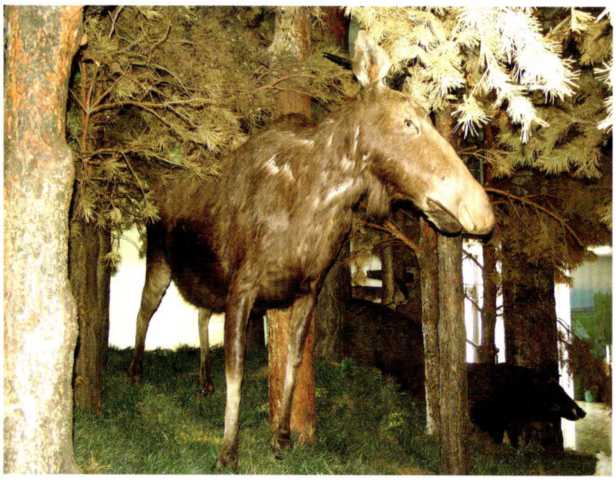
驼鹿（雌性）标本　长223 cm 高184cm

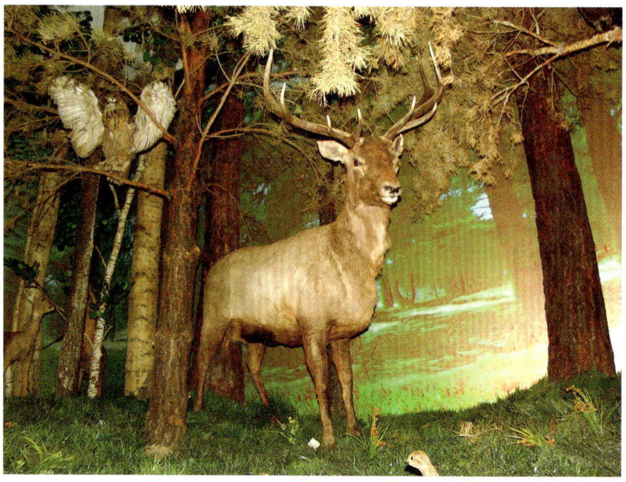
马鹿（雄性）标本　长174cm 高204cm

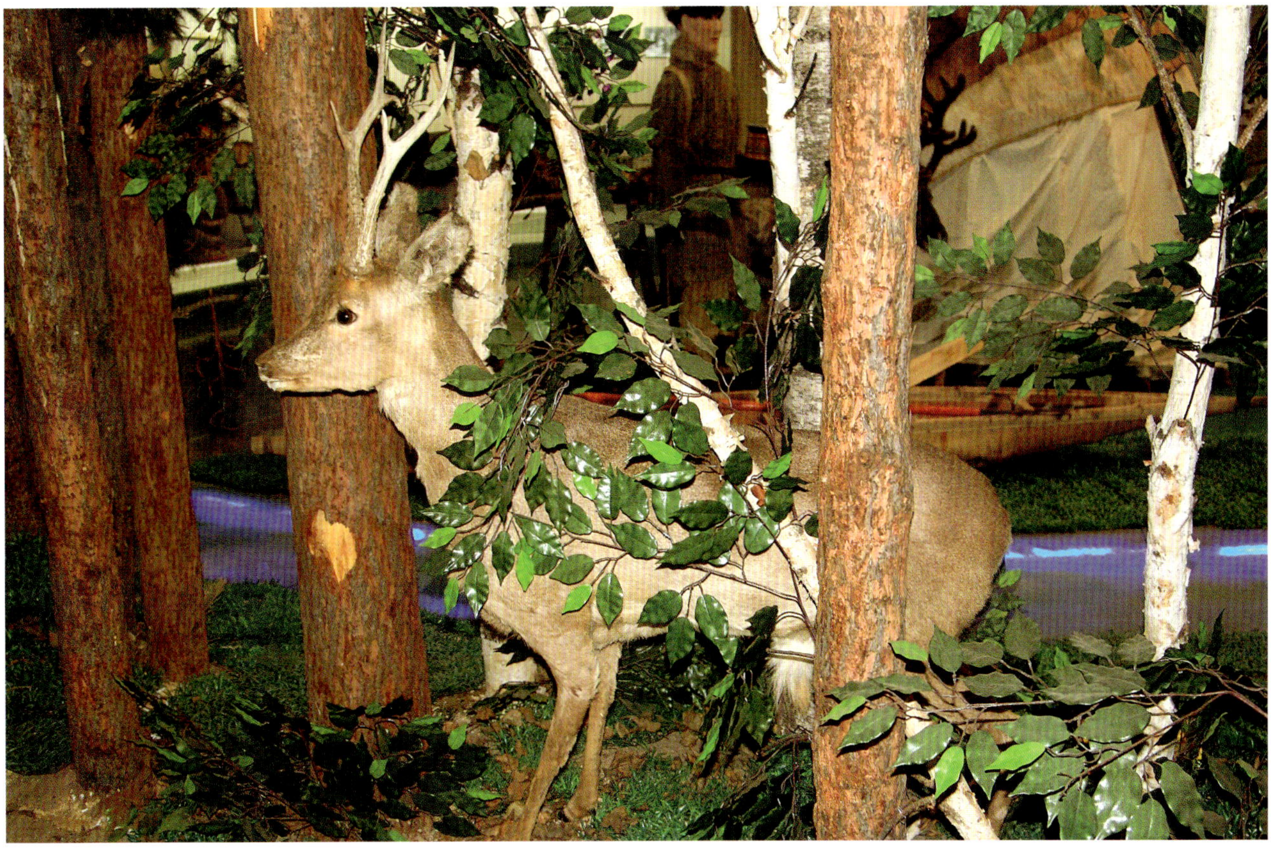

狍子标本　长113cm　高123cm

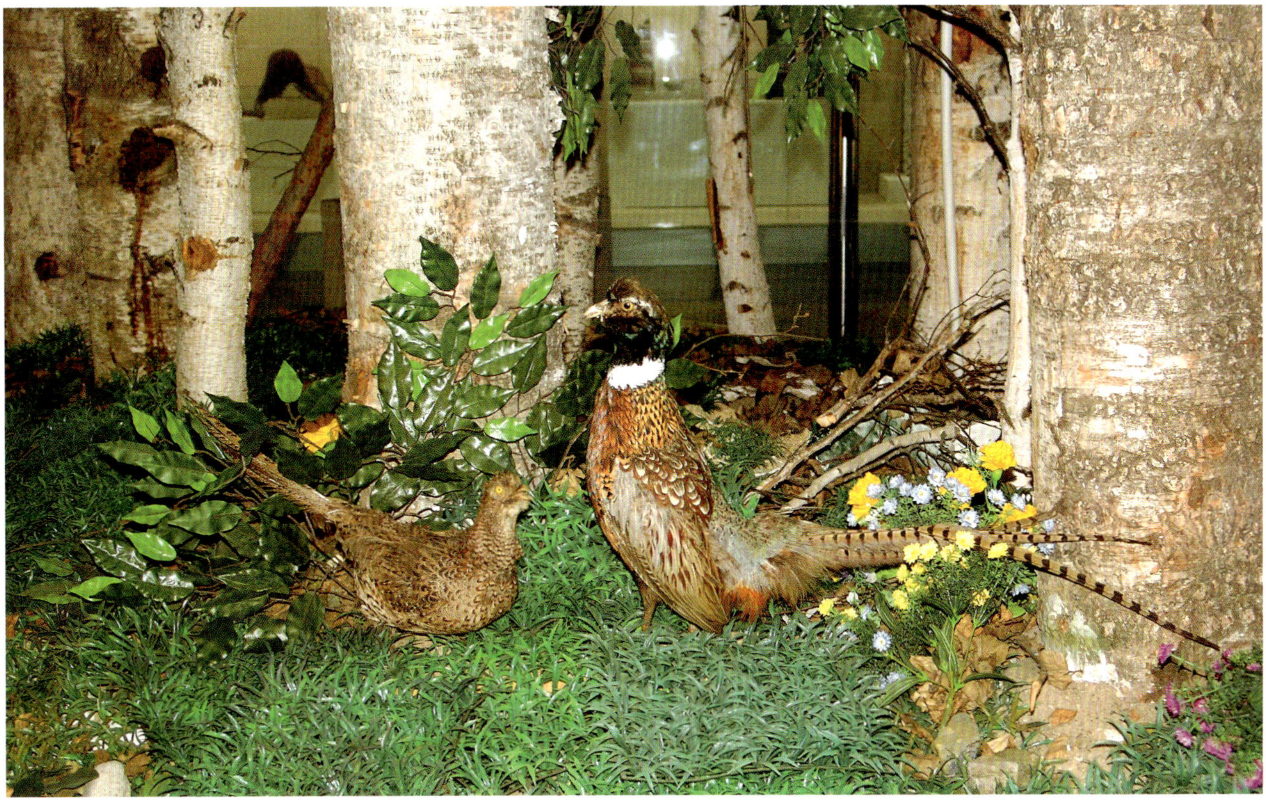

左：野鸡（雌性）标本　长50cm　高23cm
右：野鸡（雄性）标本　长70cm　高40cm

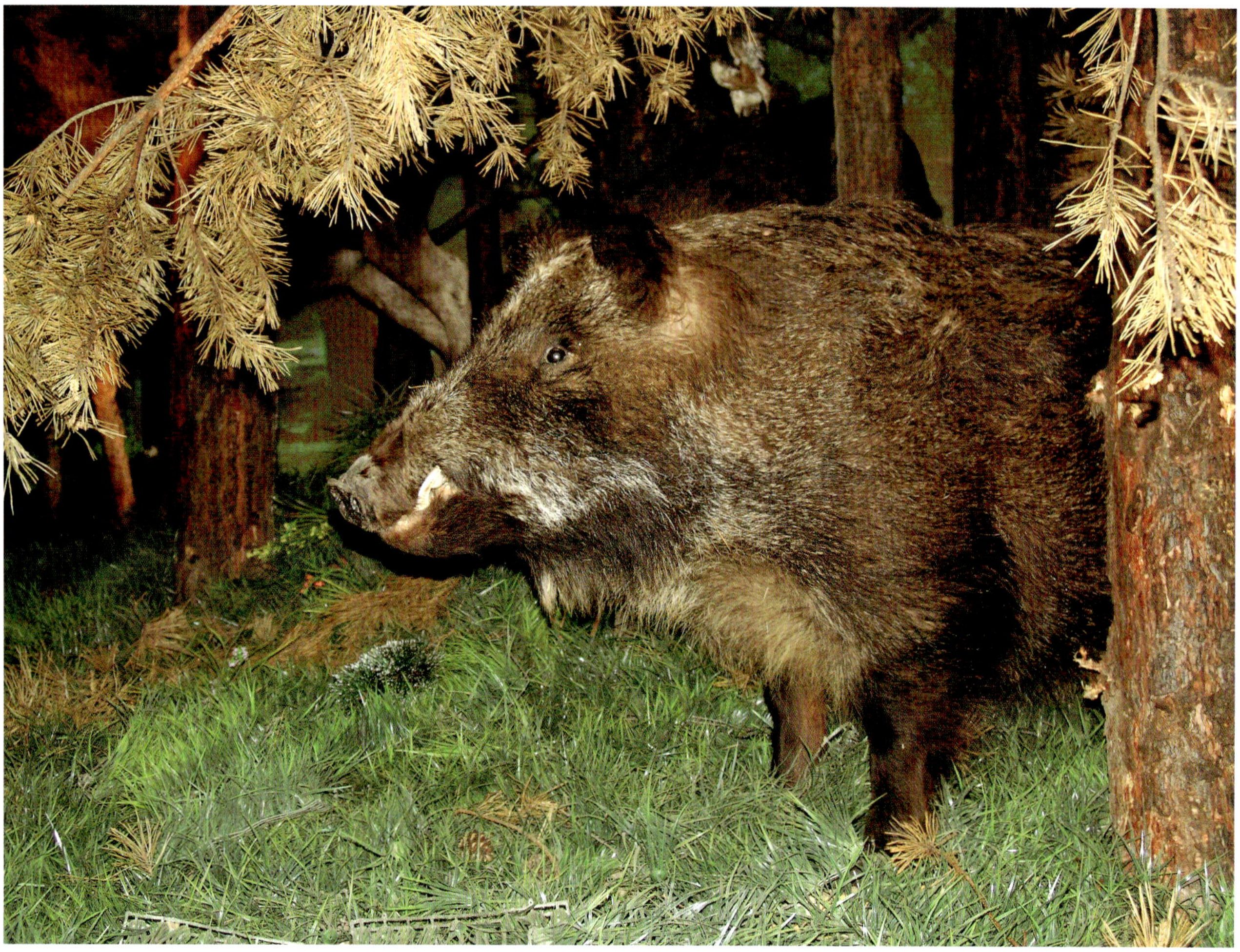
野猪标本　长165cm　高86cm

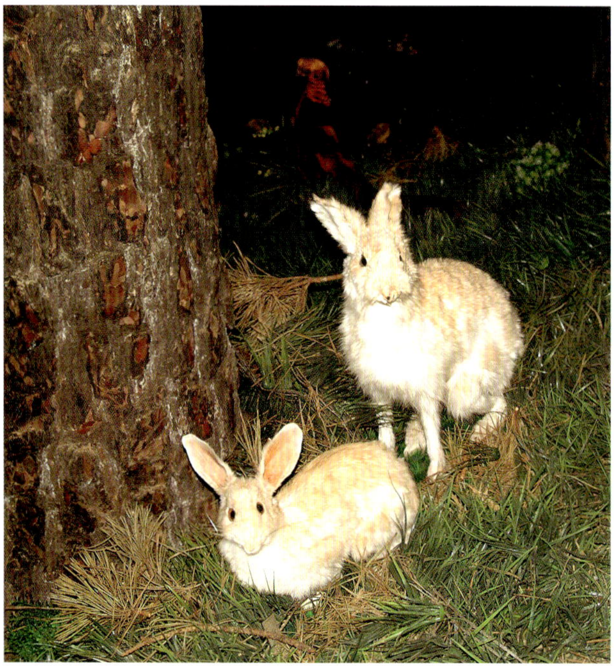
雪兔标本

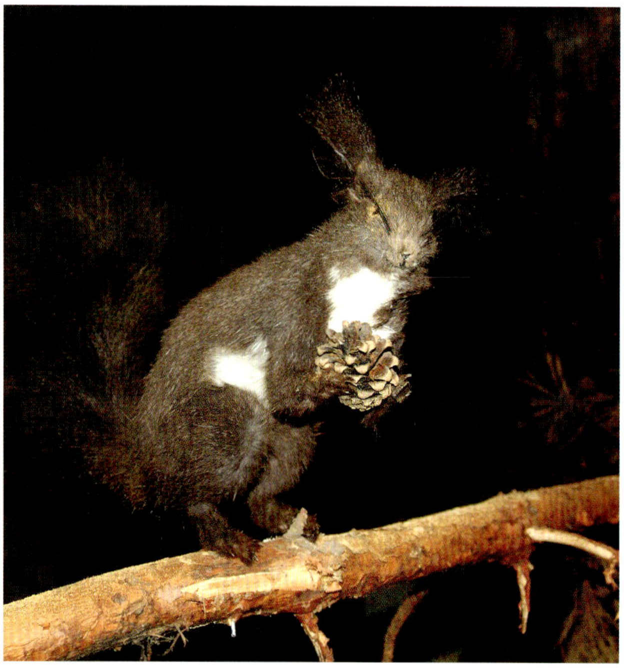
松鼠标本

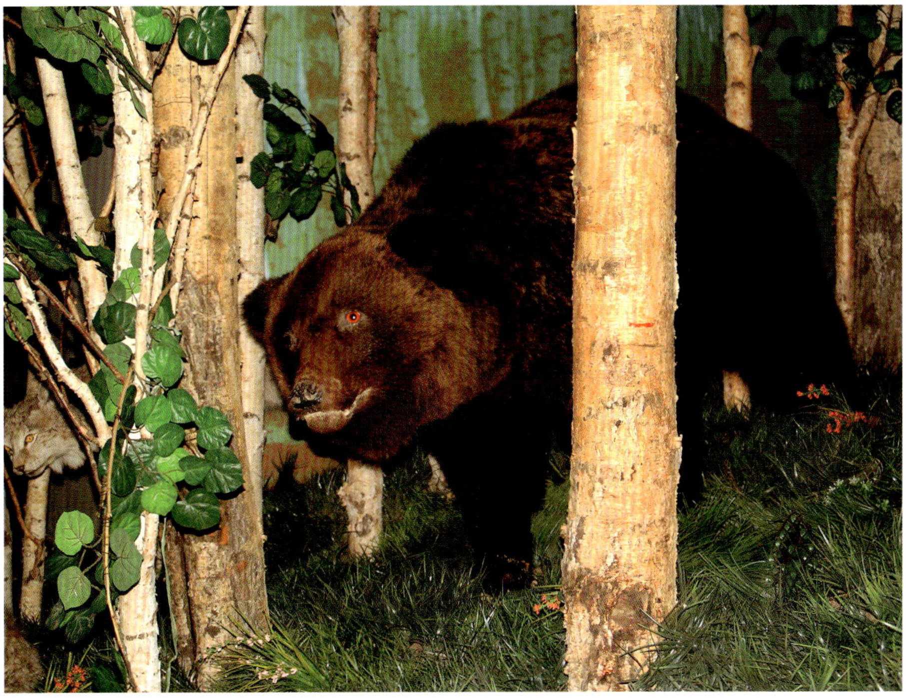

棕熊标本
长152cm 高67cm

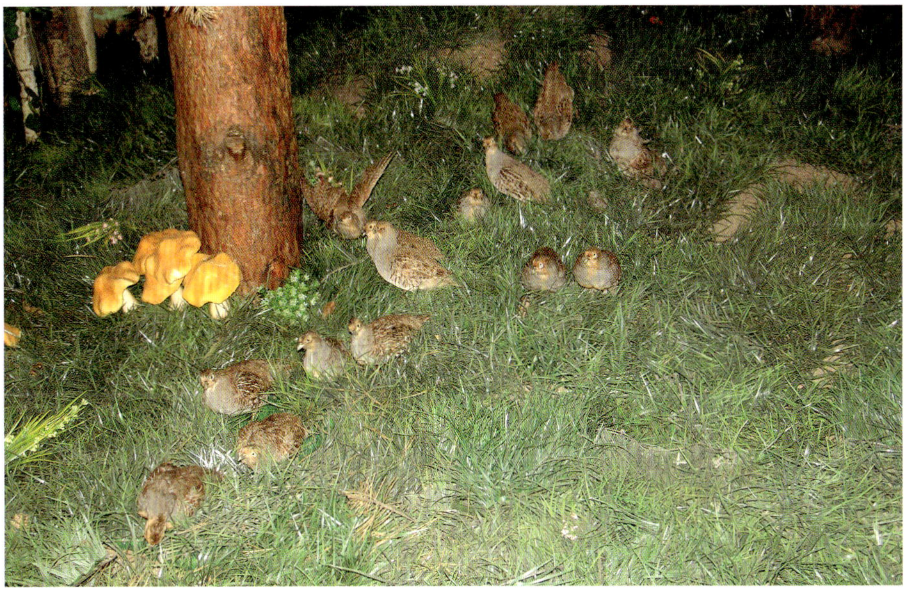

沙斑鸡标本

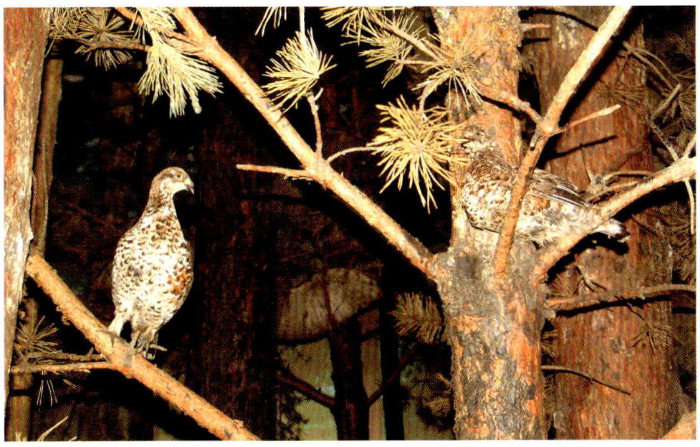

飞龙标本

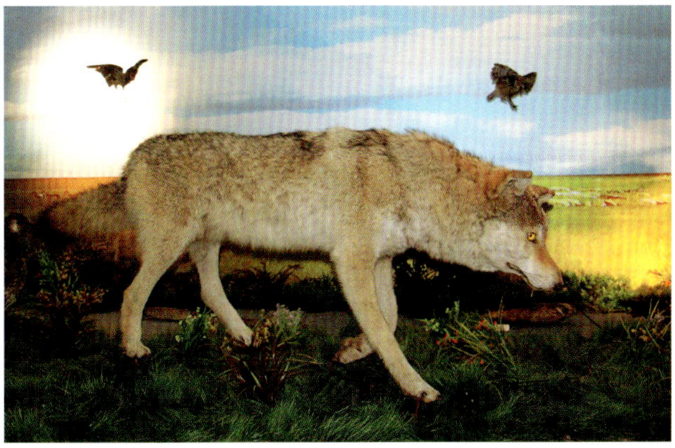

狼标本 长155cm 高73cm

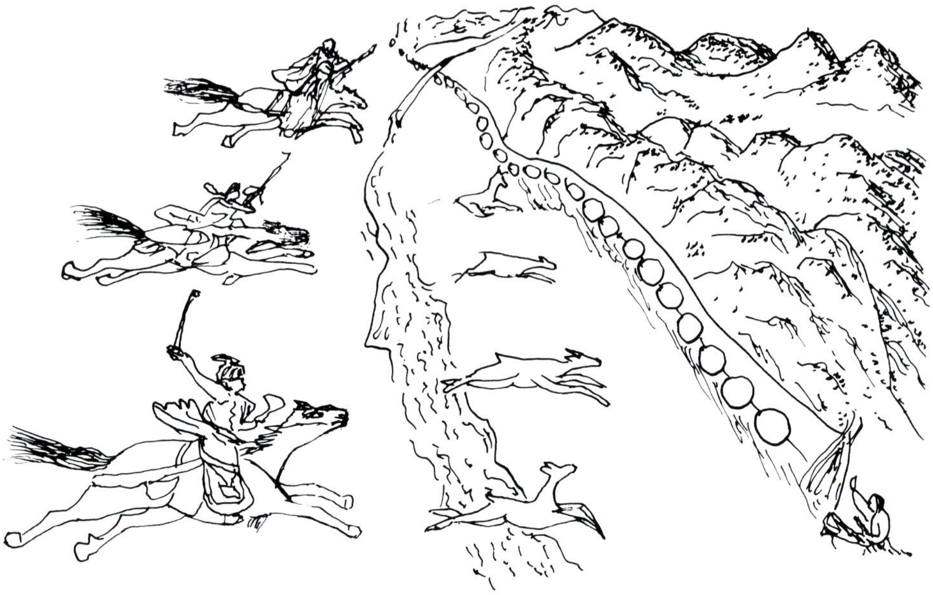

套猎图

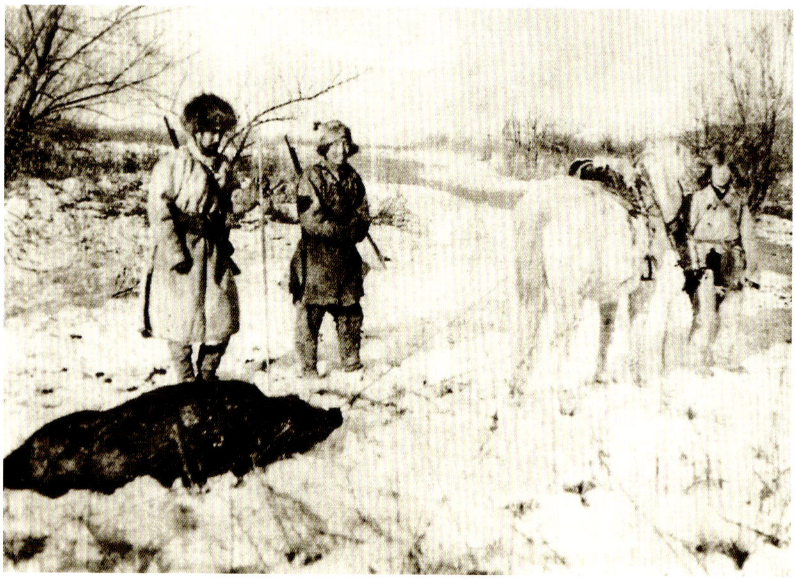

猎获的野猪

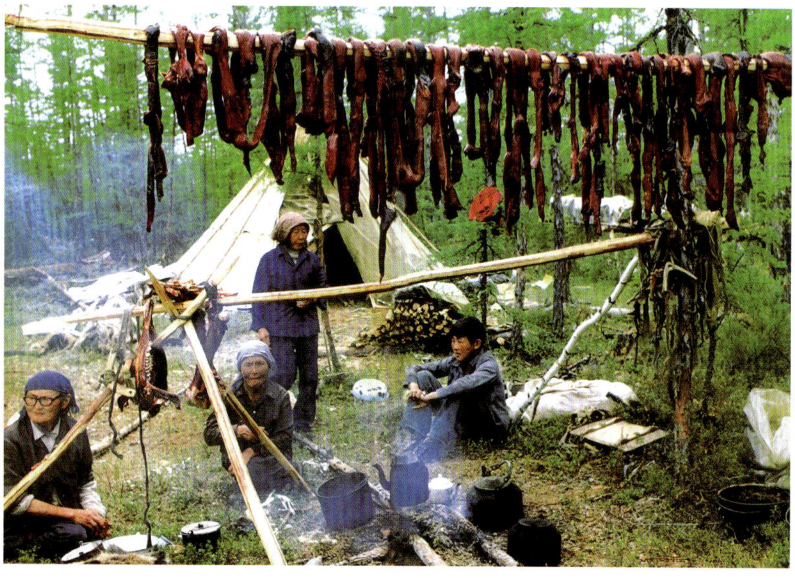

晾晒肉干

动植物药材

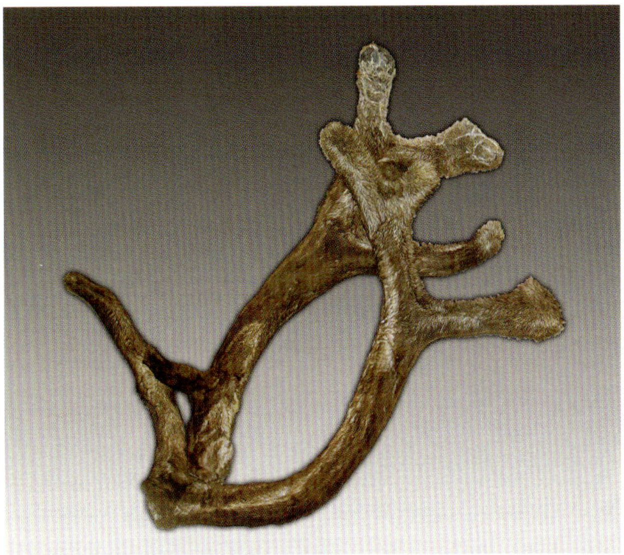

驯鹿茸

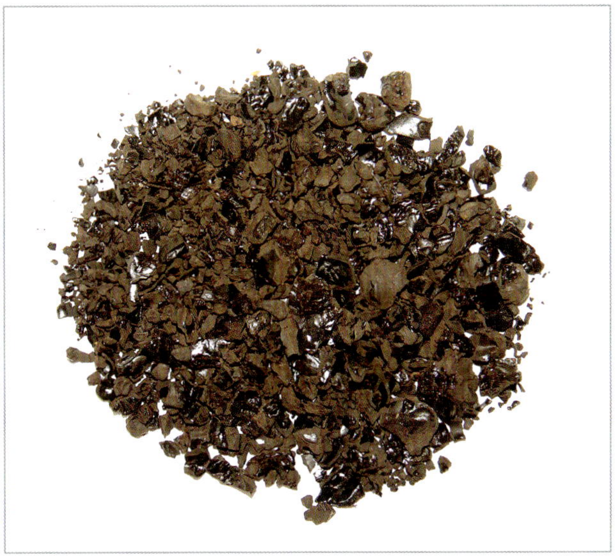

鹿心血

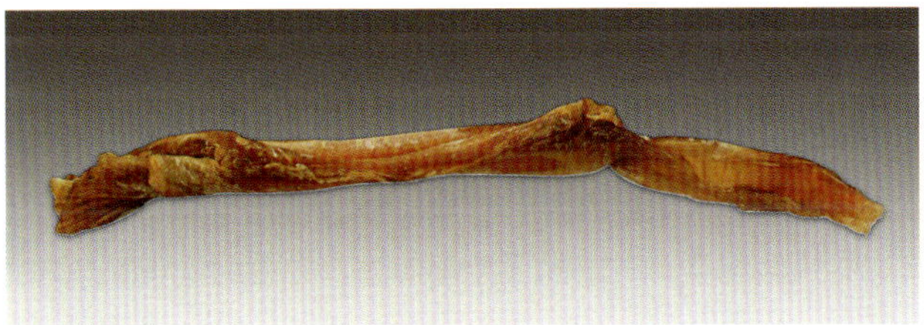

鹿筋

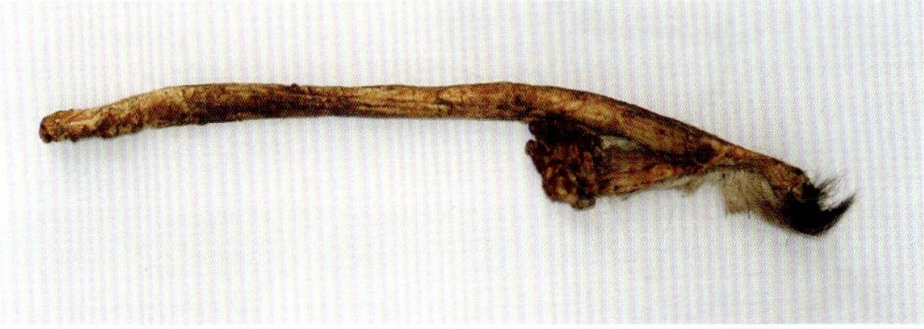

鹿鞭

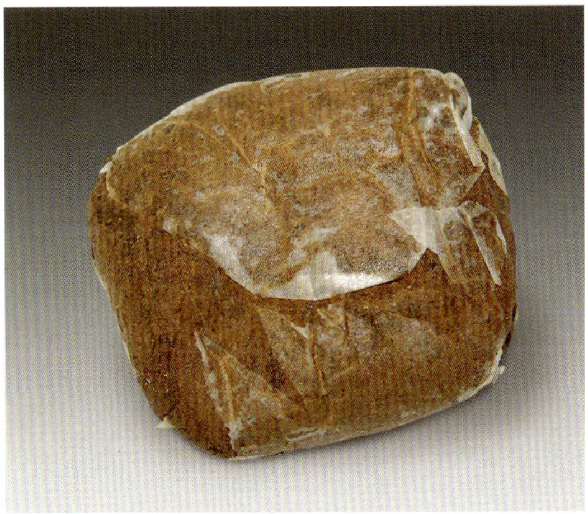

鹿胎膏

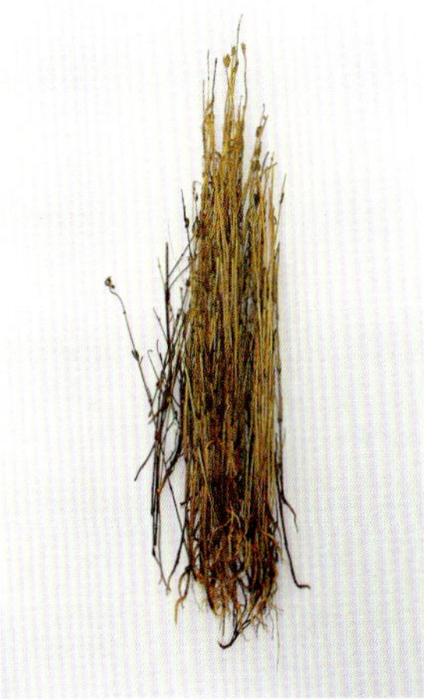

归心草

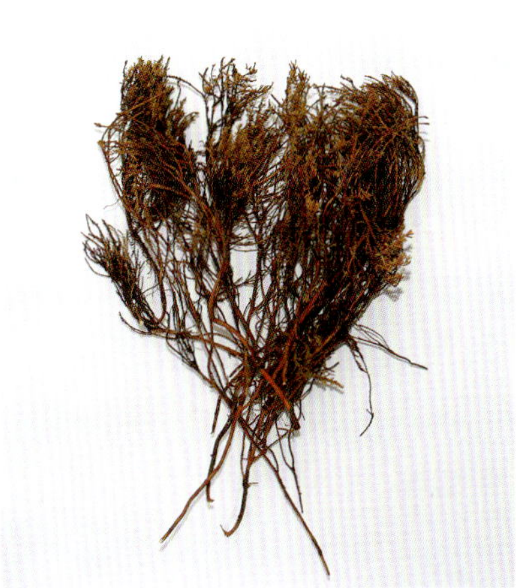

甘茯苓

主要的饲养动物

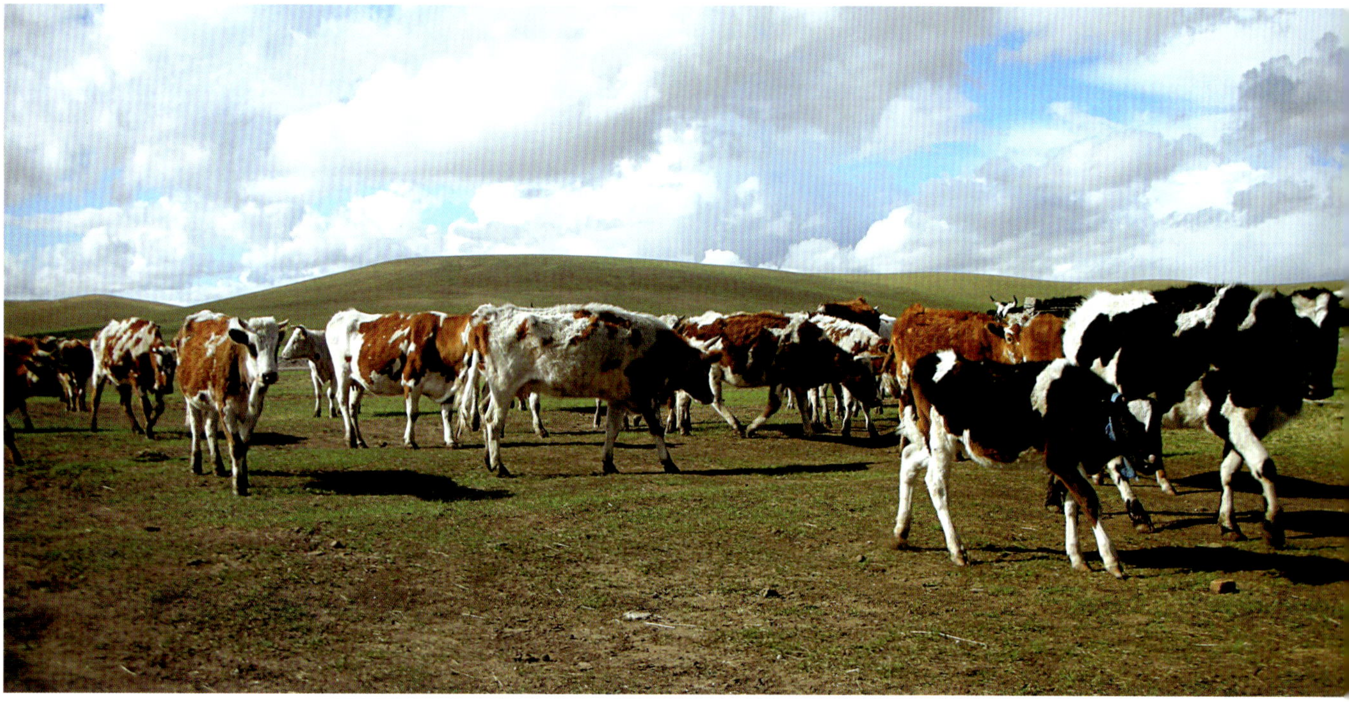

鄂温克草原上的牛群

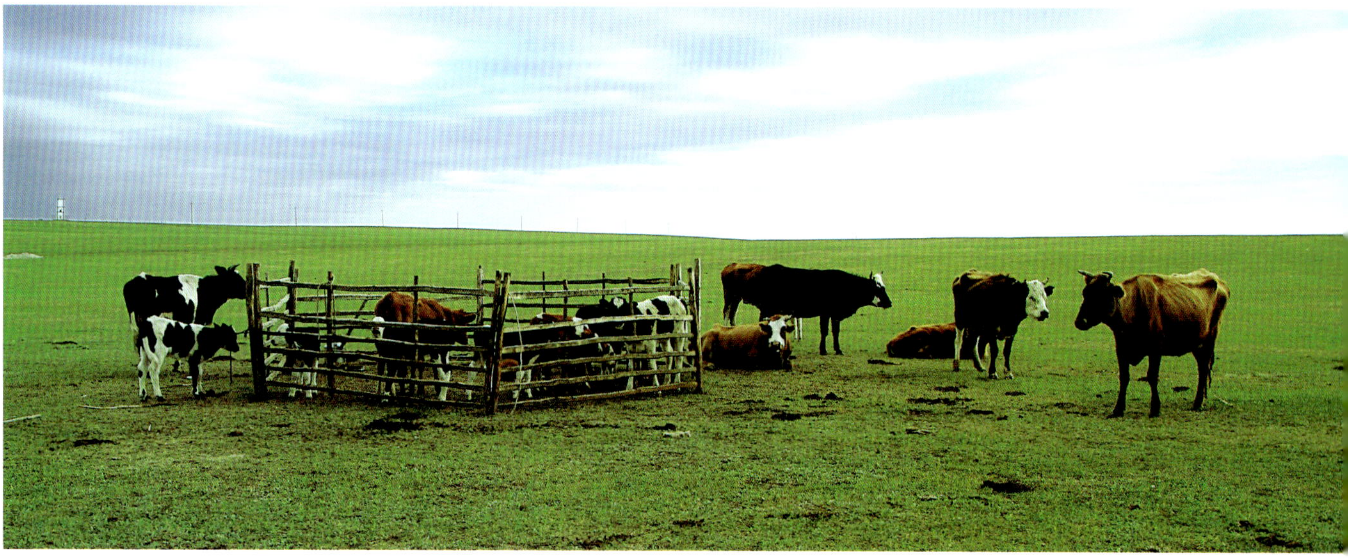

牛犊圈

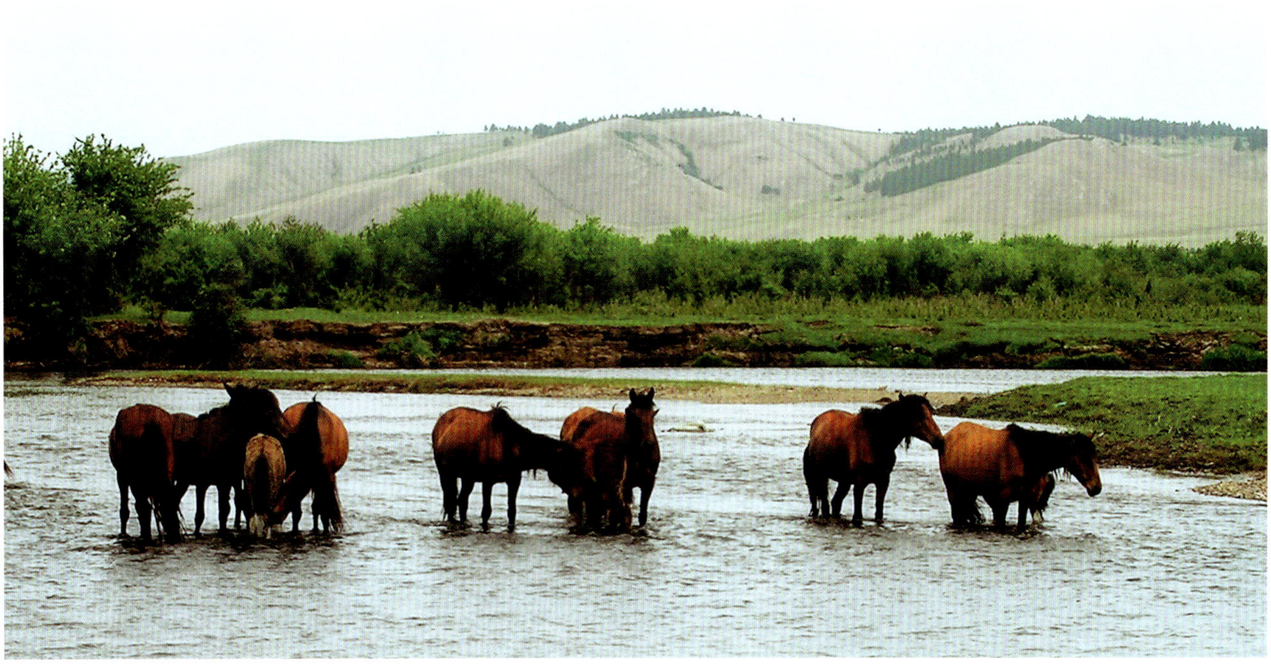

鄂温克草原上的马群

羊　左：（雄性）标本　长110cm　高78cm
中：（雌性）标本　长120cm　高74cm
右：（羊羔）标本　长82cm　高64cm

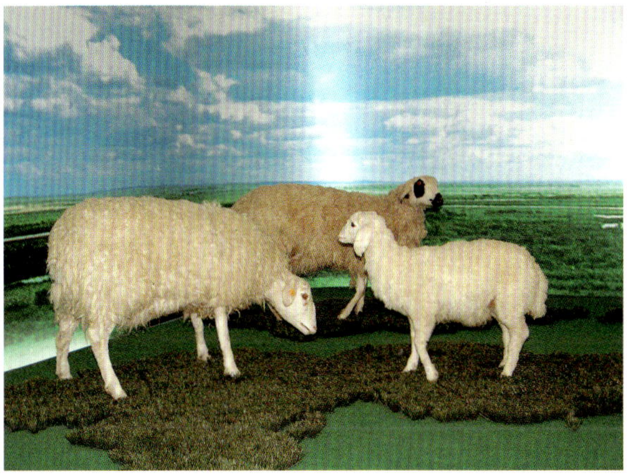

鄂温克草原上的羊群

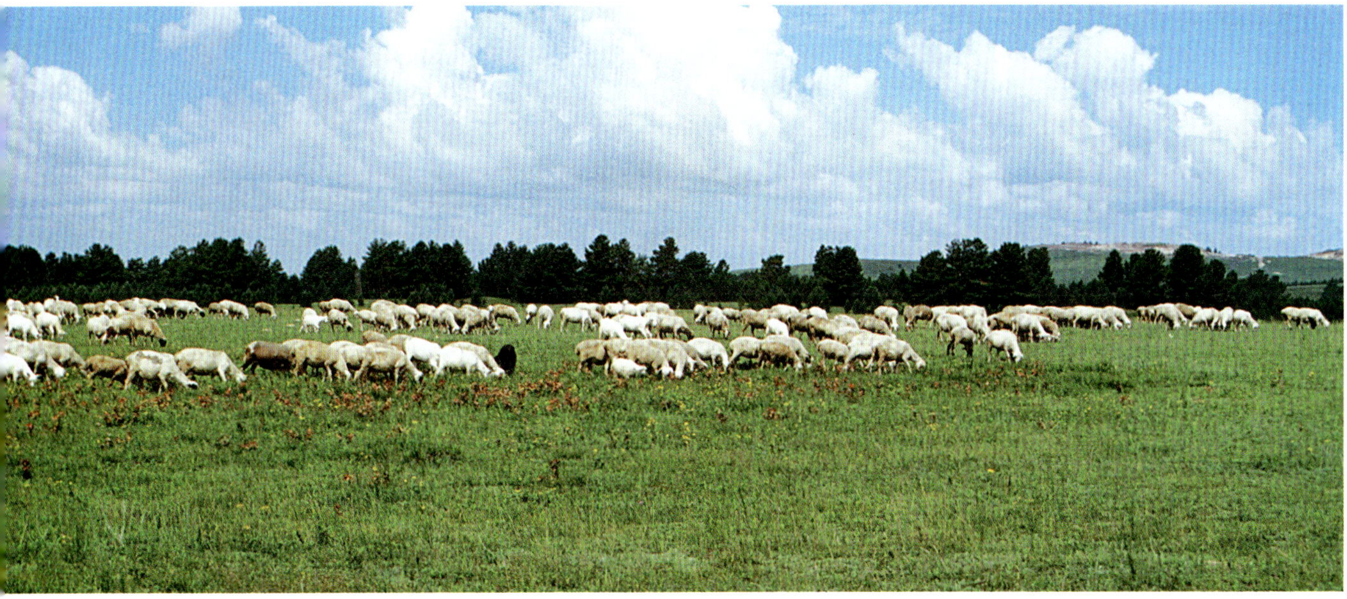

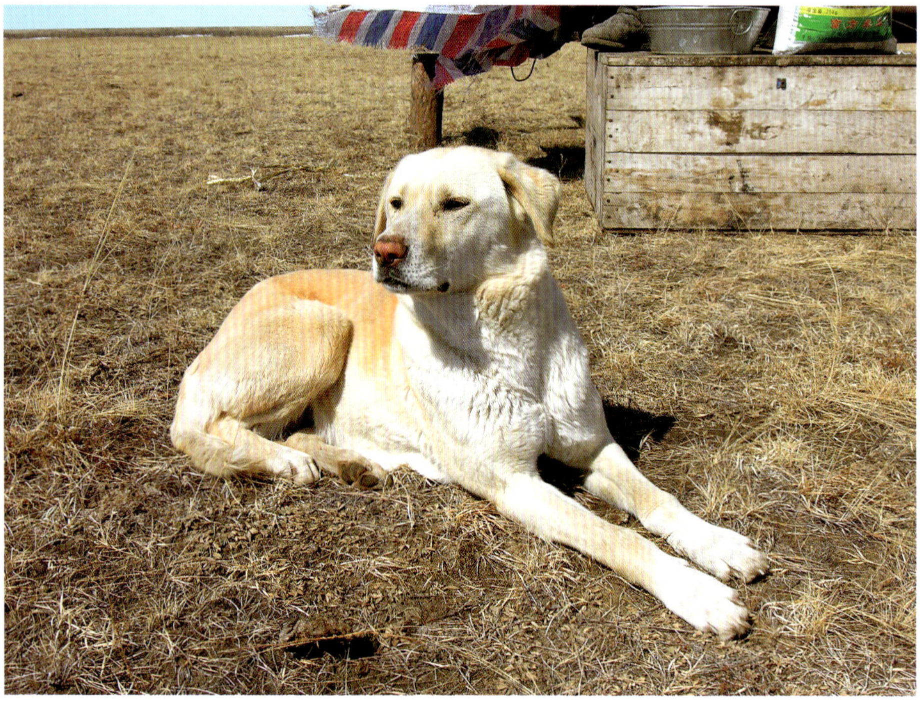

牧羊犬

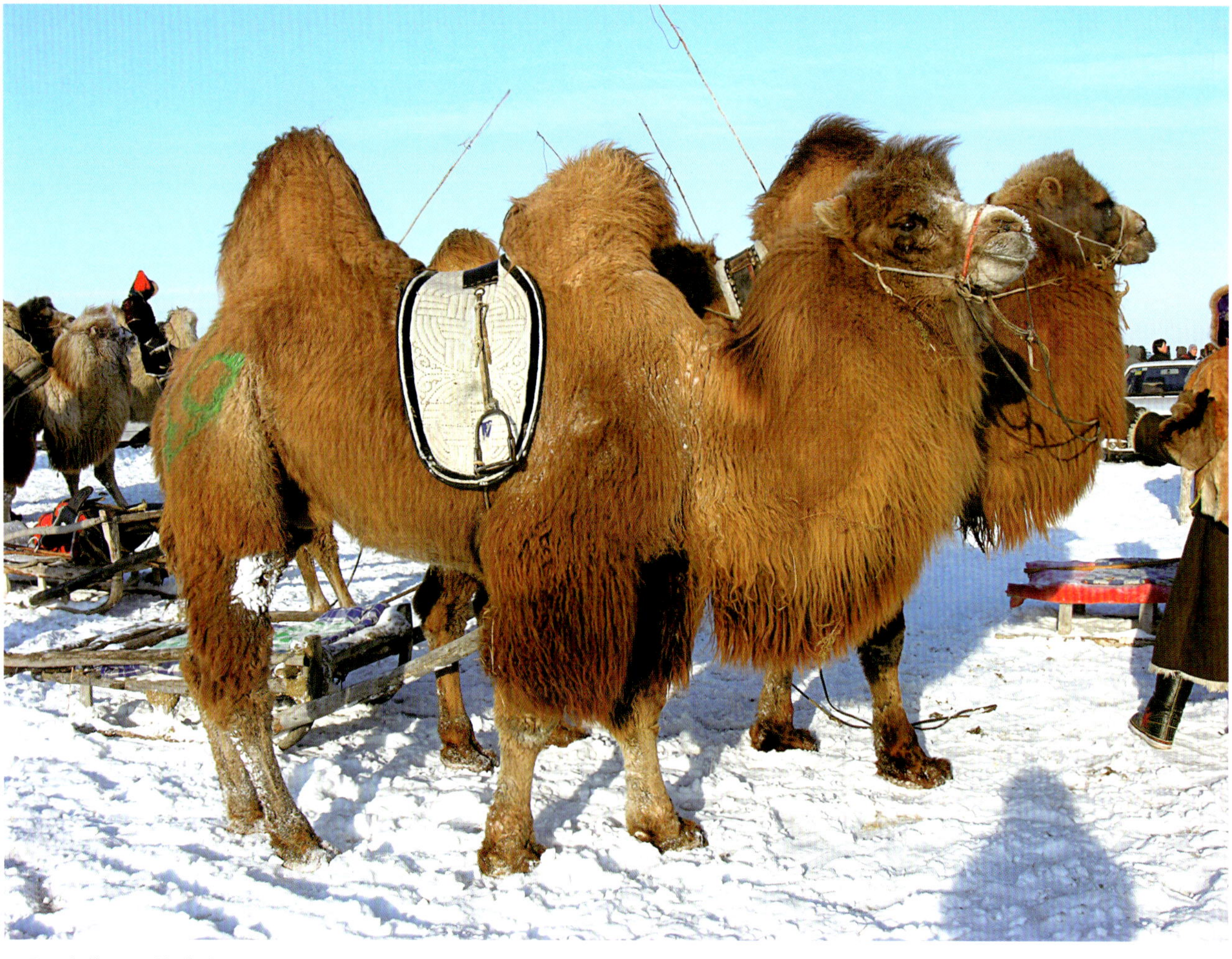

鄂温克草原上的骆驼

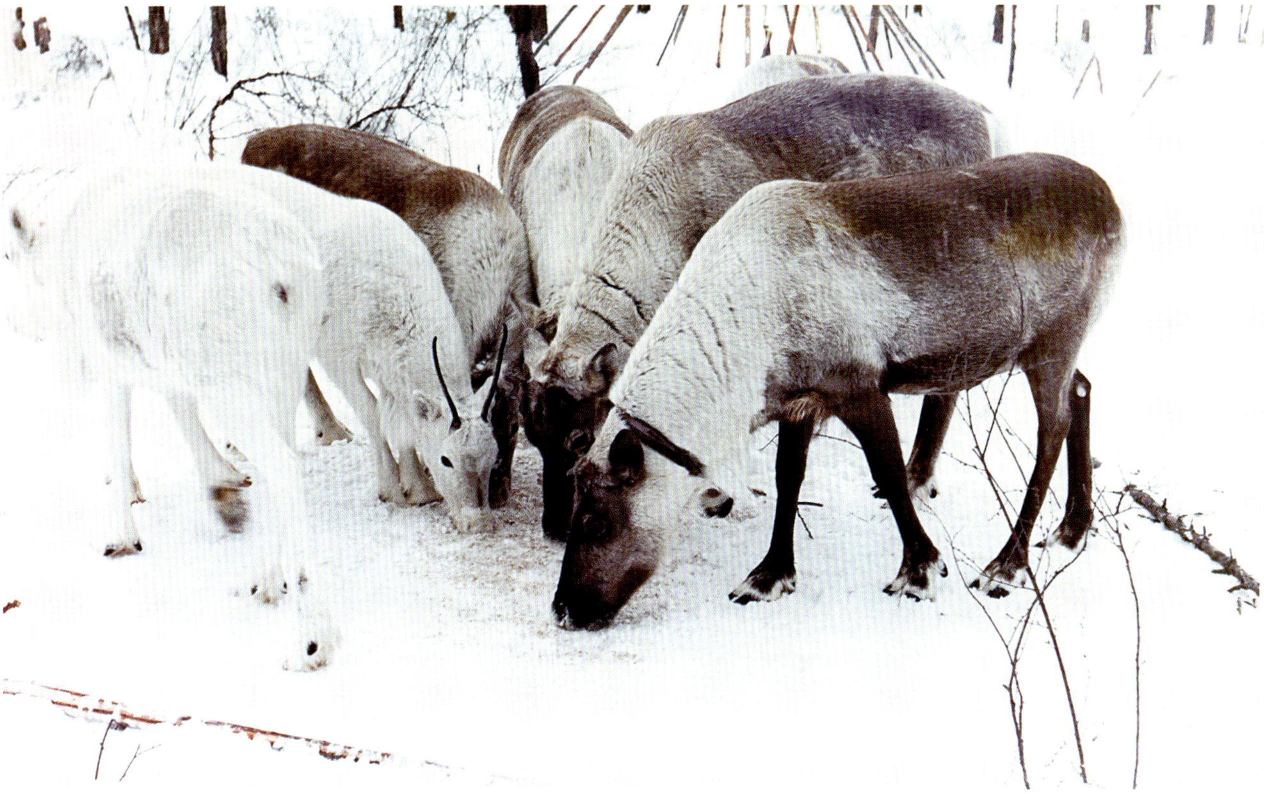

驯鹿在舔食食盐

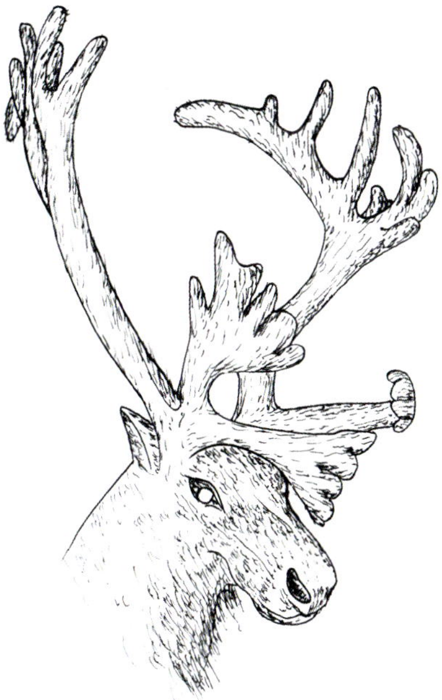

驯鹿头

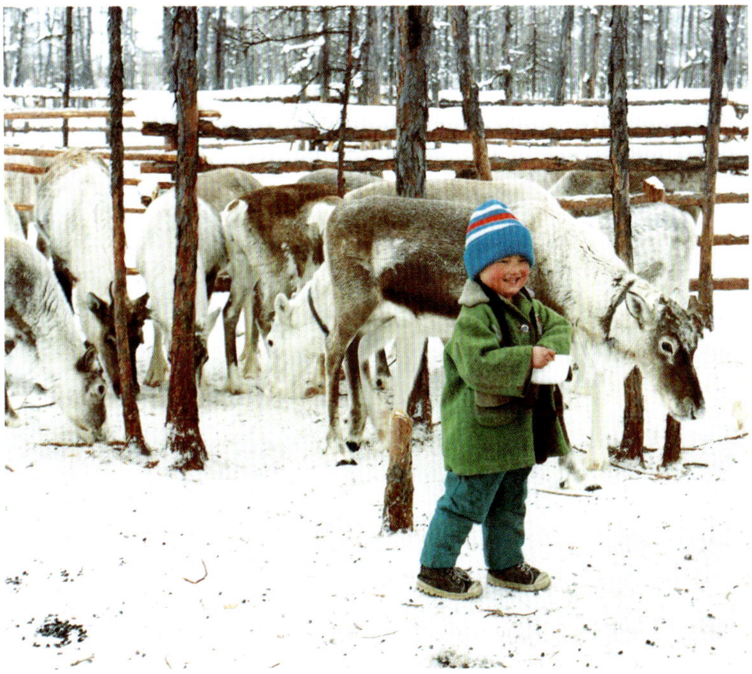

使鹿鄂温克饲养的驯鹿　驯鹿是鄂温克人的吉祥物。

奶制品

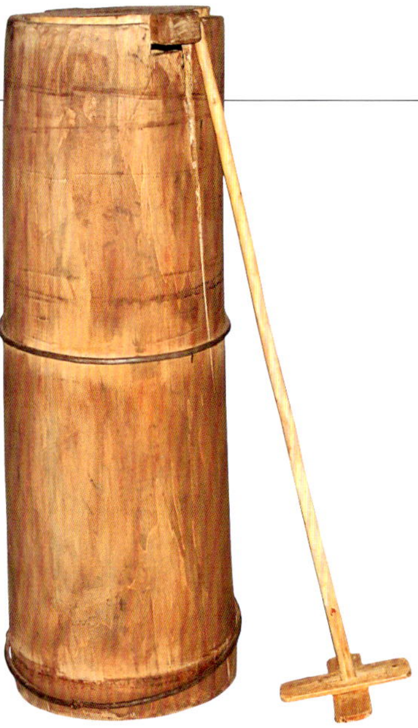

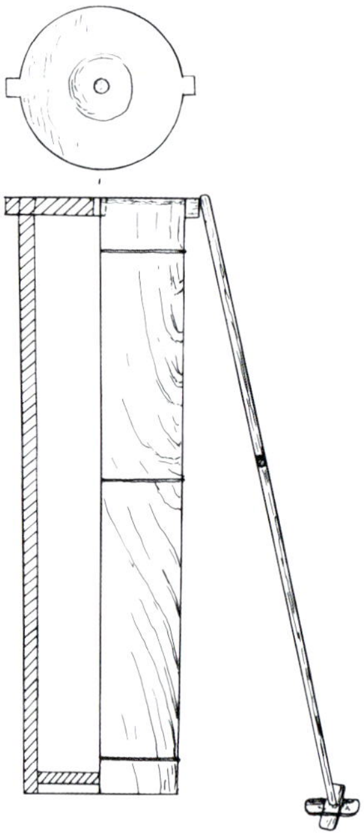

捣酸奶桶　直径28cm　高90cm

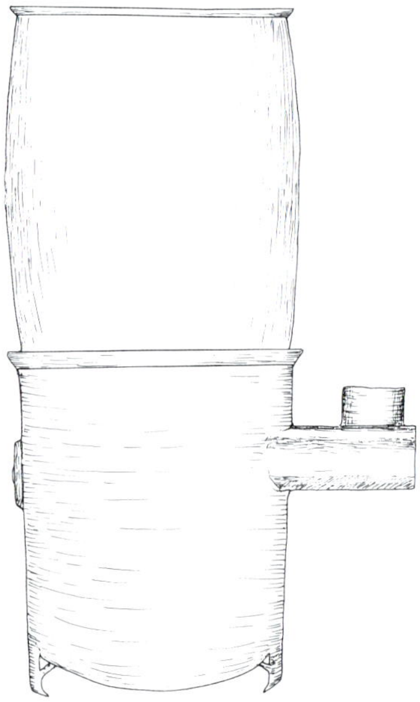

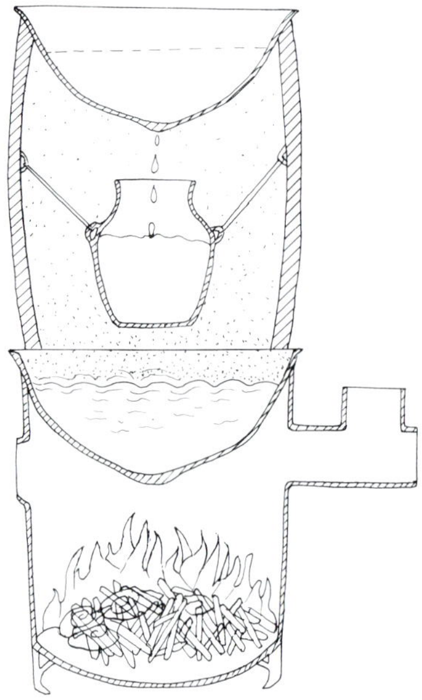

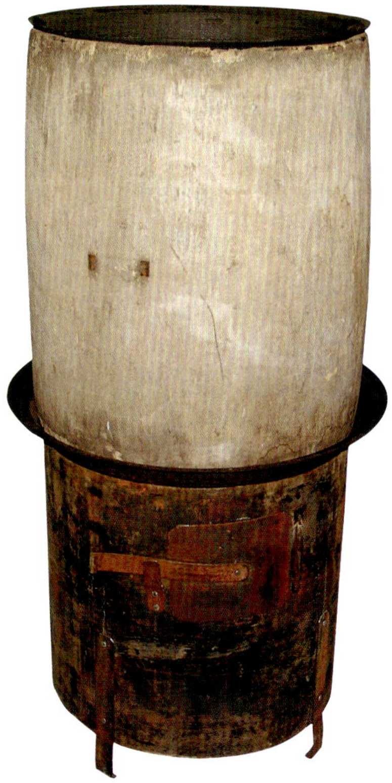

制奶酒具　直径52cm　通高64cm

把酸奶倒进锅里加热，上面扣无底的桦木桶，桶顶放一锅凉水，酸奶蒸汽碰到凉水就结成水珠，滴到悬挂在上下两锅之间小盆里，即成奶酒。

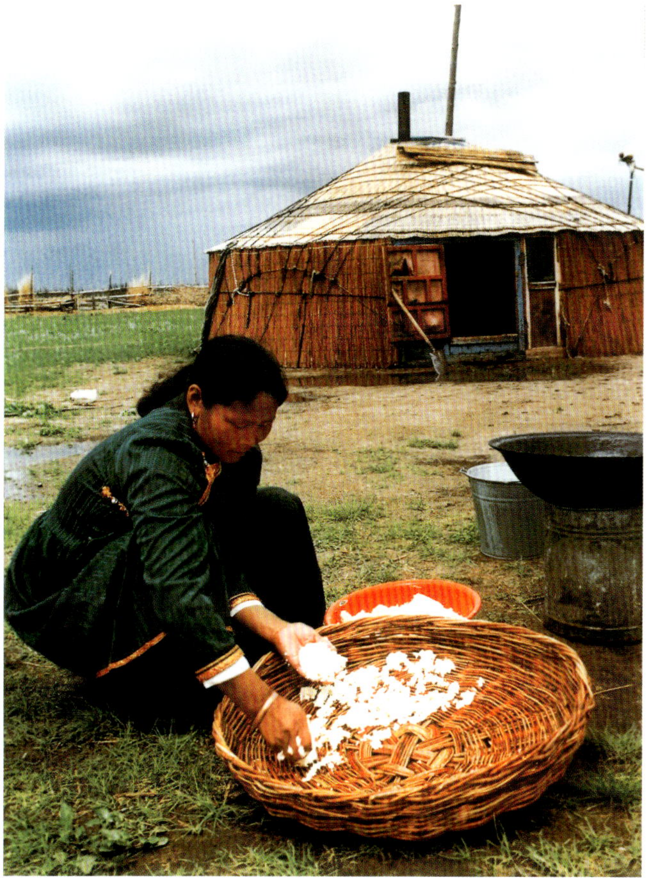

制作奶干

将酸奶滤去水分，用手攥成小块，晒在盘中，待水分全蒸发掉，即成奶干。

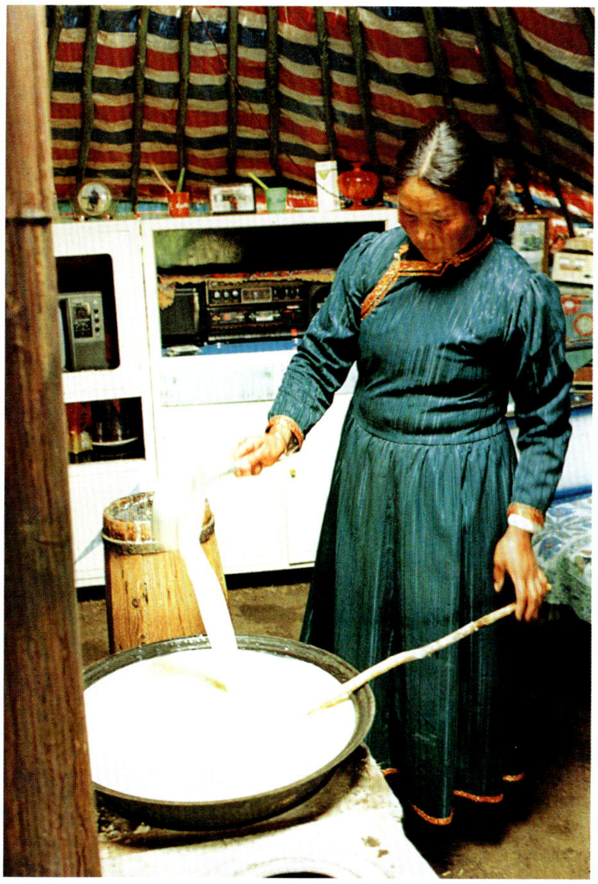

制作奶皮

将鲜牛奶倒入锅中烧开，用水舀反复扬凉，离火静置半天，牛奶上面便有一层凝结的物质就是奶皮。

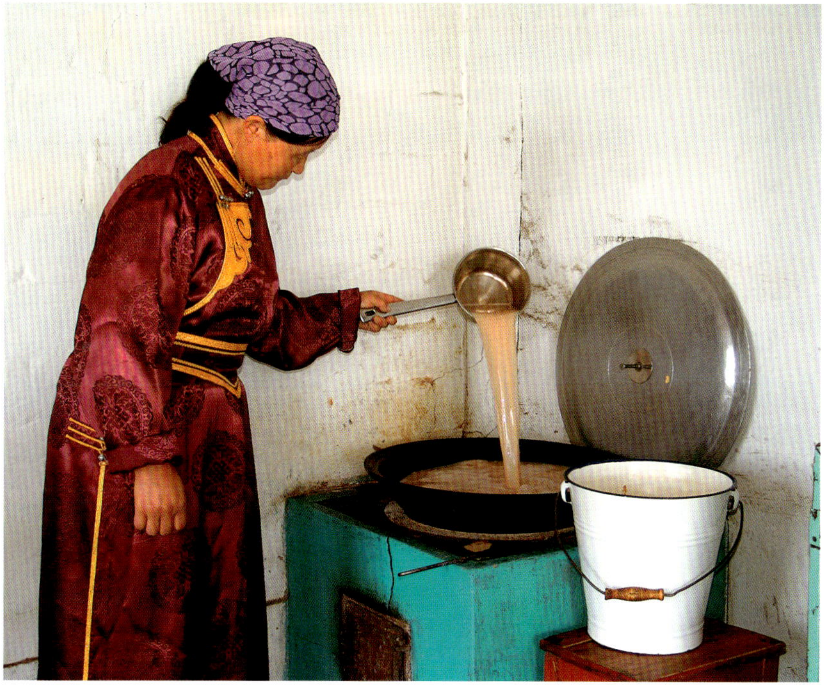

鄂温克妇女在熬制奶茶

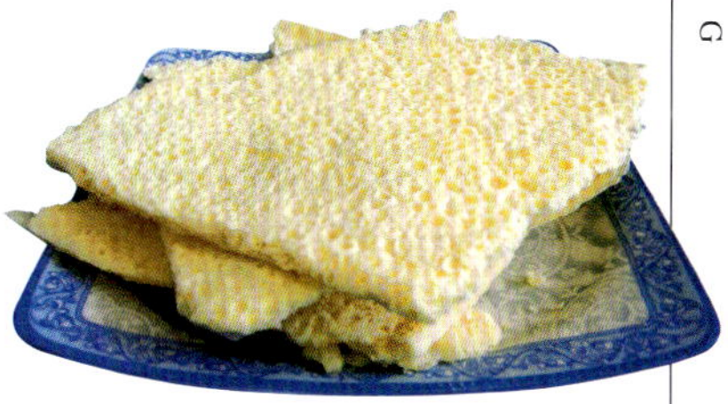

奶皮子

主要种植物

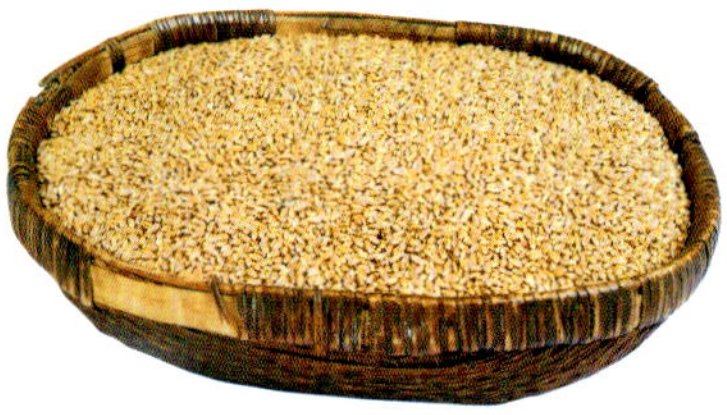

农区鄂温克种植的大麦

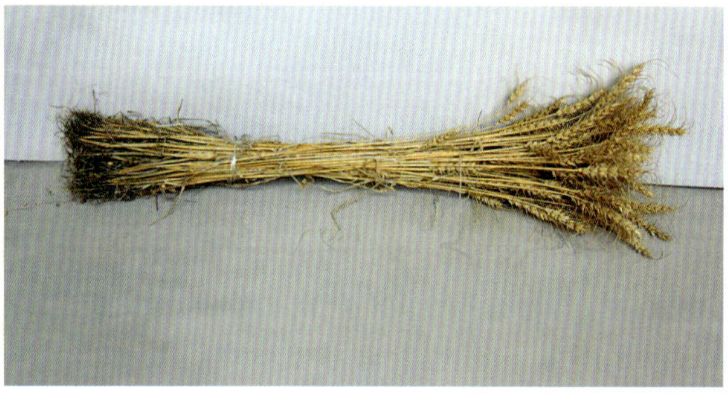

农区鄂温克种植的小麦

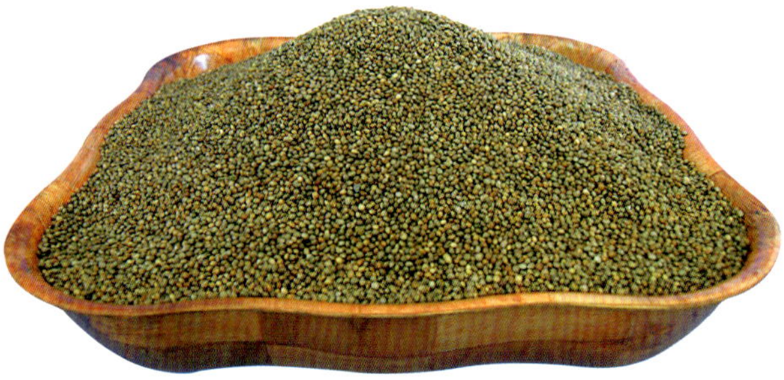

农区鄂温克种植的苏子

一年生草本植物，籽可榨油食用，熬油剩的渣子捏碎沾在麻杆上，晒干后可供晚间照明，也可将籽用轧苏子器轧碎夹馅烙饼。

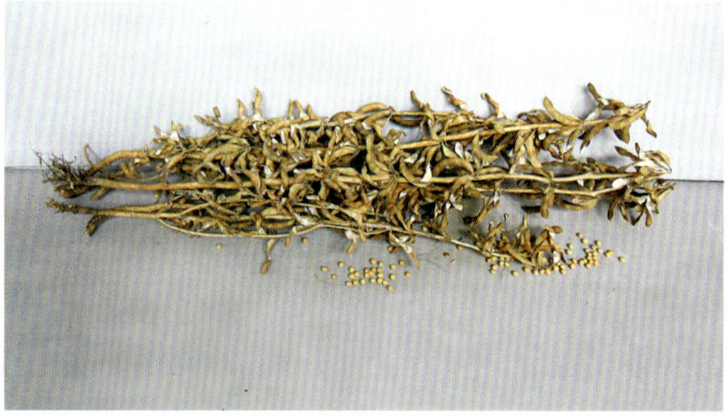

农区鄂温克种植的大豆

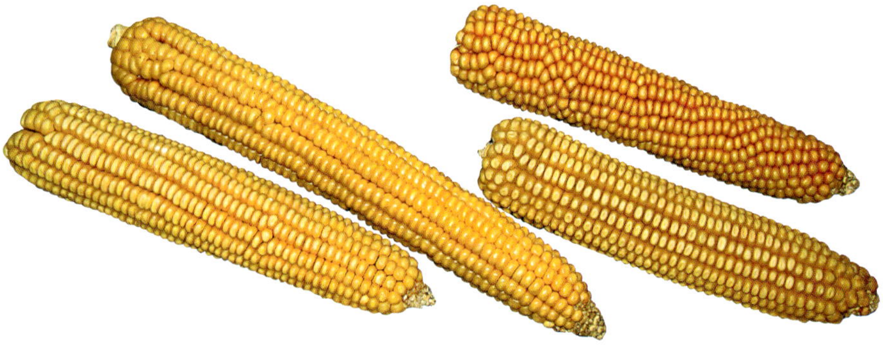

农区鄂温克种植的玉米

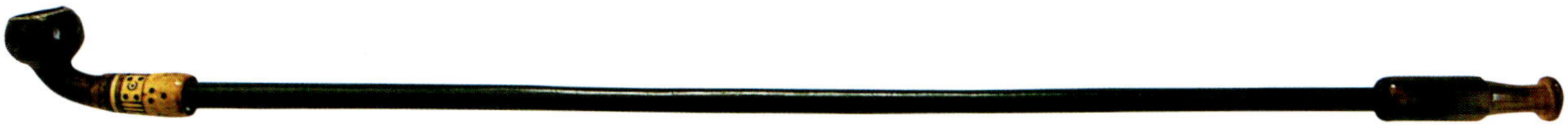

烟袋锅

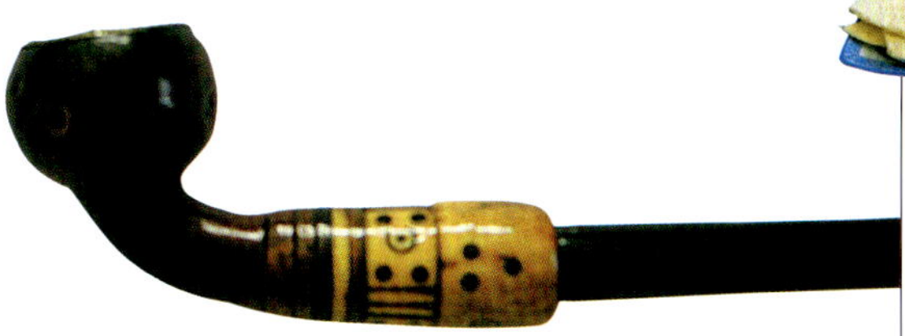

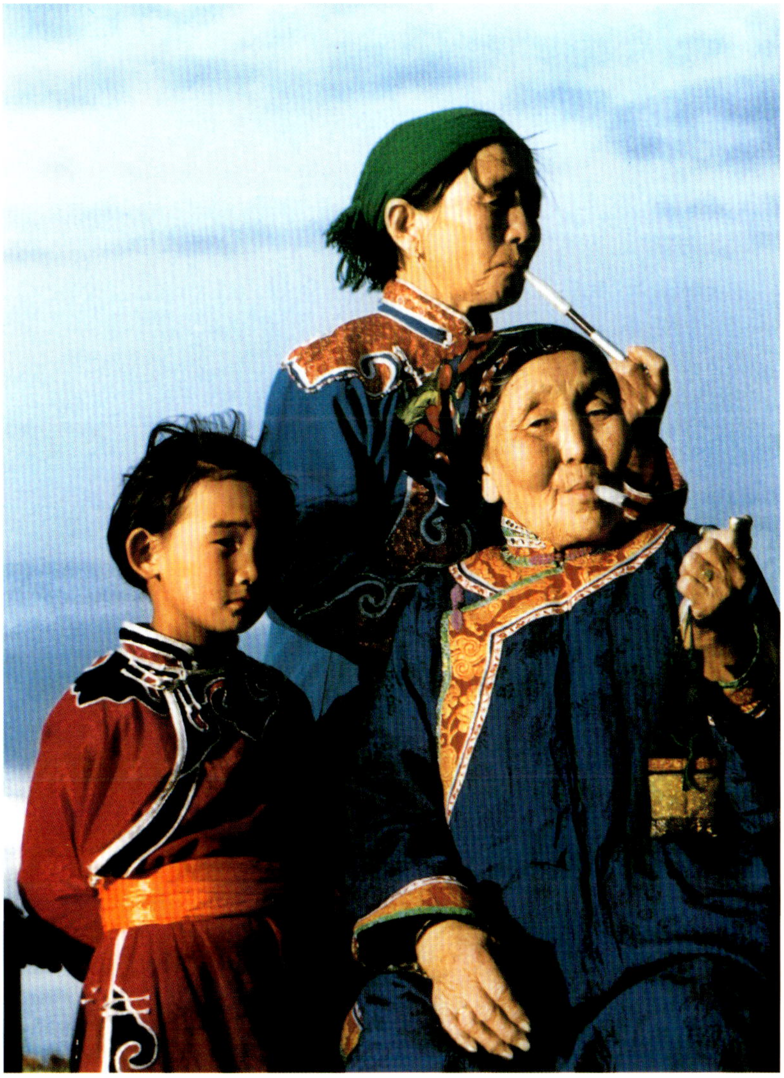

鄂温克老人和孩子

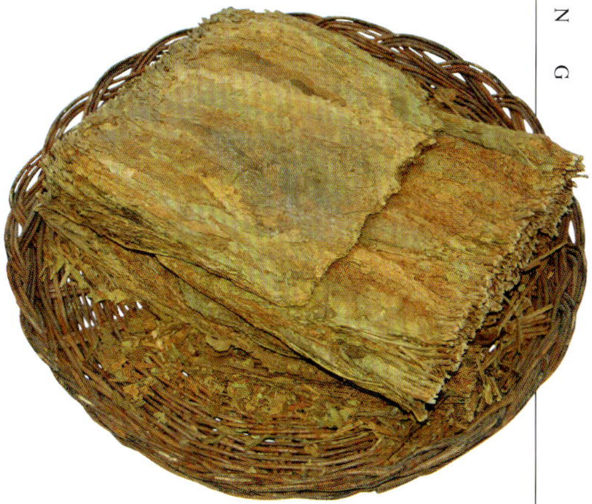

烟叶

居舍

鄂温克族是森林民族，长期从事游猎生产，频繁的迁徙使他们不可能建永久的房舍。就地取材，搭拆方便的撮罗子便成为他们主要的居所。撮罗子由两部分组成，一部分是支架，即用落叶松细杆搭成锥状的架子，每个撮罗子要用二三十根细杆，框架高约4m，直径3m，正中间是火塘。在框架东或南部留出门的位置，内部中心稍近门处，埋一立杆，杆的上端穿过撮罗子顶部，由这立杆向门的反向系一横杆，横杆的另一端系在框架的一根斜杆上，这横杆专为吊锅所用；撮罗子的另一部分是框架上的覆盖物，通常夏季用桦树皮苫盖，冬季用兽皮苫盖。

由于历史的原因，鄂温克族有一部分迁徙到嫩江流域，从事农耕生产，生产方式决定了定居形式，他们开始建起土木结构的房屋。这种房屋典型的为三间房结构，正房、厢房和仓库，正房坐北朝南，一般老人居住，东厢房为晚辈居住，西侧为仓库。仓库分为两部分，一部分放置农具杂物，一部分装粮食。装粮食的仓库底部要用木墩垫高，距离地面60～70cm，目的是防潮和防老鼠。

在清雍正年间一部分到呼伦贝尔戍边的鄂温克人开始从事畜牧业，过着逐水草而居的生活。为适应游牧生活的需要，他们住着搬迁方便的鄂温克包。鄂温克包的包壁由若干根柳条相互交叉用皮钉钉成可折叠的“哈那”，包顶有天窗，连接“哈那”和天窗的是足够长的柳条制成的椽子，椽子上端插进天窗周围预留的孔中，下端用皮条与“哈那”紧缚，成为伞架形。夏季在上面覆盖上苇帘，四周围上柳条帘；冬季时再在外面围上厚厚的羊毛毡，用牛毛编结的绳子缚紧，一座鄂温克包就搭成了。鄂温克包的门一般南向，根据实际需要，鄂温克包有大有小。

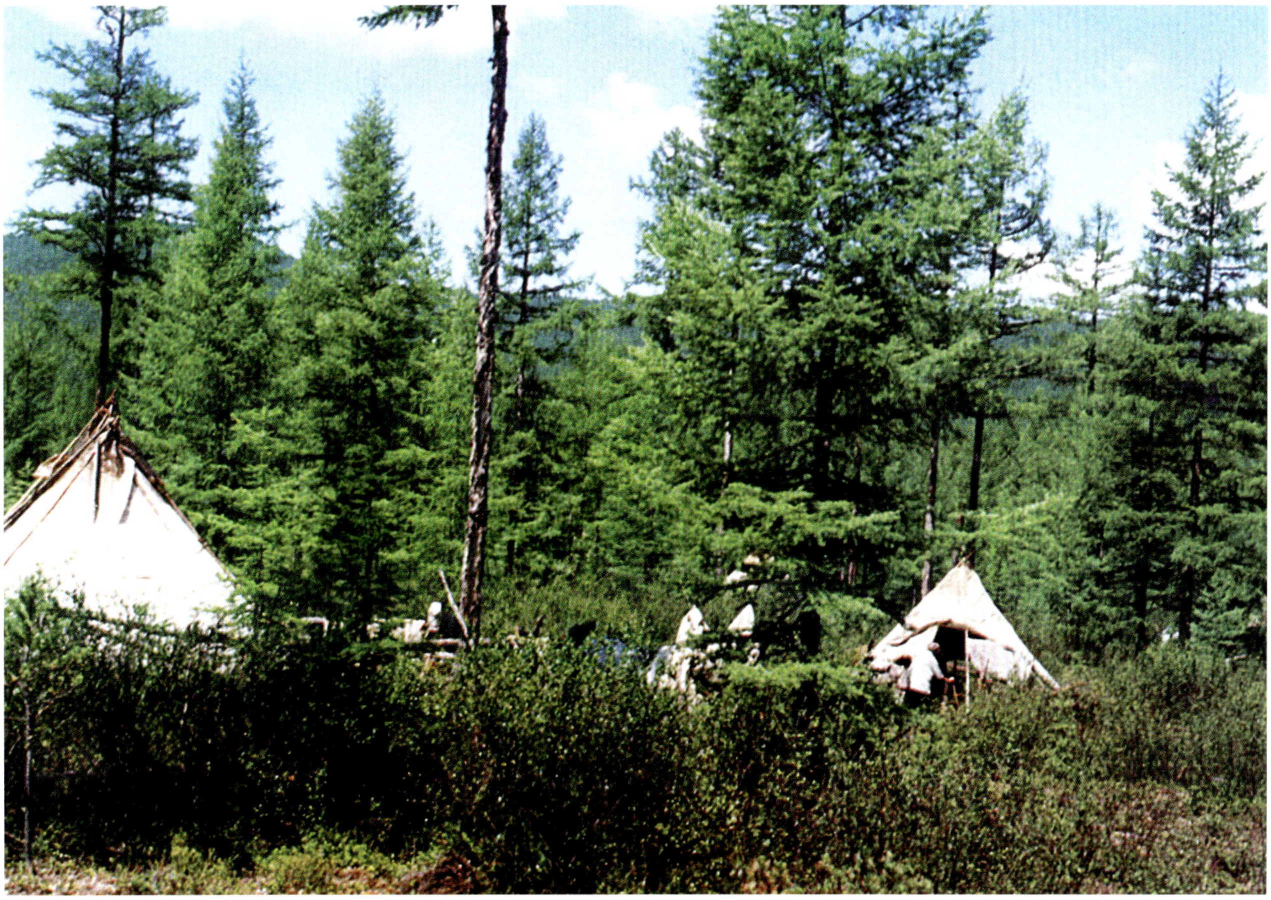

撮罗子

鄂温克语称“仙仁柱”，外形如圆锥形的结构建筑。用二三十根木杆搭建，撮罗子直径为4~5米。夏季用桦树皮制作围子覆盖，冬季则在桦树皮外覆盖狍皮围子。门开向日出的方向。搬迁时，只搬迁围子，而木架留原地。由于它拆搭迁移方便，非常适于游猎生活。

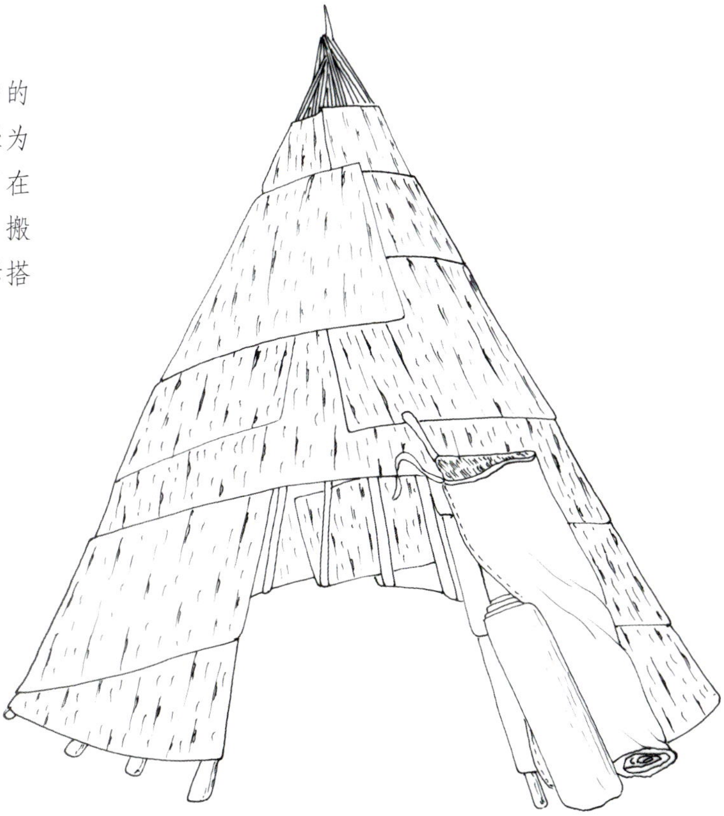

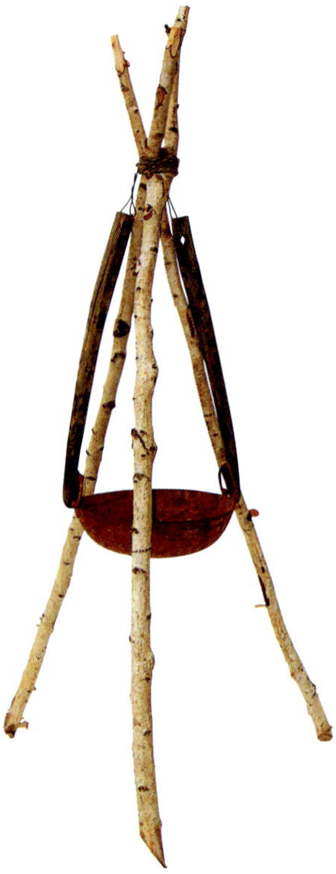

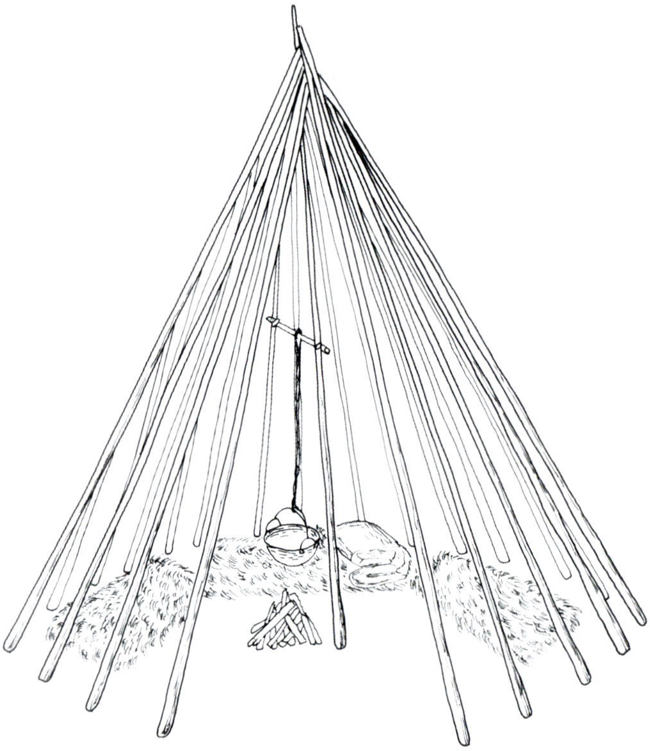

撮罗子内的吊锅　直径37cm　高14cm

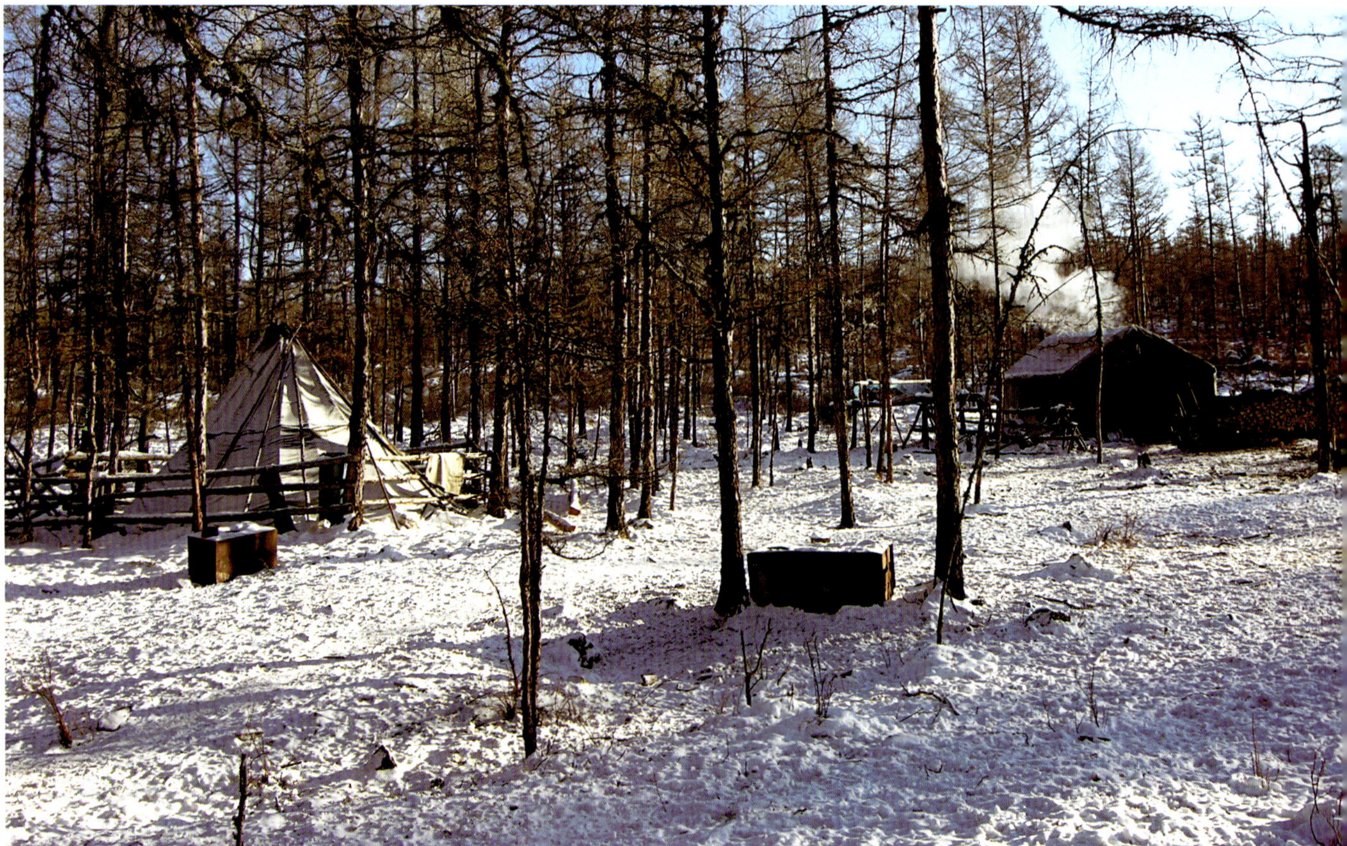

使鹿鄂温克冬季生活场景

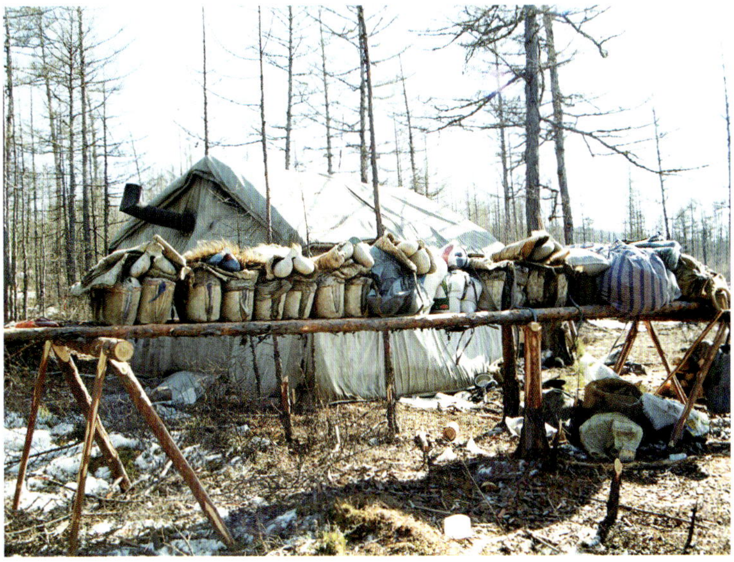

搁物架

林中仓库——靠劳宝

使鹿鄂温克人在森林中很高的树上搭盖的仓库。仓库的四框和底部都是圆木，上盖是板片，底部留一开口。将衣物、用具、粮食等物品存放在仓库中。

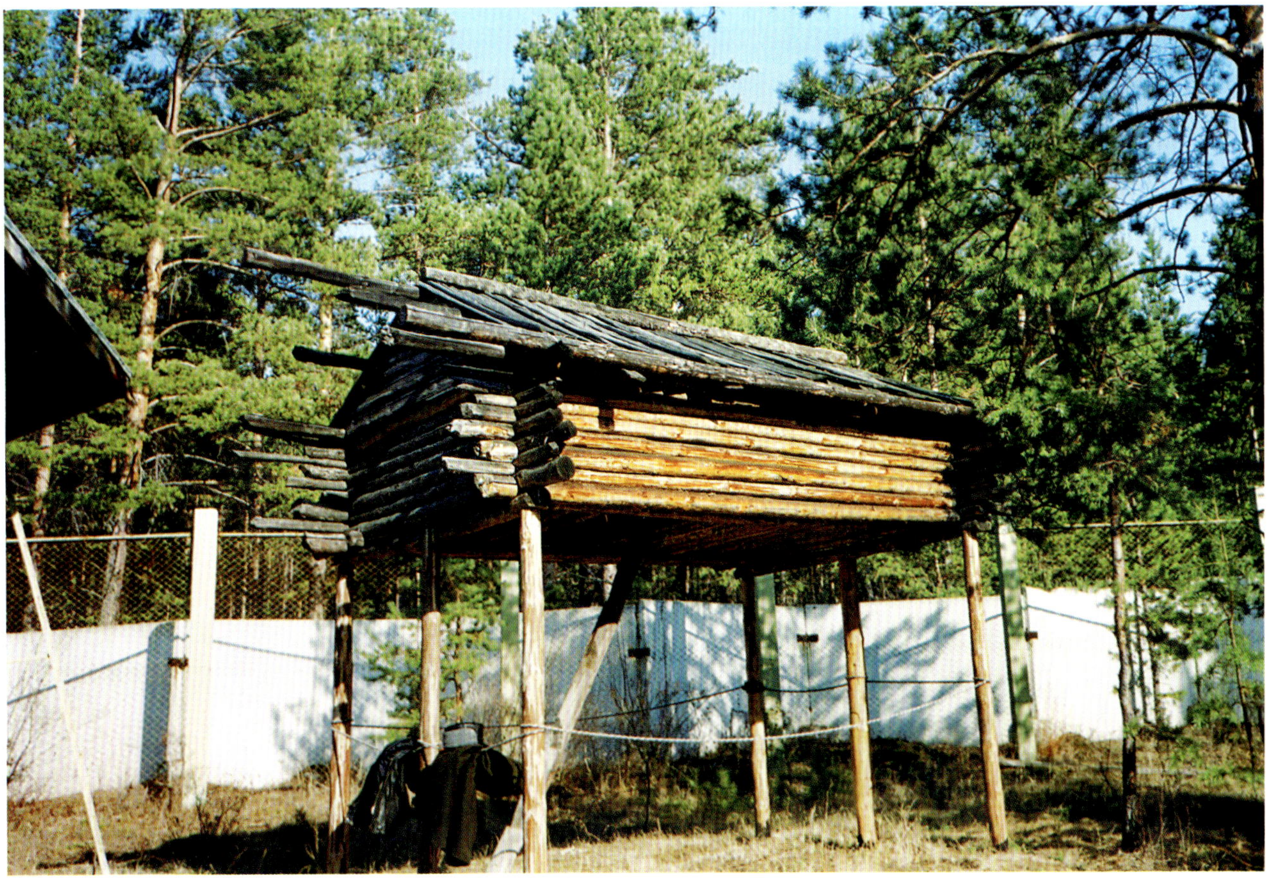

靠劳宝　使鹿鄂温克存放物品的仓库。

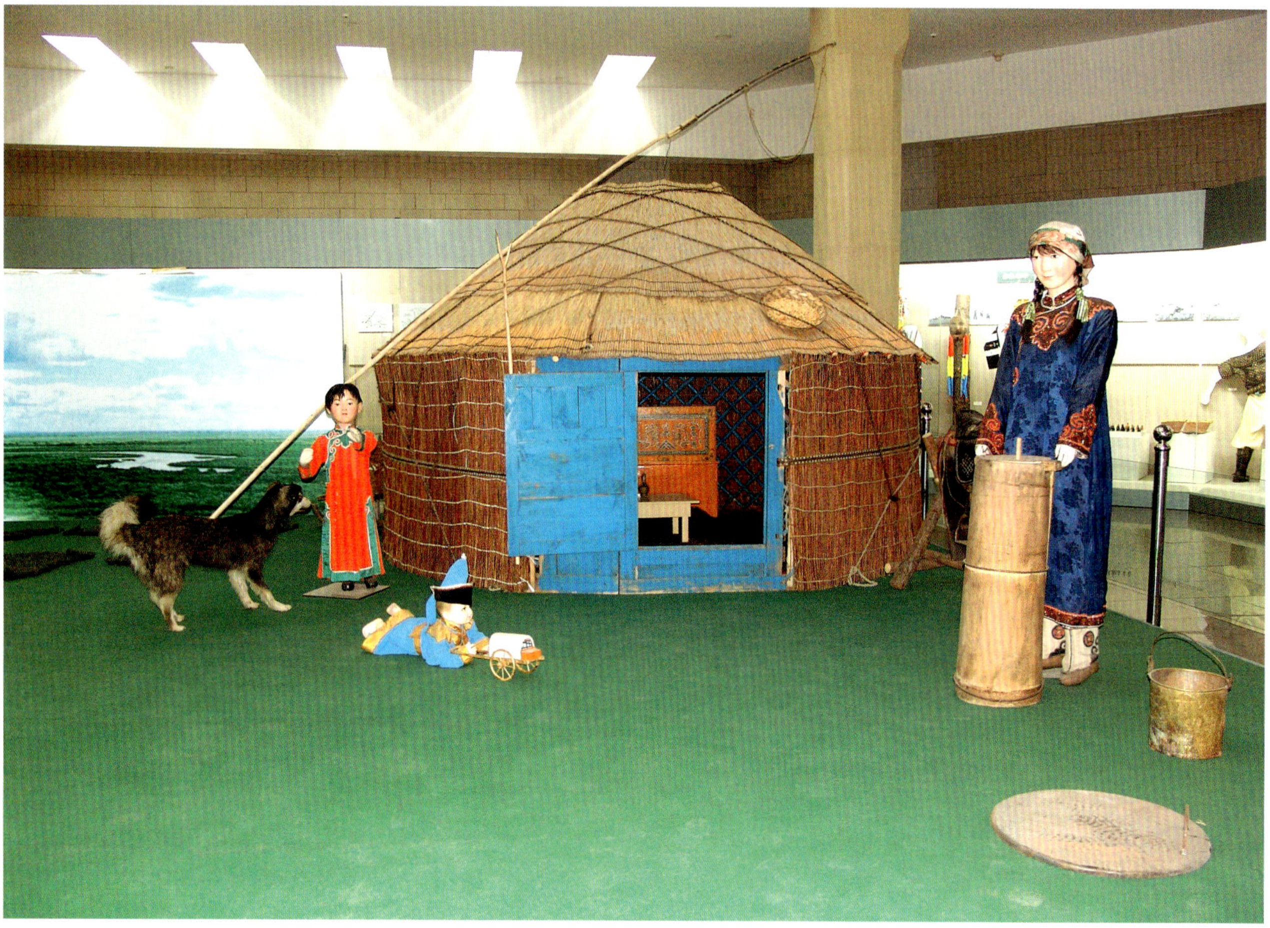

鄂温克包（模型）

鄂温克包

鄂温克人居住的包。包壁是用柳条编制，用皮钉钉成可折叠的“哈那”，包顶有天窗，各结合处都用皮条紧缚。夏季用苇子编成的帘子围包，冬季用毛毡围包。用毛绳子紧缚，坐落在地势较高处，门朝南。

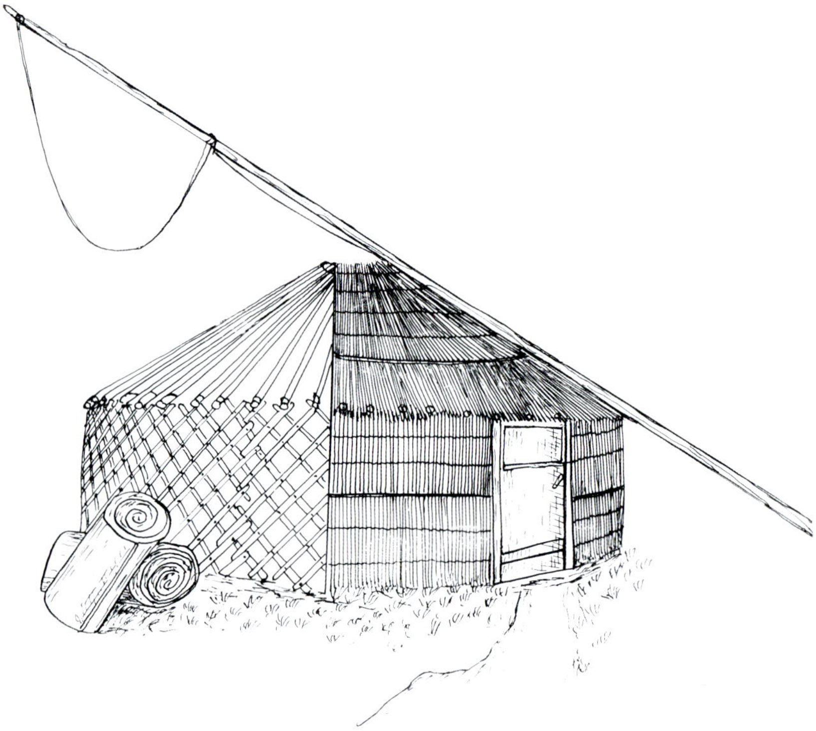

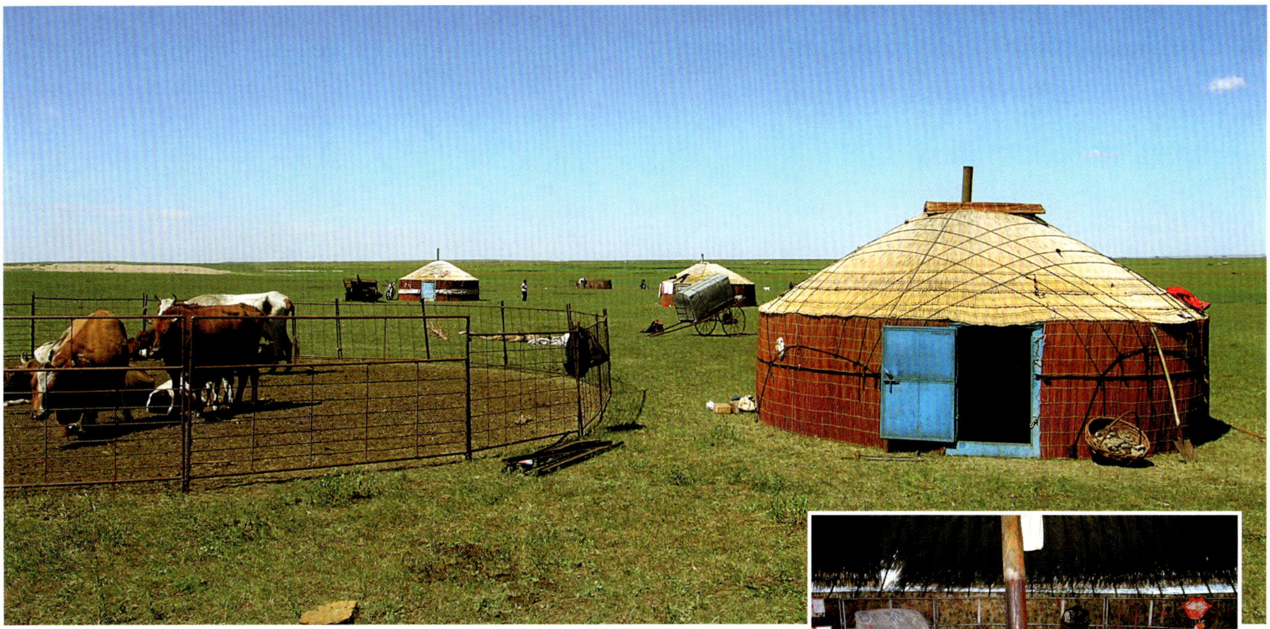

鄂温克牧民生活场景

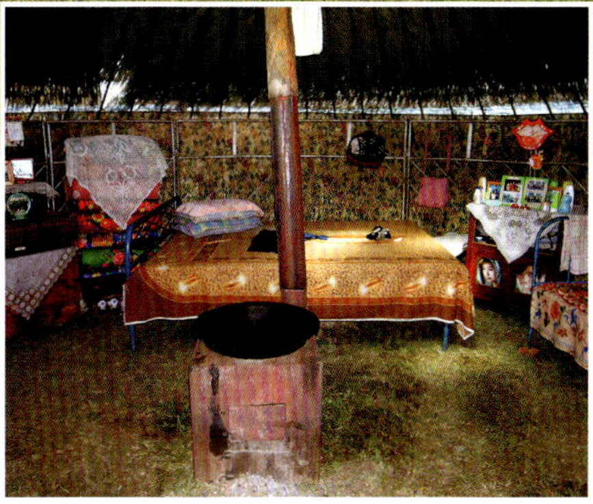

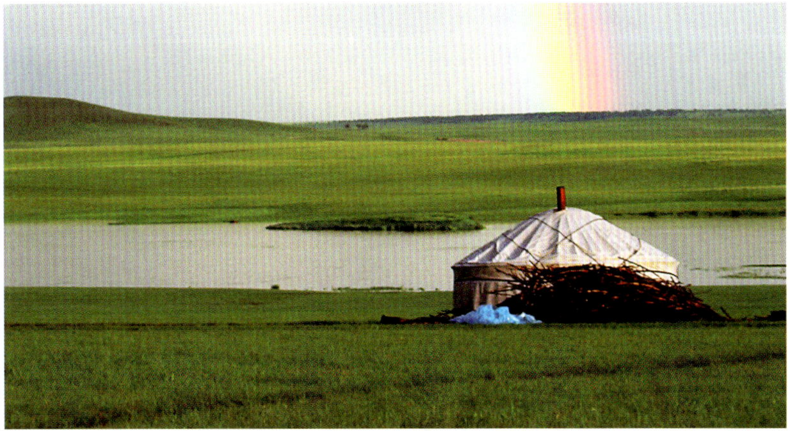

夏季牧场中的鄂温克包

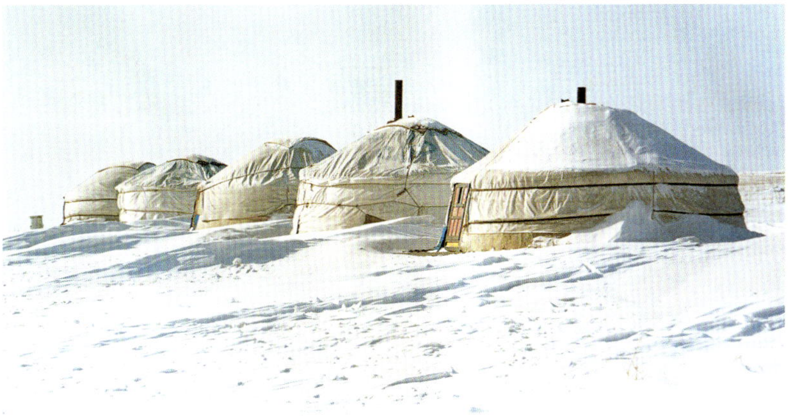

冬季的鄂温克包

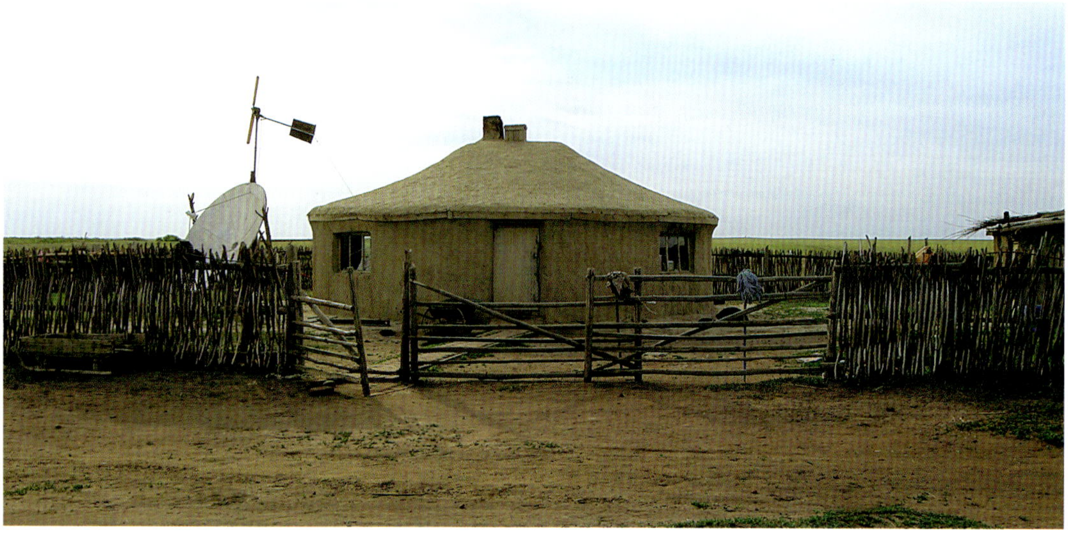

牧区鄂温克人居住的圆形土屋

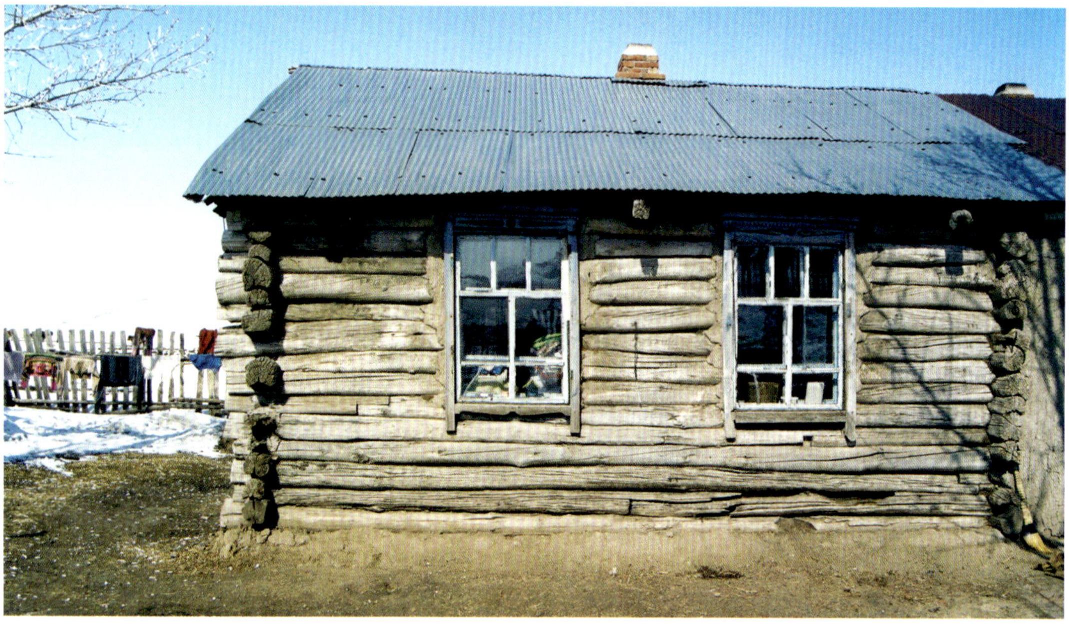

通古斯鄂温克的木刻楞

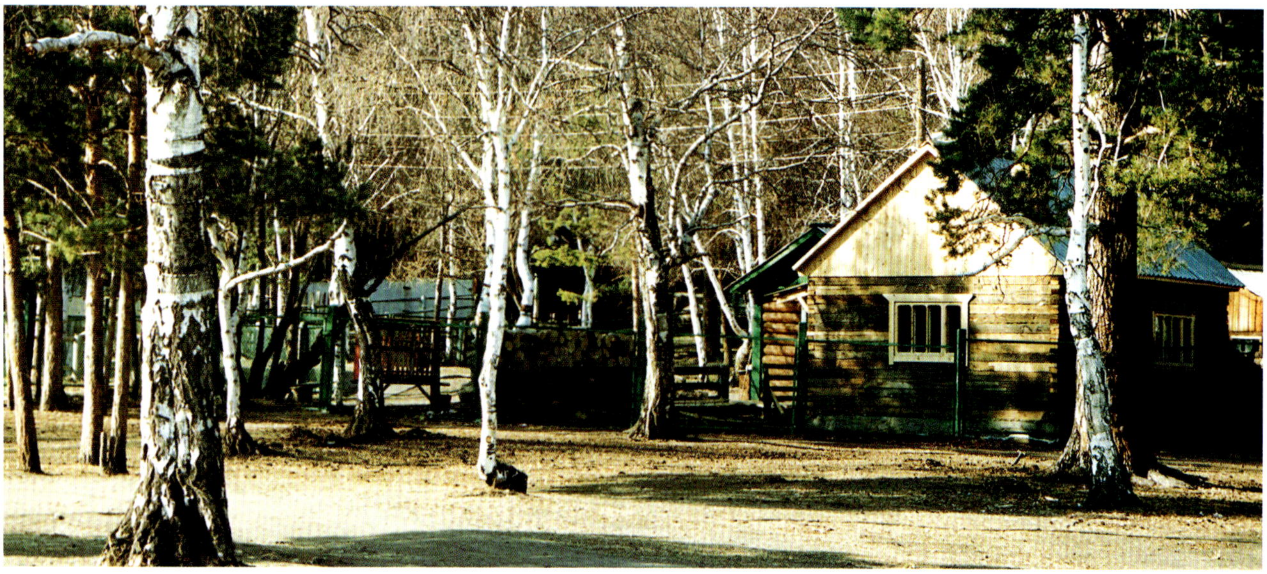

木刻楞房屋

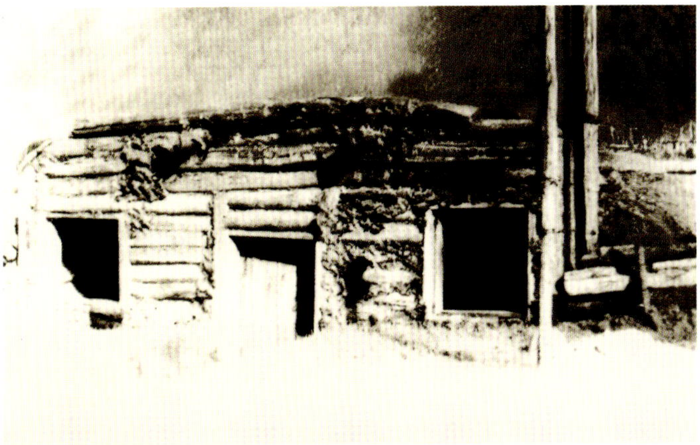

鄂温克人曾居住的半地下土木结构房屋

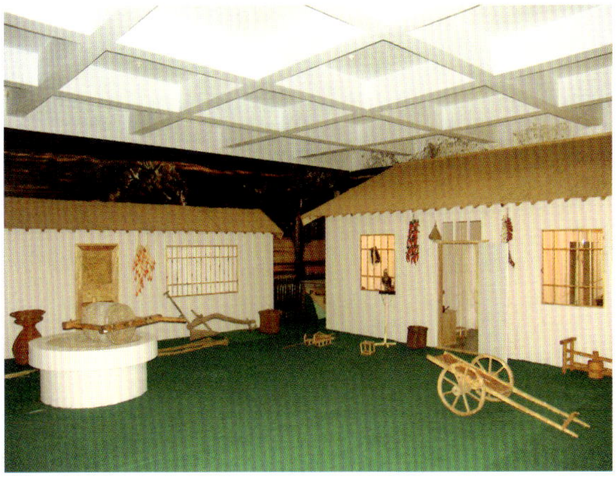

农家小院（模拟）

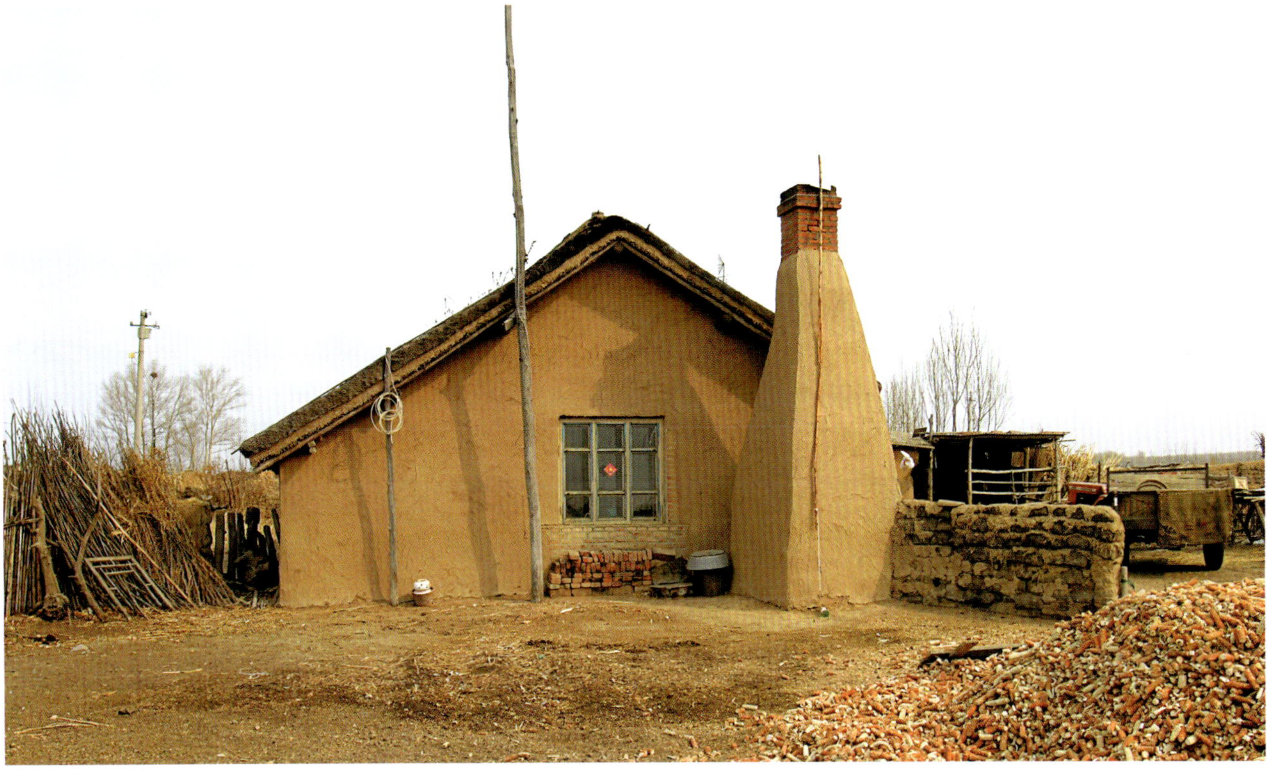

农区鄂温克人居住的土屋

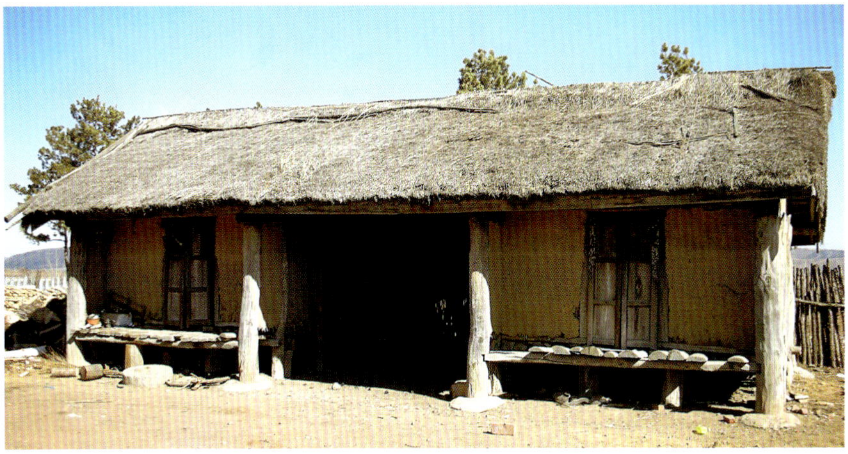

农区鄂温克人的仓库

生活用品

鄂温克族由于游猎、游牧过着居无定所的生活。生活用具多为轻便耐用、携带方便的铜质、木质器具，如铜奶茶壶、铜盘、木碗、木勺、木奶桶、木盘等。银质器具在鄂温克民族中属礼器，只有在年节或有贵客来访时才拿出来使用。

在鄂温克族的日常用具中，还有很多是用兽皮或牲畜皮制做而成的。如被褥，多数是用狍皮制成，狍皮毛中间空心，具有良好的防寒性能，并有轻便、结实的特点，十分适合在撮罗子里或野外露宿使用。用狍腿皮制做的烟荷包，不仅结实还可防潮，是鄂温克男子出猎时不可缺少的随身备品。牧区鄂温克人用整张牛犊皮制作的粮食口袋，也具有结实防潮的特点，非常适用于游牧生活。

鄂温克族人日常应用最多的，当属桦树皮器具了，桦树皮制品种类繁多，手工技术精湛，堪称一绝。凡用桦树皮制的小型器皿鄂温克语统称“玛塔”。它有圆柱、长方、正方等形状，还有带扣盖数种。“洪给”是用桦树皮制做的桶子，有大、小、高、低不等，有梁、无梁多种形状，“阿萨”是桦树皮碗的统称。“德替黑”是用桦树皮制作的箱子，方形，有盖，盛装物品既防潮又防雨。“达库勒”是用桦树皮做的簸箕。勒勒车棚也用桦树皮做苫盖，既遮风雨又挡阳光。还有很多桦树皮制作的器皿，如烟盒、盐盒、咸菜盒、针线包、家具、量器、狍哨、猎刀把等。撮罗子外面也是用煮过的桦树皮苫盖，桦树皮一经煮过之后，变得柔软，韧性增强。可以圈成圆筒放置。总之，桦树皮制品浸透于鄂温克人日常生活的方方面面，鄂温克人在桦树皮器皿上以各种自然界、动植物、生产生活场景的纹饰加以点缀，形成了独特的桦树皮文化。

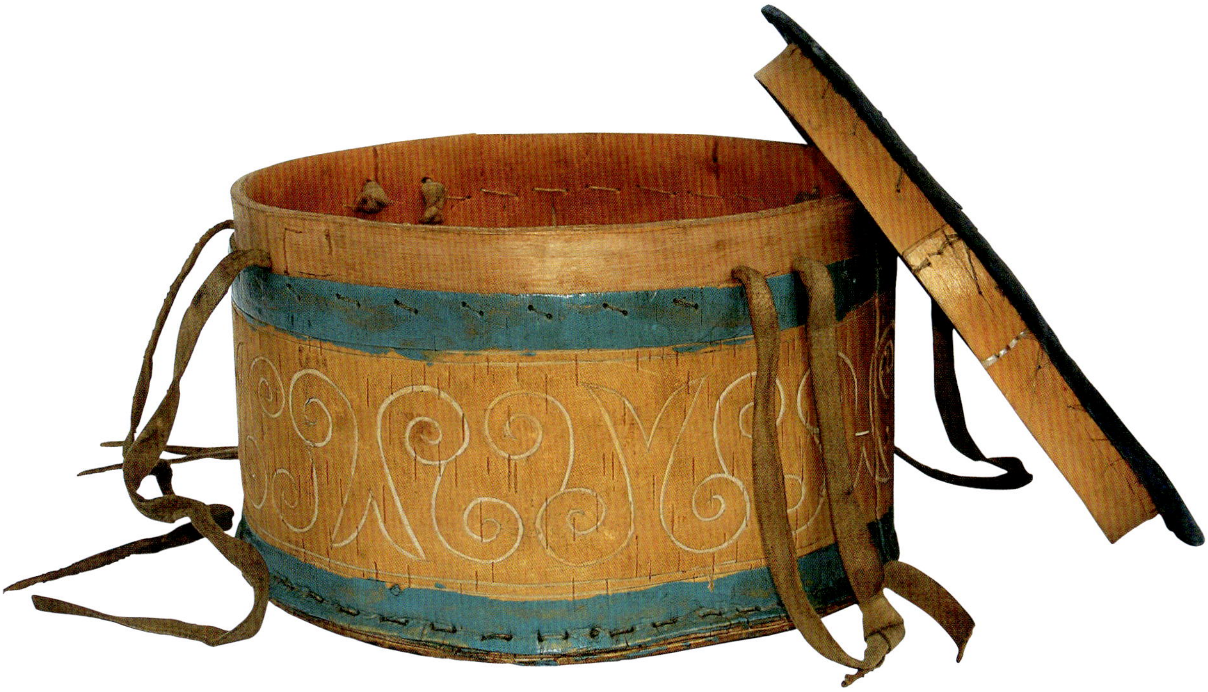

蓝边桦树皮盒　口径30cm　高18cm

蓝边桦树皮盒细部

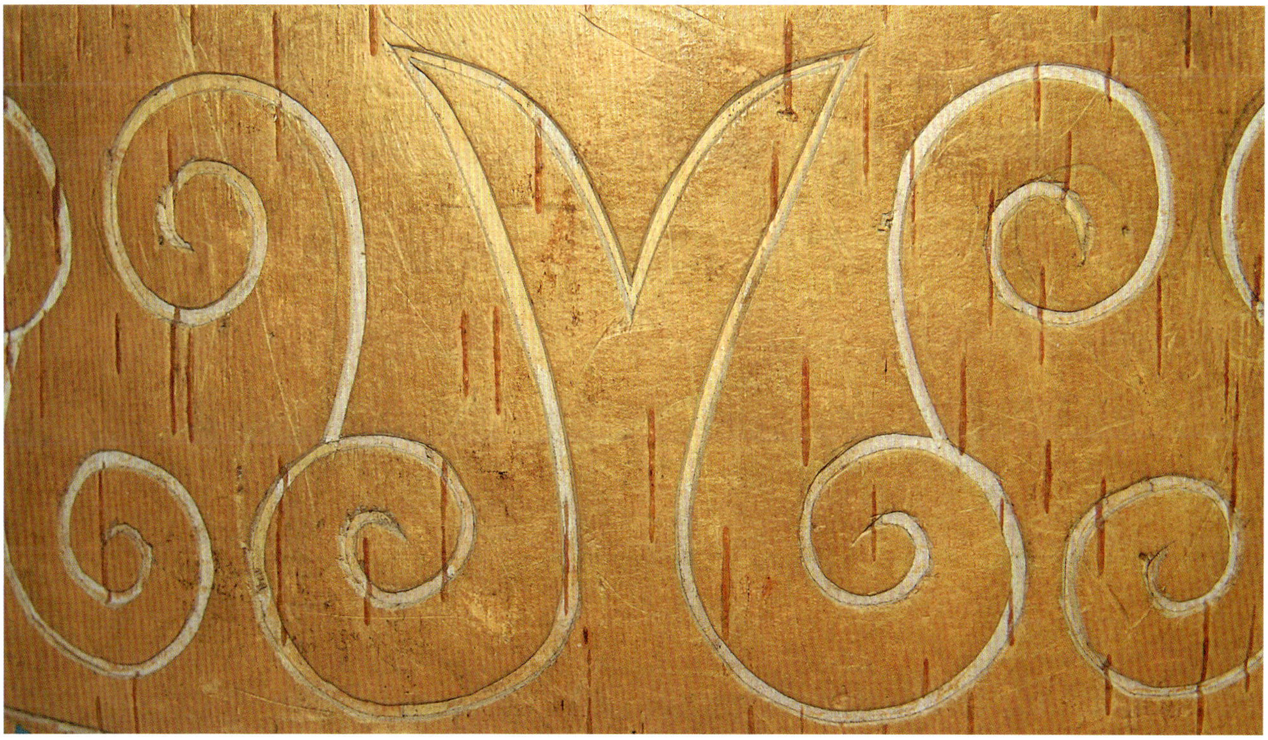

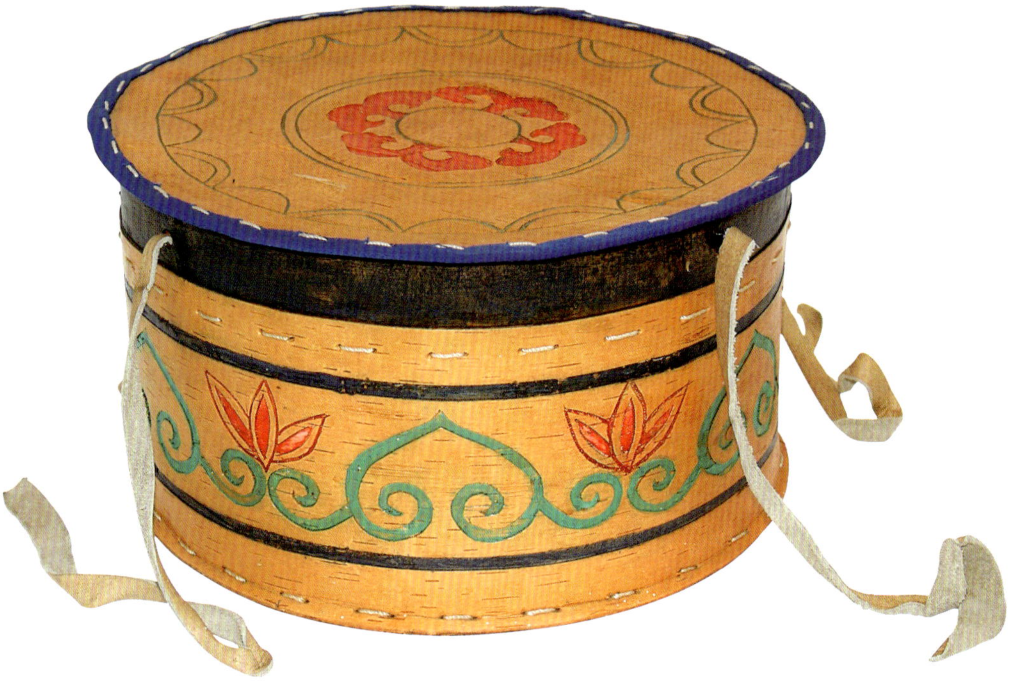

彩绘植物纹桦树皮盒　口径27cm 高15cm

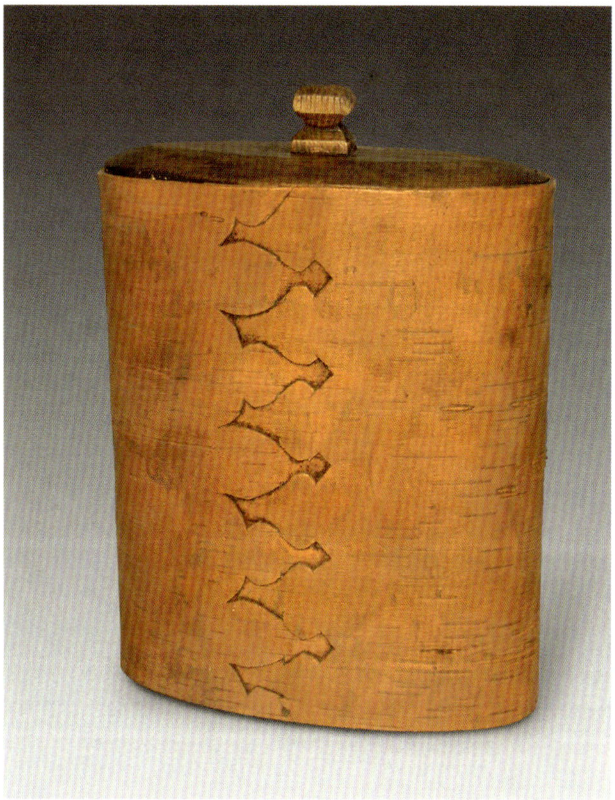

使鹿鄂温克咬合桦树皮筒　长径16cm 短径8cm 高19cm

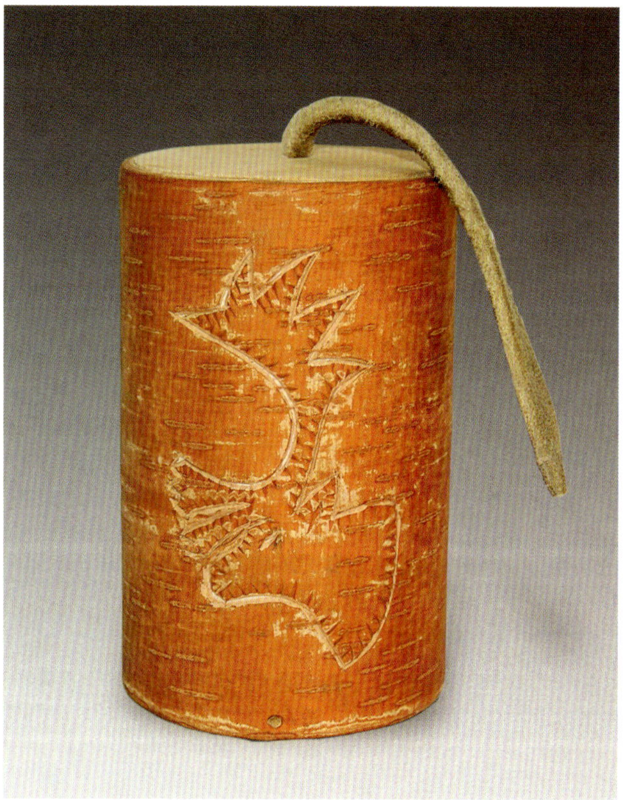

使鹿鄂温克鹿角形咬合桦树皮筒　口径7cm 高11cm

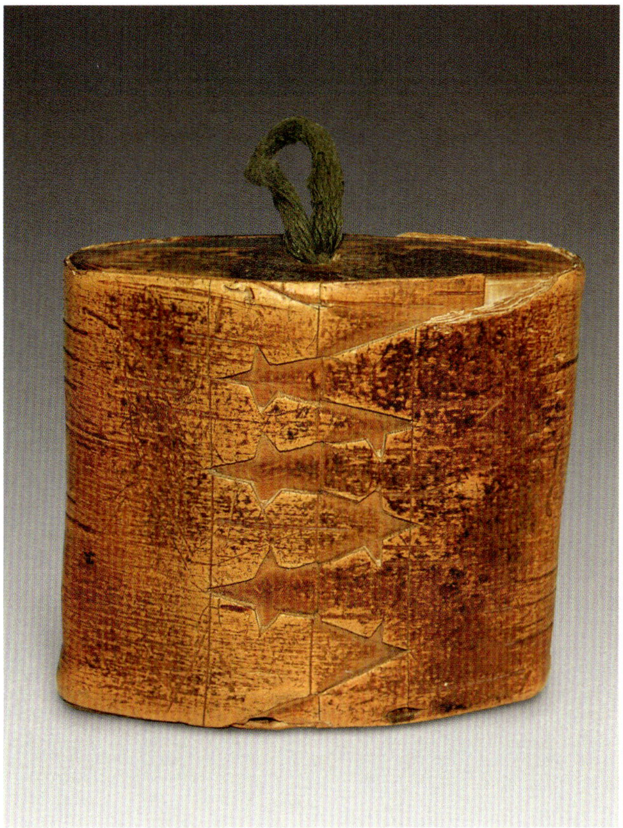

使鹿鄂温克咬合桦树皮盒　口径10cm　高16cm

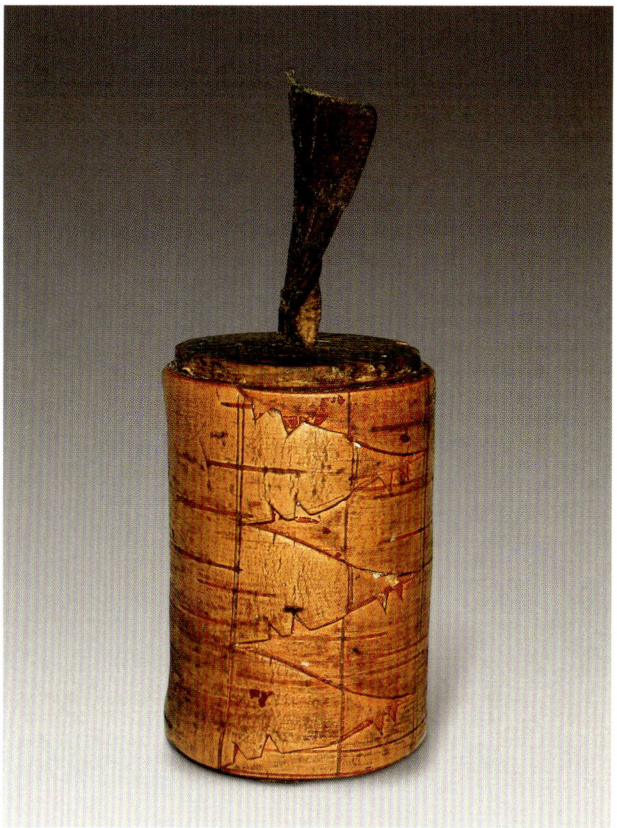

使鹿鄂温克鹿角形咬合桦树皮烟盒　口径5cm　高7cm

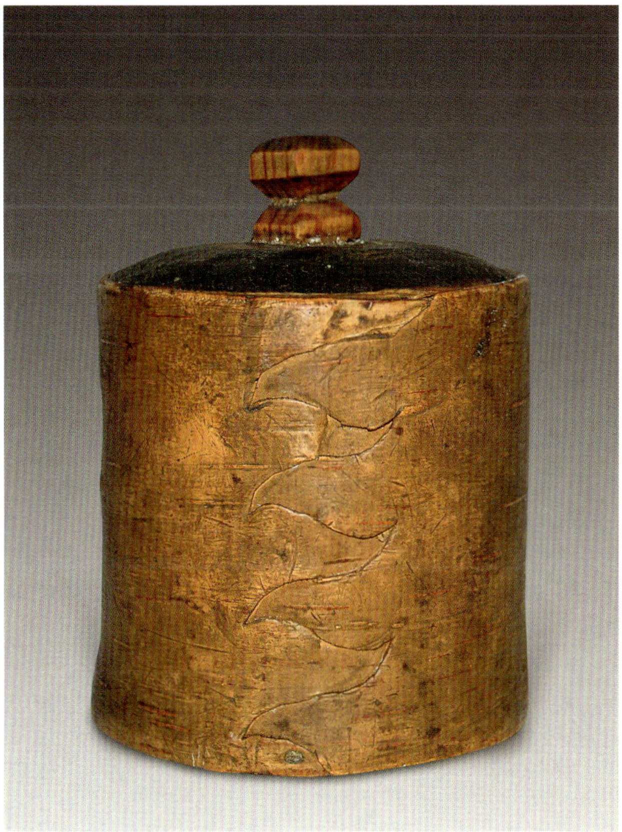

使鹿鄂温克咬合木钮桦树皮筒　口径8.5cm　通高11cm

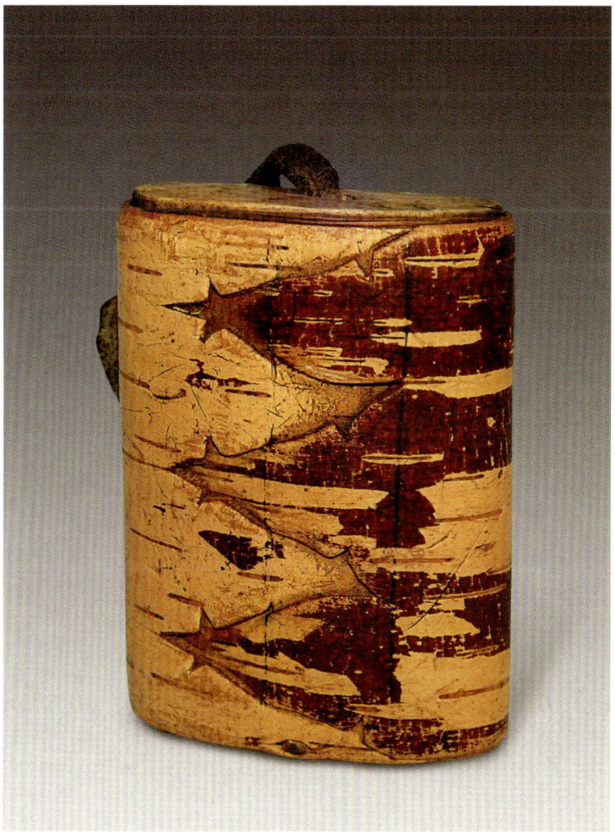

使鹿鄂温克咬合桦树皮扁烟盒　长径5cm　短径2.5cm　高7.5cm

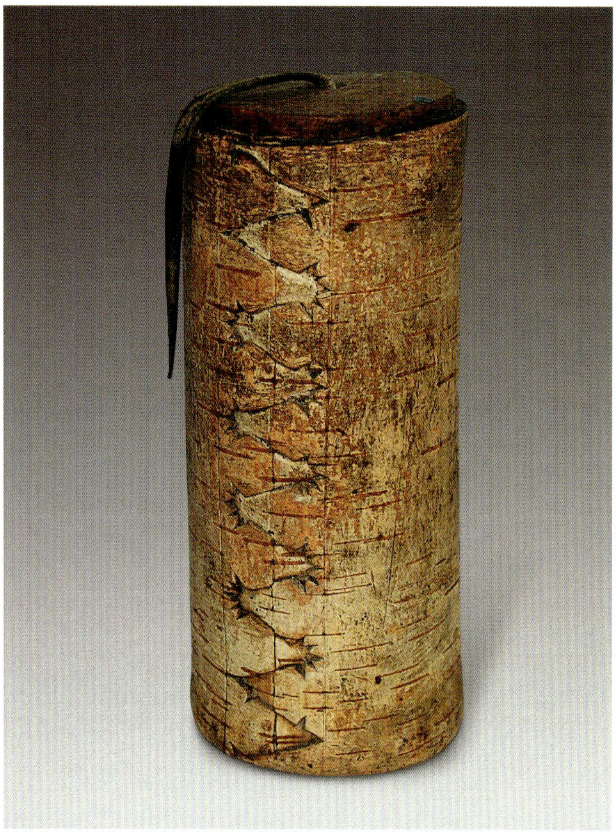
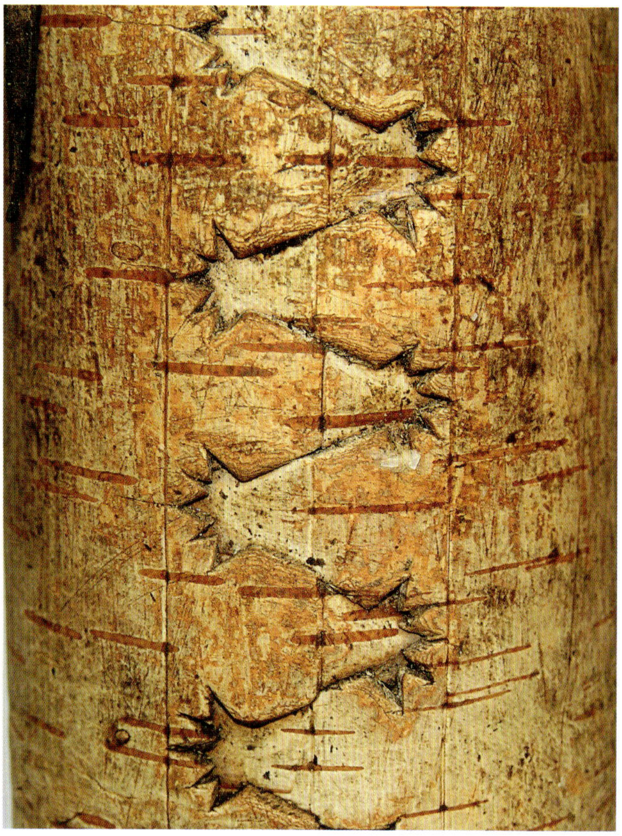

使鹿鄂温克咬合桦树皮筒　口径9cm　高19cm

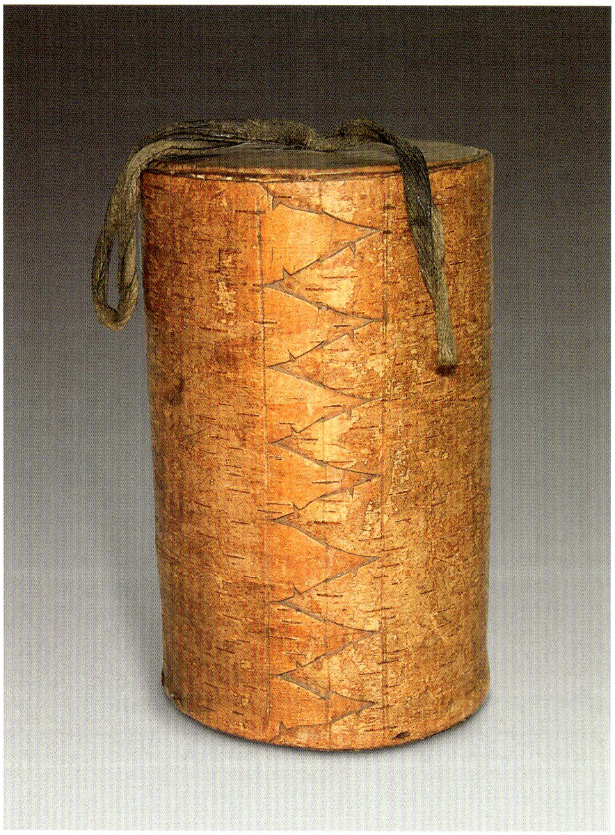
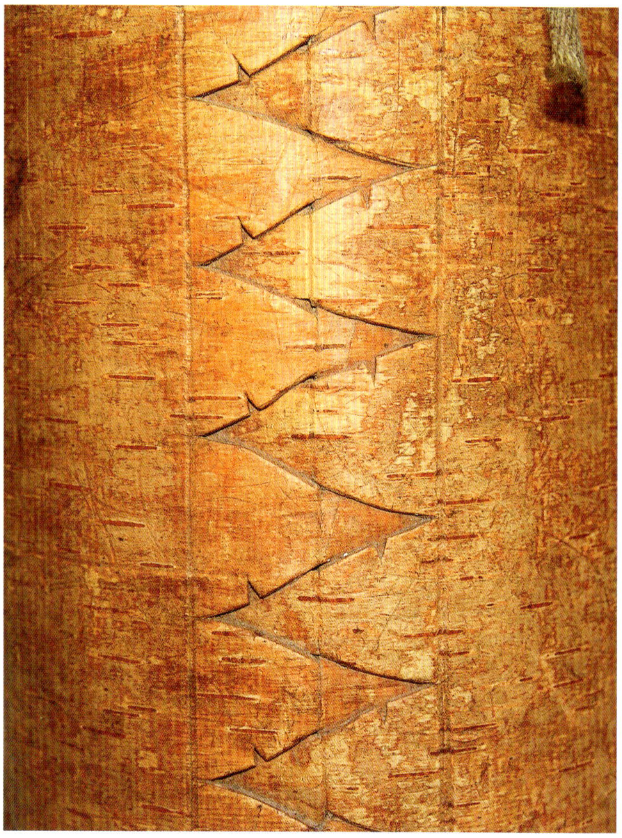

使鹿鄂温克咬合桦树皮筒　口径10cm　高16cm

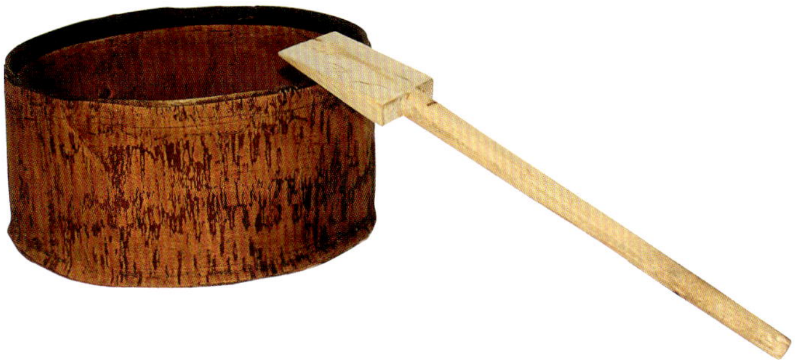

使鹿鄂温克桦树皮和面盆、桦木和面铲
口径26cm 高14cm 铲长35cm 铲宽7cm

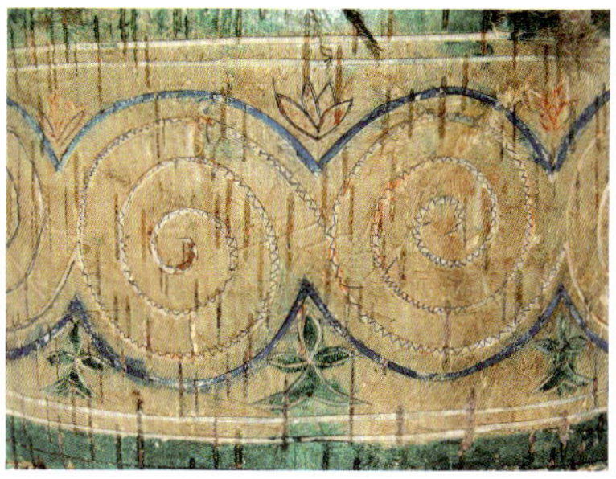

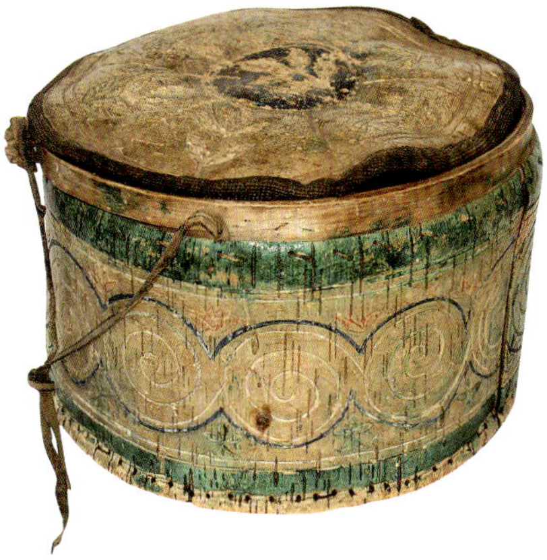

使鹿鄂温克植物纹彩绘
桦树皮盒及细部
口径27cm 高17cm

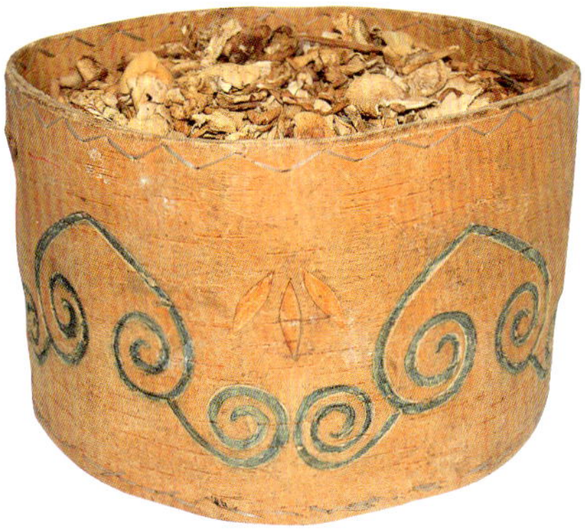

盛蘑菇的桦皮筒 口径22cm 高15cm

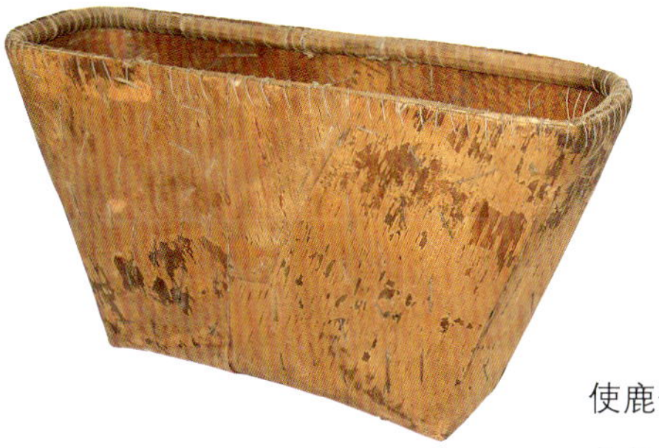

使鹿鄂温克桦树皮驯鹿驮箱
长径42cm 短径40cm 高25cm

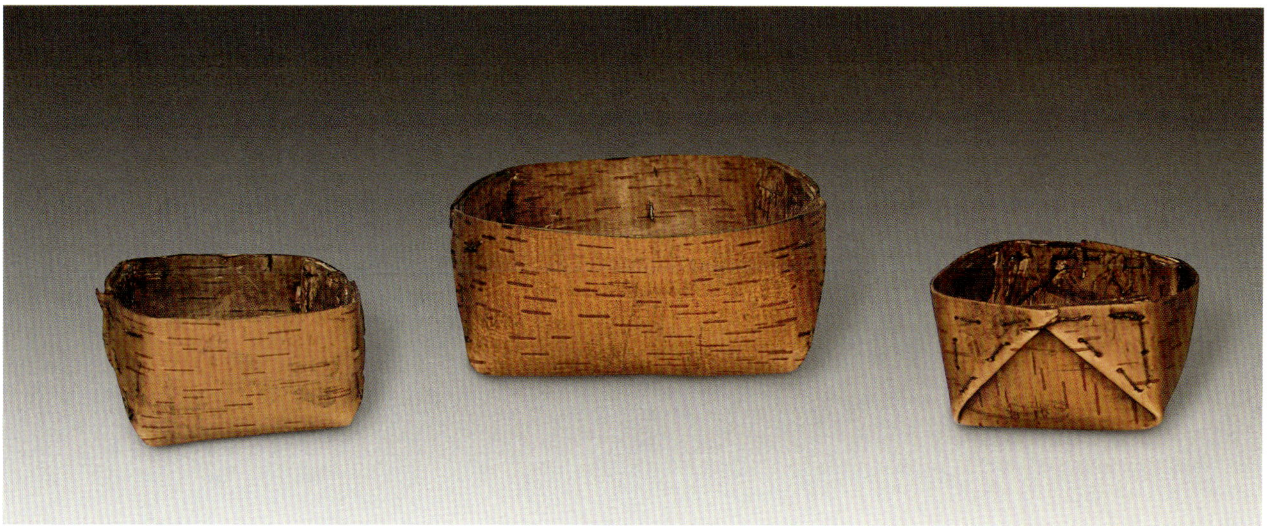

使鹿鄂温克桦树皮碗 大：口径15cm 高6cm 小：口径9cm 高6cm

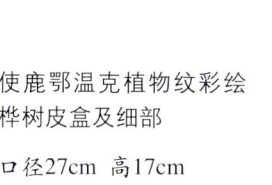

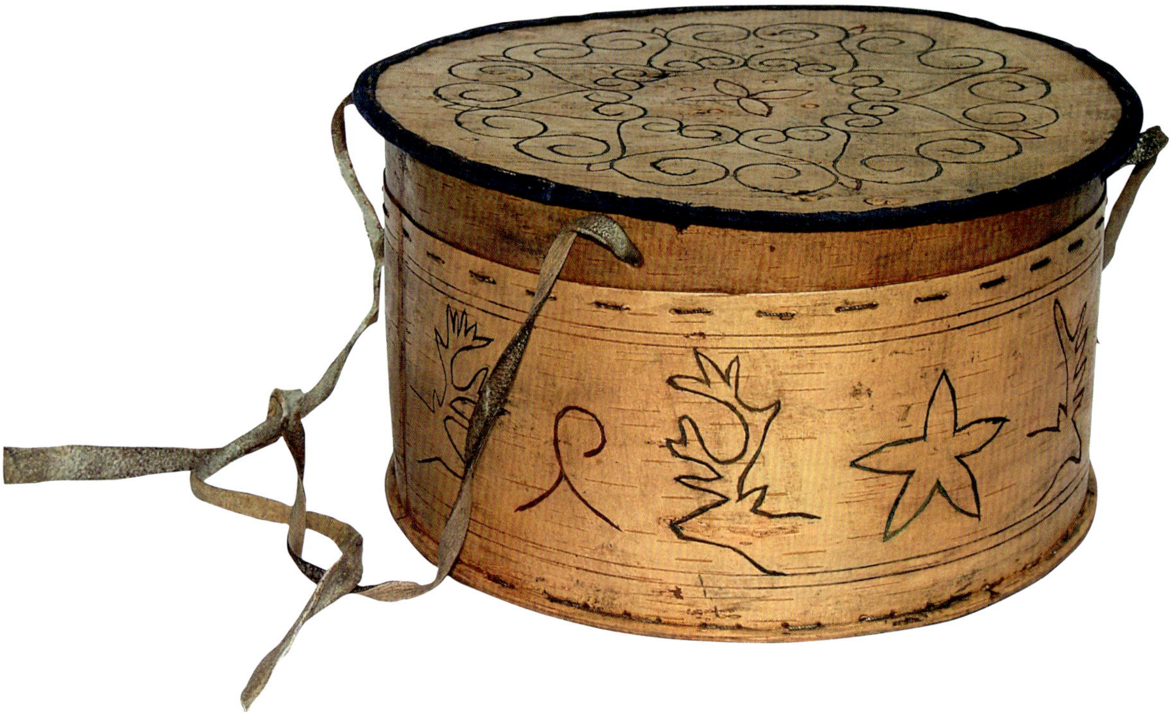

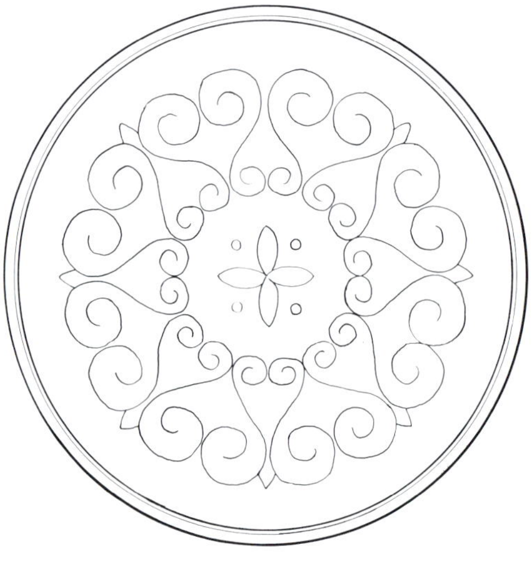

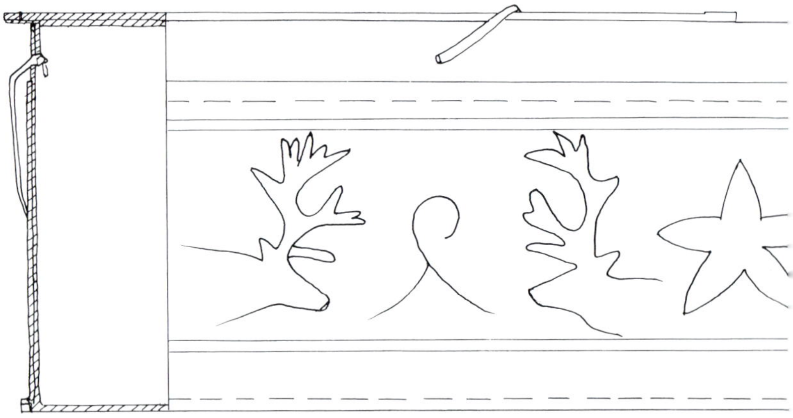

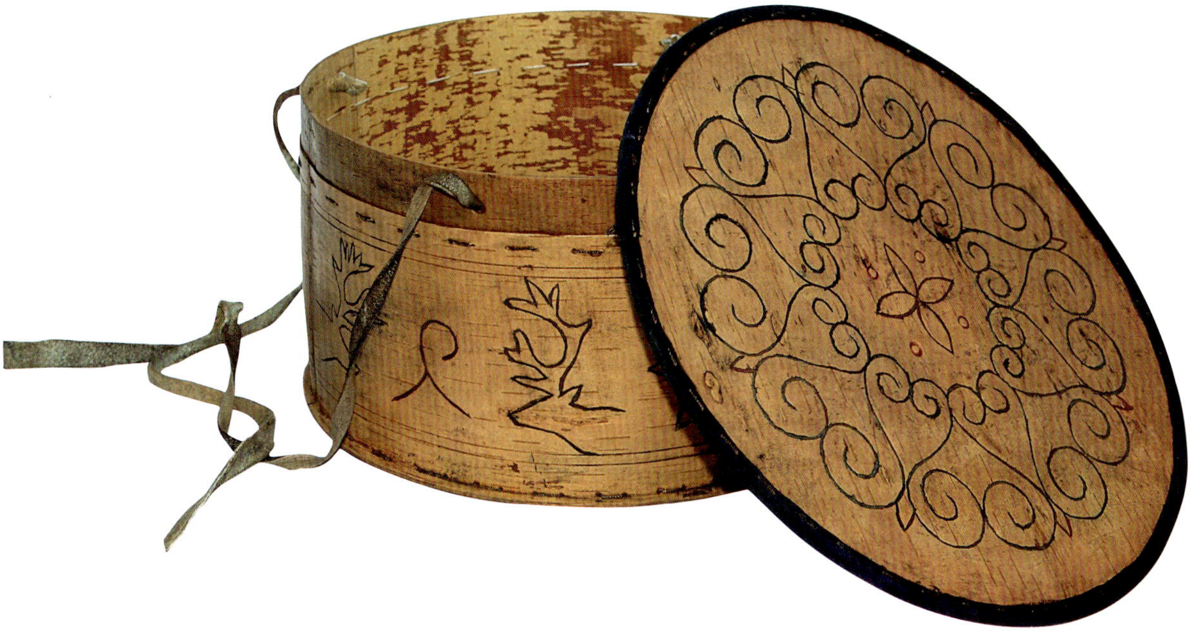

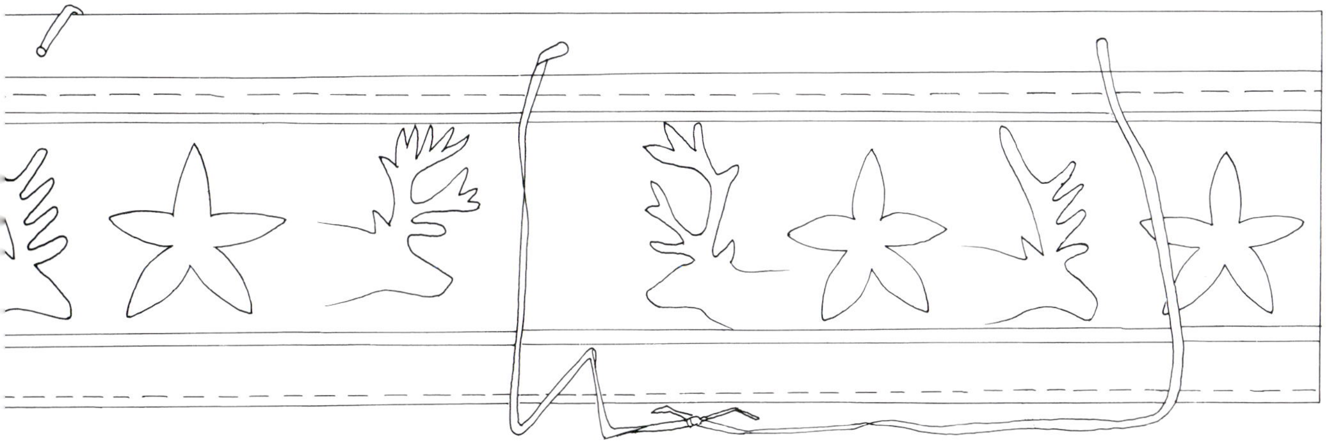

使鹿鄂温克彩绘鹿纹桦树皮盒　盖径30cm　通高16cm　底径29cm

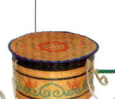

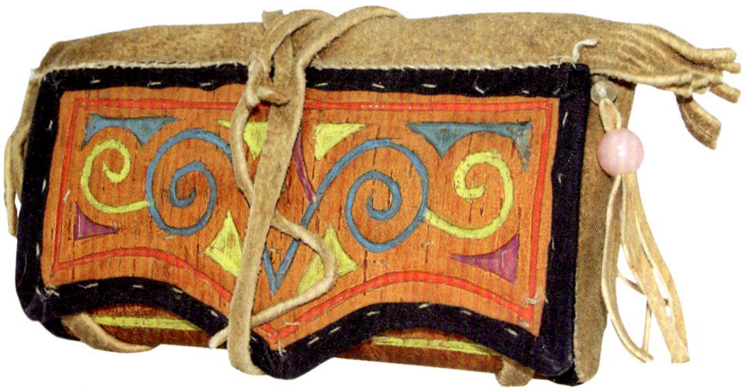

正面

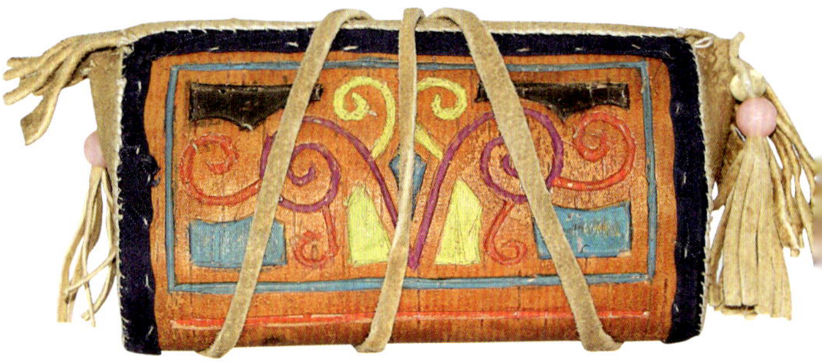

背面

使鹿鄂温克彩绘鹿角纹桦树皮犴皮针线包

长15cm 宽10cm 厚5cm

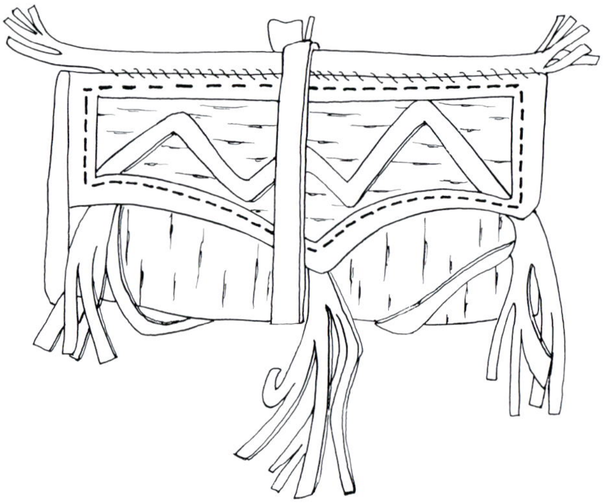

使鹿鄂温克彩绘桦树皮犴皮针线包

长19cm 宽11cm 厚5cm

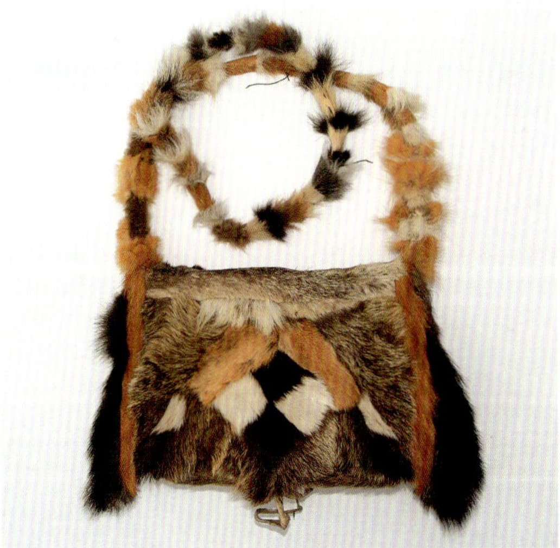

皮毛拼接兜 长25cm 高18cm

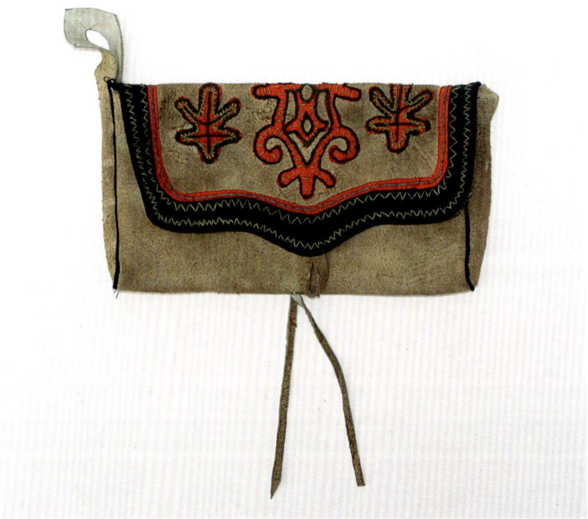

绣花鹿皮兜 长18cm 高15cm

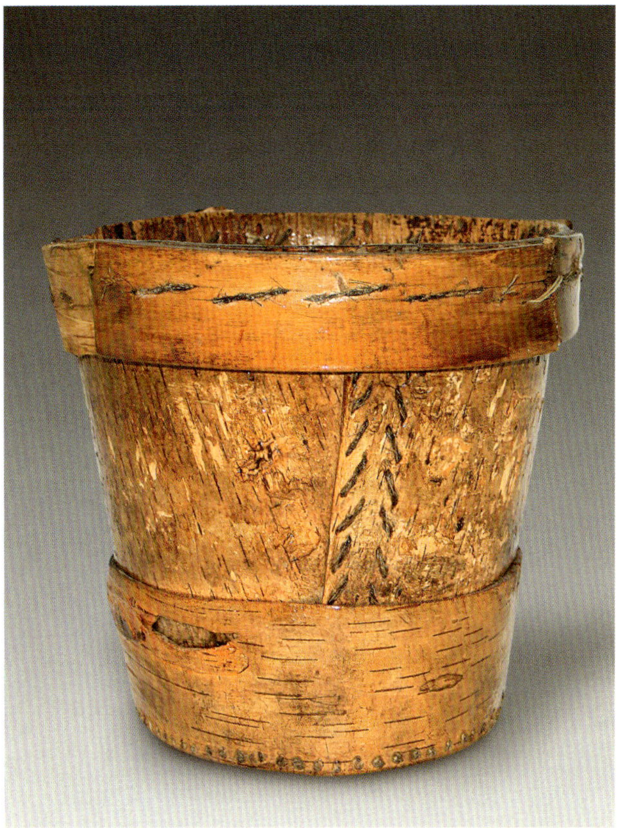

通古斯鄂温克桦树皮筒　口径19cm　底径14cm　高18cm

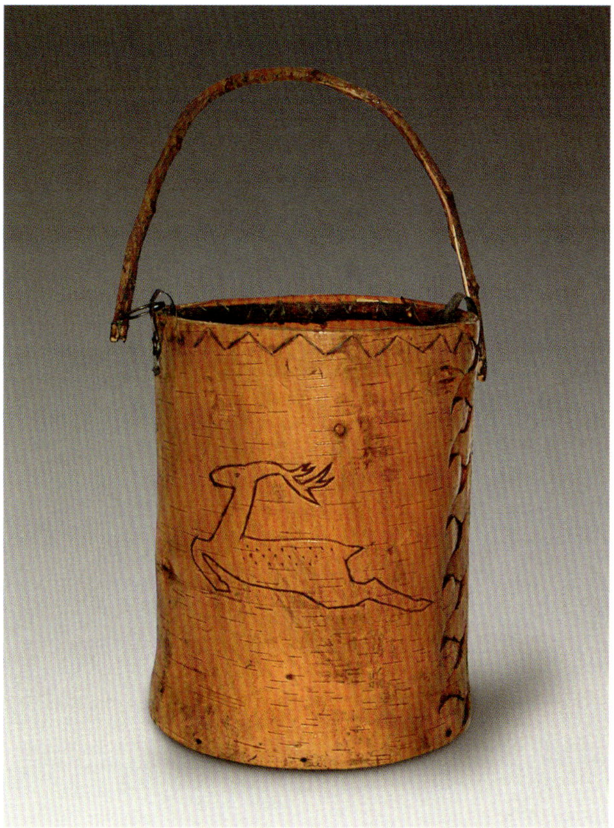

奔鹿纹桦树皮水筒　口径18cm　高22cm

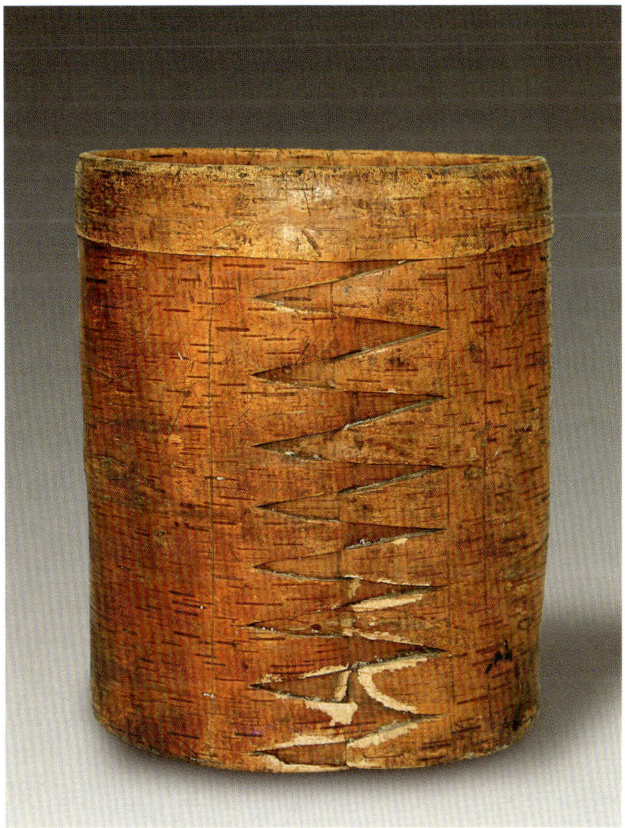

通古斯鄂温克咬合椭圆形桦树皮筒　口径22cm 底径13cm 高29cm

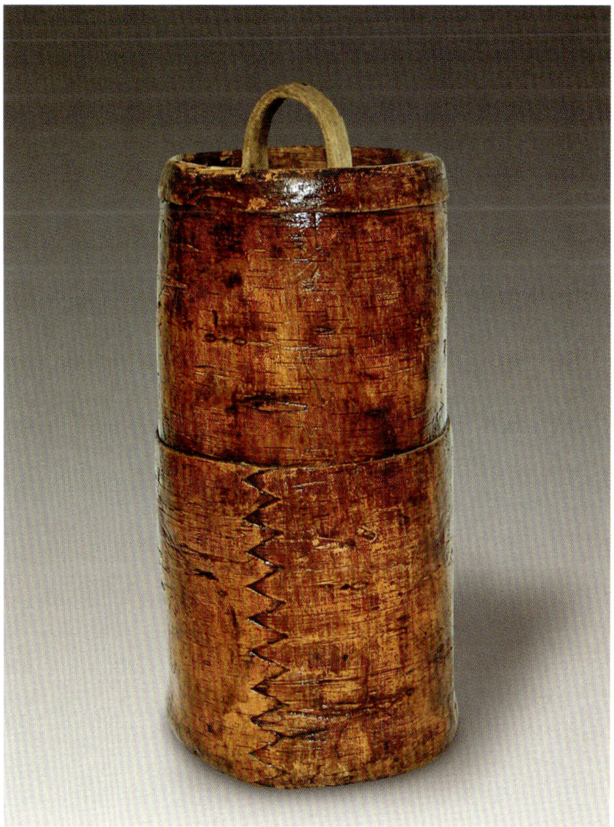

农区鄂温克带盖桦树皮筒　口径18cm　高45cm

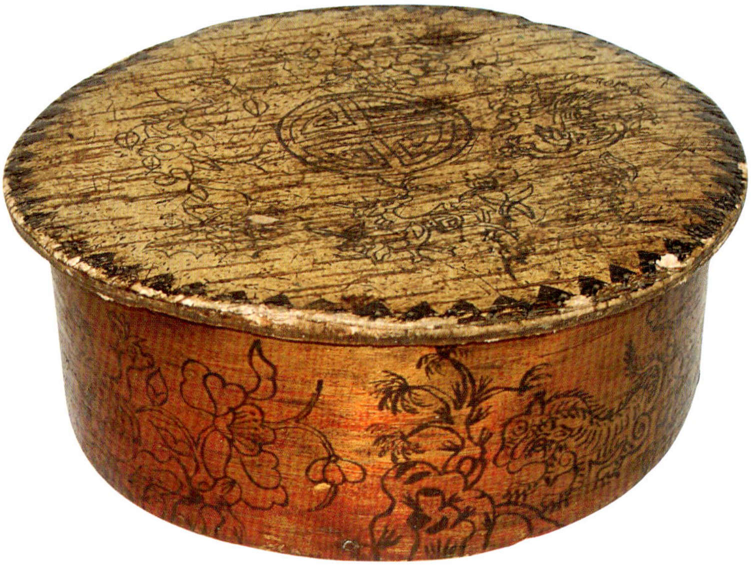

农区鄂温克墨绘动植物纹桦树皮盒　口径25cm　高8.5cm

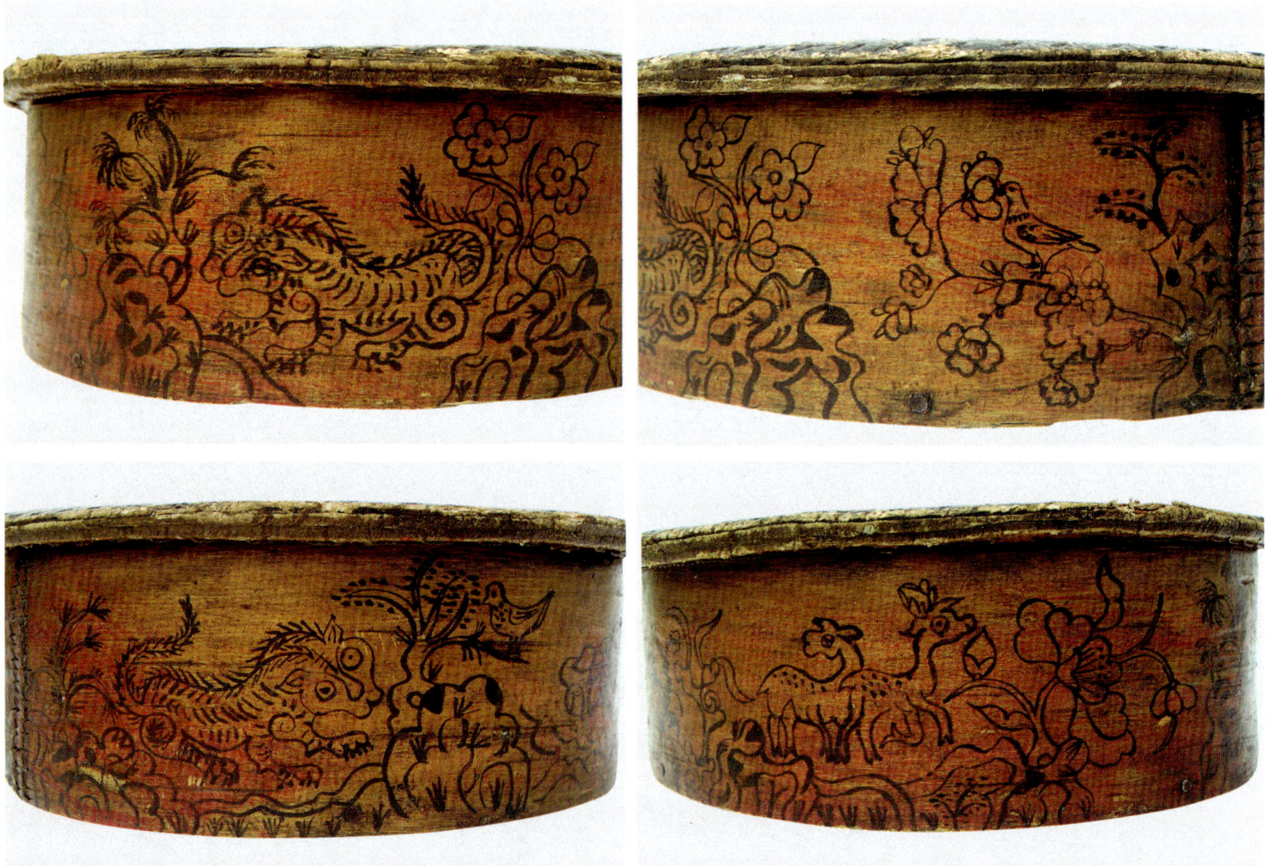

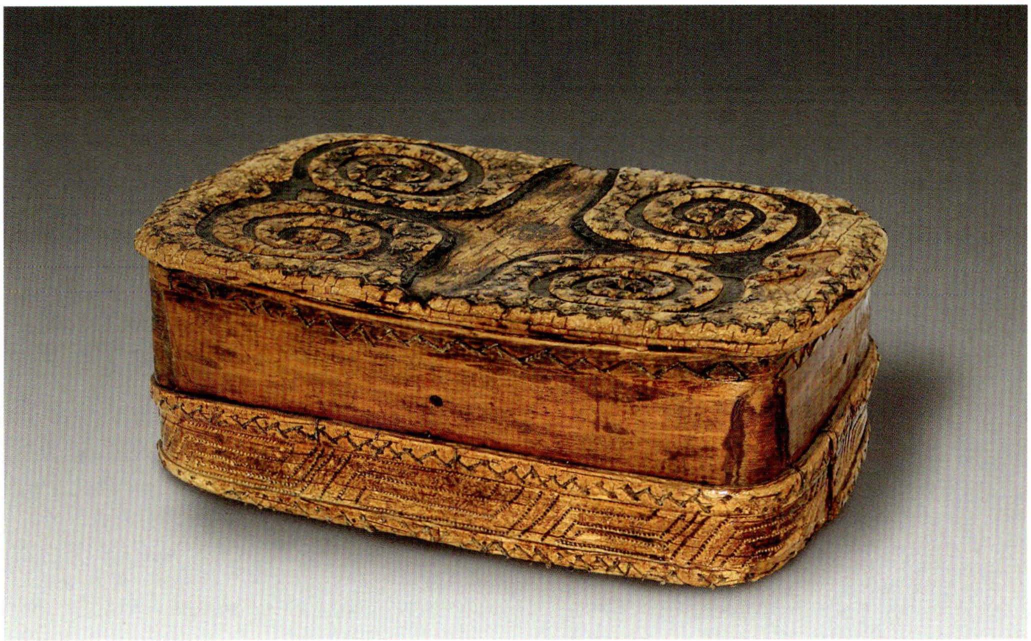

农区鄂温克桦树皮盒　长32cm 宽21cm 高11cm

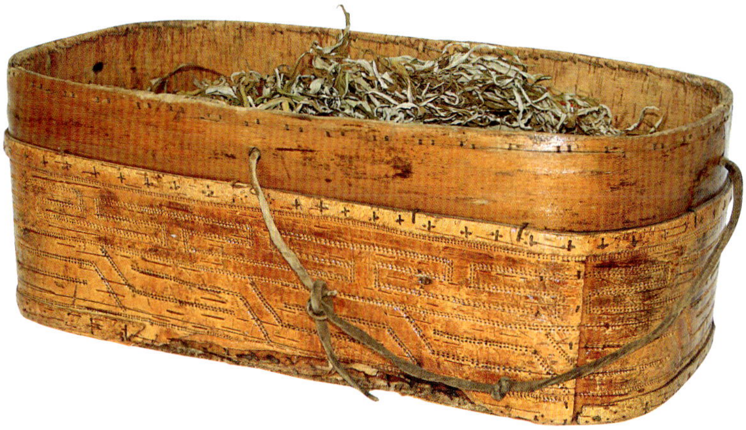

农区鄂温克点刺几何纹桦树皮方盒
长26cm 宽17cm 高10cm

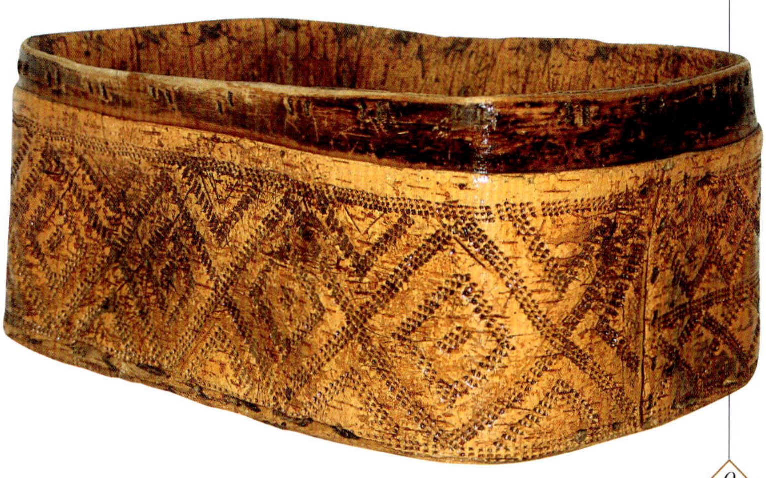

农区鄂温克点刺纹桦树皮长方形盒
长39cm 宽22cm 高13cm

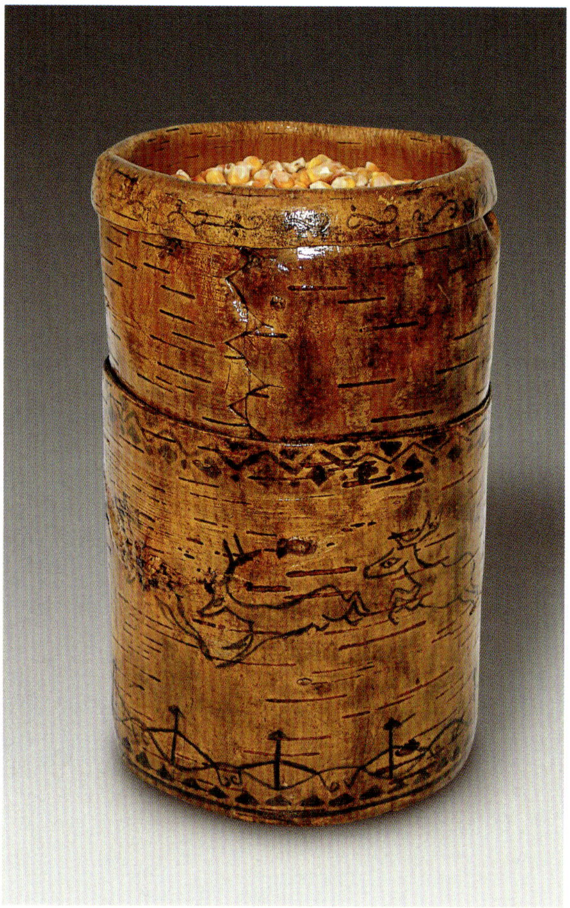

农区鄂温克奔鹿纹桦树皮盛粮食筒　口径16cm　高26cm

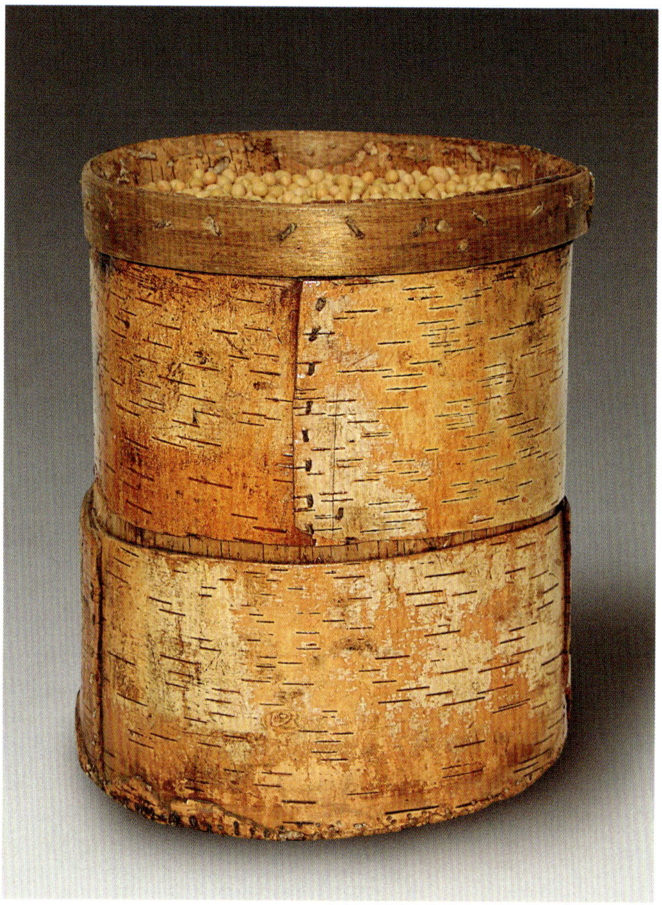

农区鄂温克木沿桦树皮盛粮食筒　口径20cm　高26cm

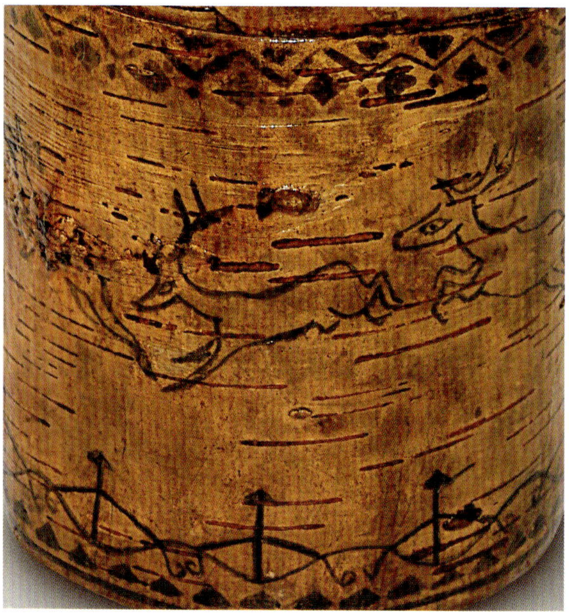

农区鄂温克奔鹿纹桦树皮盛粮食筒（细部）

农区鄂温克桦树皮簸箕

长30cm 宽31cm 高9cm

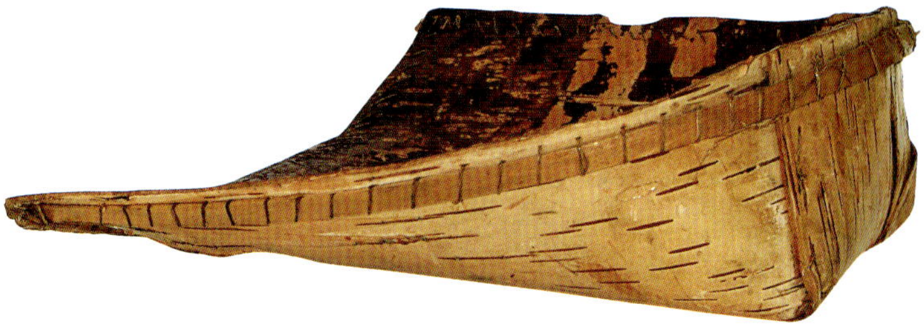

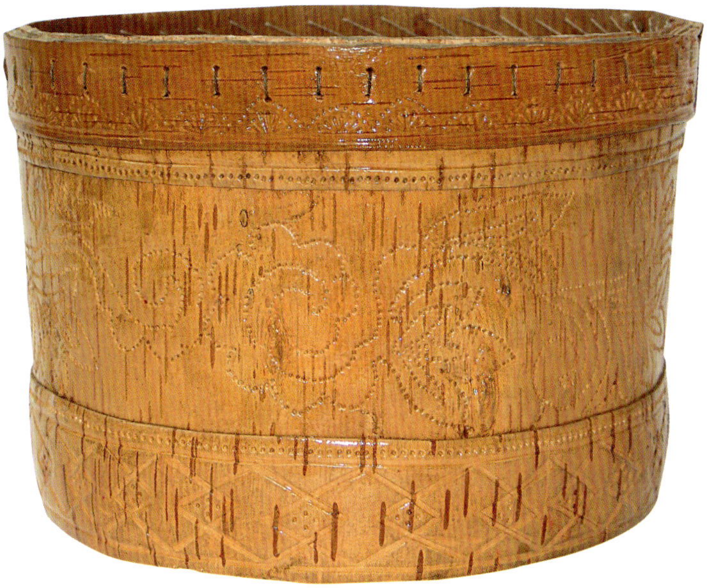

农区鄂温克点刺植物纹桦树皮盒　口径22cm 高15cm

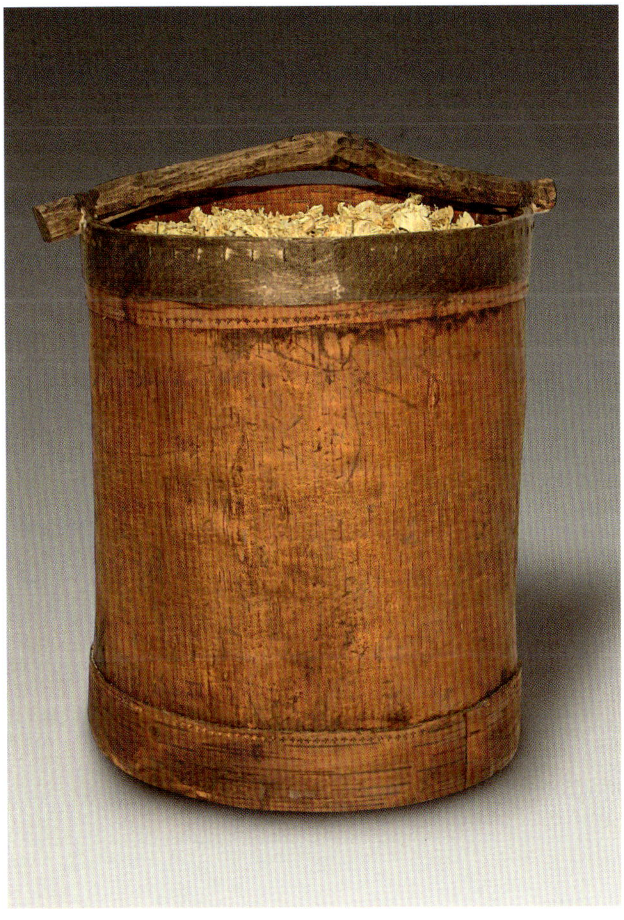

农区鄂温克提梁桦树皮桶　口径24cm 高30cm

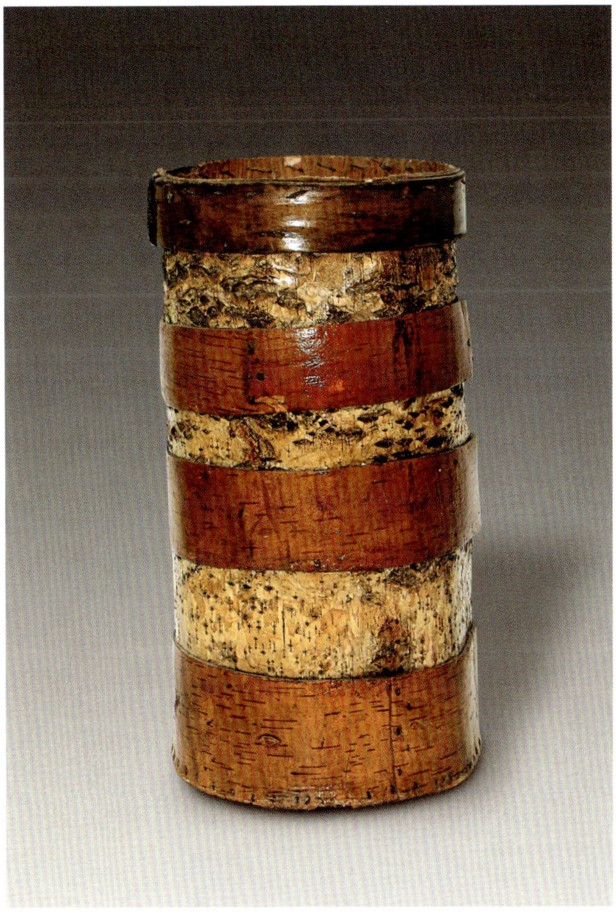

农区鄂温克桦树皮桶　口径26cm 高49cm

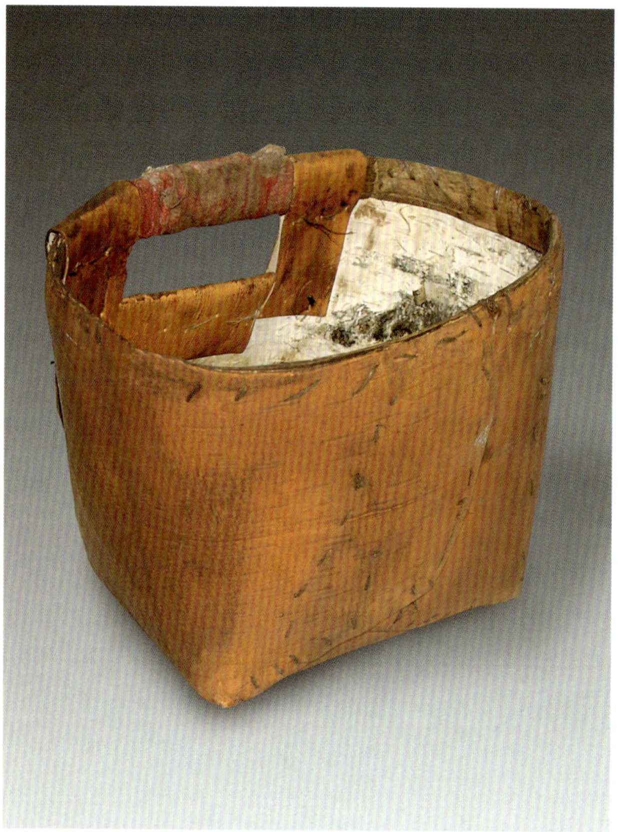

桦树皮刮果器　长径25cm　短径16cm　高23cm

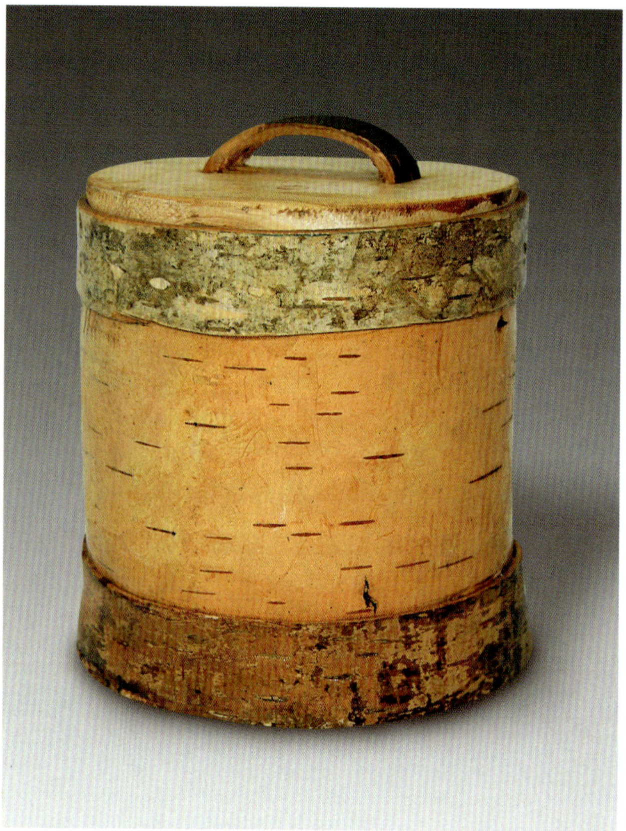

桦树皮调料盒　口径6cm　高6cm

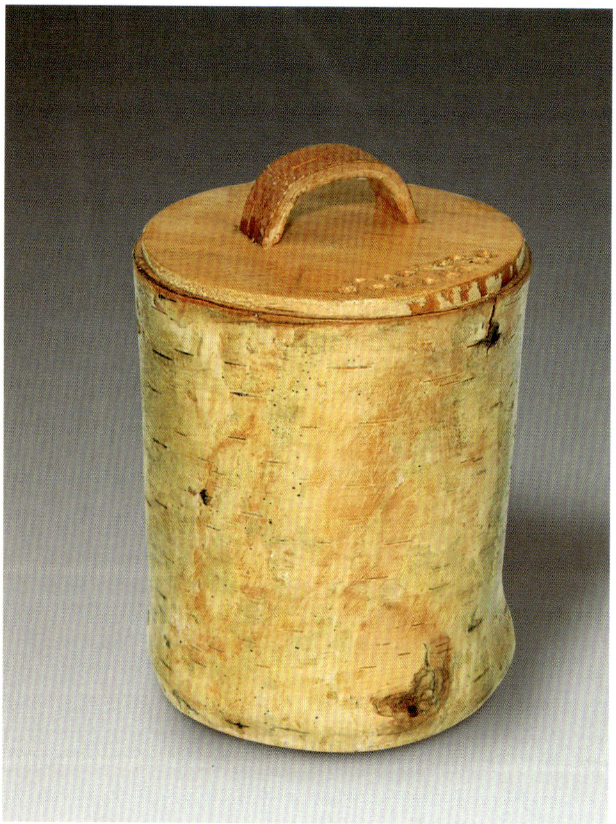

桦树皮调料盒　口径4.5cm　高5.5cm

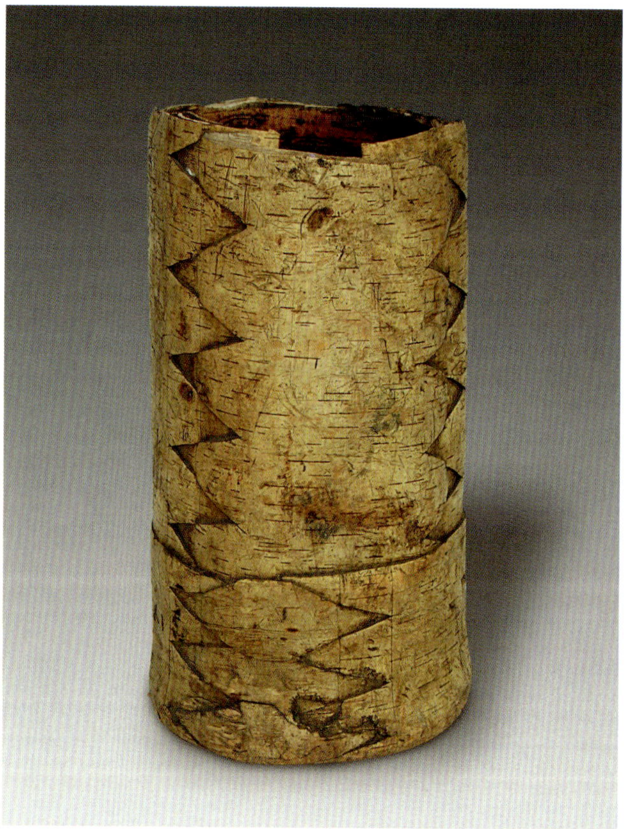

桦树皮筒　口径6.5cm　高32cm

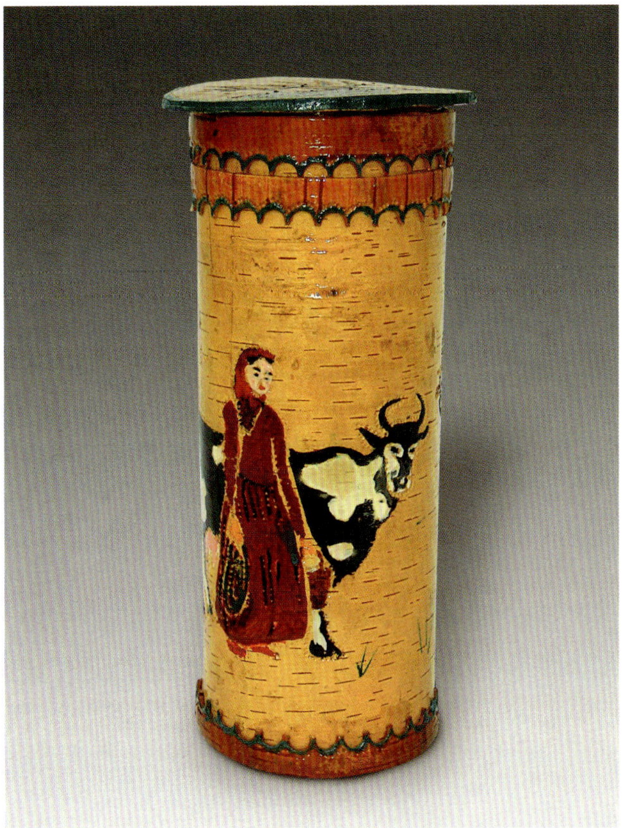

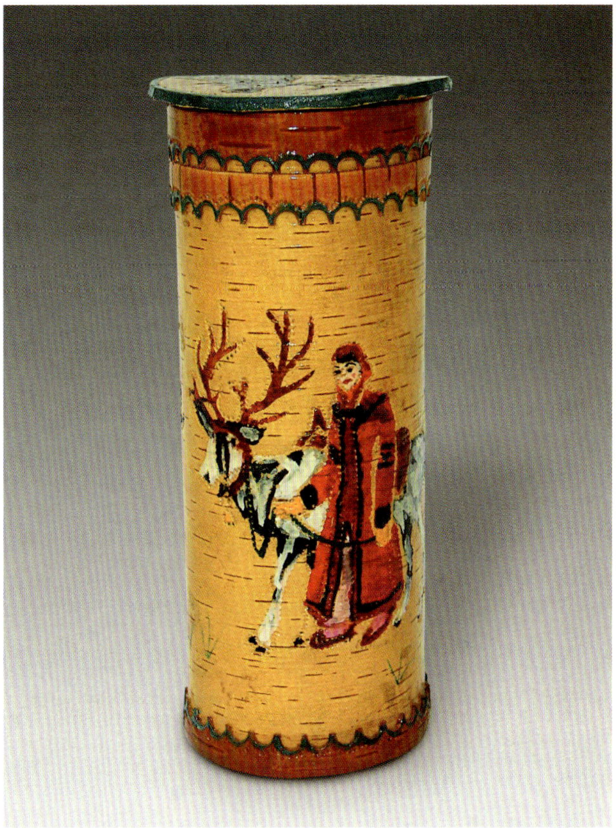

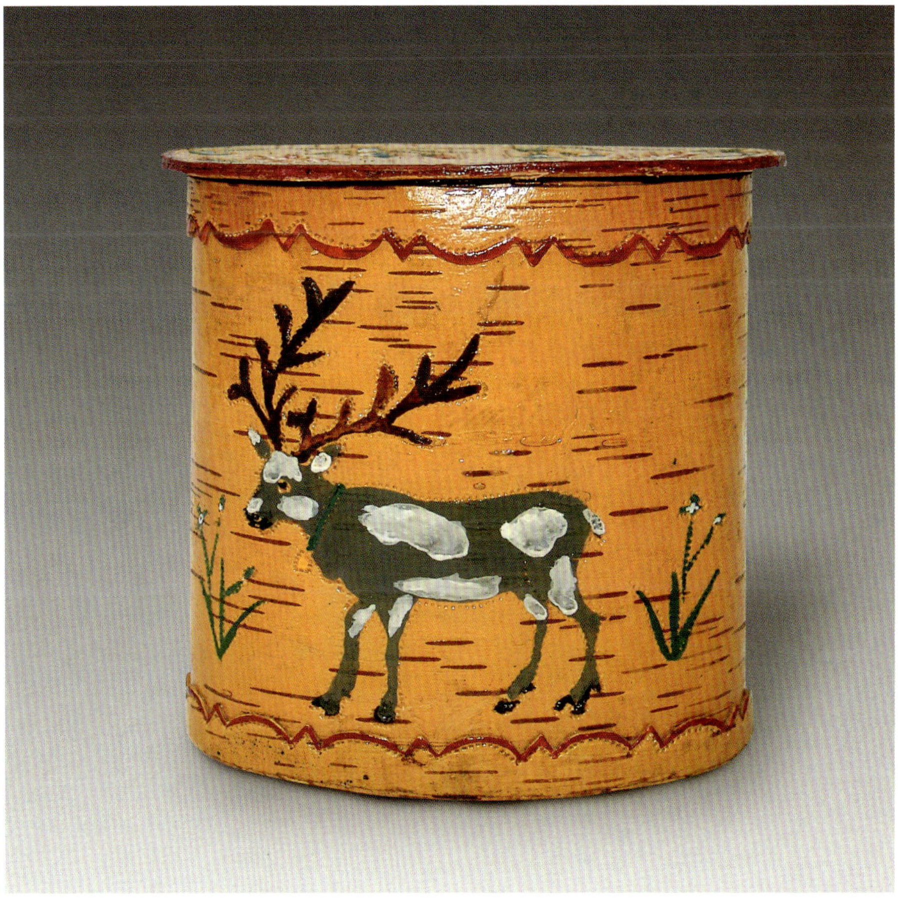

现代桦树皮盒

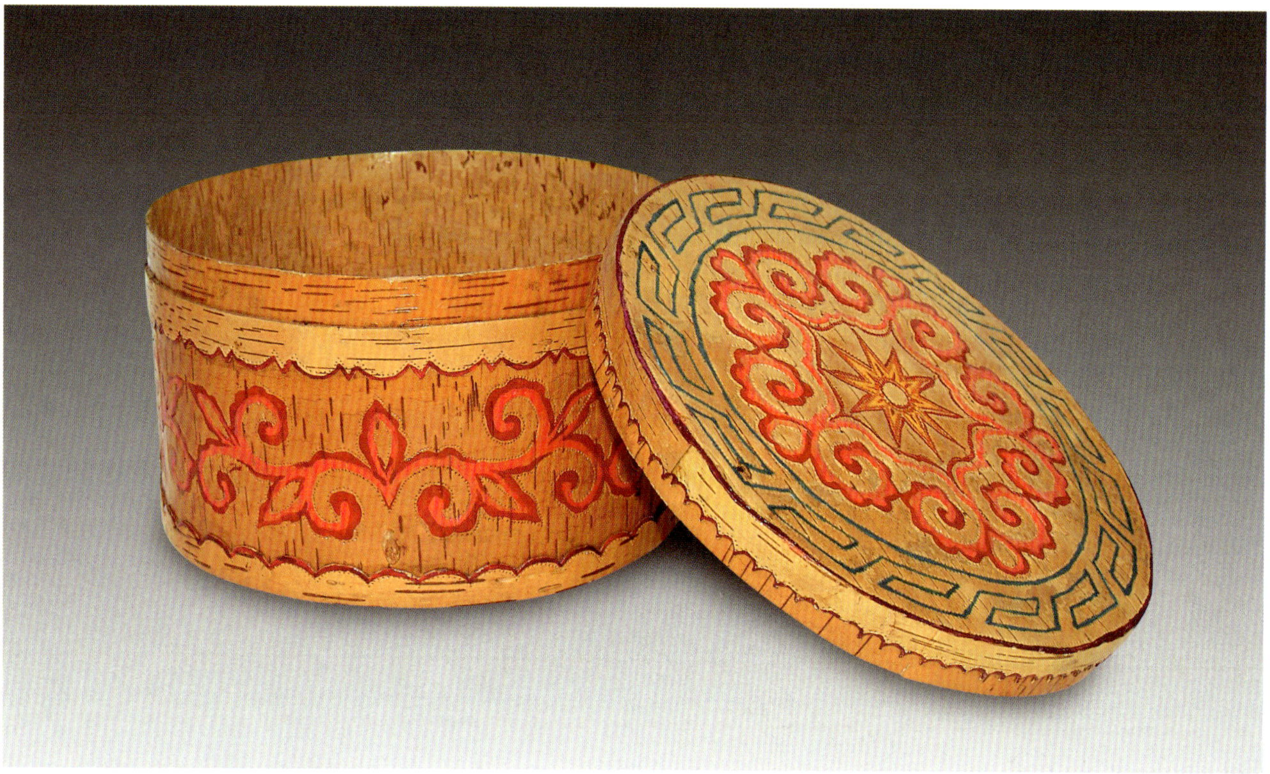

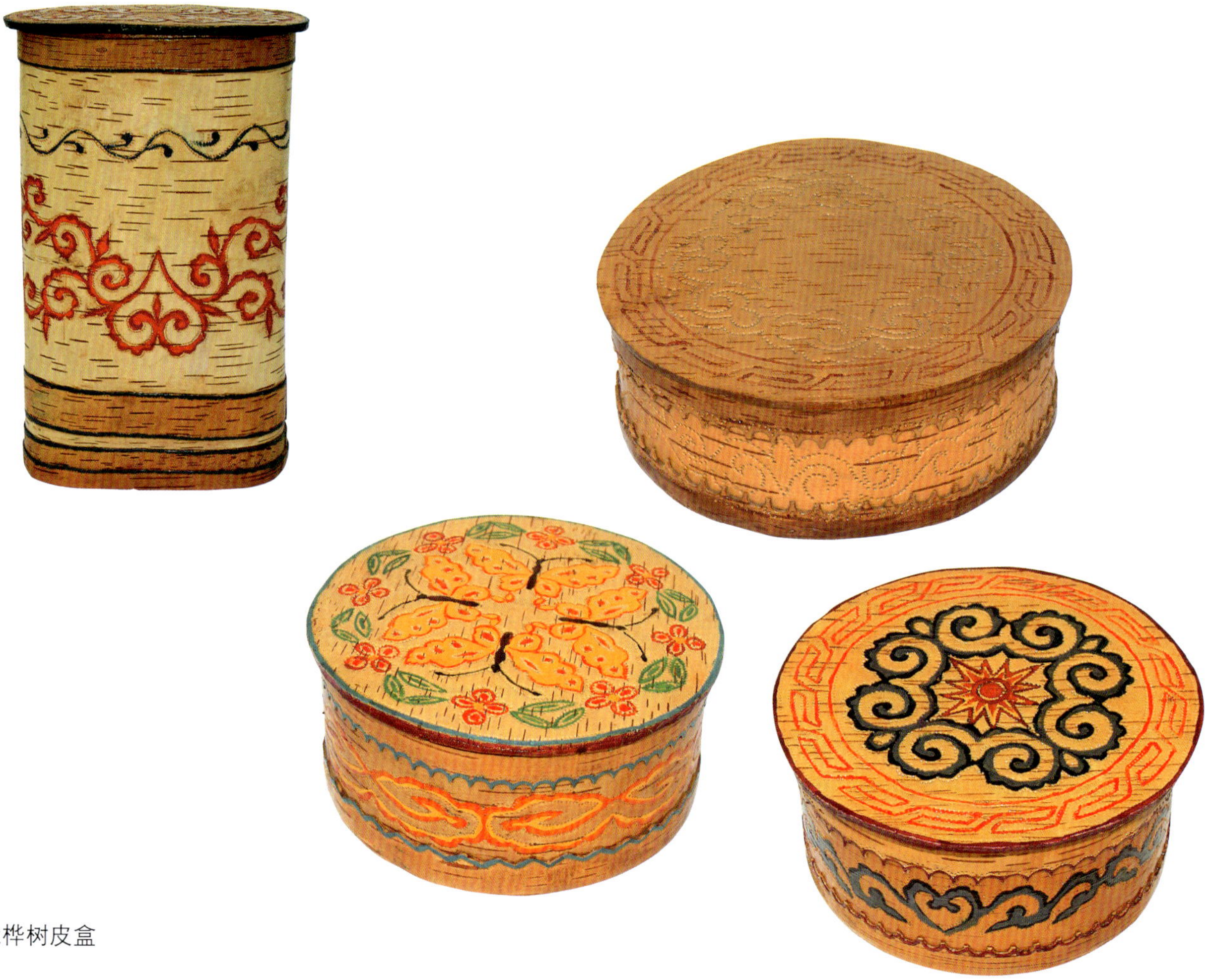

现代桦树皮盒

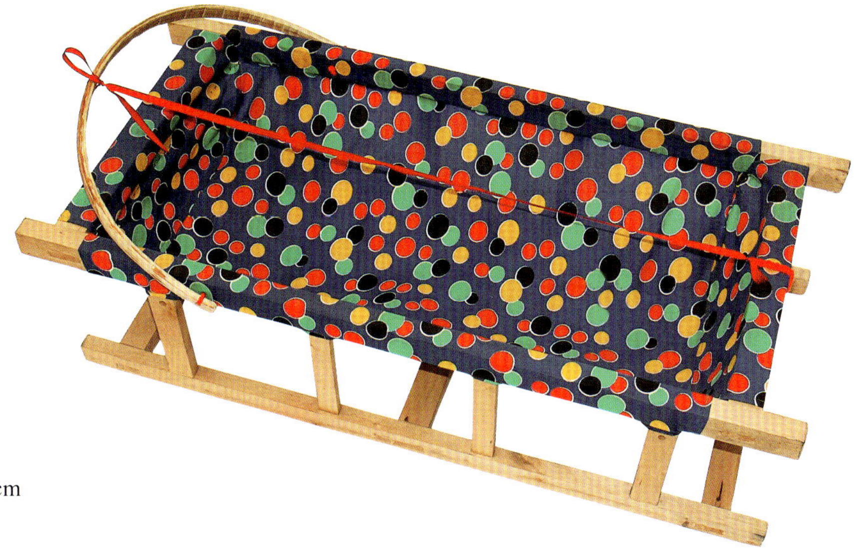

通古斯鄂温克摇篮
长80.5cm 宽25cm 高6cm

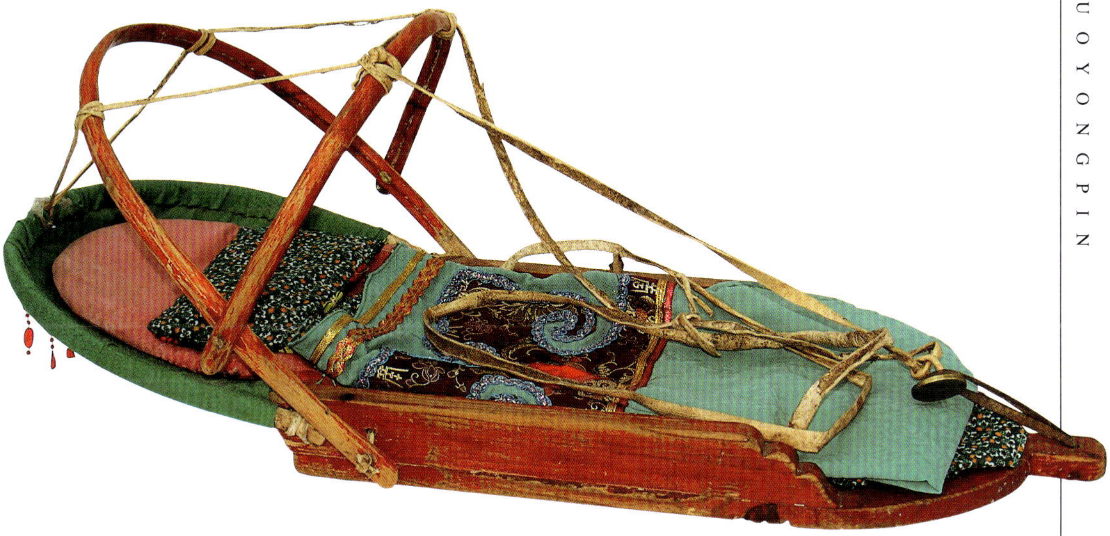

牧区鄂温克摇篮 长60cm 宽38cm 高21cm

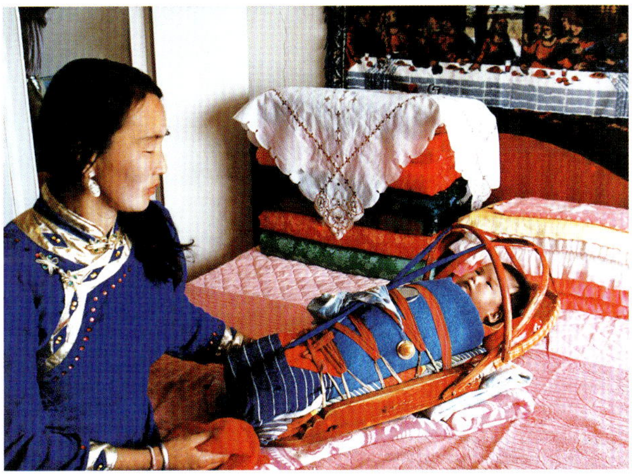

牧区鄂温克摇篮

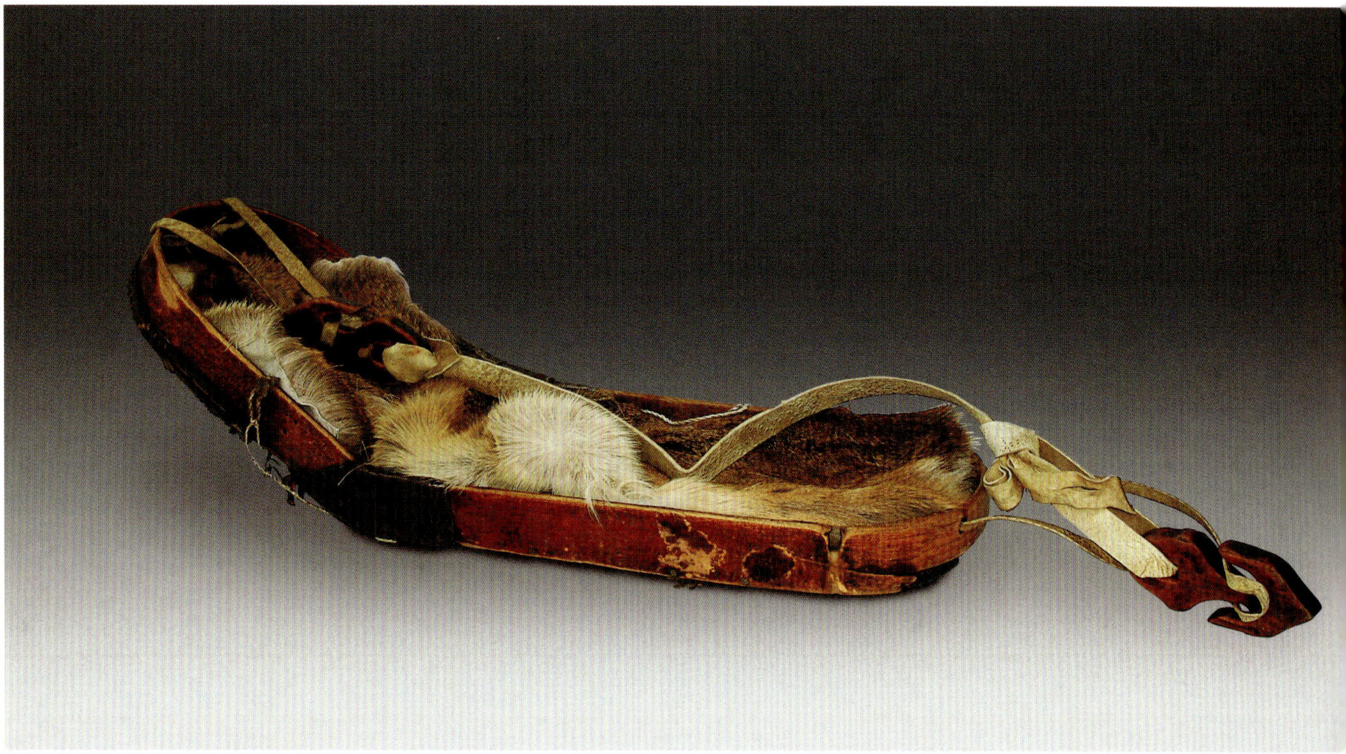

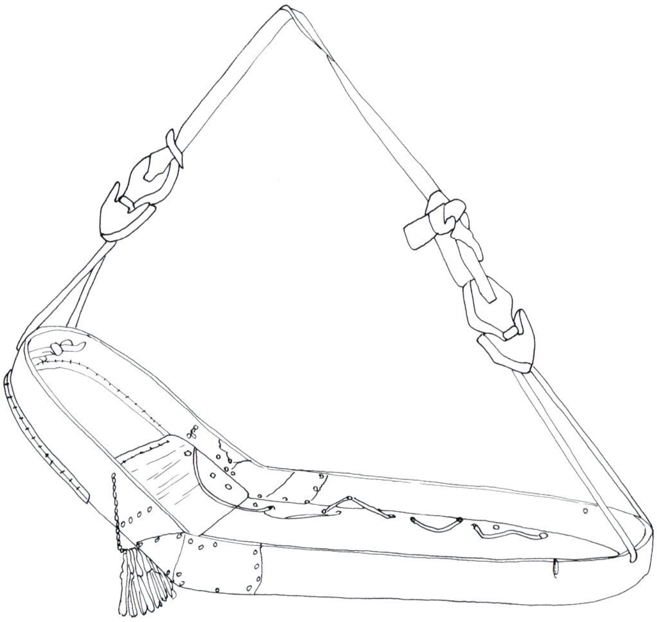

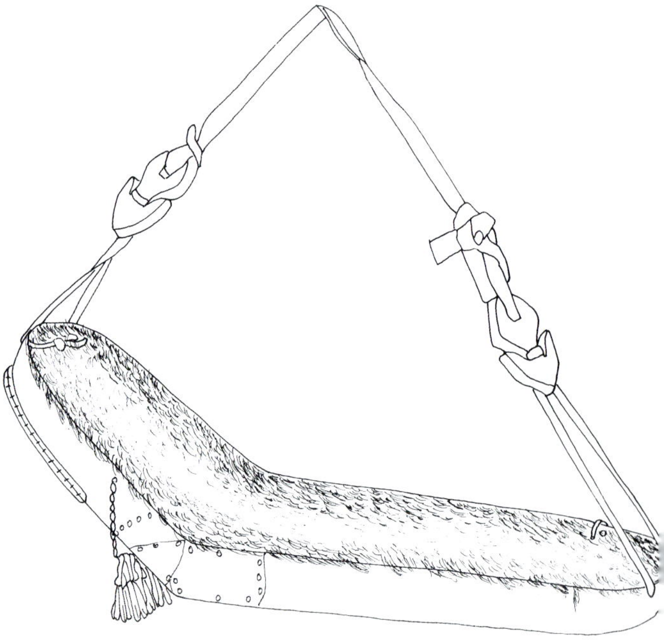

农区鄂温克摇篮　通长90cm　宽26cm　高5.5cm　斜长33cm

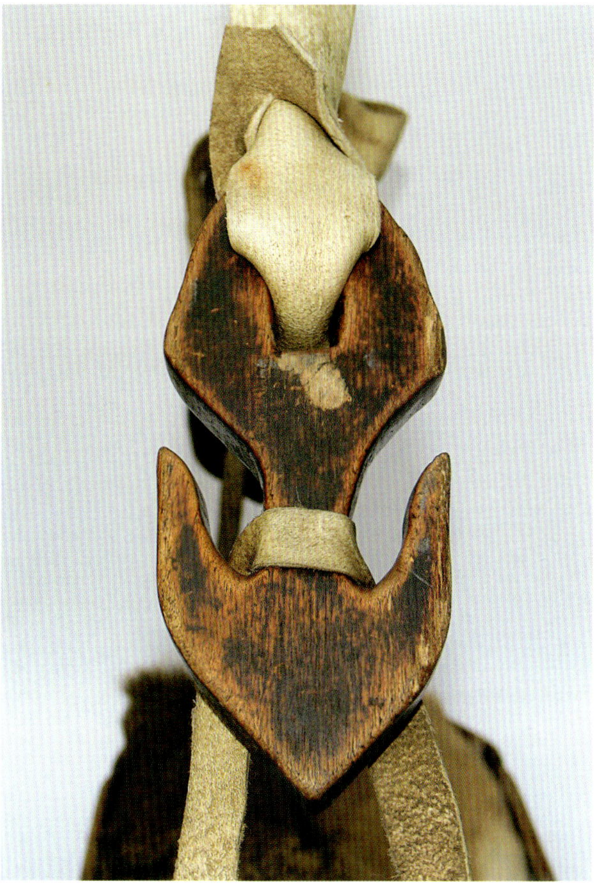

摇篮挂钩（细部）

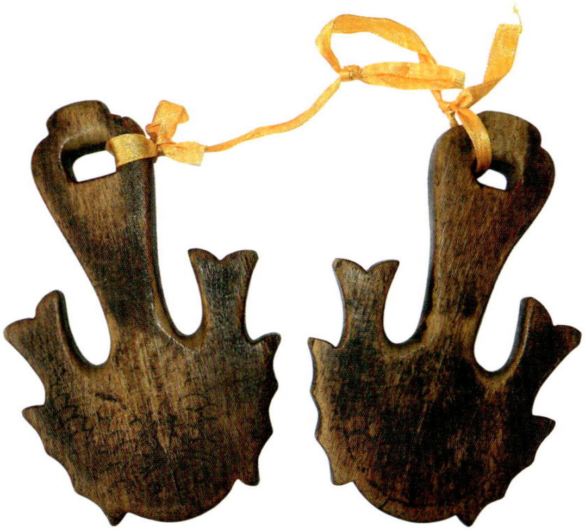

摇篮挂钩

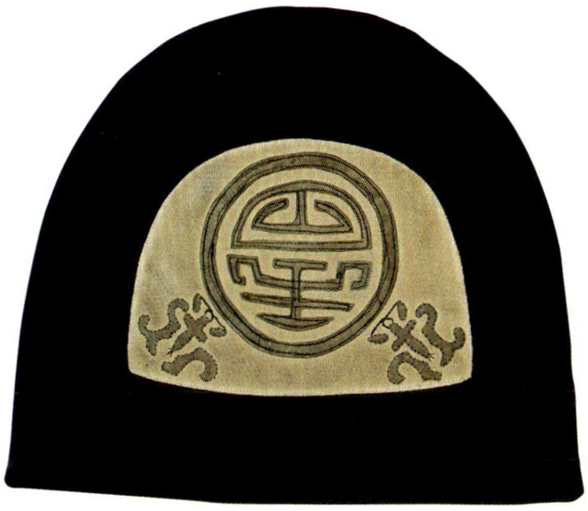

摇篮头部布饰　底长31cm　高26.5cm

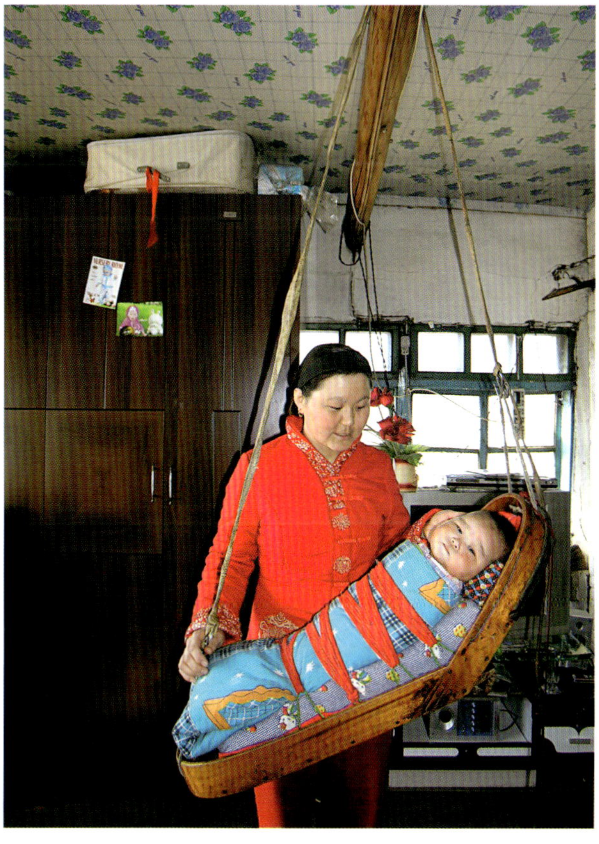

吊在房梁上的摇篮

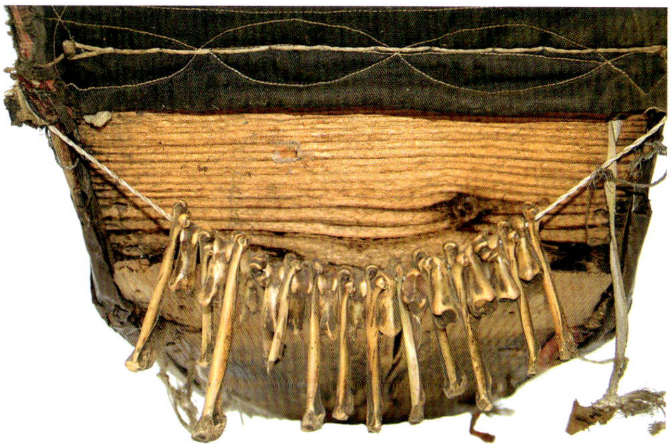

挂在摇篮上的野鸡腿骨

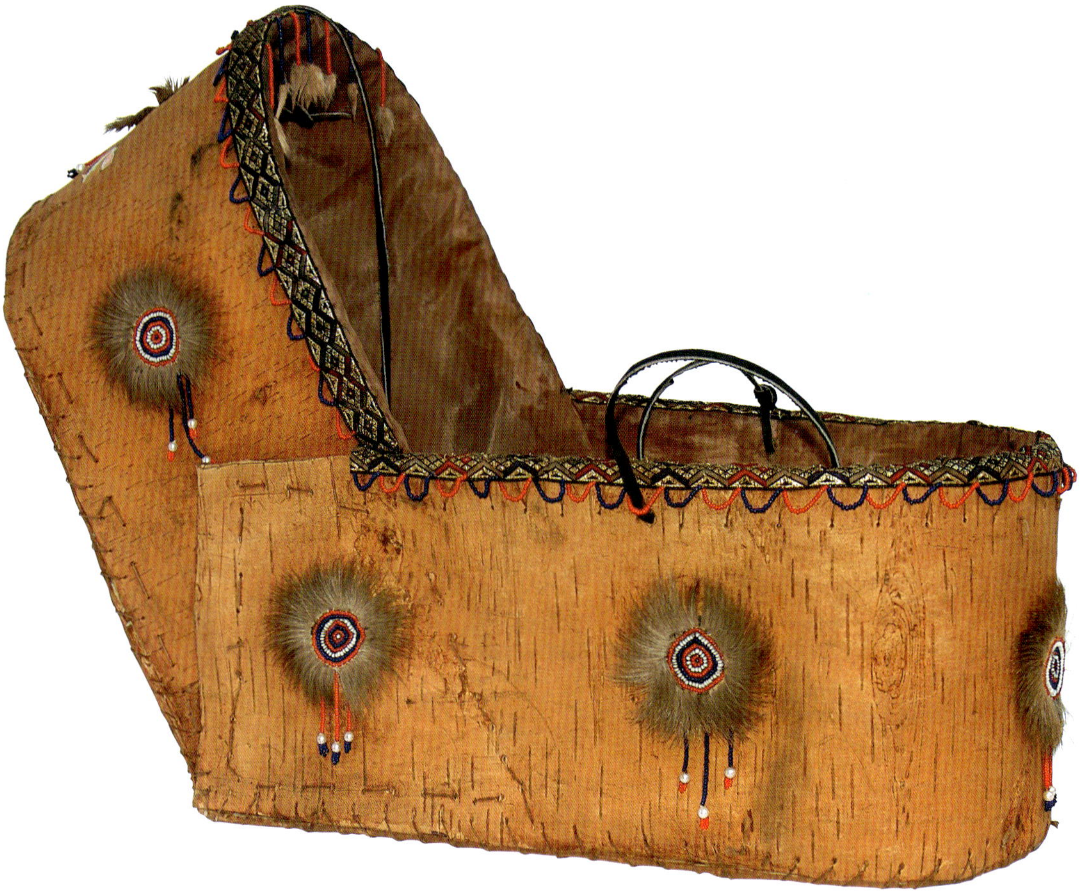

桦树皮摇篮　长56cm　高40cm　宽25cm

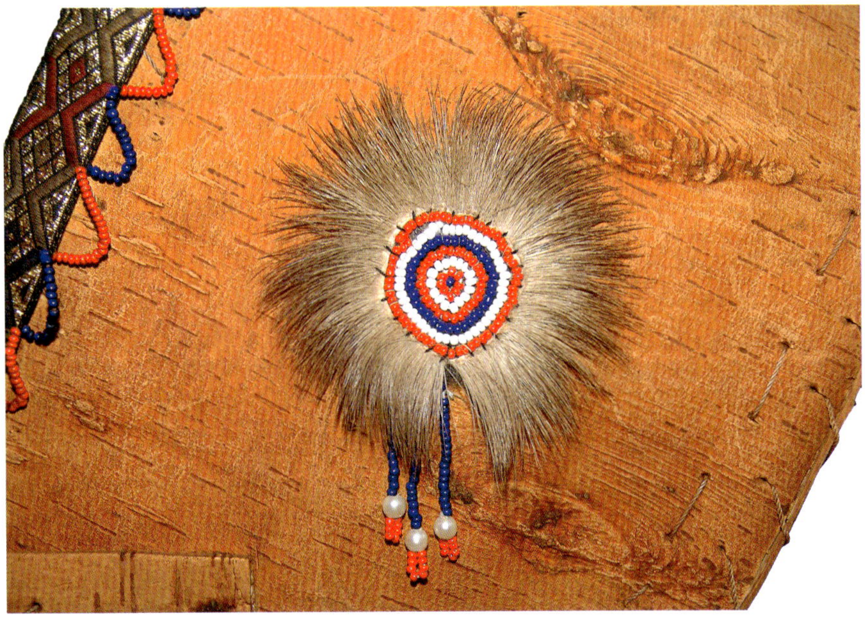

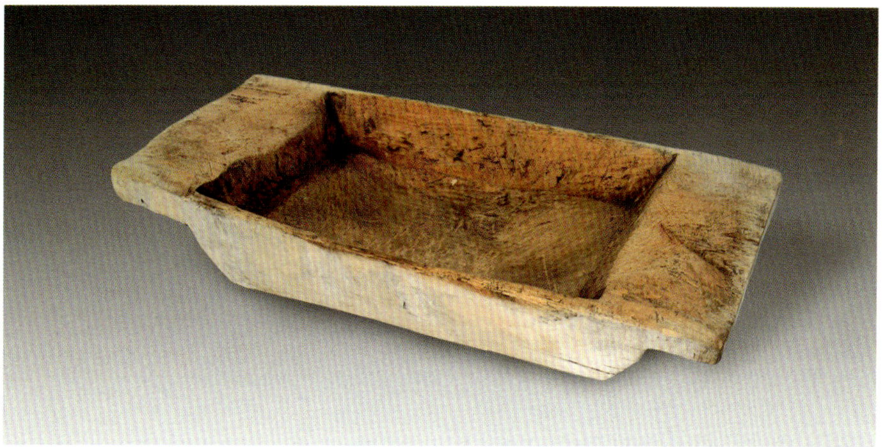

木盘　长54cm 宽26cm 高10cm

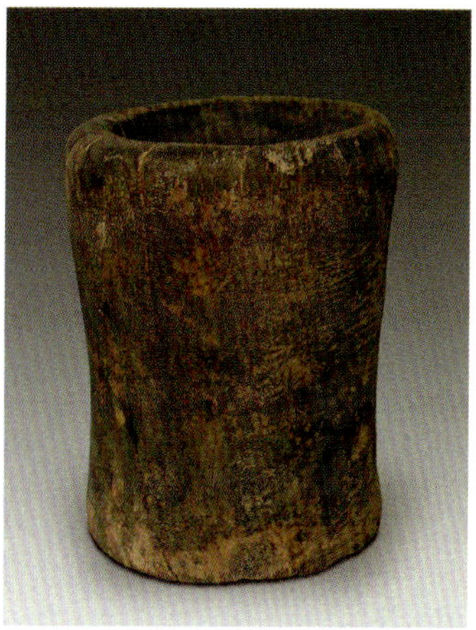

木杯　口径14cm 高18cm

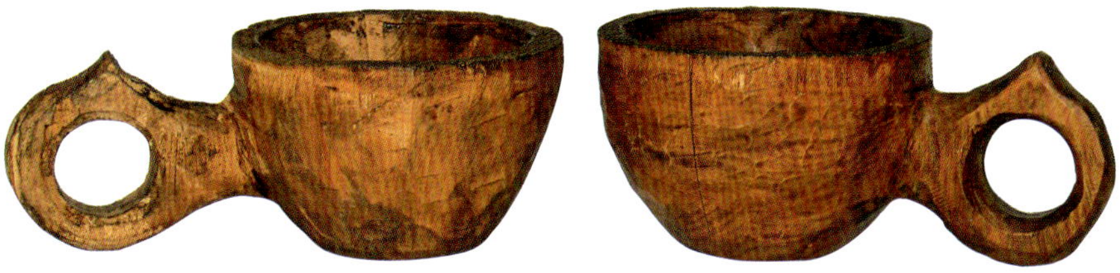

桦木杯　口径10.7cm 底径5.8cm 高9cm

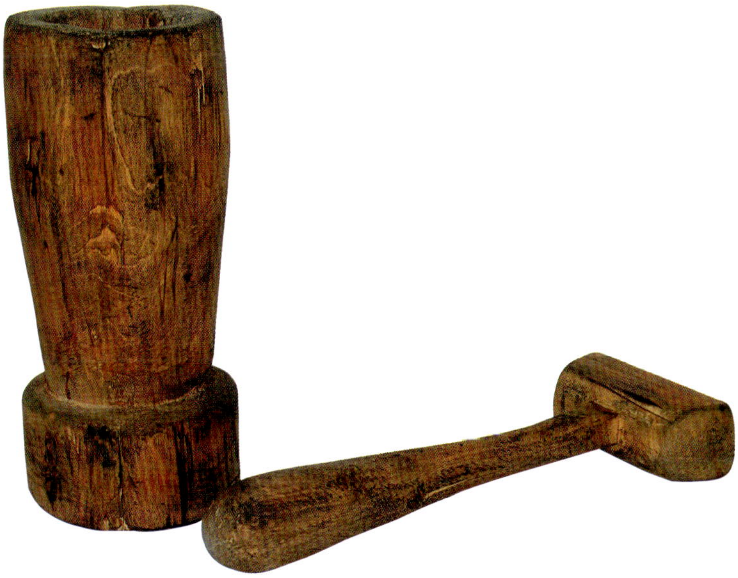

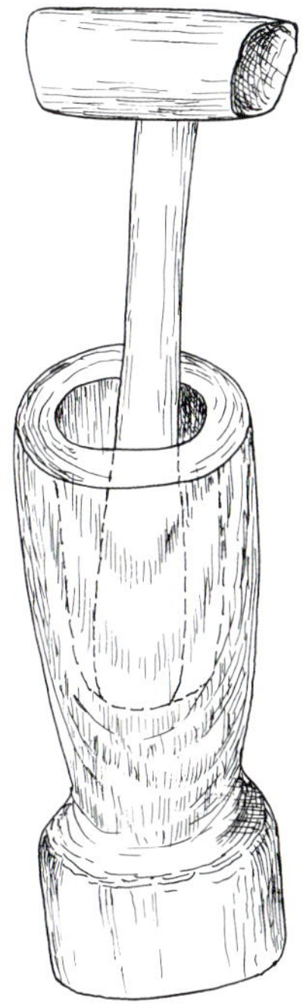

轧苏子器　口径18cm 高38cm 深28cm 杆长85cm

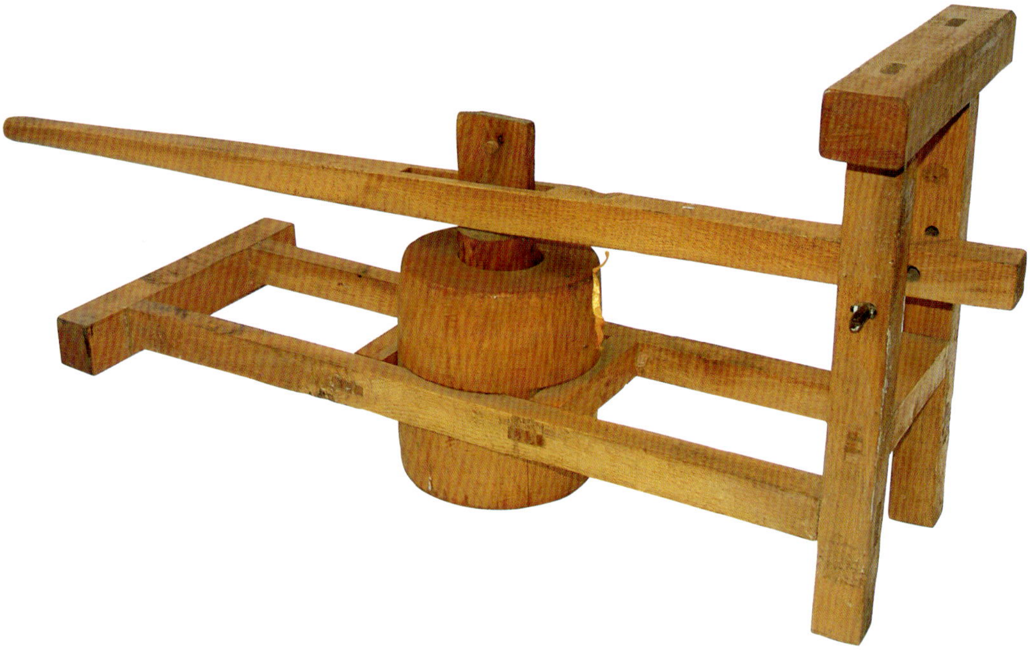

饸饹床　通长117cm　宽36cm　高46cm

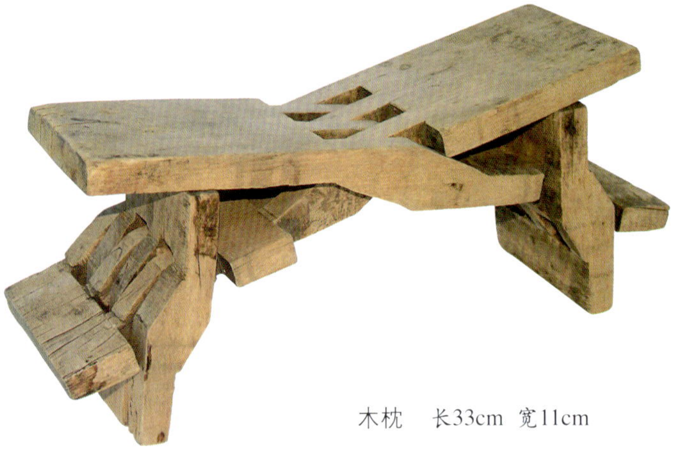

木枕　长33cm　宽11cm

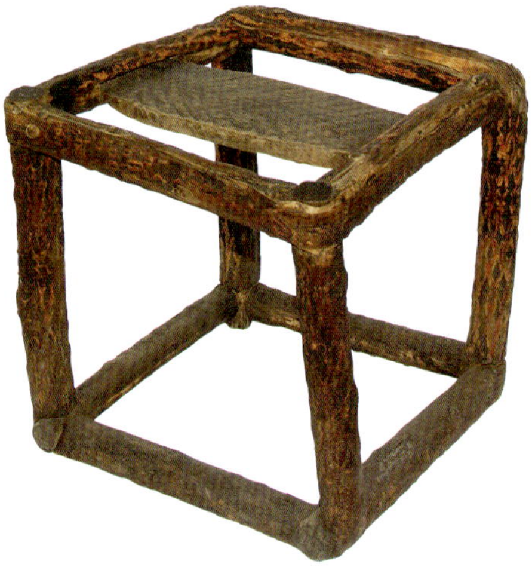

木凳　长26.5cm 宽28cm 高27.5cm

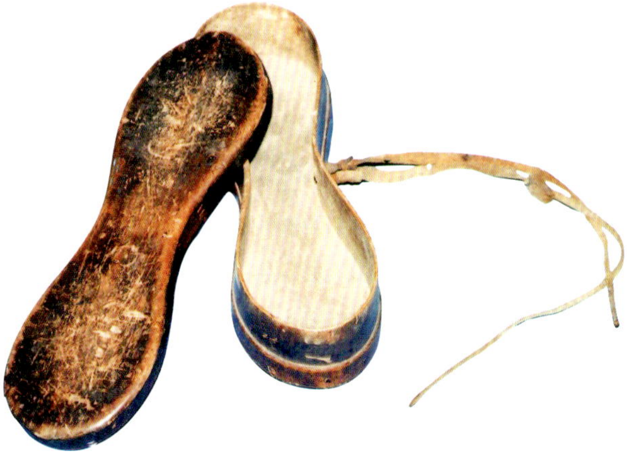

桦树皮盒

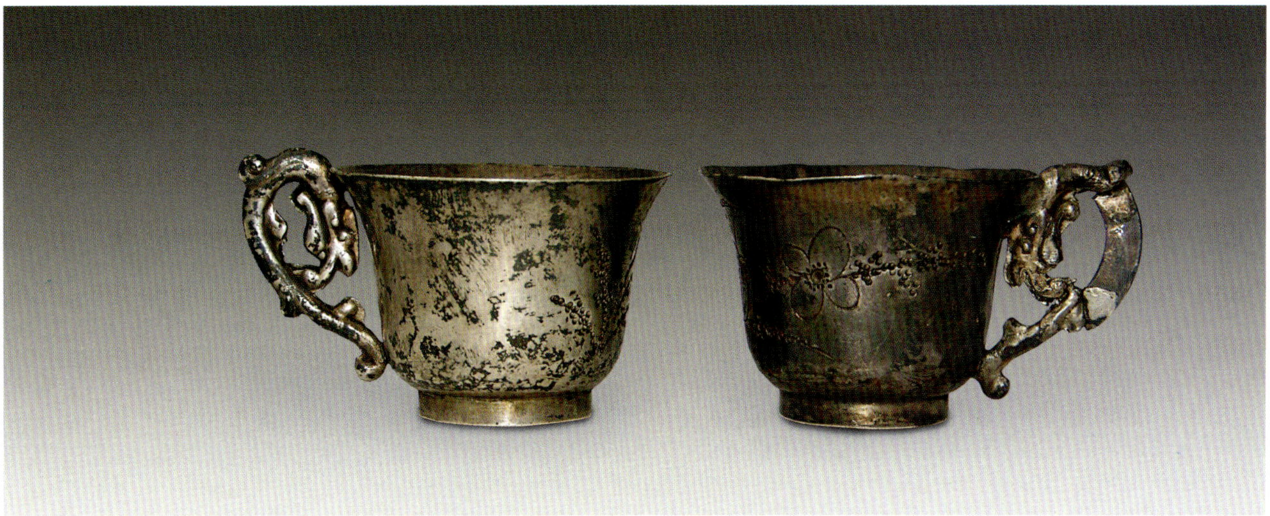

银酒盅　直径5cm　高3.5cm

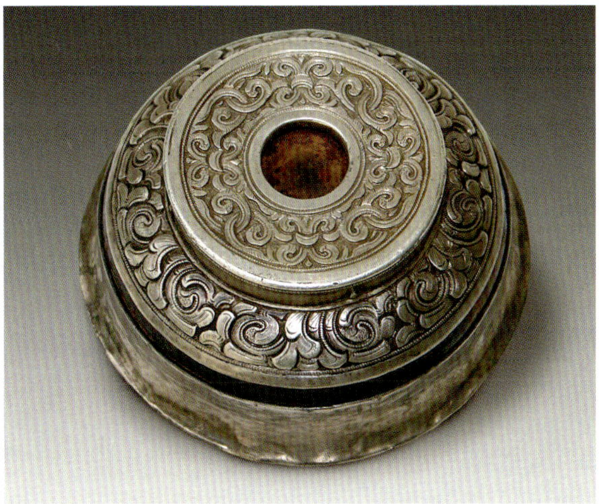

碗底

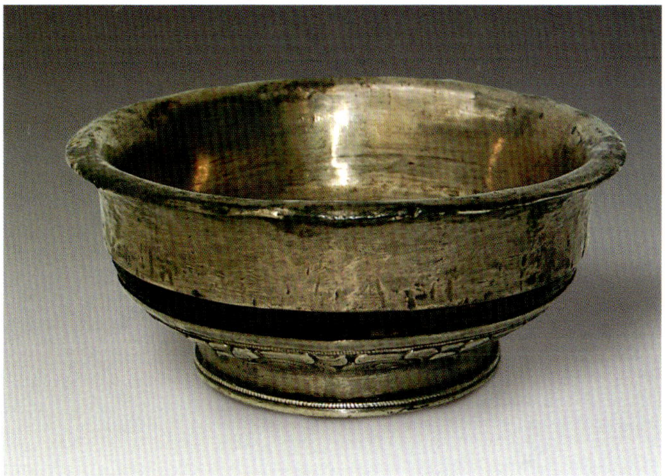

银碗　口径7cm　高5cm

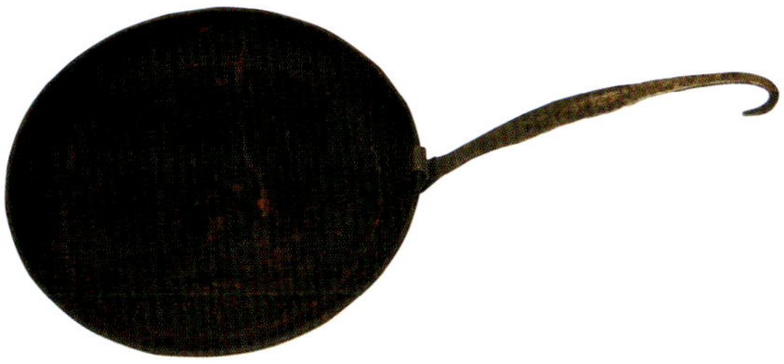

铁列巴盘　直径26cm　高3cm

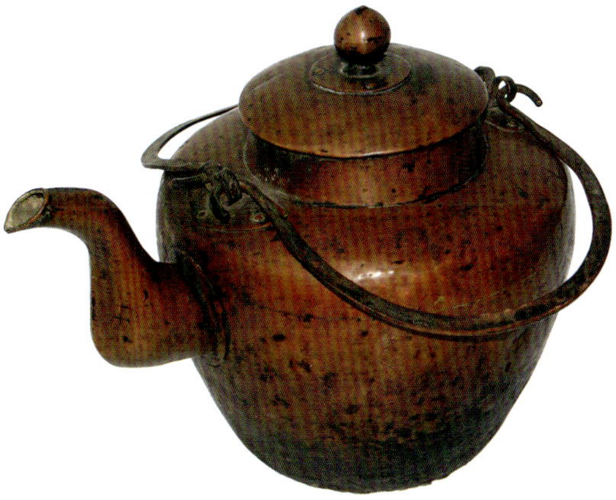

铜壶　口径18cm　底径13cm　通高22cm

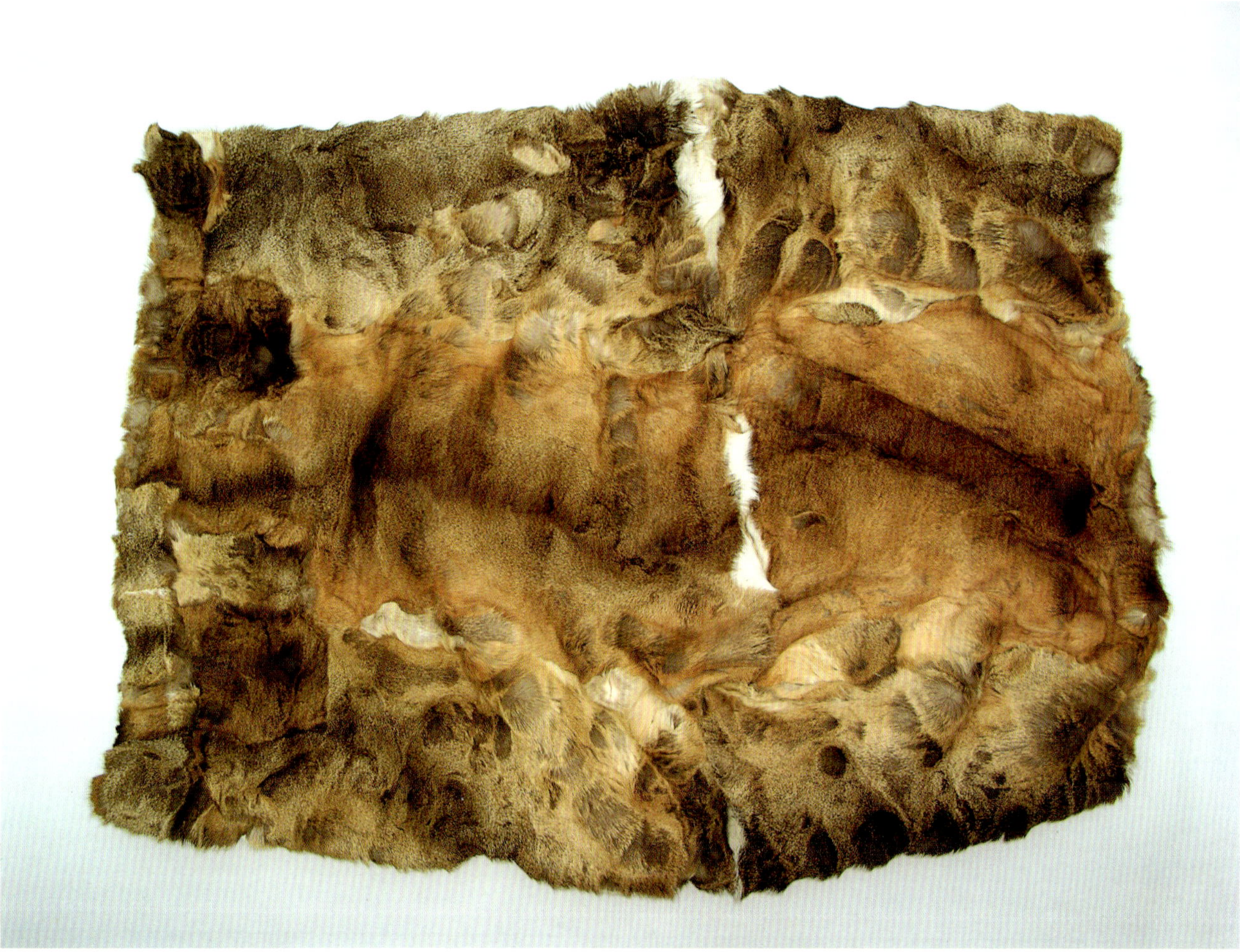

狍皮被　长180cm　宽132cm

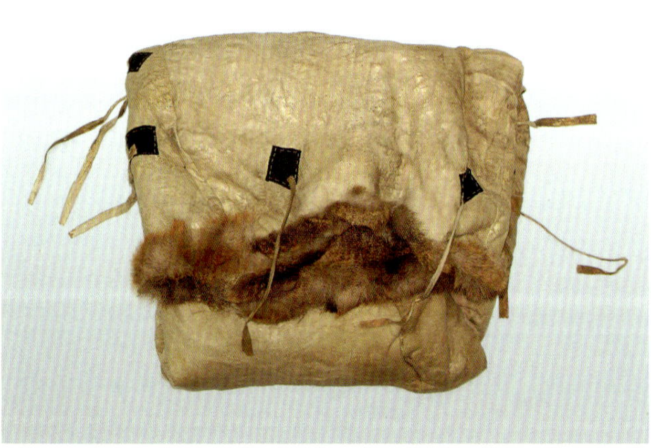

狍皮被

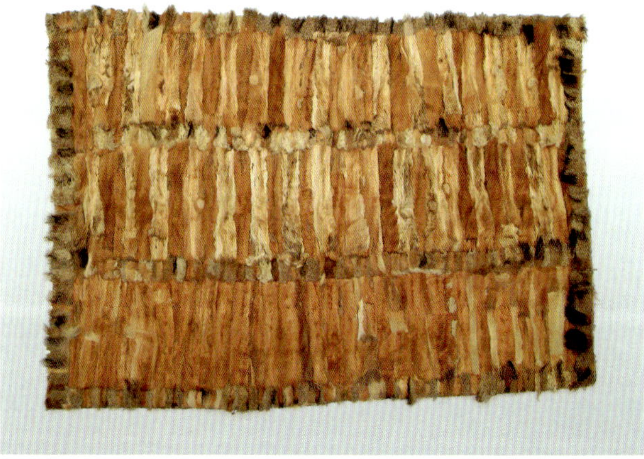

狍腿皮褥　长136cm　宽94cm

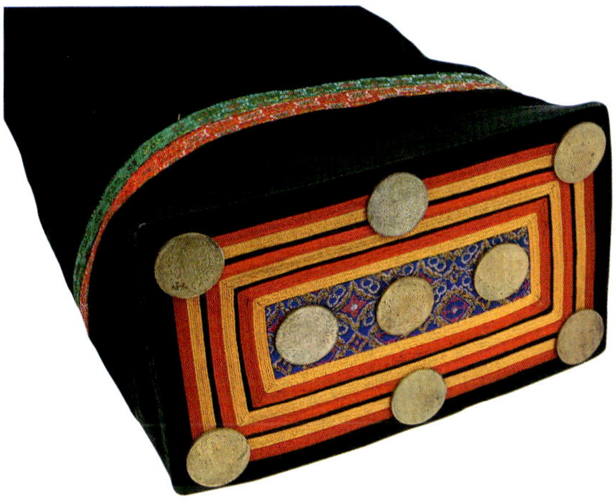

绣花长枕

通古斯鄂温克人结婚时女方必备嫁妆之一，长枕一头宽、一头窄，枕顶部有刺绣图案，并用银、玉、玛瑙等作装饰。

通长88cm 宽头长33cm 高19cm

窄头长21cm 高11cm

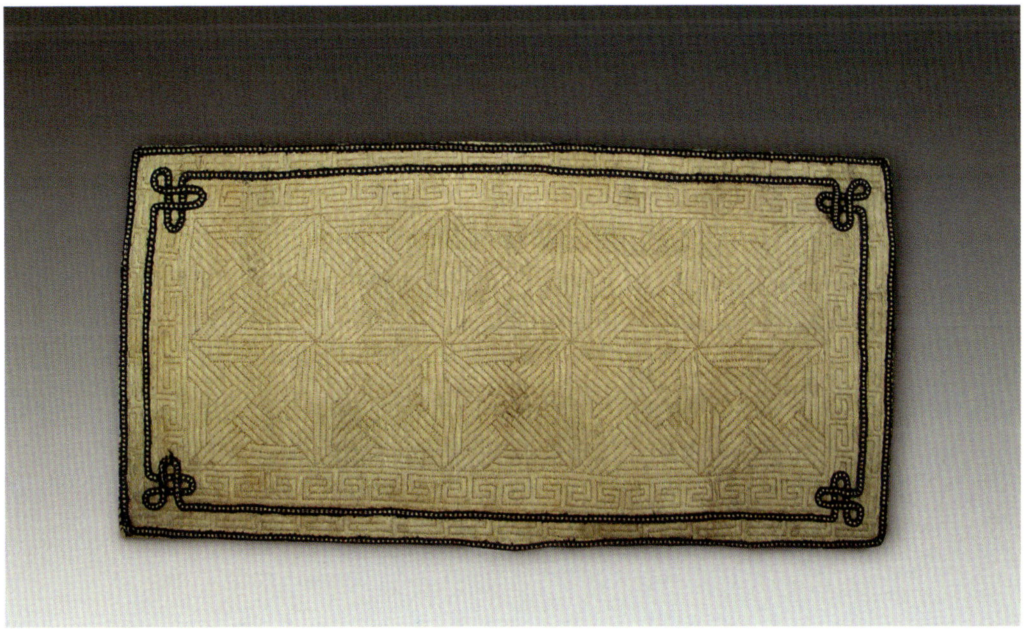

刺绣几何纹毡褥

长180cm 宽90cm

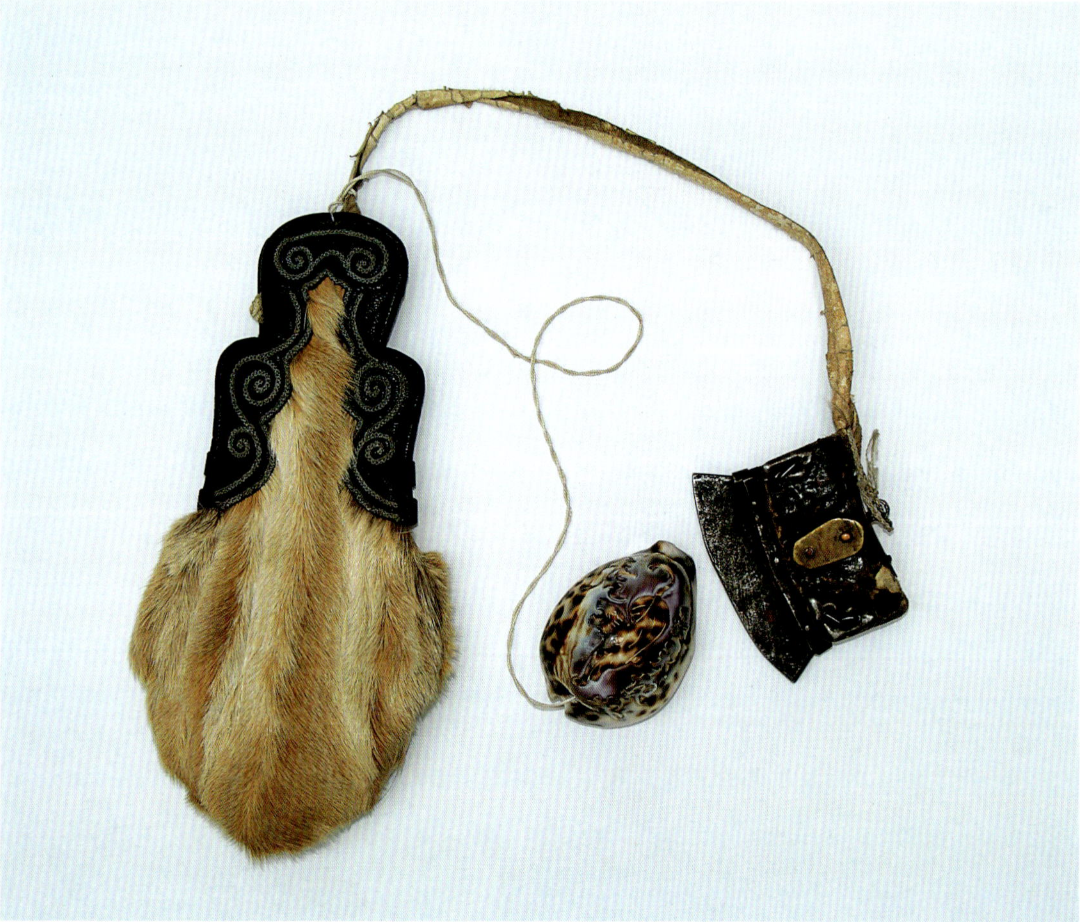

带火镰的狍腿皮烟荷包

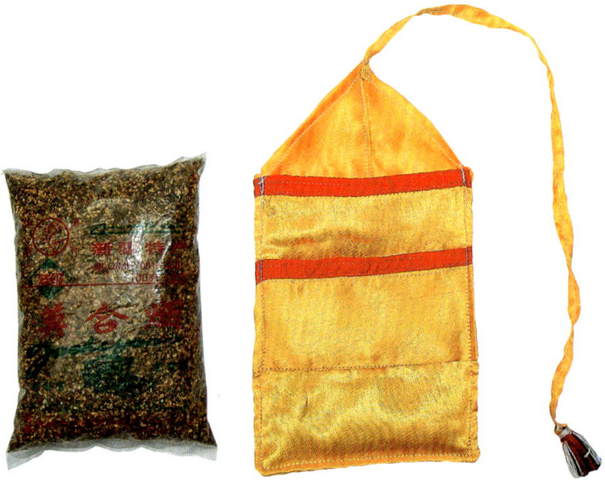

新疆鄂温克莫合烟 烟荷包

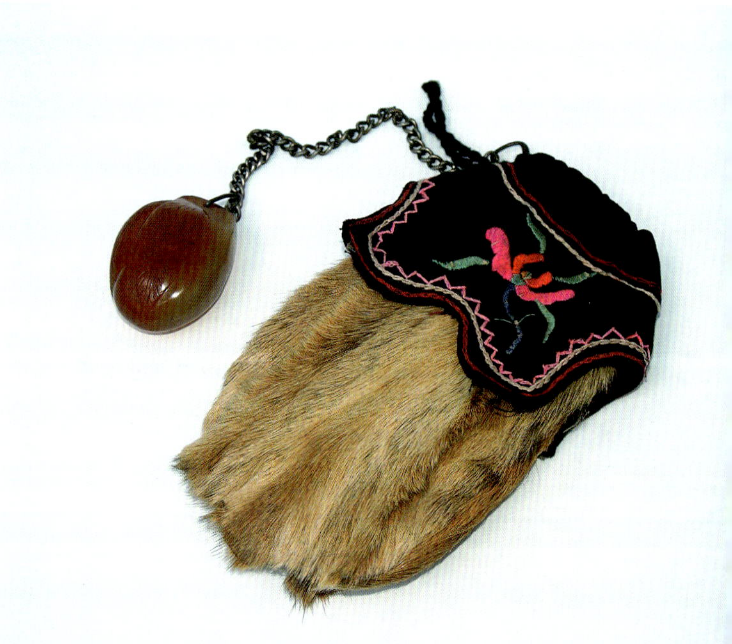

玛瑙坠烟荷包　长18cm 宽10cm

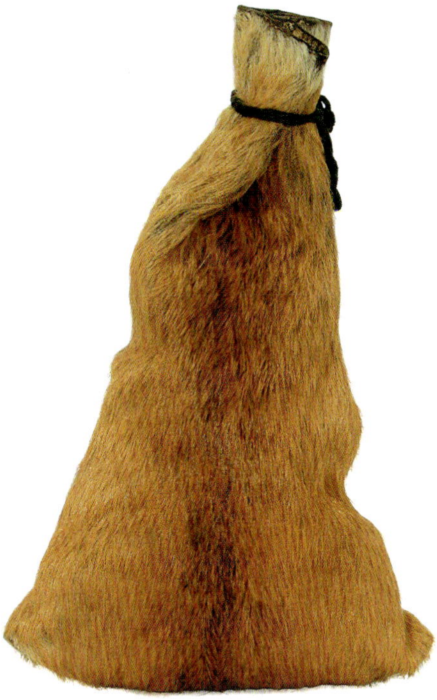

狍皮烟袋

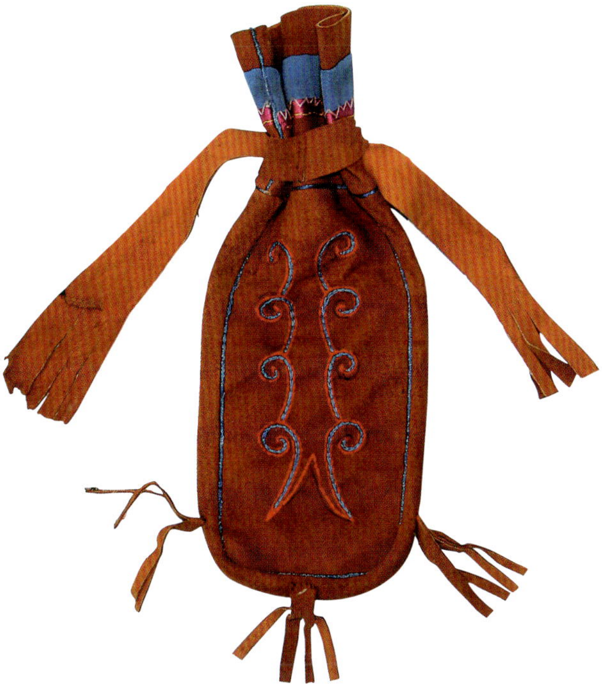

鹿皮筷子袋

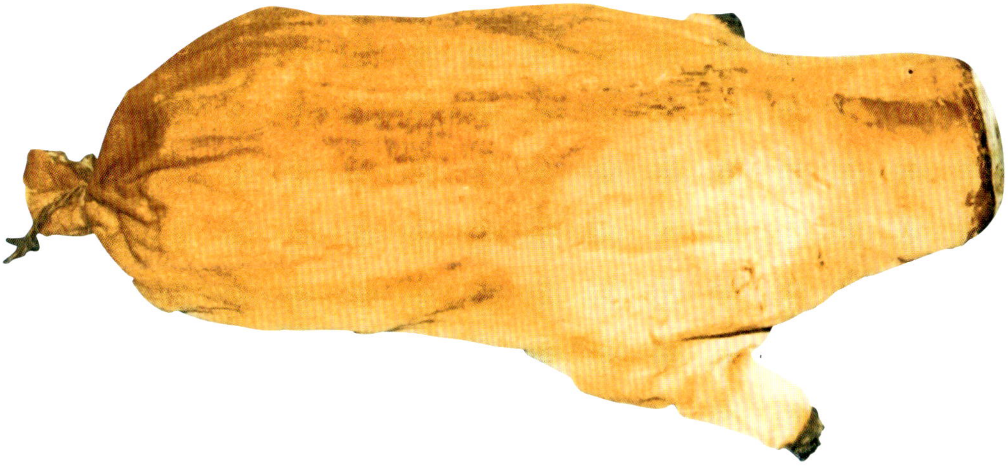

牛犊皮粮食口袋　用整张牛犊皮缝制而成，盛装粮食，结实防潮，适用于游牧生活。

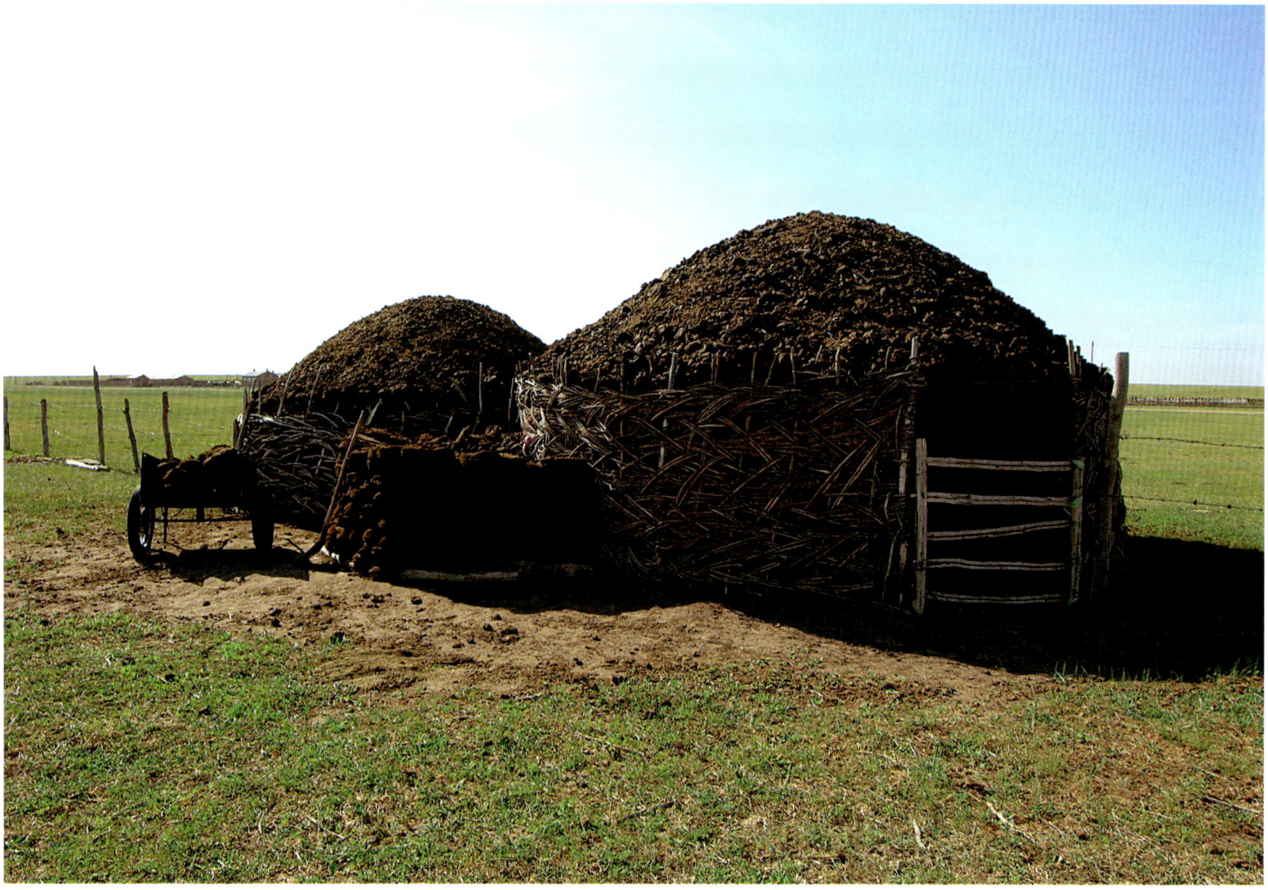

羊粪圈

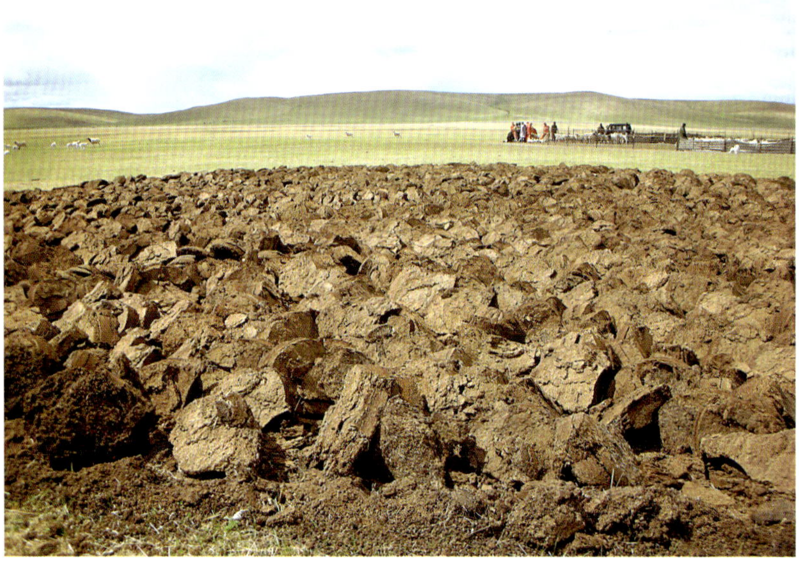

羊粪砖　从羊圈中成块起出，晾干后用来生火、取暖、煮饭。

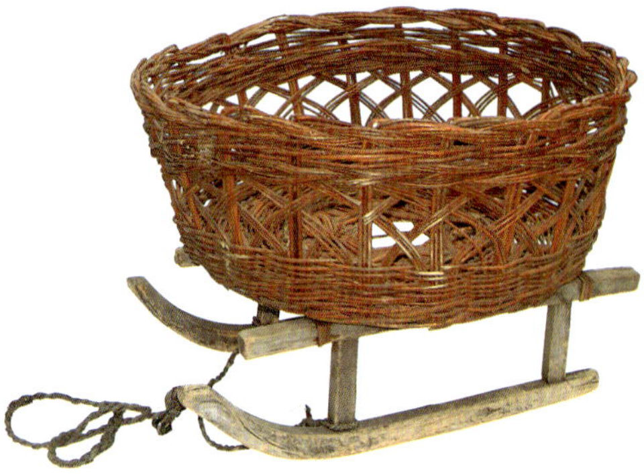

柳编粪筐　直径80cm 高36cm

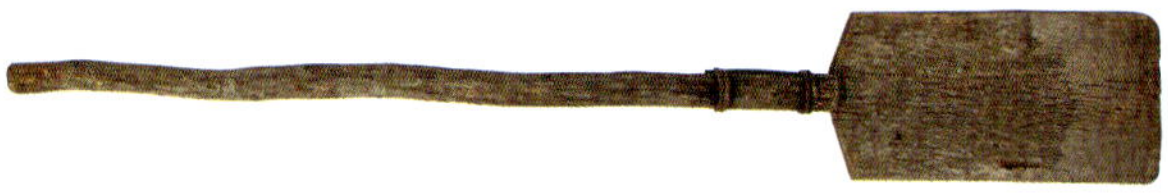

木锹　长156cm 宽20cm

交通、生产工具

鄂温克族的远祖在遥远的古代用木棒、石球等工具狩猎，生产力水平低下，在距今七千年左右，开始使用弓箭狩猎后，生产力水平大大提高，但仍一直处于迁徙游动没有生活保障的境况。在距今二千年前，出现了驯鹿饲养业，有了稳定的食物来源和交通工具。在距今七百年左右，开始从事牛马放牧业，并趋于村屯定居。世代的游猎生活，使鄂温克猎人发明创造了一系列的狩猎工具，如：弓箭、地箭、鹿哨（一种拟声工具）、狍哨、猎夹等，这些工具的使用，使狩猎的效率得到提高。特别是火枪的传入开始取代弓箭而逐渐成为鄂温克族狩猎生产的主要工具，大大地提高了狩猎的效率。光绪初年，铁器传入鄂温克族中，铁刀、铁斧以及铁锅等各种生产生活用具，也通过交换的途径流入鄂温克民族，大大地提高了鄂温克族狩猎生产能力。捕获的猎物，除满足食用外，皮毛还满足衣被的需求。熟皮是鄂温克妇女从事的主要生产劳动，一般在夏秋两季进行，工具有熟皮桩，铁刮皮器，木齿刀等多种。

使鹿鄂温克主要的交通工具是驯鹿，驯鹿善于在森林中穿行，被誉为“林海之舟”，鄂温克猎民用它驮运物品或骑乘代步。其他交通工具还有夏季渡河用的桦树皮船和冬季雪大出行时用的滑雪板。

牧区和农区鄂温克人的主要交通工具是马或者用马、牛套拉的勒勒车。马是用来骑乘代步的，勒勒车的用途相当广泛，有专门用来载人的蓬车；放置物品的库车；专门拉水用的水车。冬季雪大时，用马、牛或骆驼来套拉爬犁作为主要交通工具。

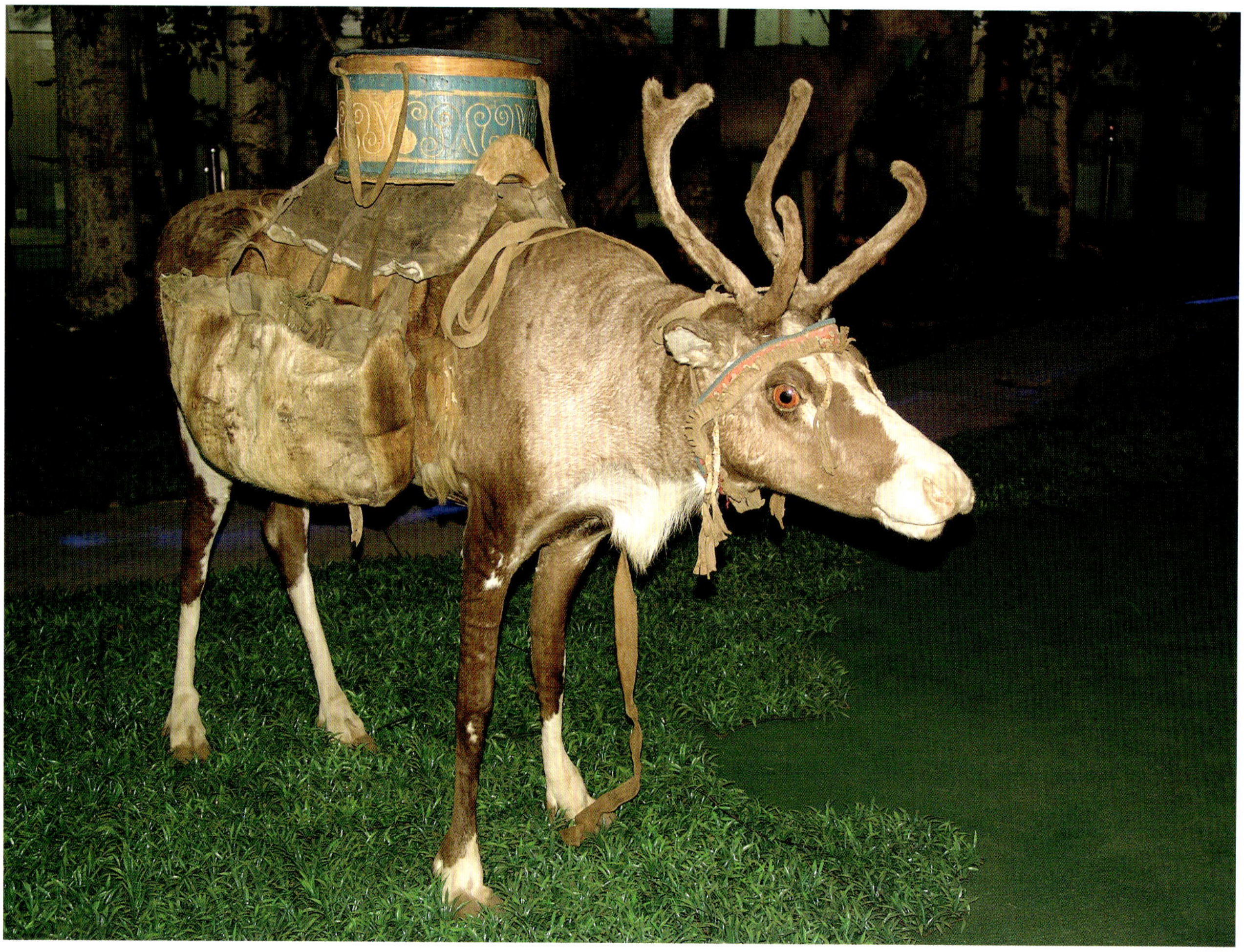

驯鹿（标本） 鄂温克语称“奥荣”。雌雄均有角，是使鹿鄂温克人的主要生产交通工具，被誉为“林海之舟”。 长166cm 高115cm

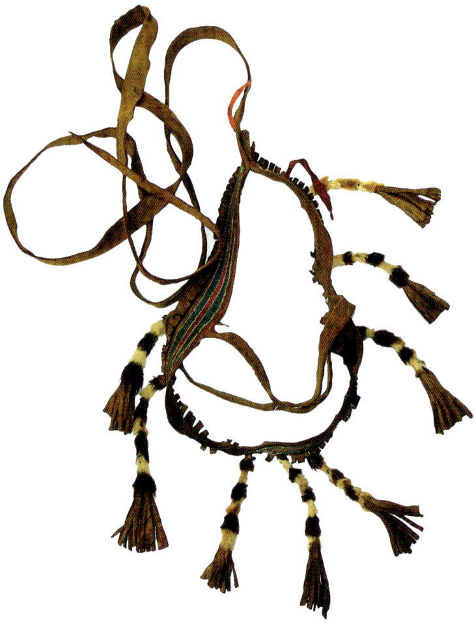

驯鹿笼头

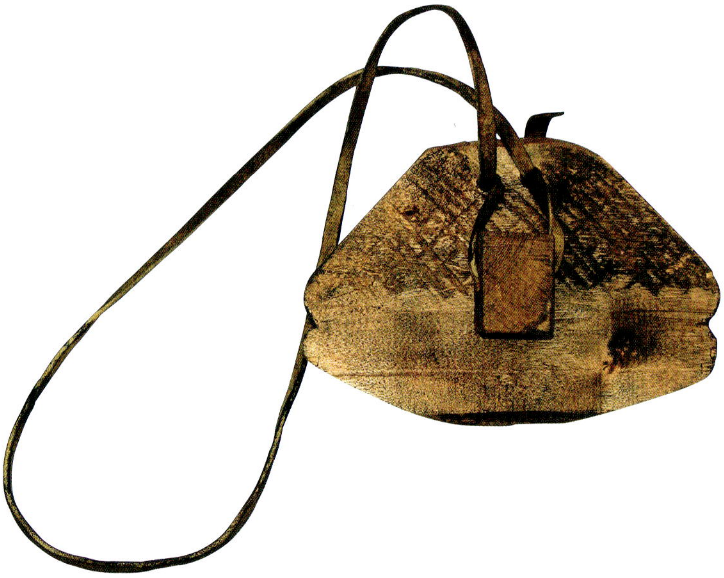

驯鹿响板

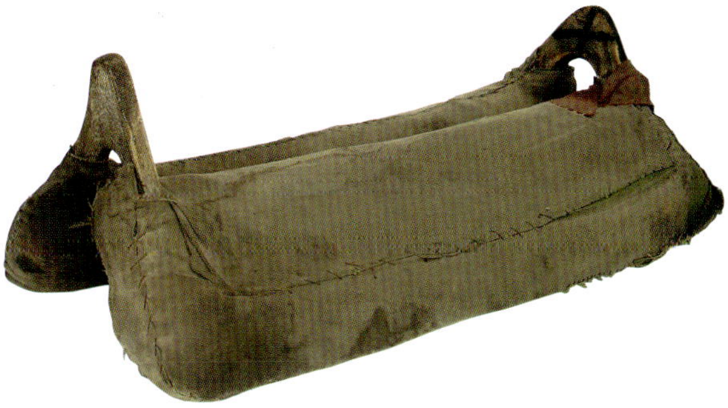

犴骨鞍桥驯鹿鞍　长47cm　宽27cm　高22cm

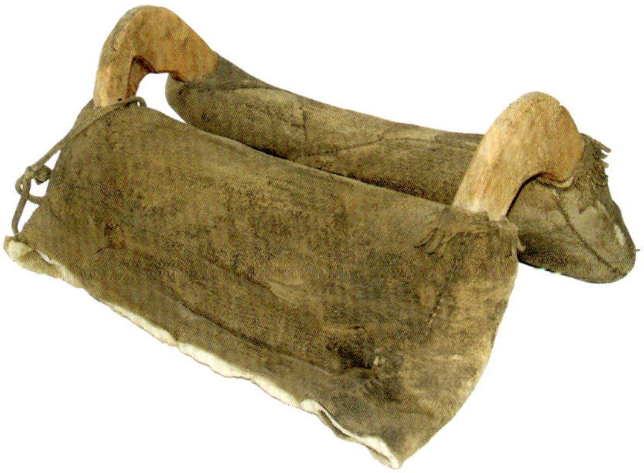

鹿皮制驯鹿鞍　长40cm　宽35cm　高20cm

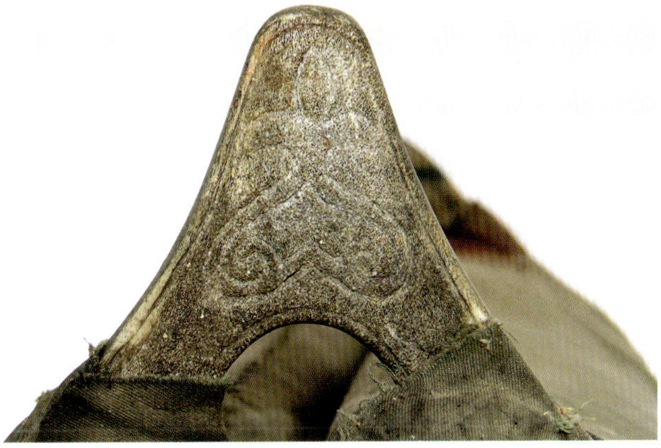

犴骨鞍桥驯鹿鞍（细部）

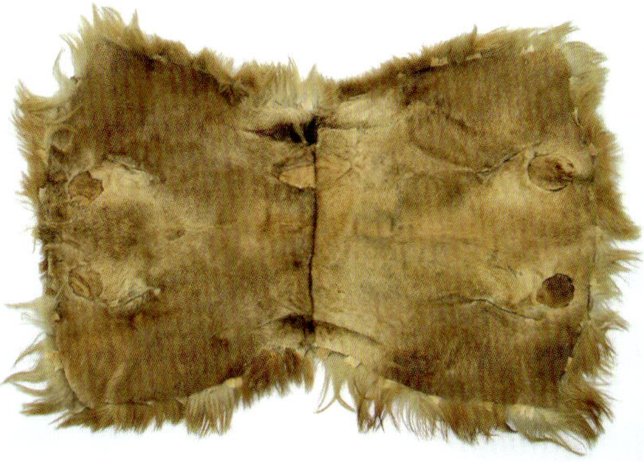

驯鹿驮垫　长34cm　中间宽38cm　两边宽56cm

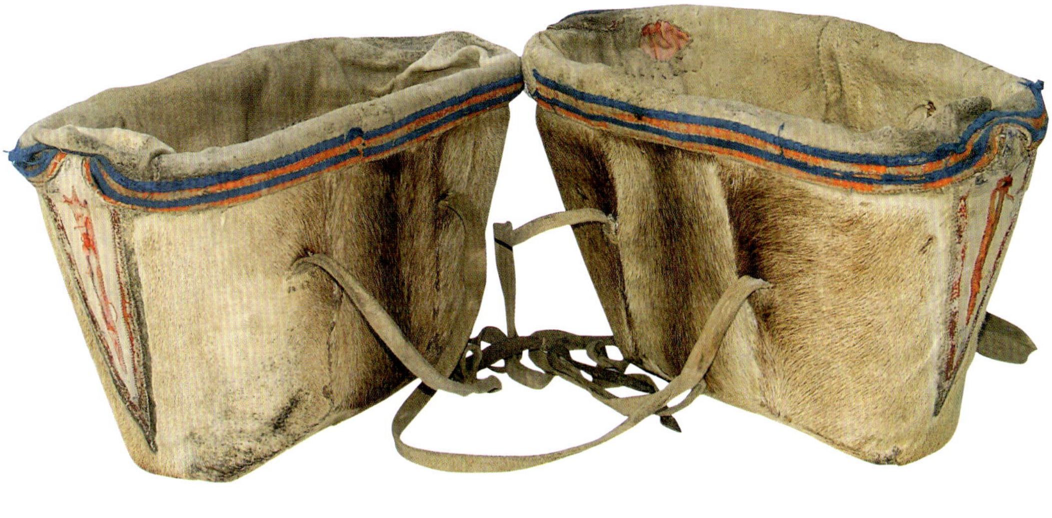

驯鹿驮筐　长42cm　宽30cm　高25cm

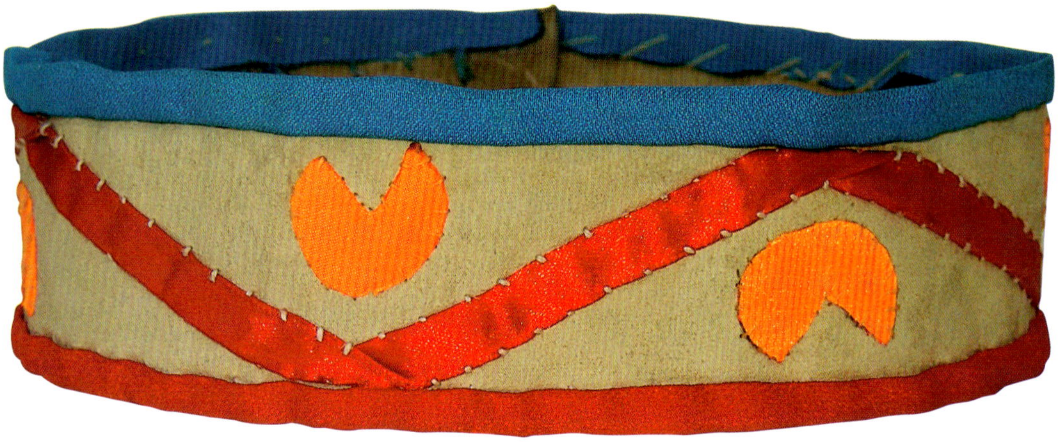

两岁母驯鹿装饰脖套　长55cm　宽5cm

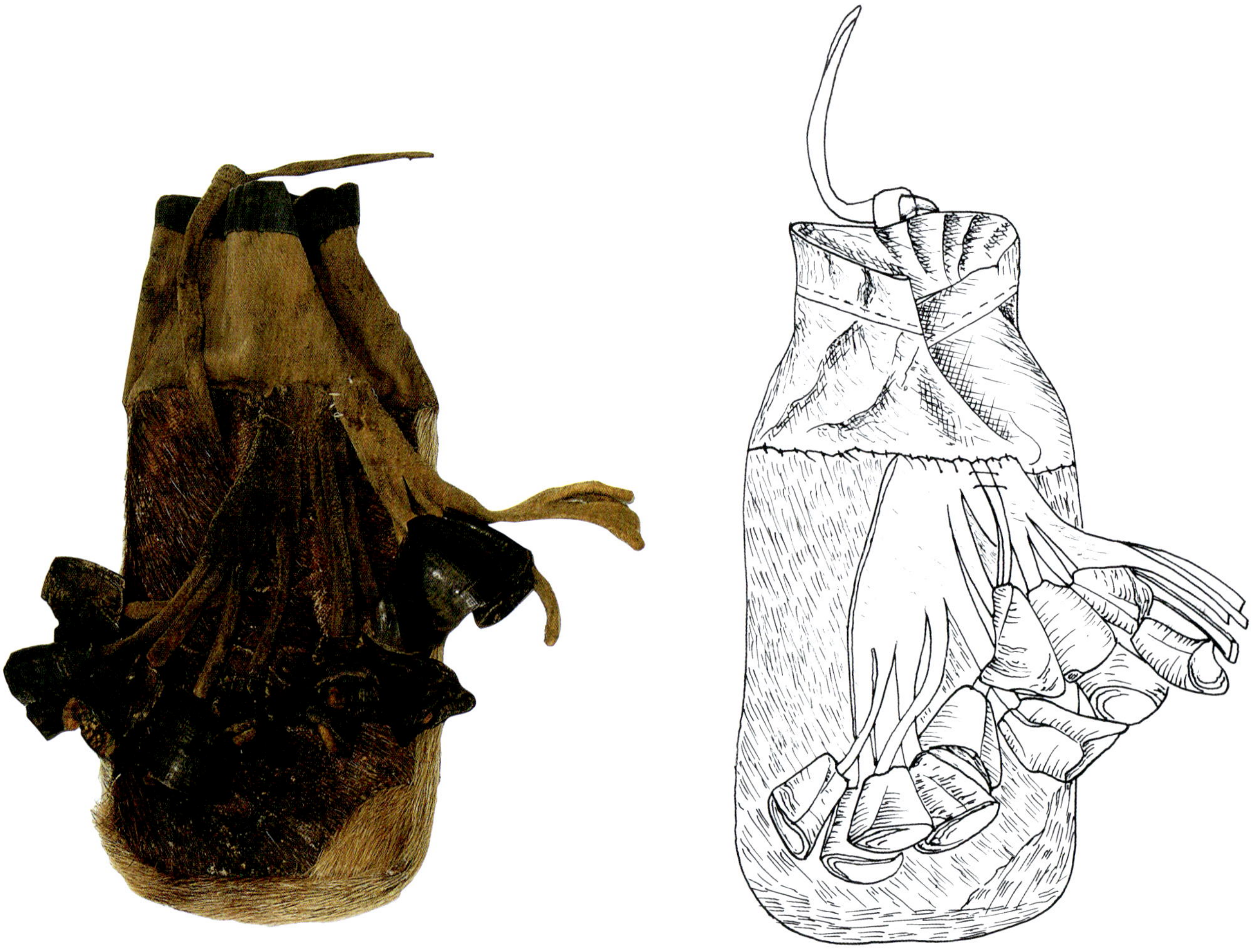

驯鹿盐袋　长22cm　宽10cm

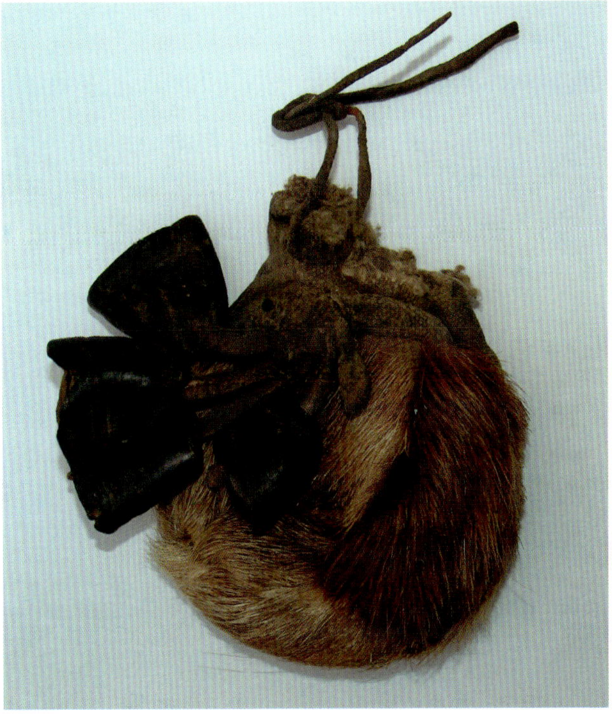

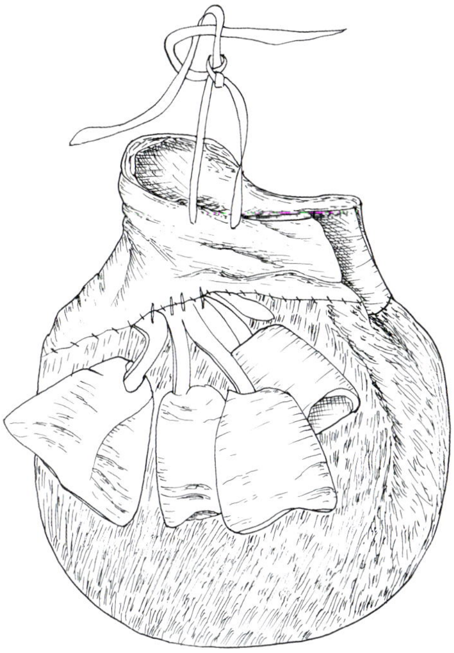

驯鹿盐袋　长12cm　宽10cm

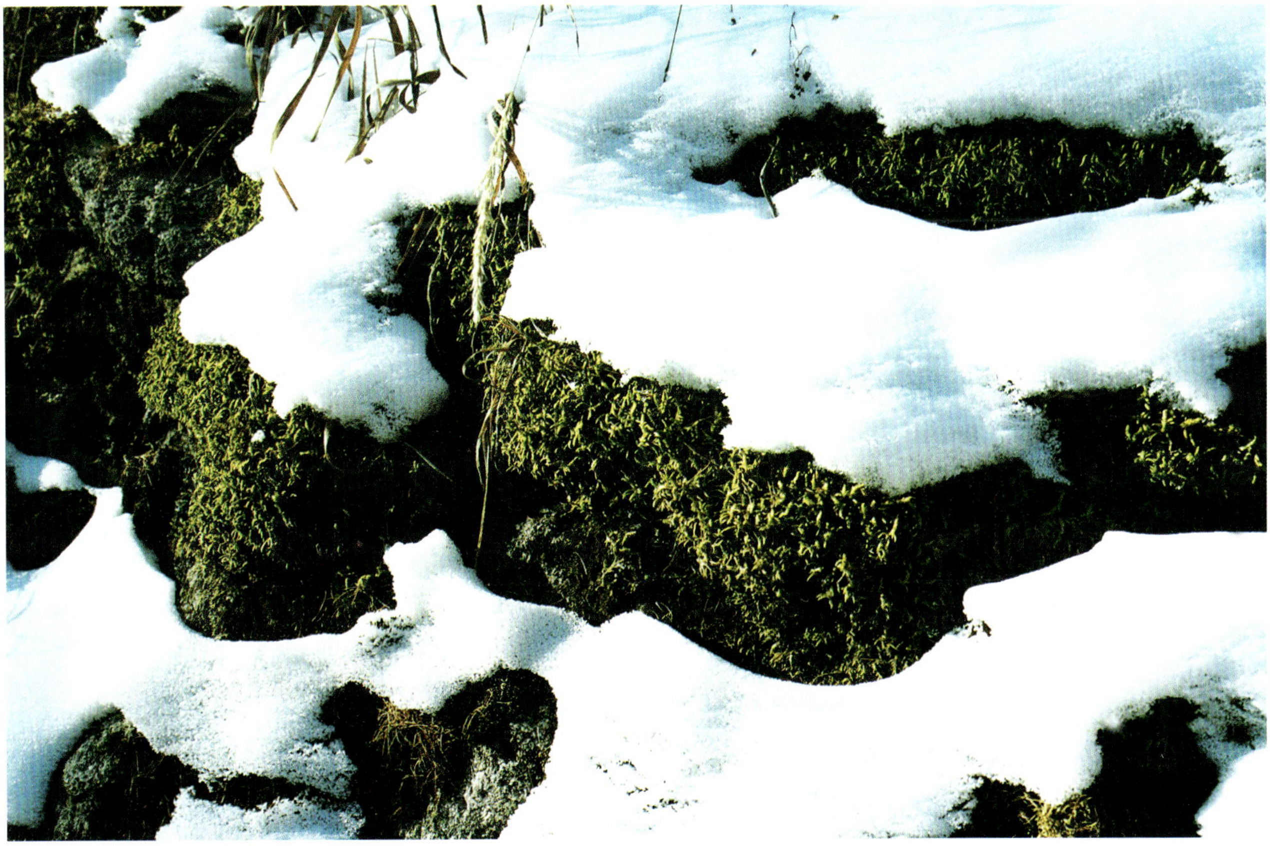

苔藓　驯鹿的主要食物。

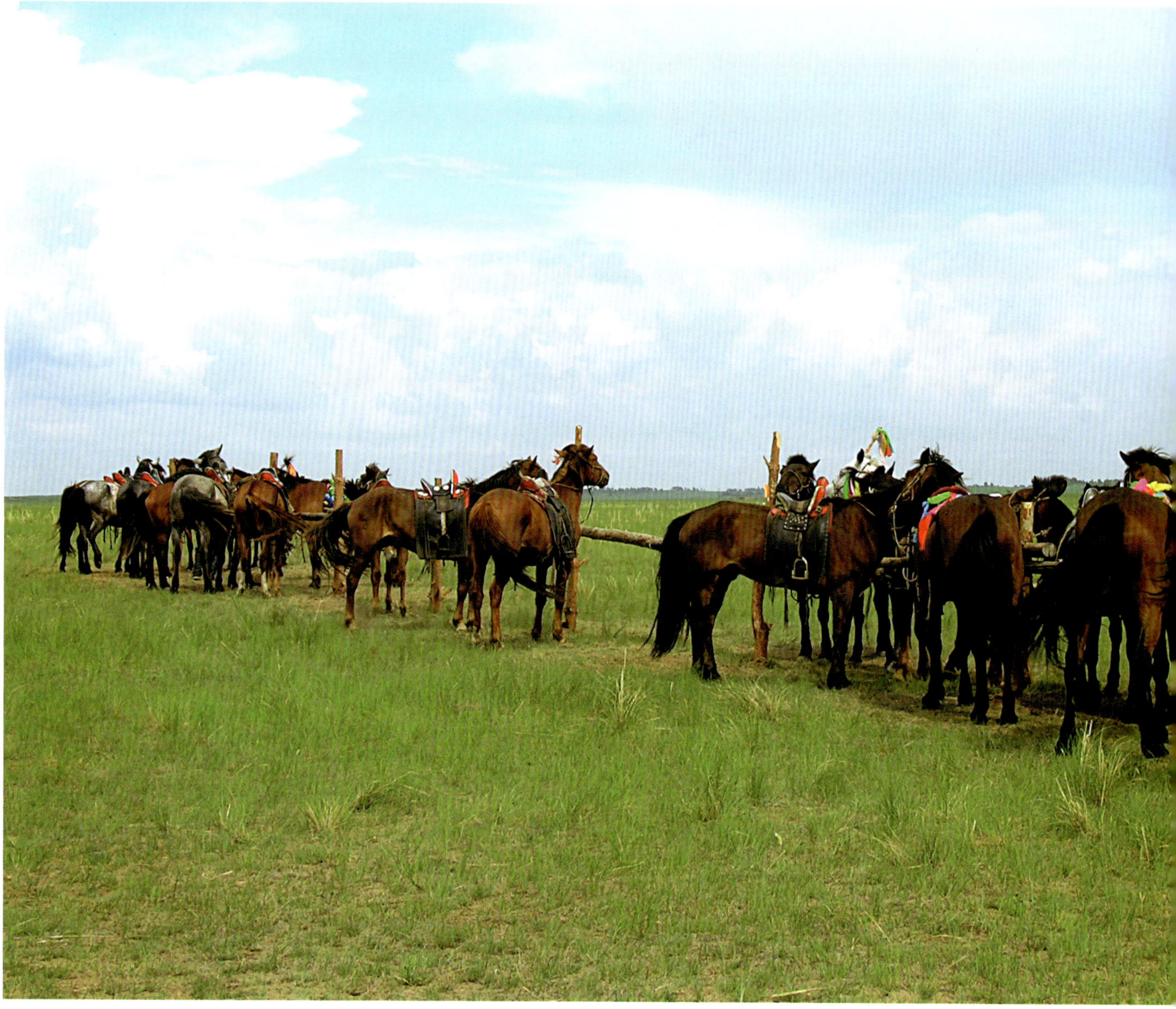

草原上的主要交通工具——马

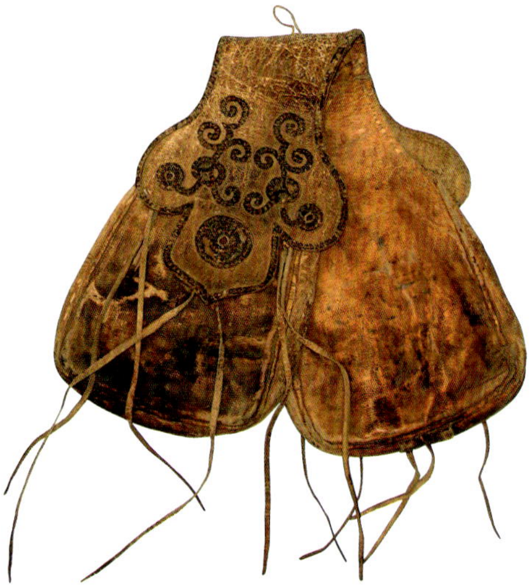

皮马褡　长113cm　中间宽18cm　两头宽32cm

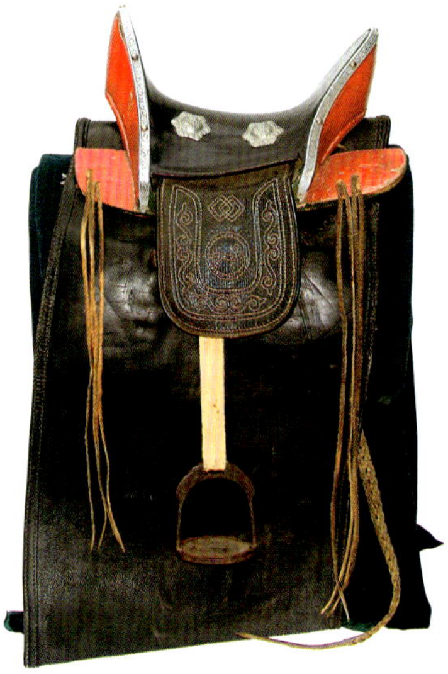

马鞍

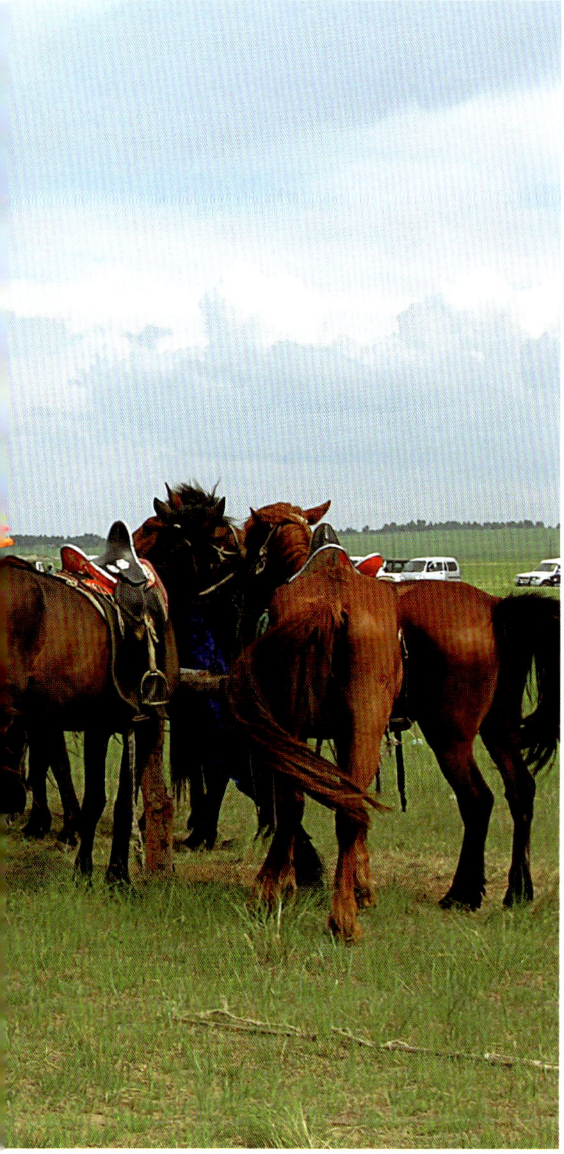

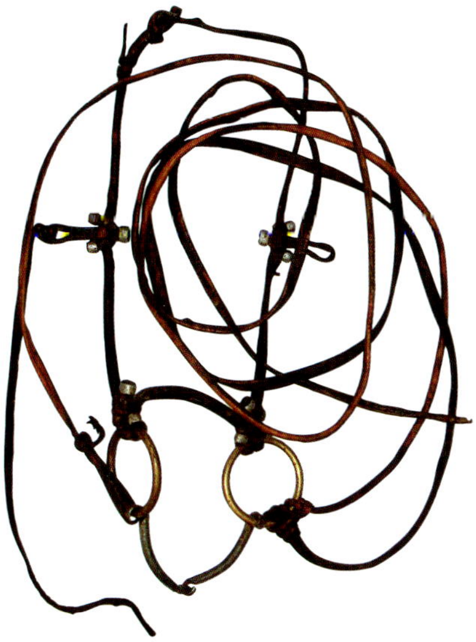

马笼头

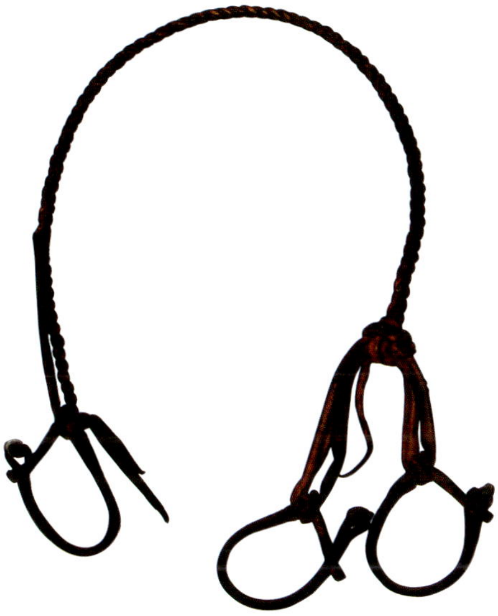

马 绊

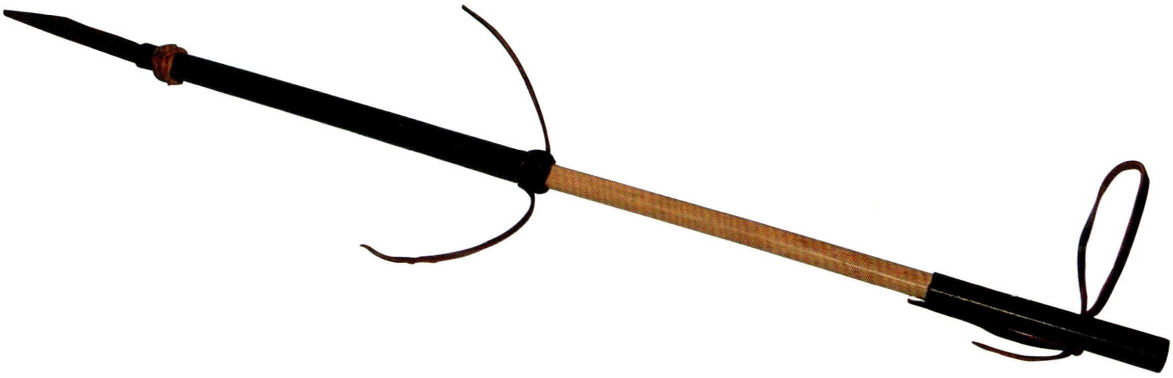

马棒 长121cm 直径2cm

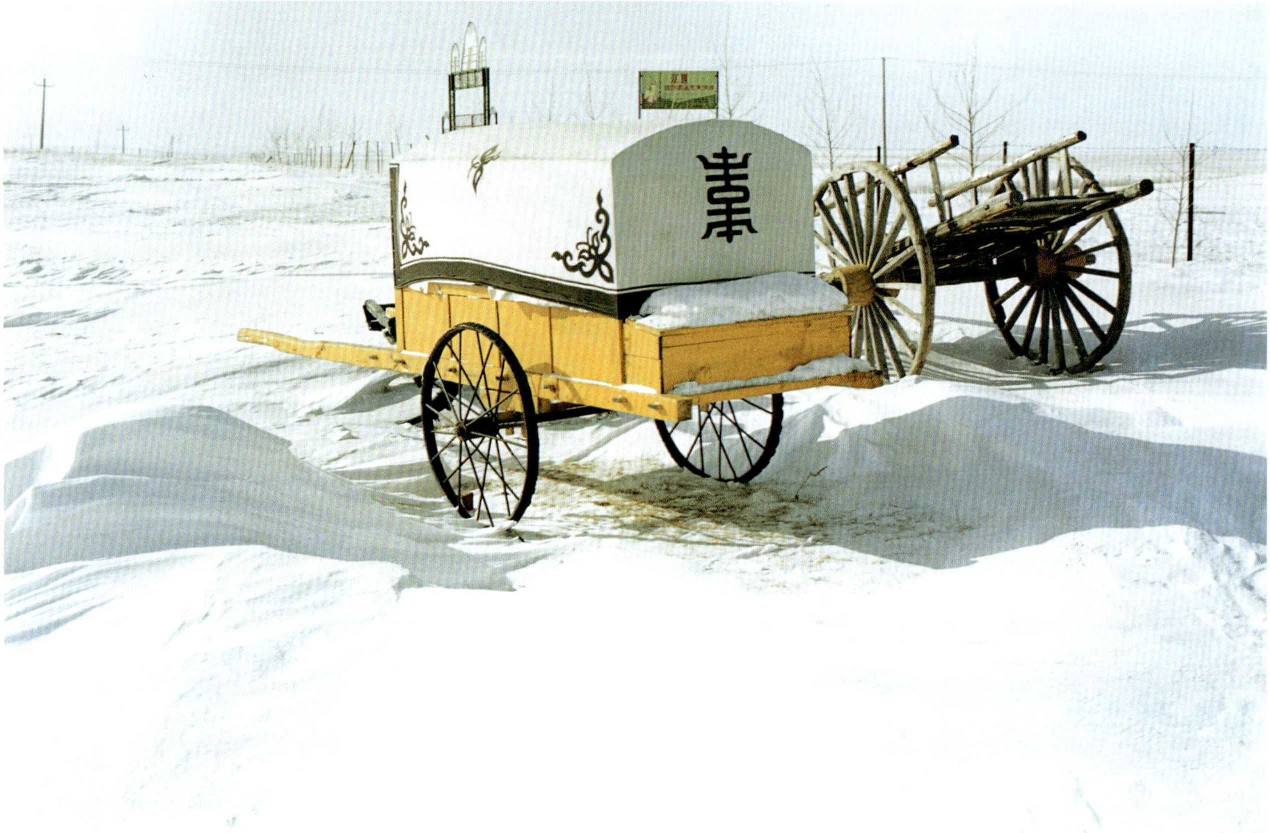

篷车

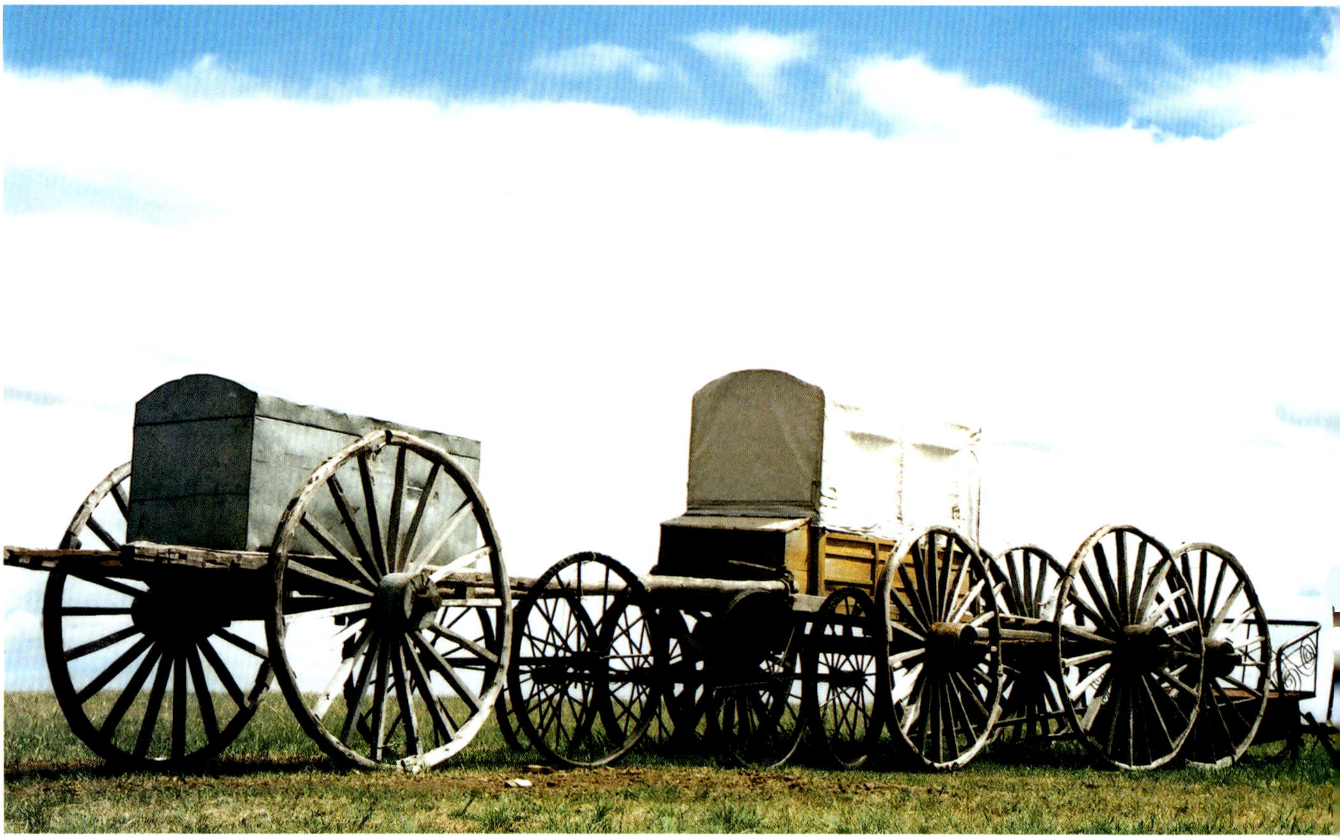

库车

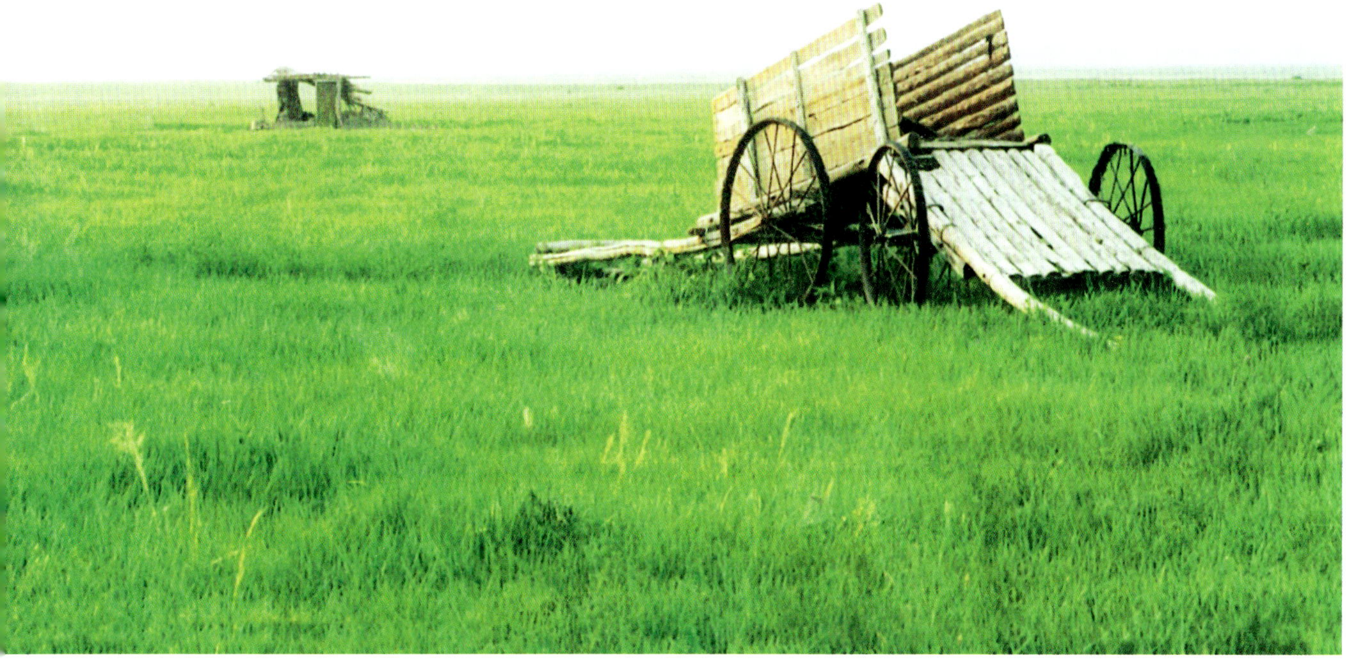

粪车

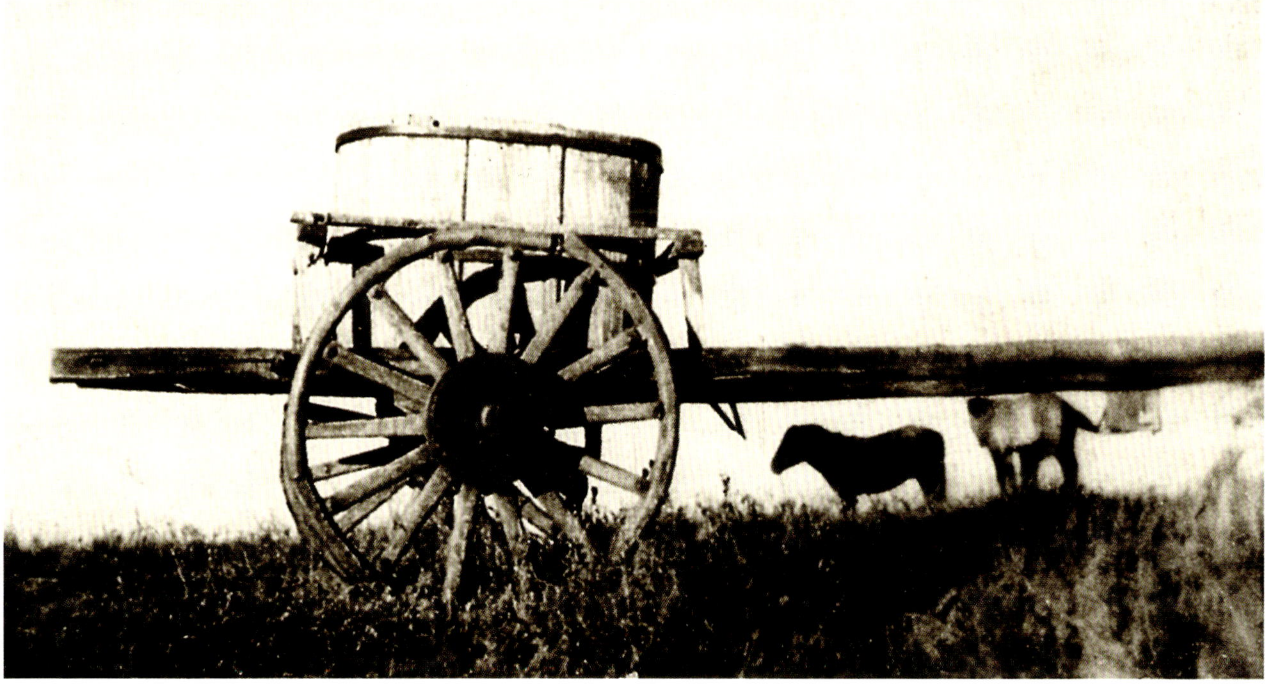

水车

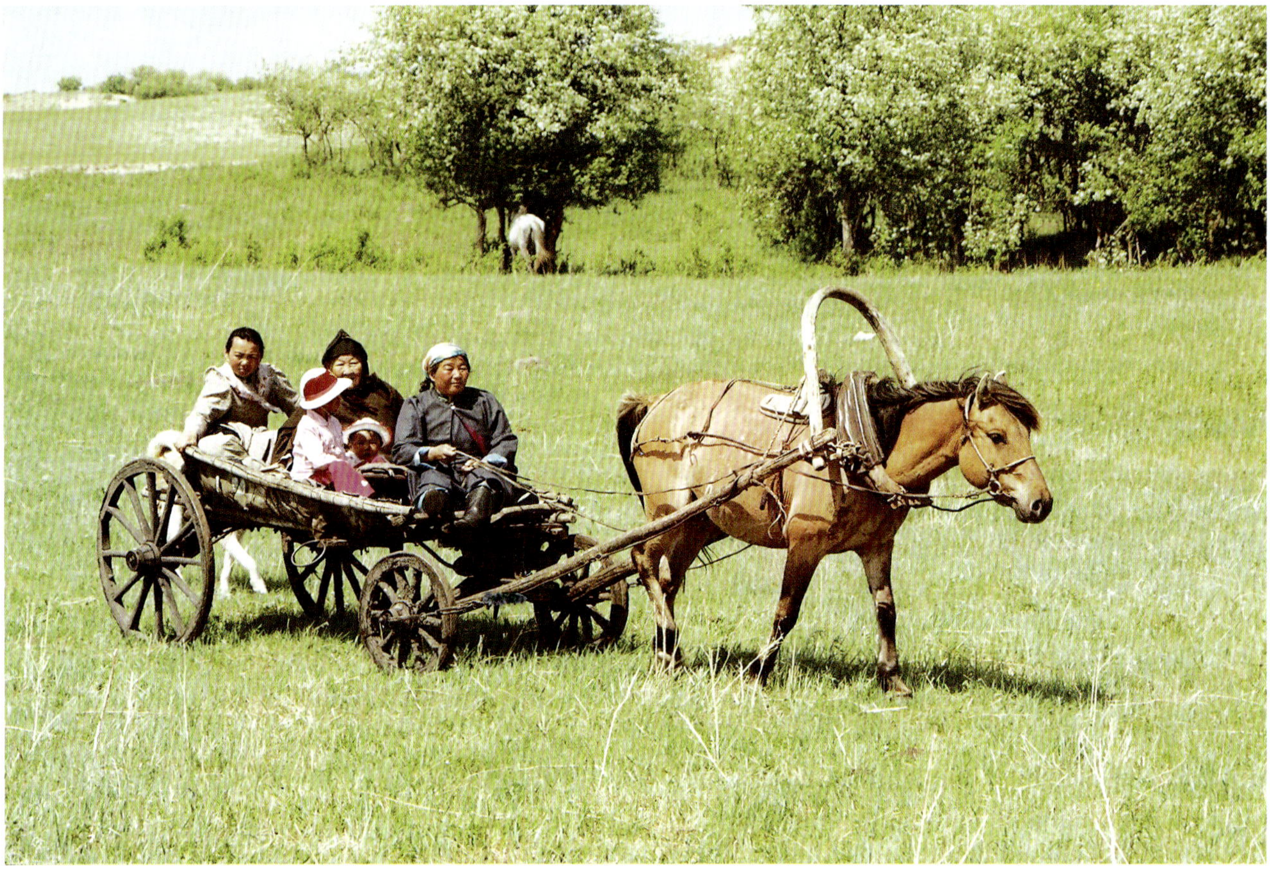

通古斯鄂温克贺道克车

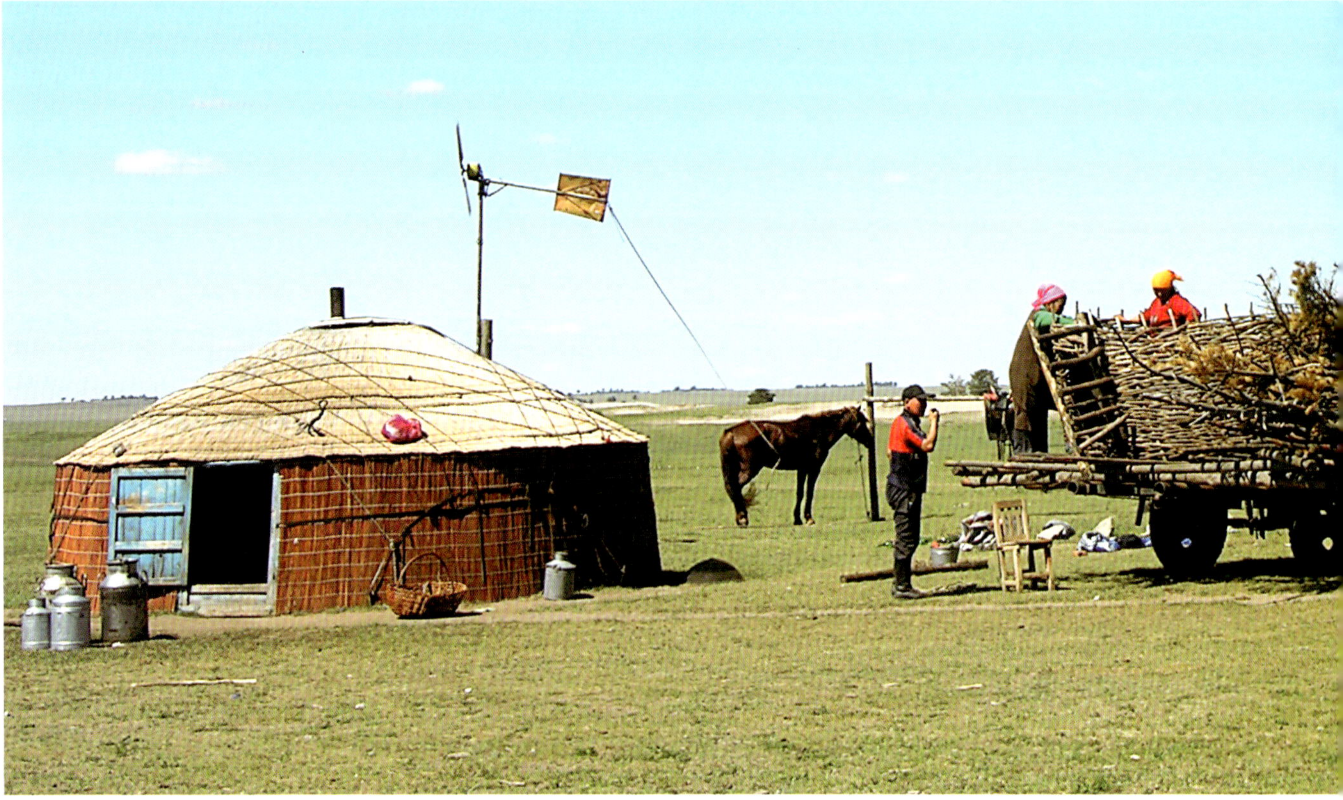

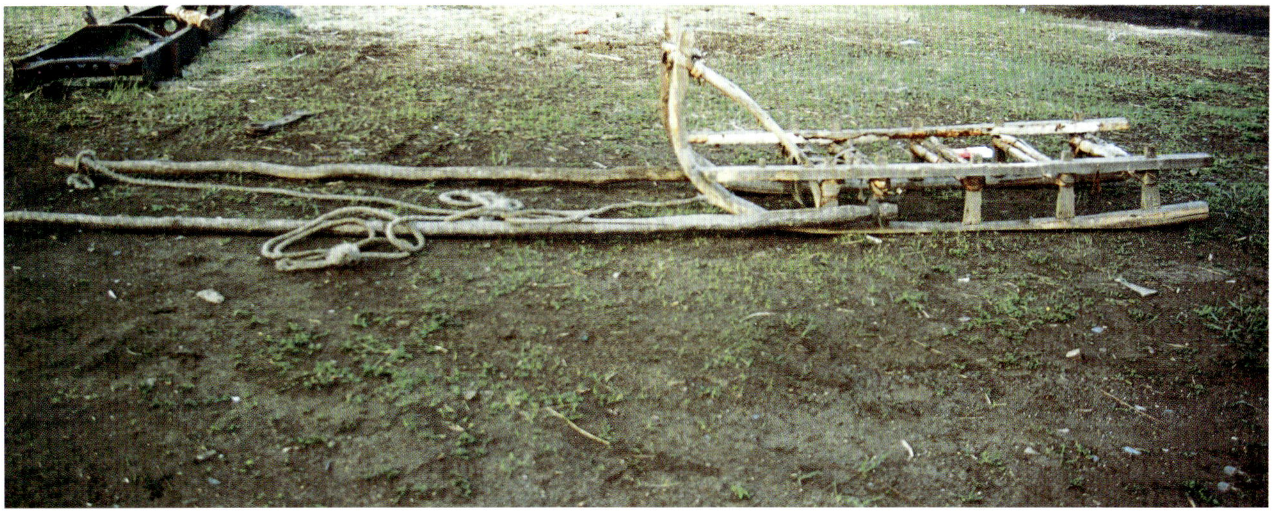

爬犁

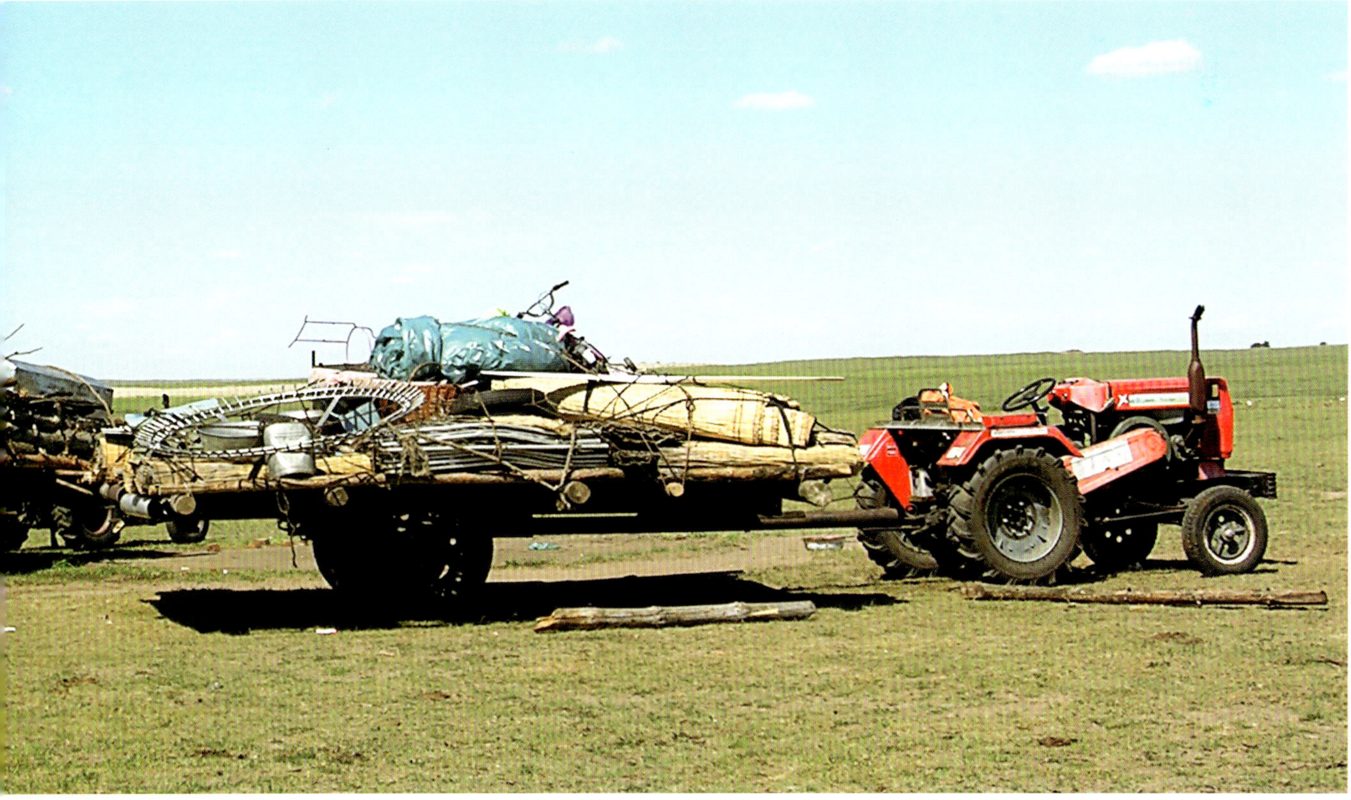

在八月中旬后鄂温克牧民搬迁到冬营地

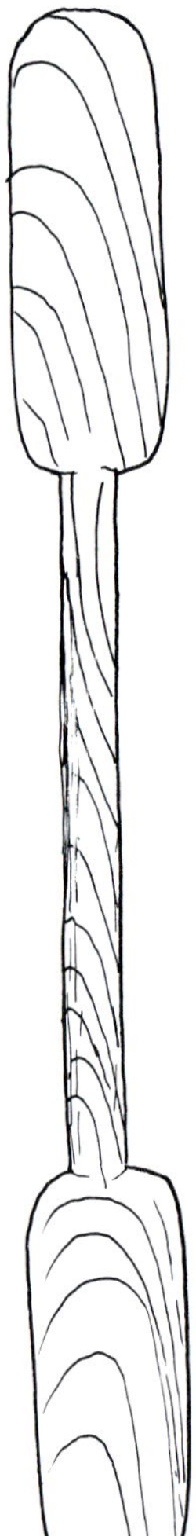

船桨

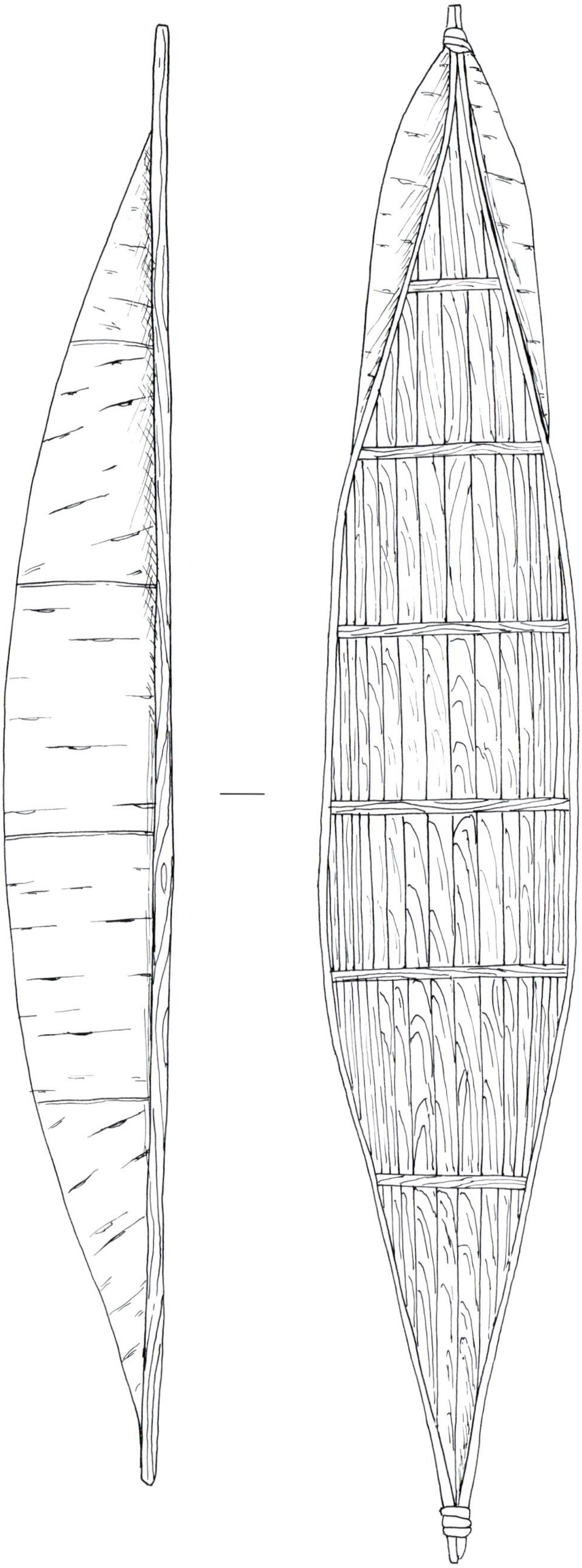

使鹿鄂温克桦树皮船　长4.6m　宽80cm　高60cm

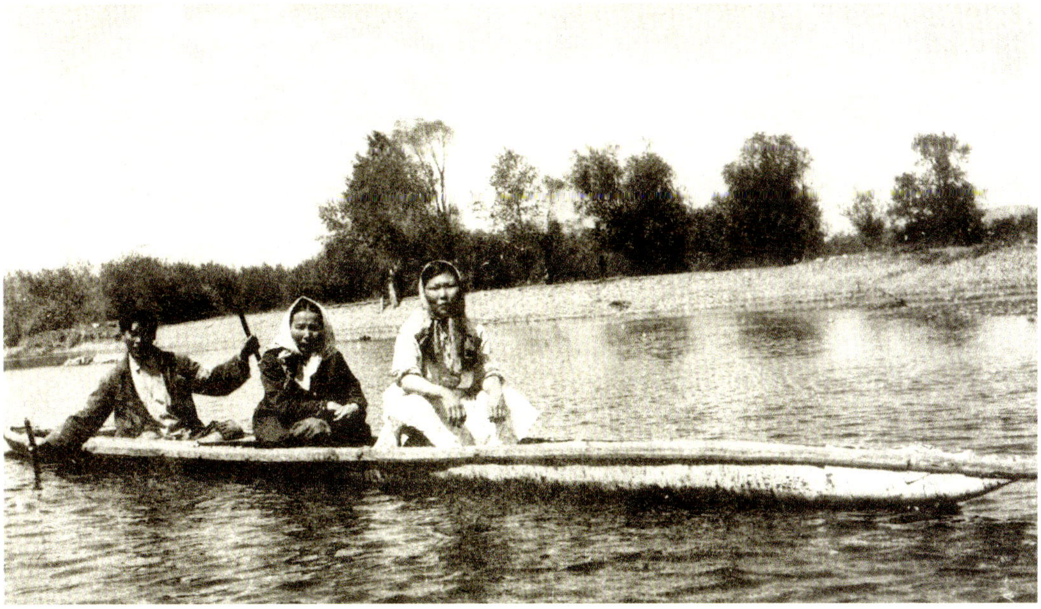

桦树皮船

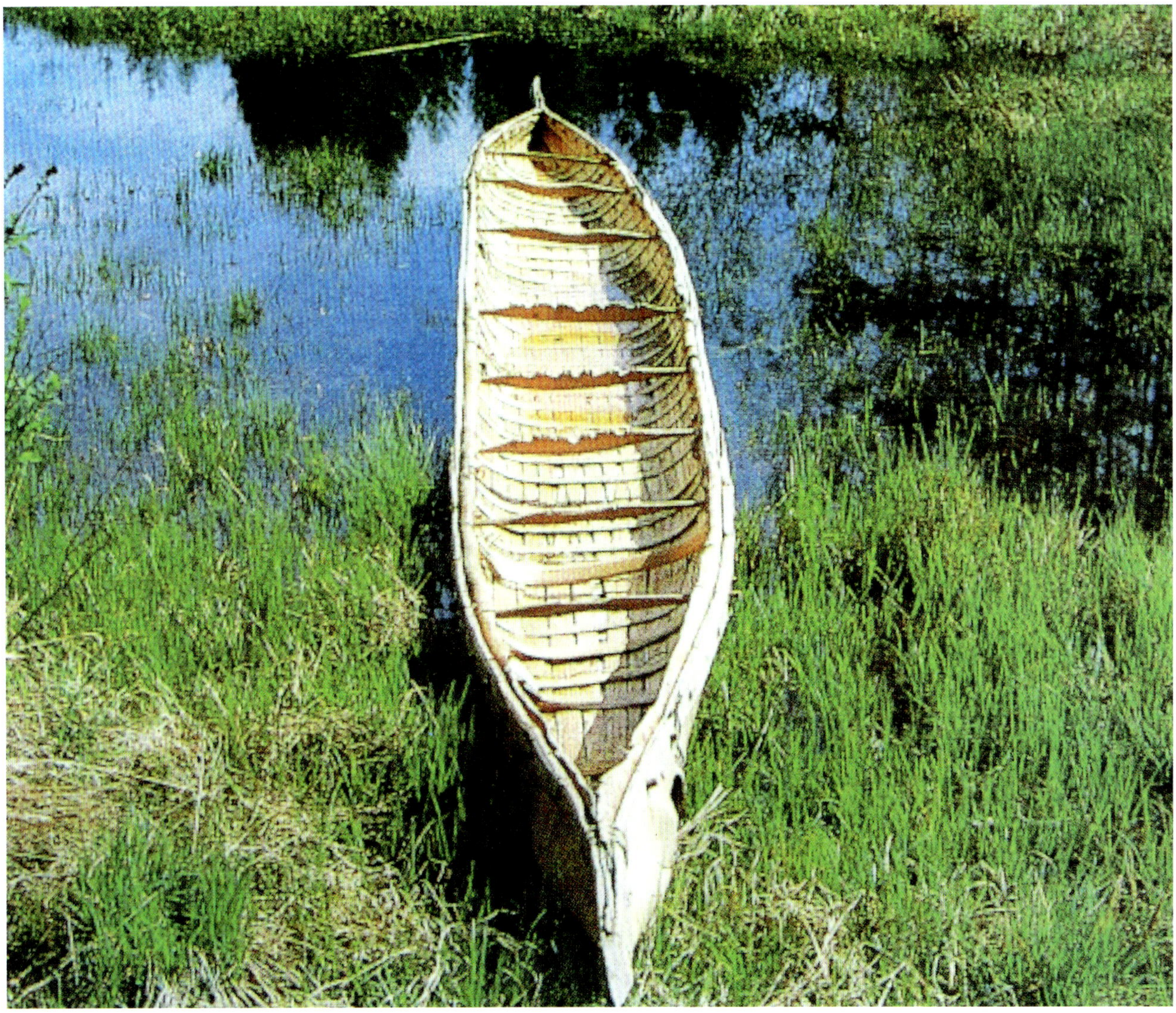

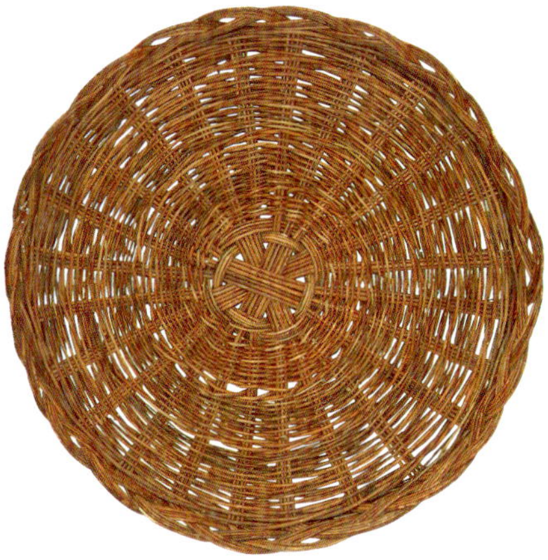

柳编晾盘　直径70cm　高7cm

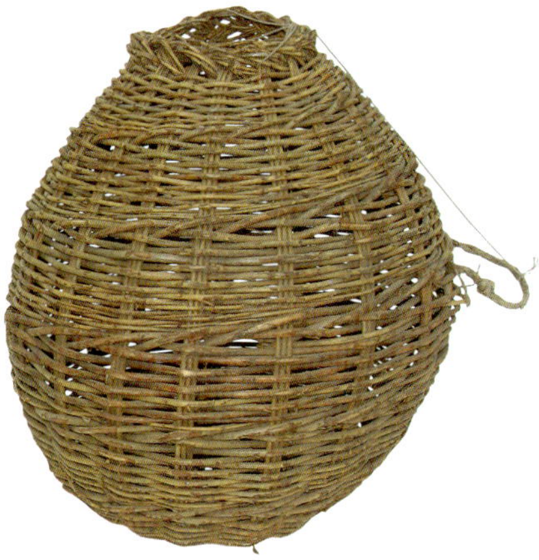

鱼篓　口径15cm　高40cm

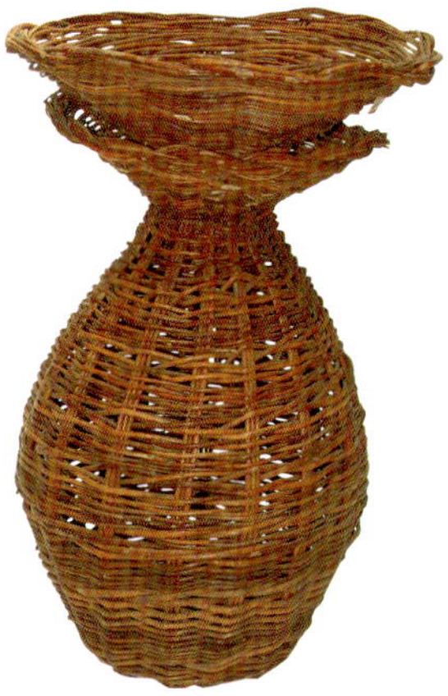

鱼篓　口径51cm　高77cm

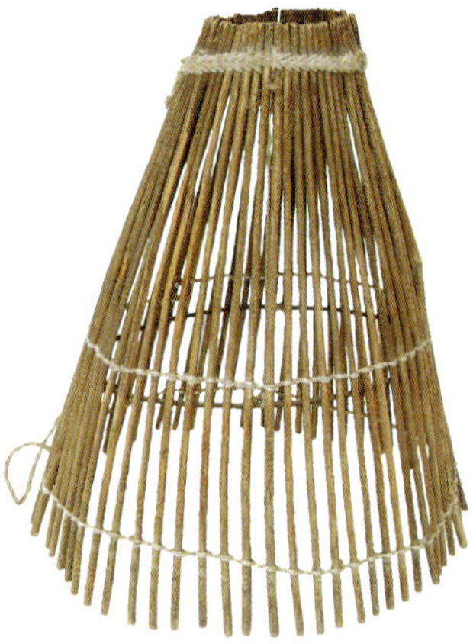

鱼罩　上口径16cm　下口径52cm　高63cm

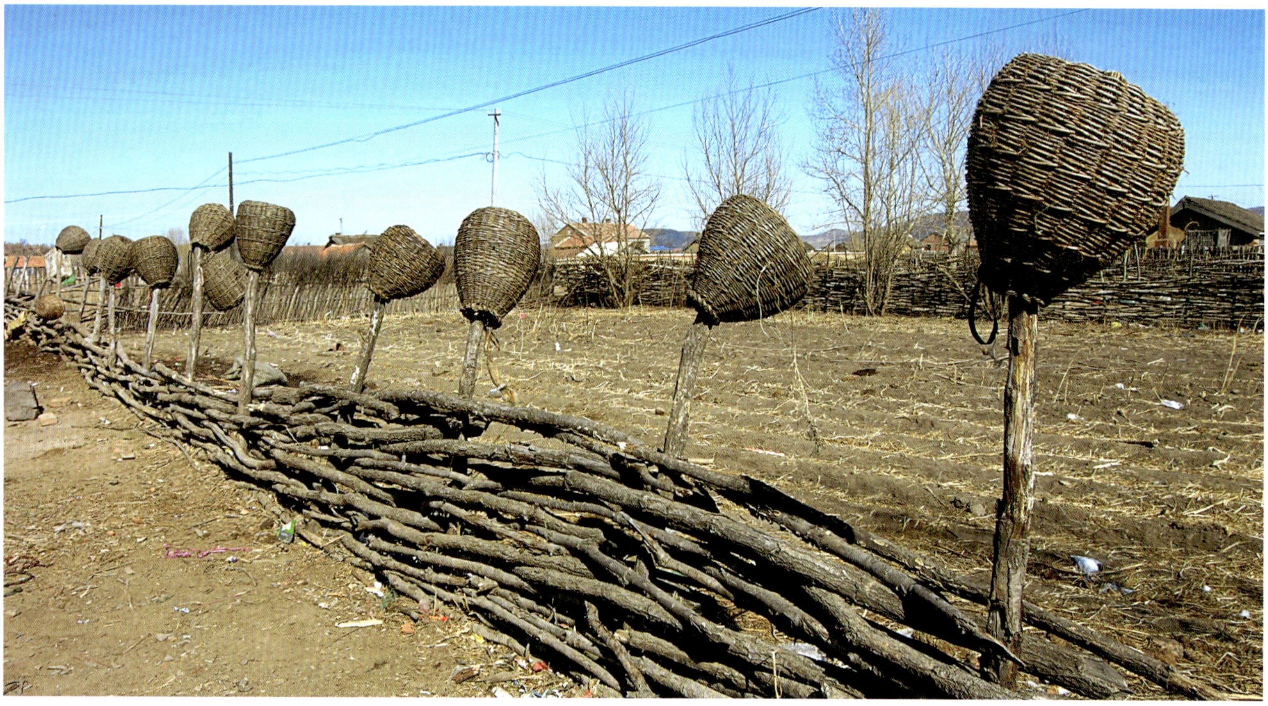

农家院中晾晒的鱼篓

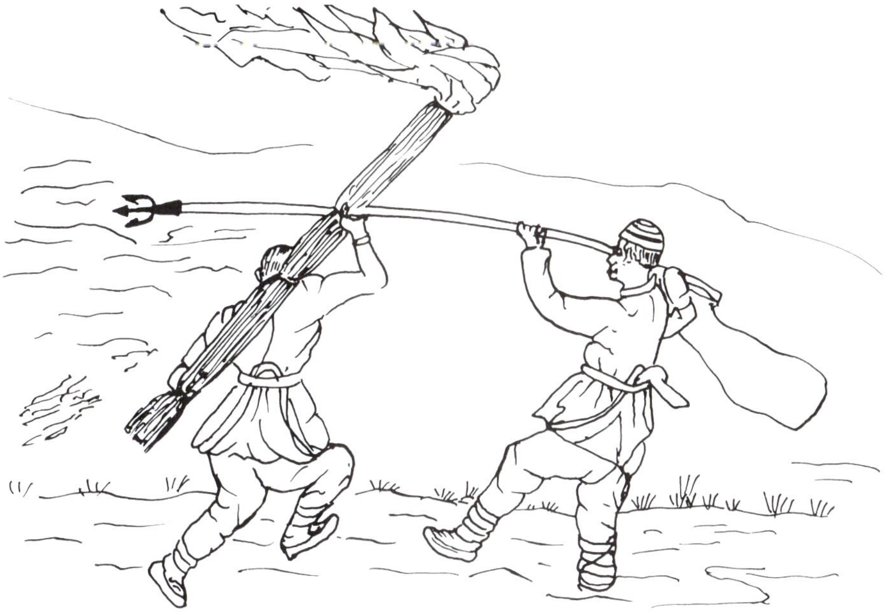

农区鄂温克叉鱼图

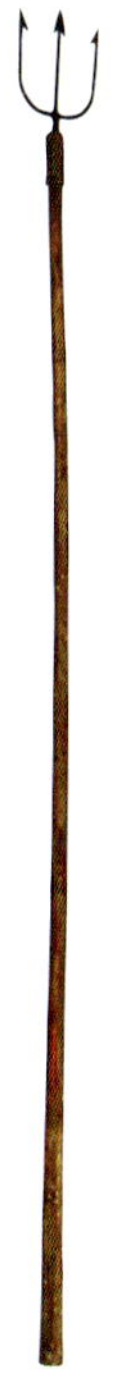

鱼叉　长222cm 直径2cm

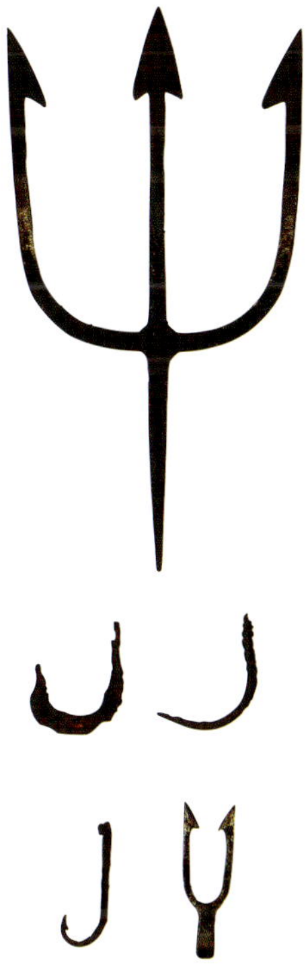

鱼叉鱼钩
鱼叉长35cm 宽17cm
鱼钩长16cm 宽11.5cm

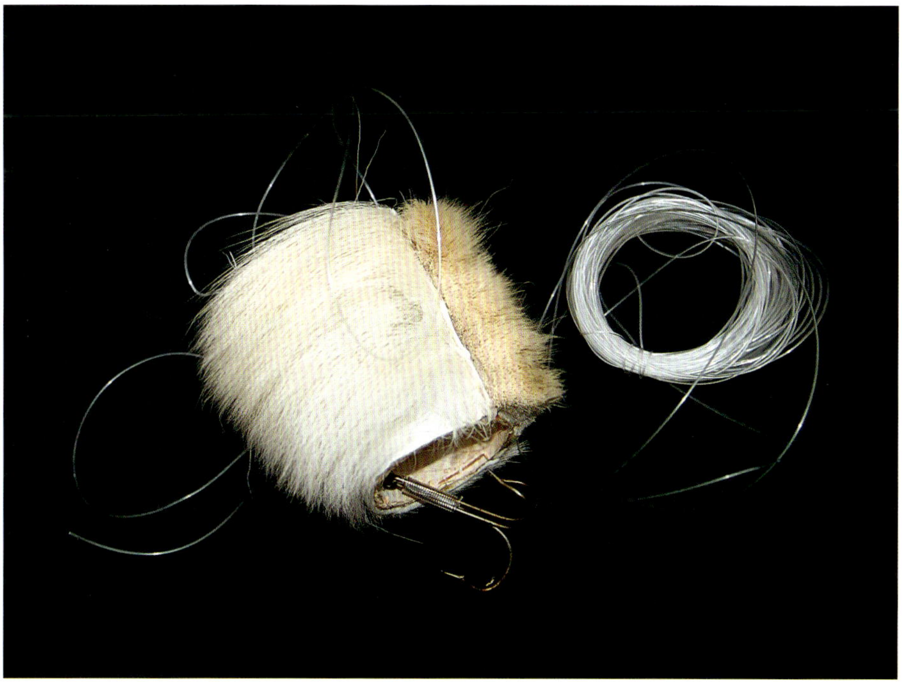

毛钩　将鱼钩藏于桦皮制成的圆筒中，外面包裹皮毛，放入河中，可以钓一些体态较大的鱼。直径4.5cm 长7cm

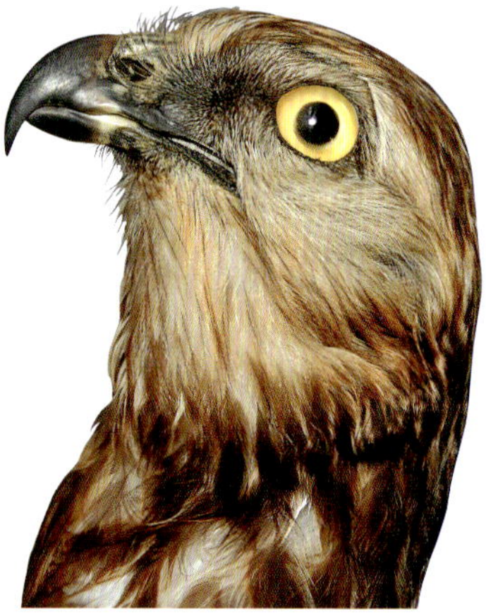

猎鹰（细部）

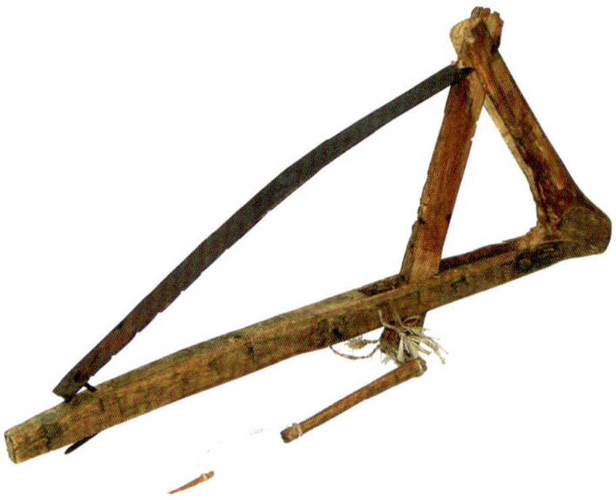

木猎夹　长46cm　宽19cm

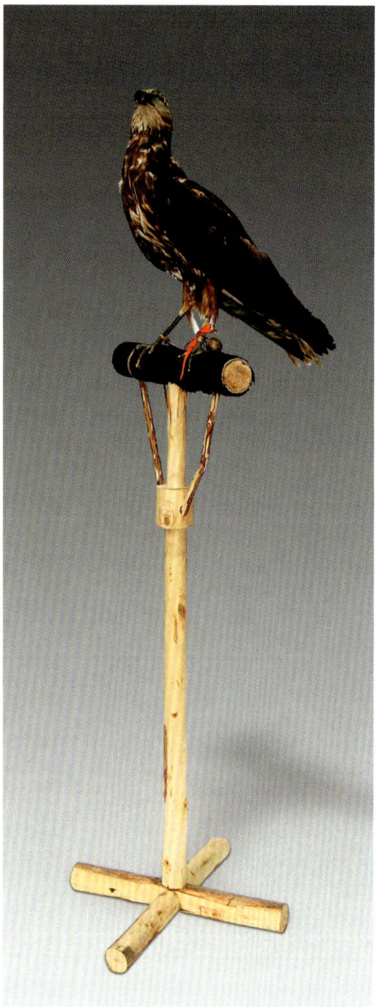

猎鹰　长50cm　高40cm

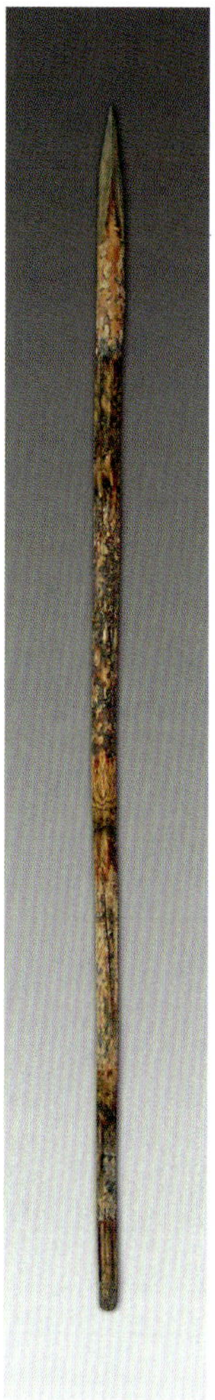

木扎枪
长226cm
直径5cm

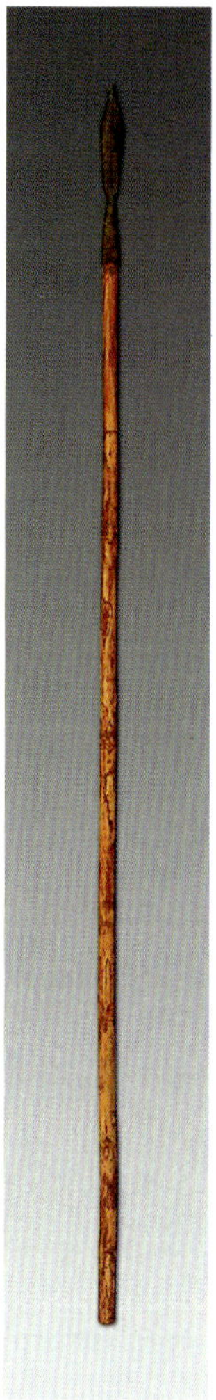

铁扎枪
长211cm
直径3cm

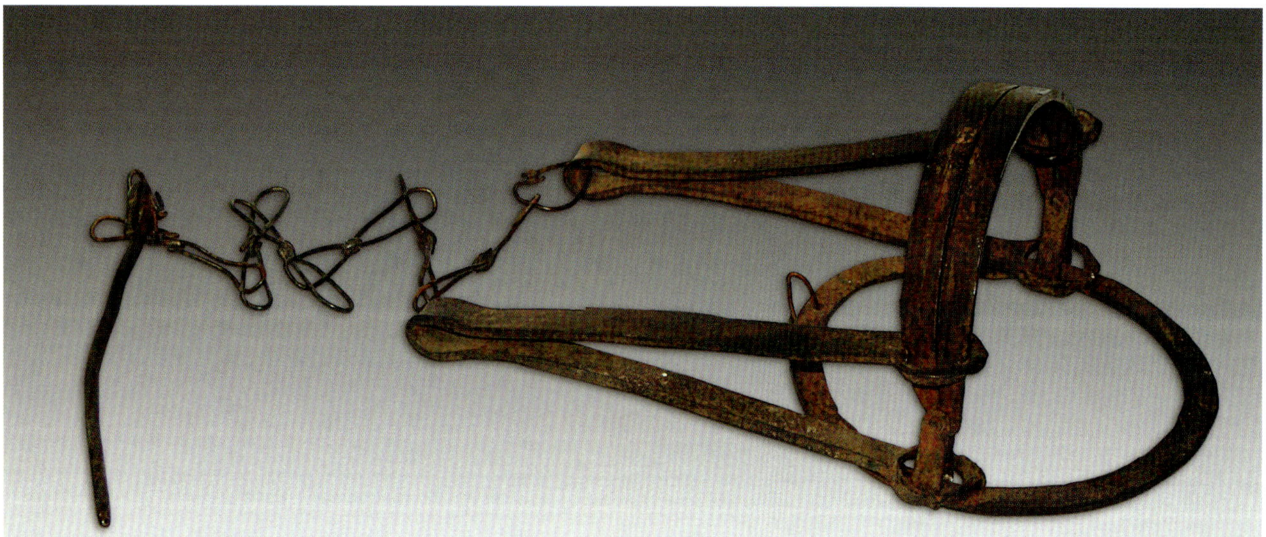

铁猎夹　长34.5cm　宽19cm

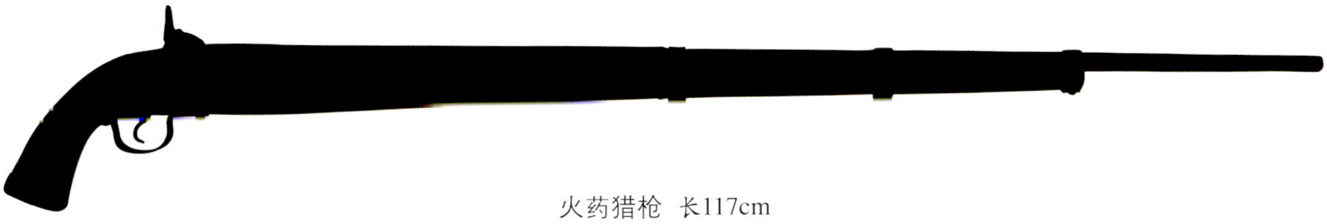

火药猎枪　长117cm

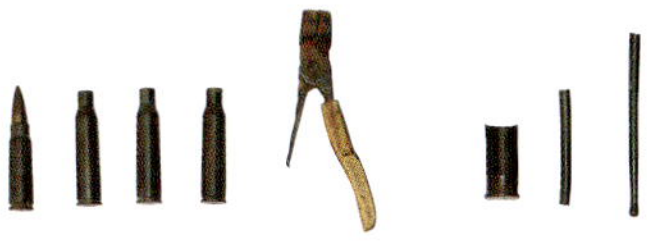

制作子弹工具　长10cm

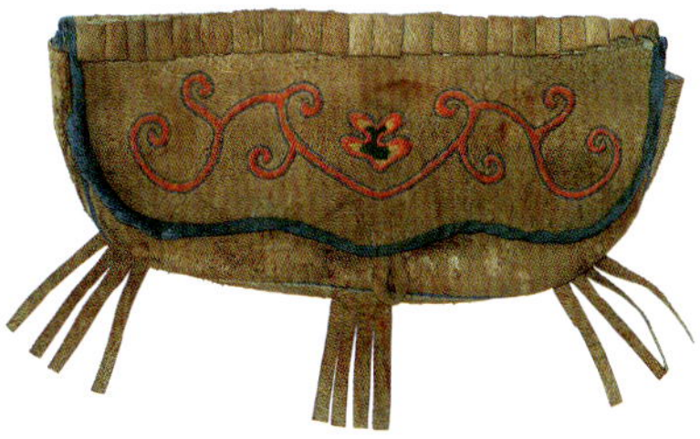

子弹袋　长31cm 宽15cm

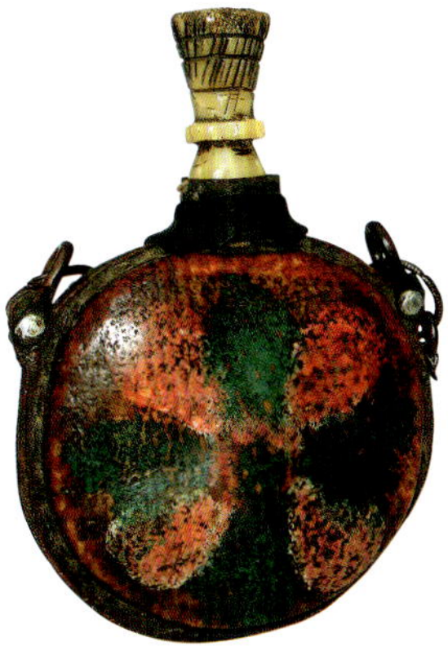

火药囊

通高 15.5cm 宽 11cm 厚 3.5cm 盖高 3.6cm

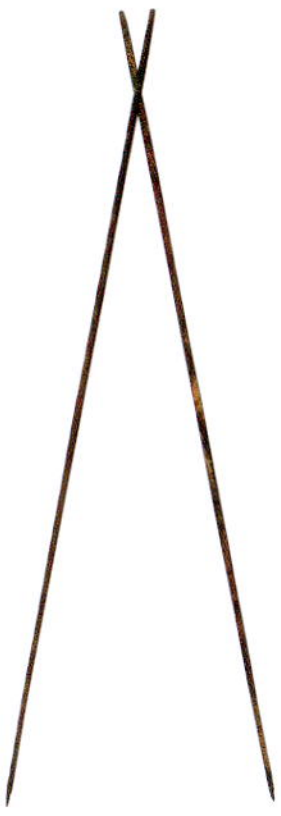

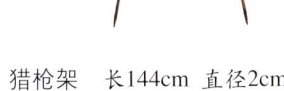

猎枪架　长144cm 直径2cm

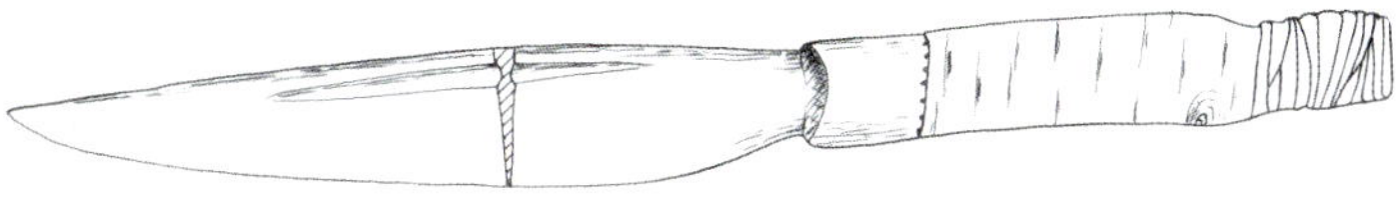

砍树刀　刃长30cm 把长41cm

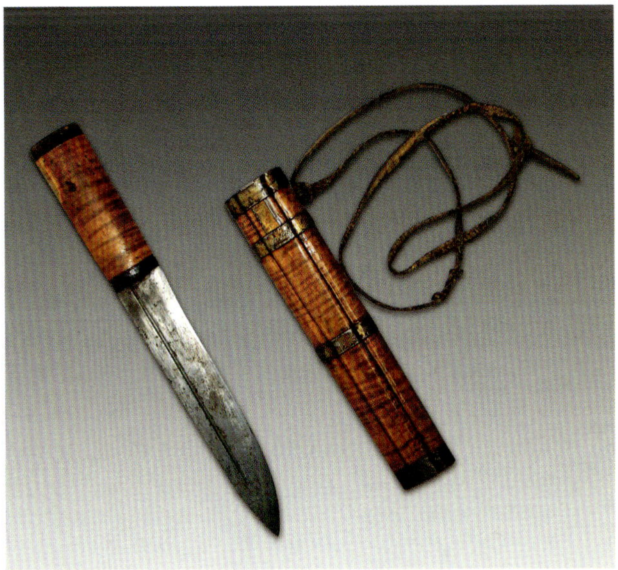

猎刀　长38cm 宽4cm

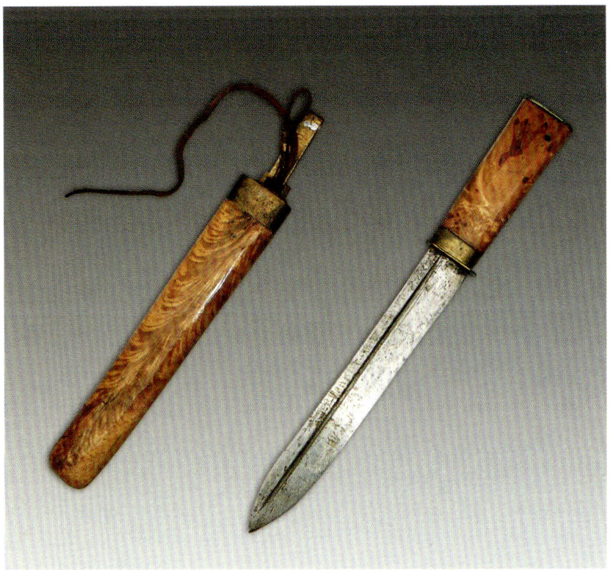

猎刀　长32cm 宽3cm

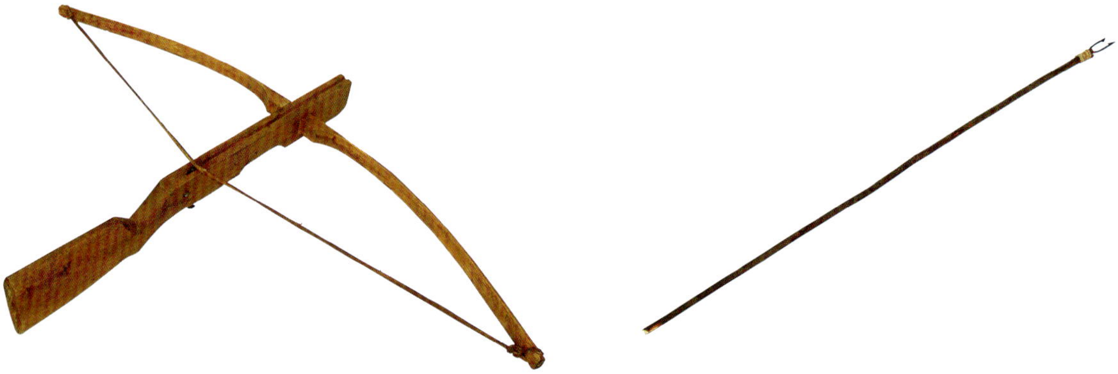

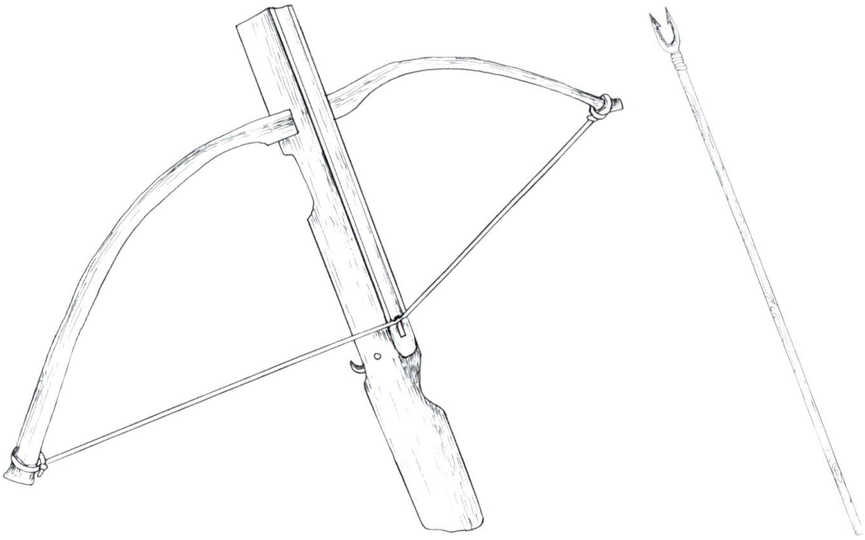

桦木地箭　弓长109cm 箭长104cm　柄长58cm

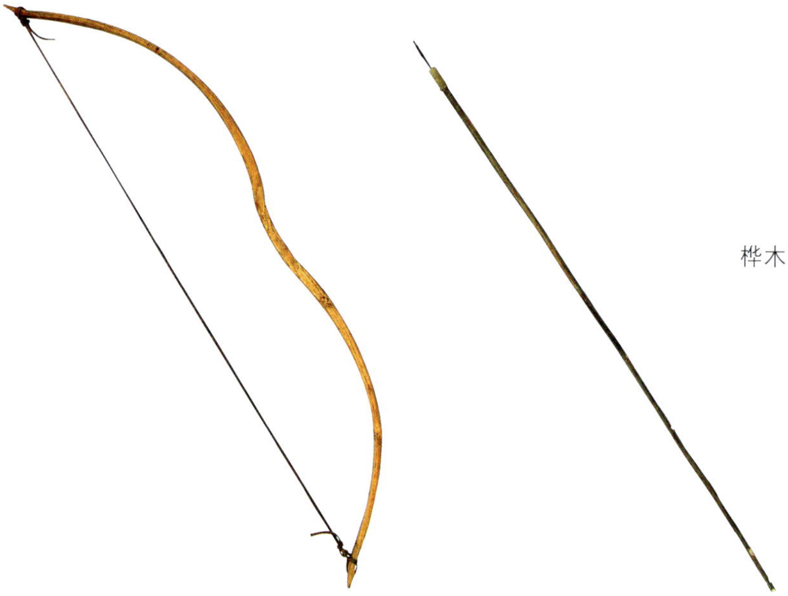

桦木弓箭　弓长109cm 箭长104cm 宽21cm

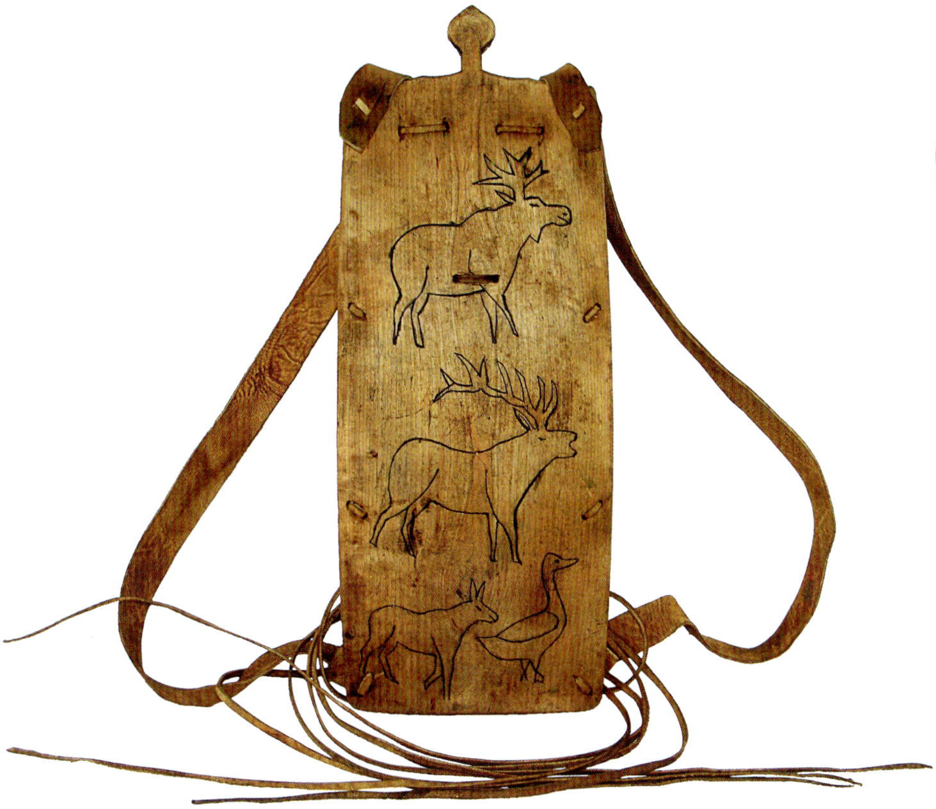
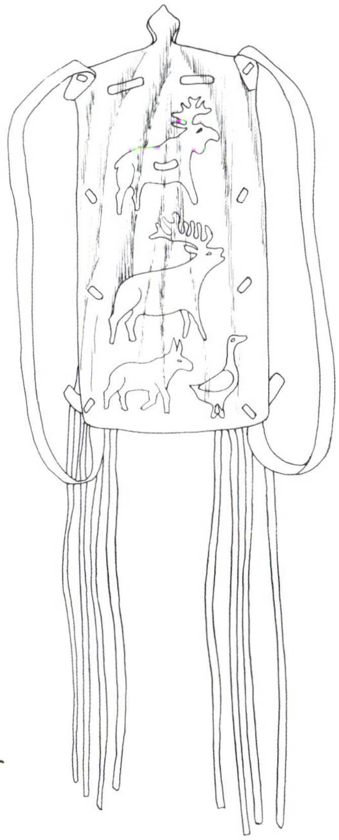

正面

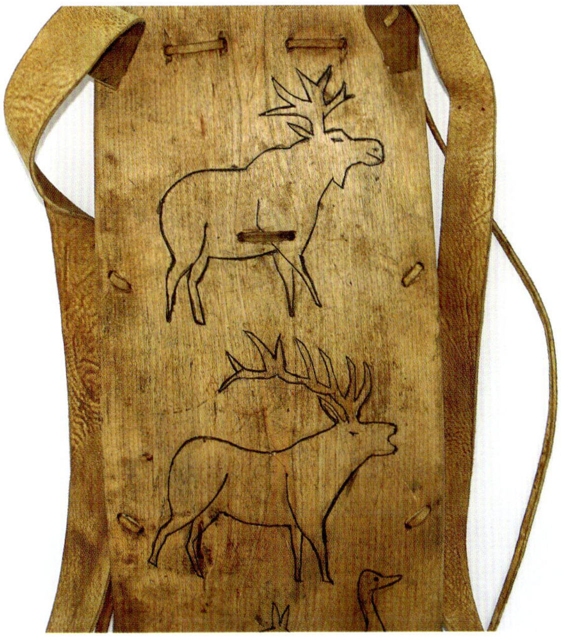

细部

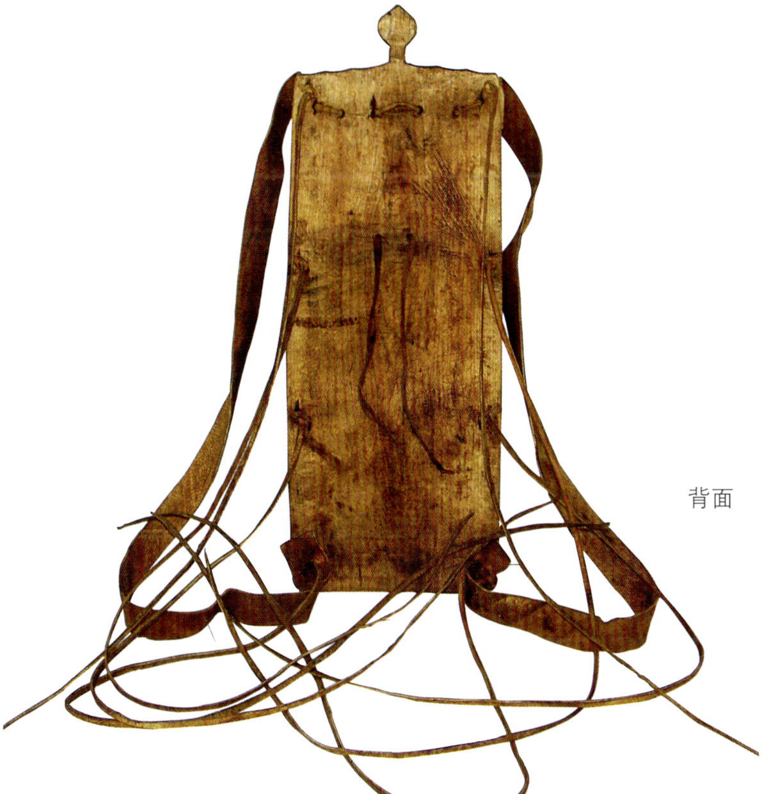

背面

使鹿鄂温克背板　长53cm　宽20.5cm

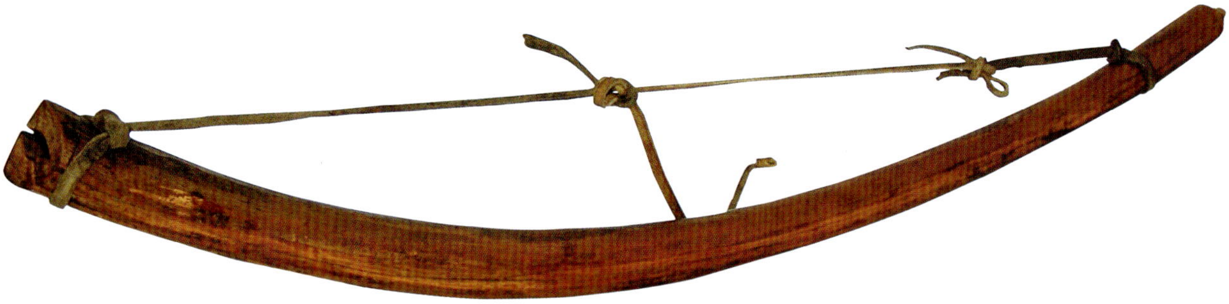

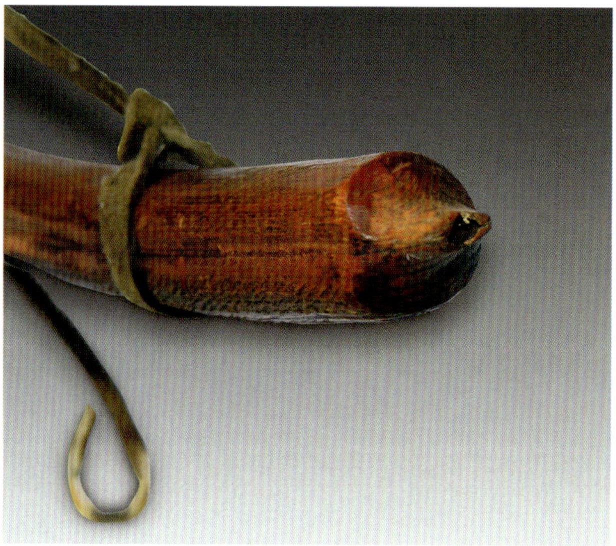

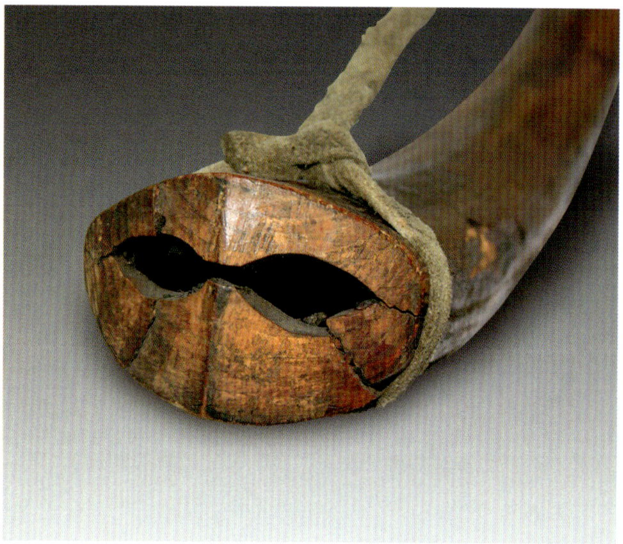

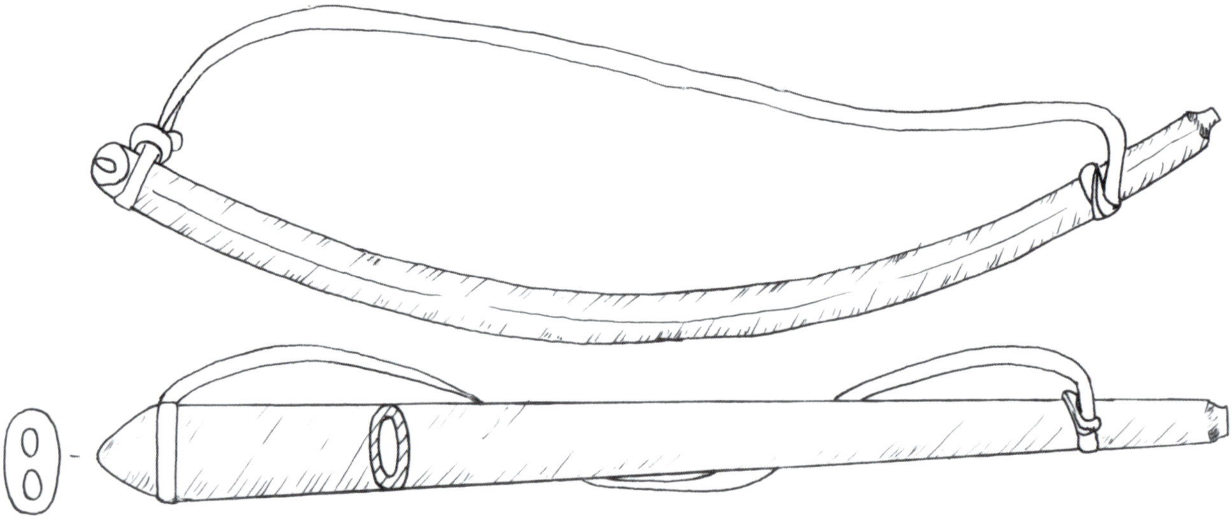

使鹿鄂温克鹿哨　长80cm　宽6.5cm

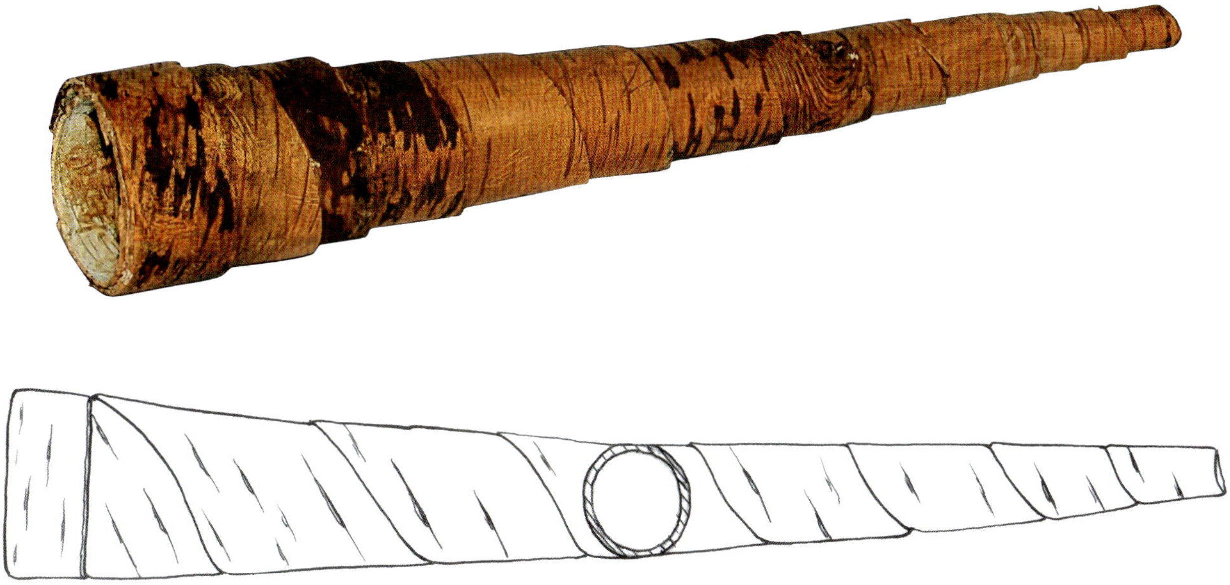

桦树皮鹿哨　长43cm　大孔6.5cm　小孔1.5cm

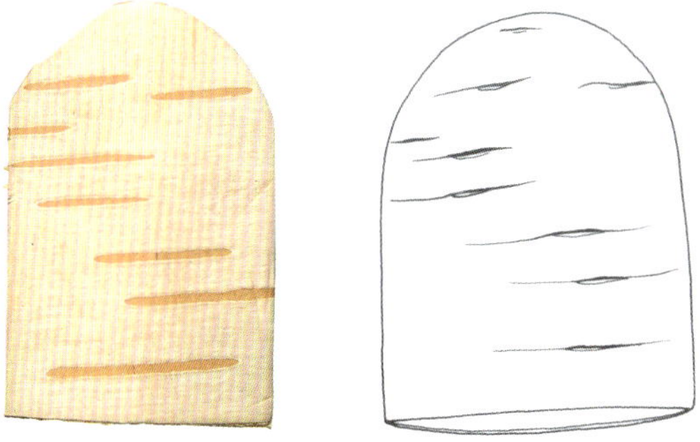

桦树皮狍哨　高3cm　宽2cm

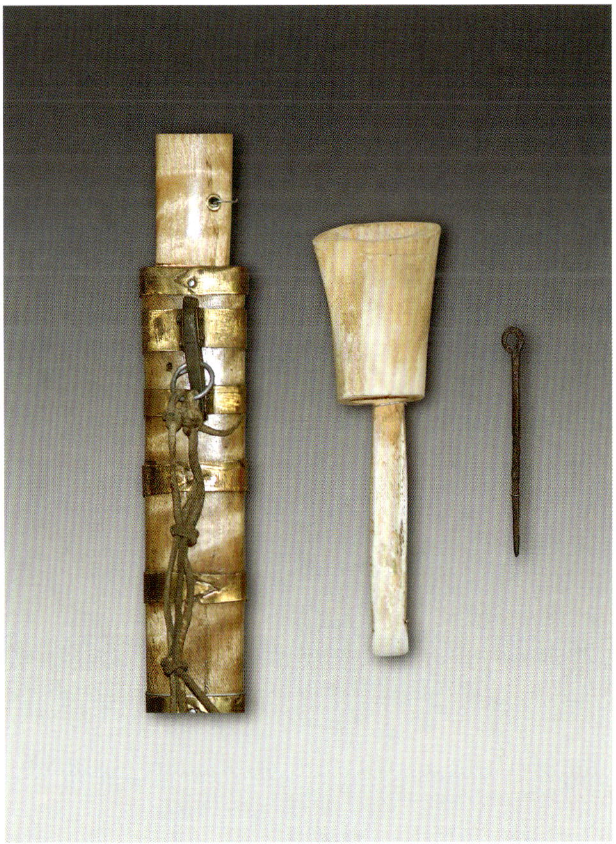

制作桦树器皿的骨凿、铁针

骨凿高21cm　宽2cm　针长11.5cm

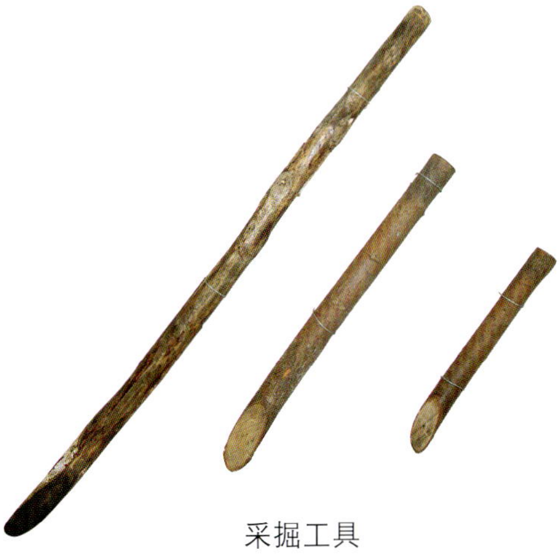

采掘工具

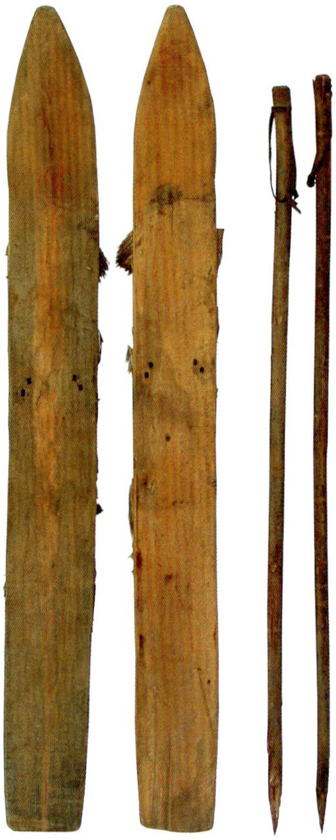

正面

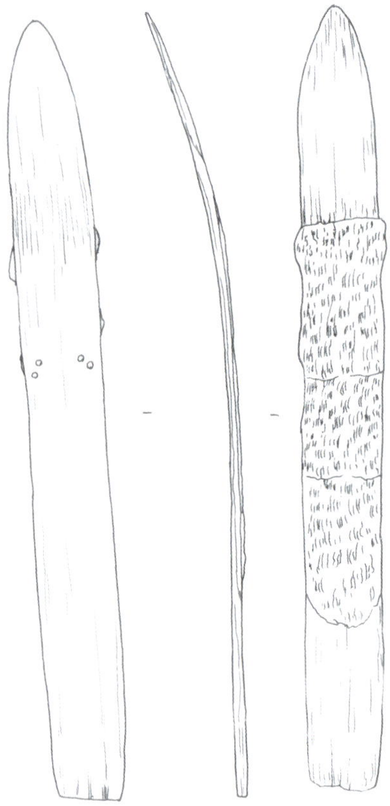

滑雪板

松木制成，板底贴有犴皮毛，便于在雪地上滑行和爬坡。长132cm 宽15cm

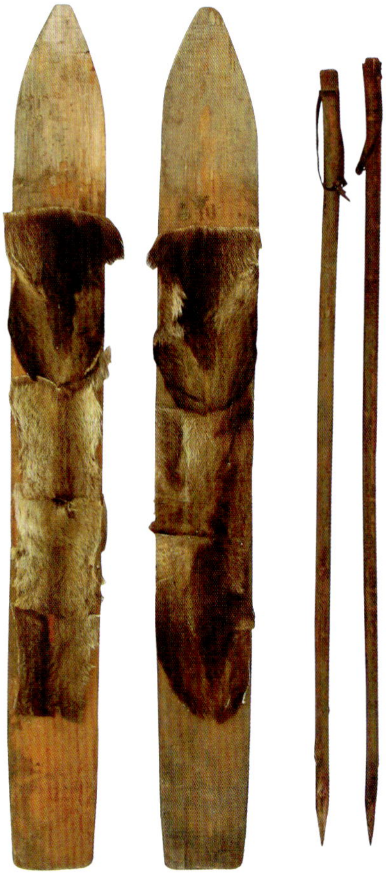

背面

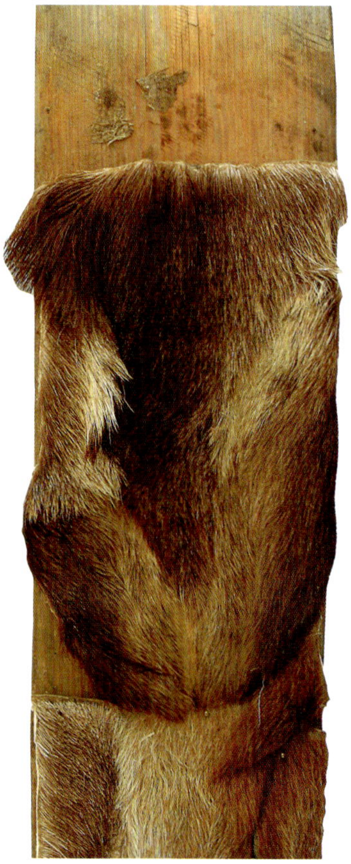

细部

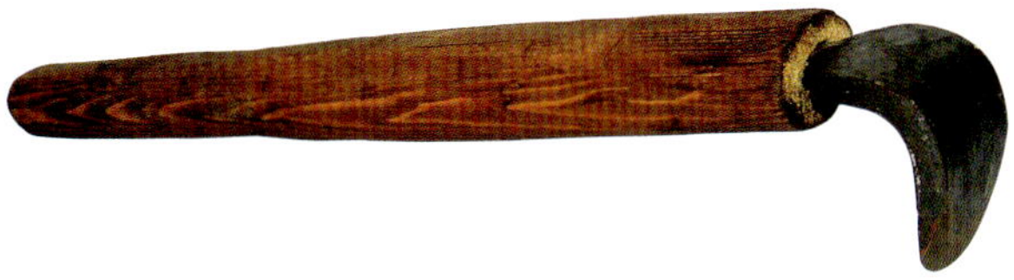

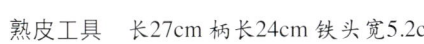

熟皮工具　长27cm 柄长24cm 铁头宽5.2cm

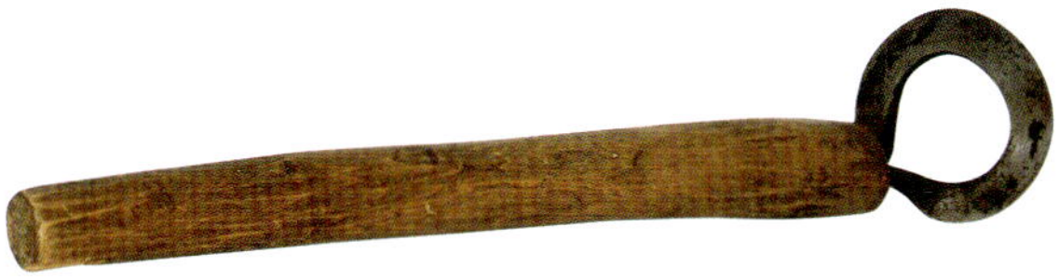

熟皮工具　柄长34cm 圆头径8.5cm

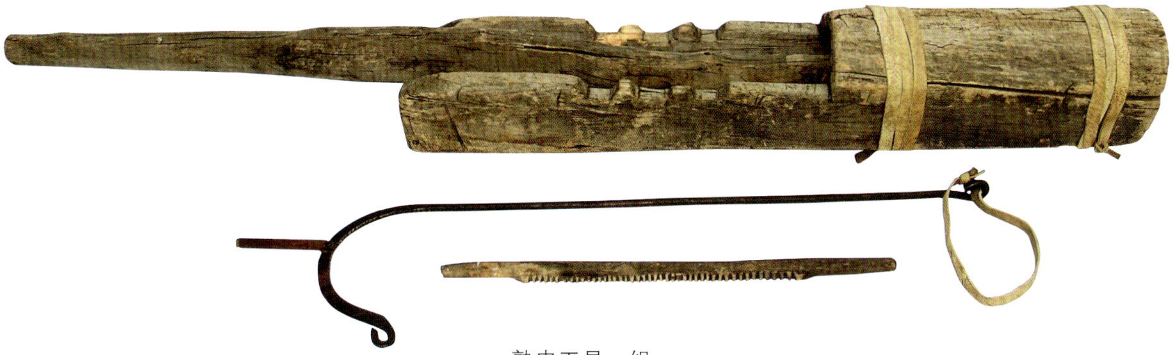

熟皮工具一组

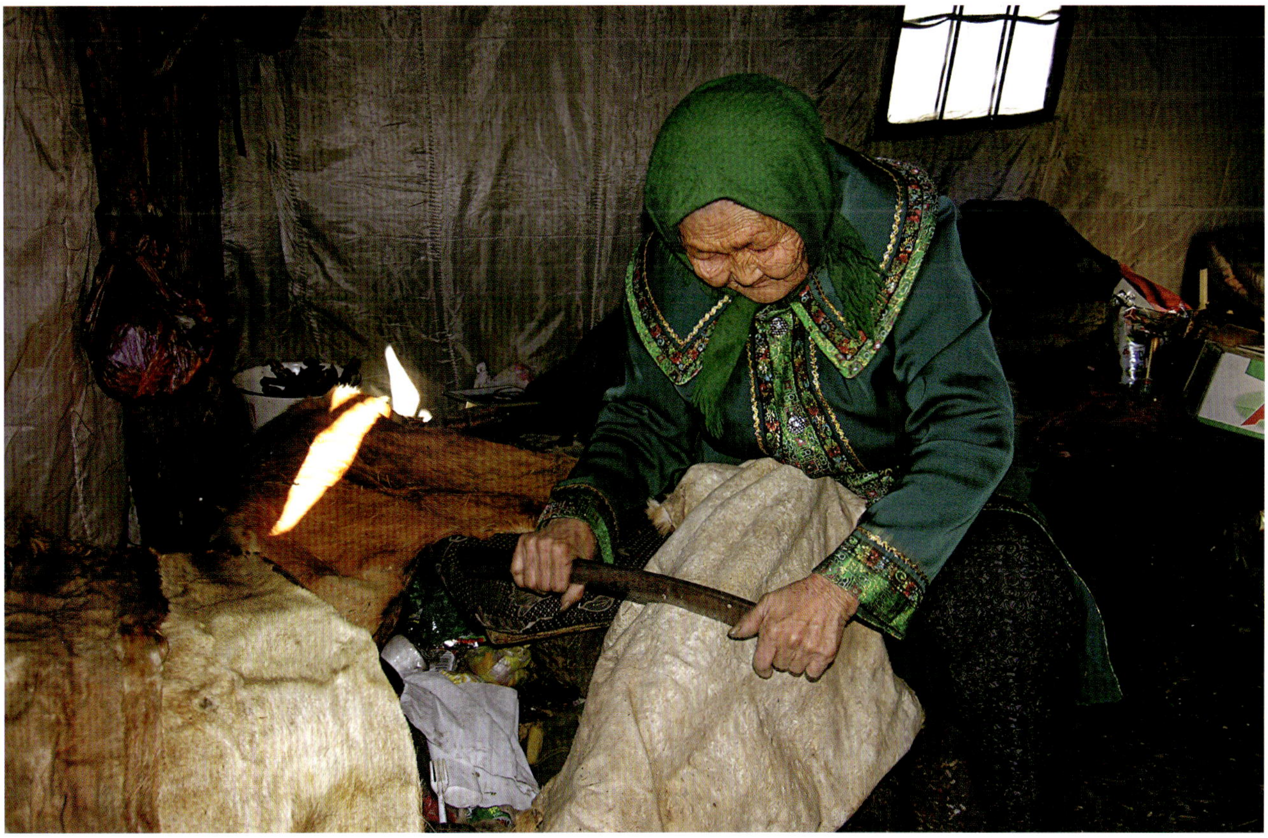

熟皮的鄂温克妇女

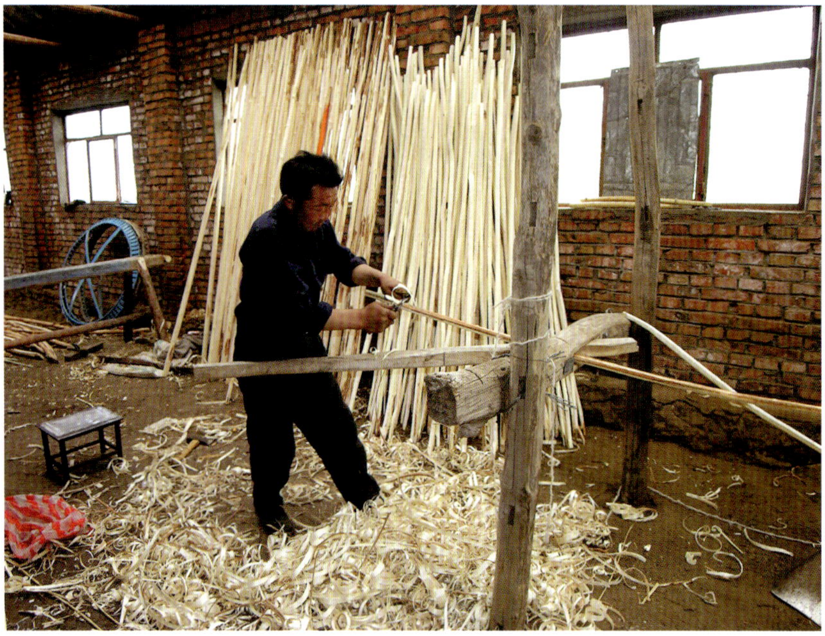

制作鄂温克包的哈那

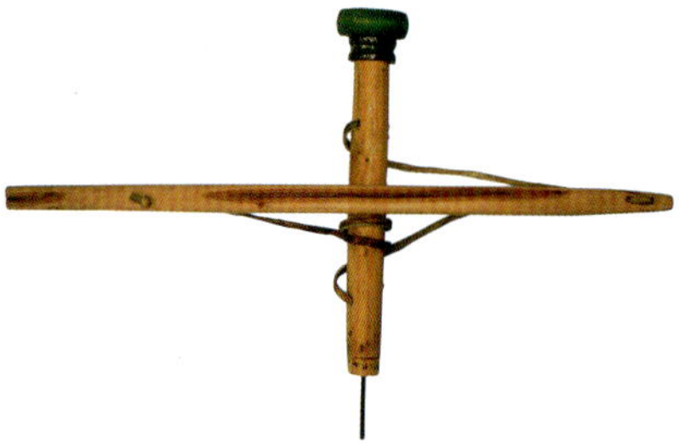

木钻　长66cm 高42.5cm

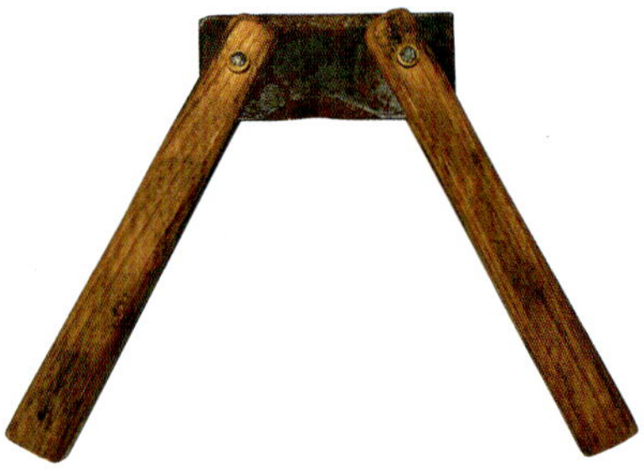

削木工具

木把18cm 铁刀长9.5cm 宽4cm

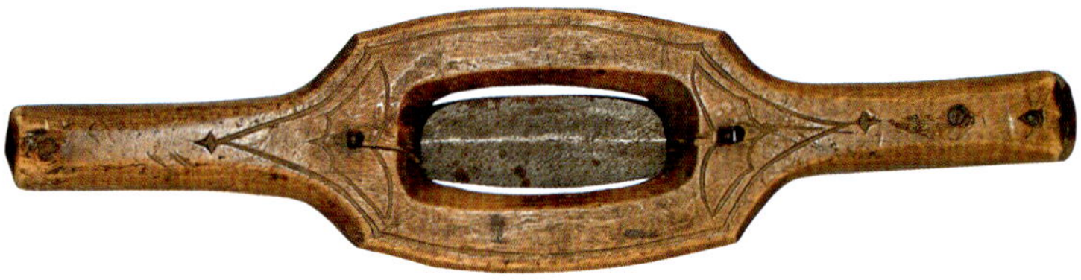

刨子　把长20cm 铁刀长8cm 宽4cm

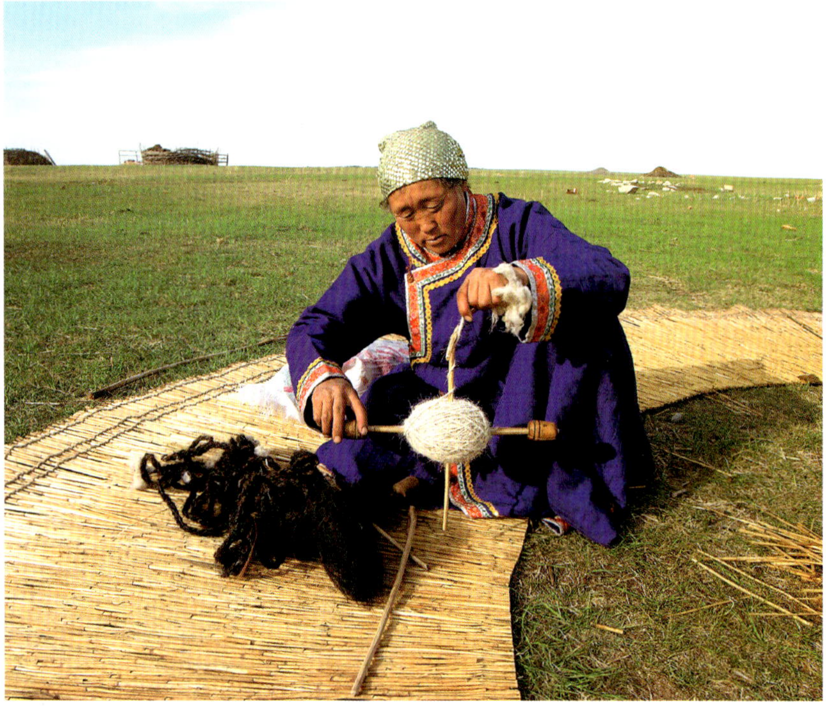

纺羊毛线

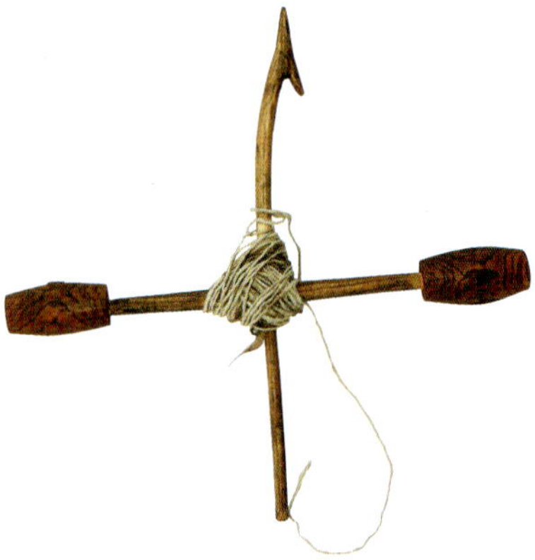

纺羊毛线工具

竖杆30cm 横杆25cm

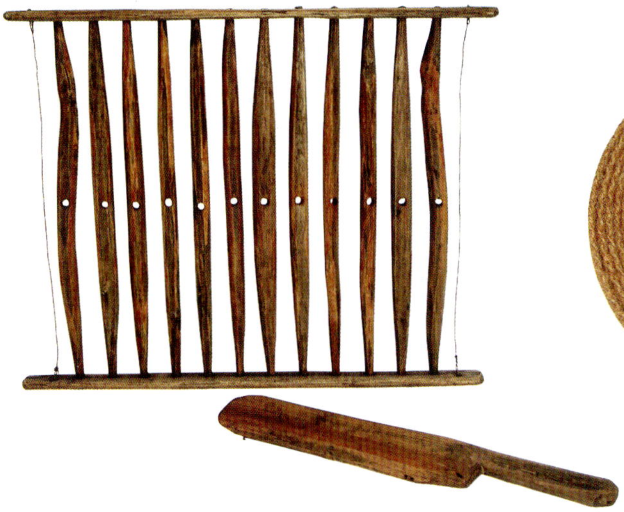

毛编织带工具

长53cm 高42cm

刀长42cm 宽8.5cm

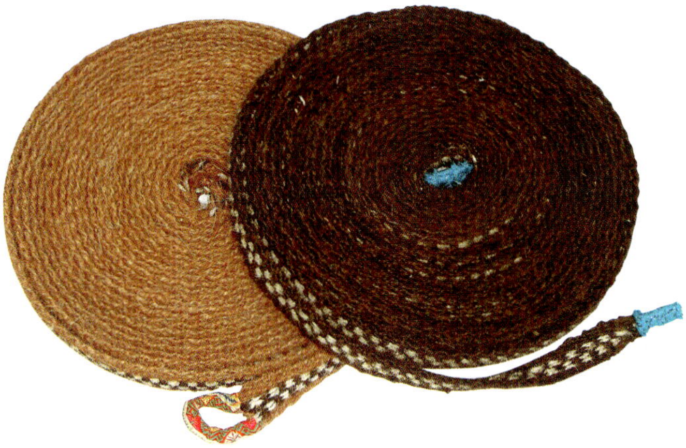

毛编织带 长1620cm 宽4cm

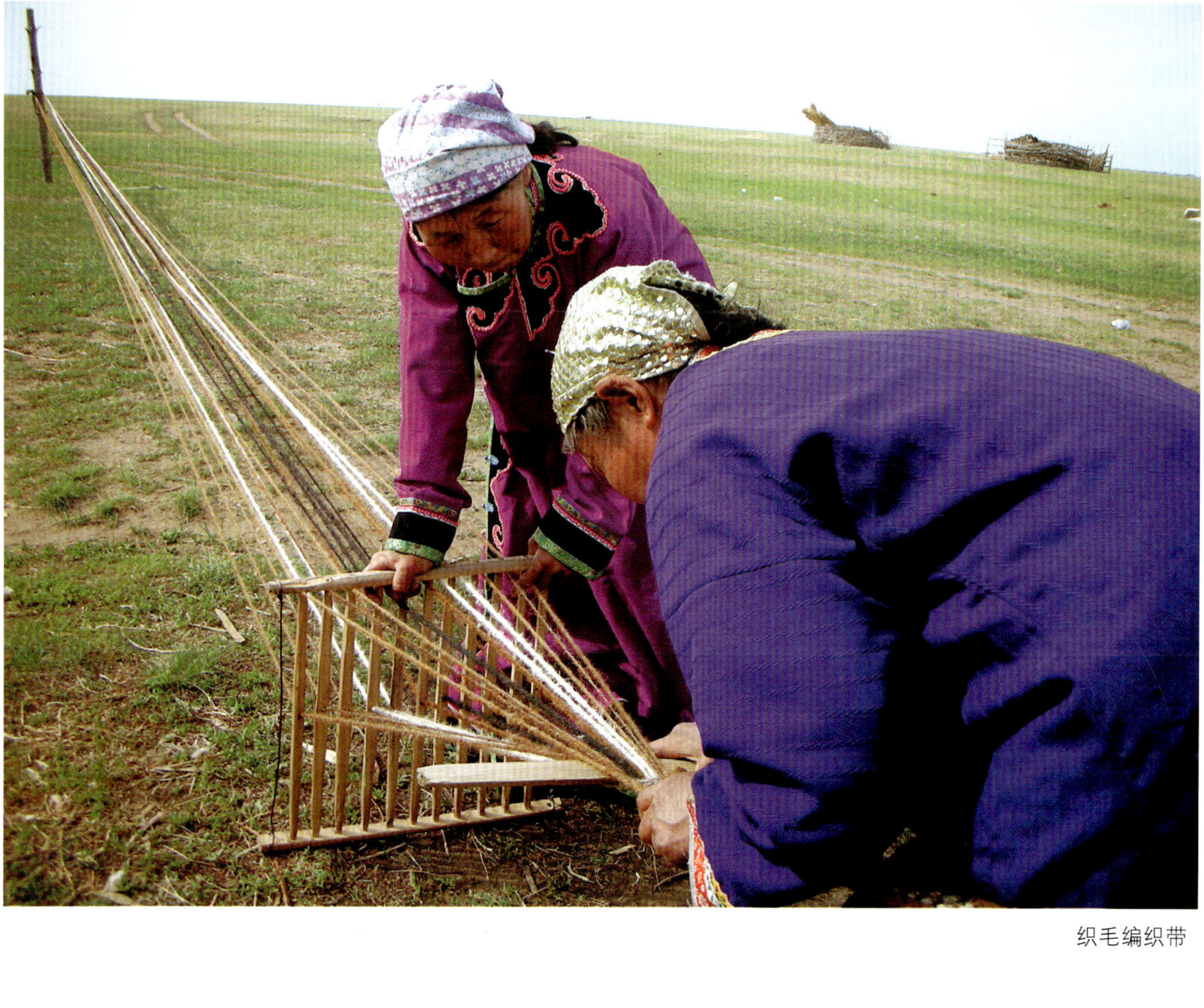

织毛编织带

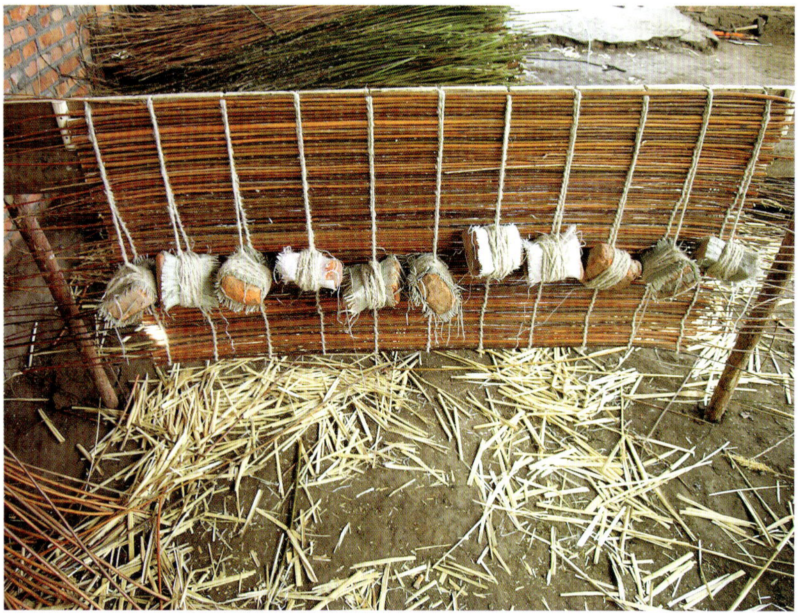

编柳条帘

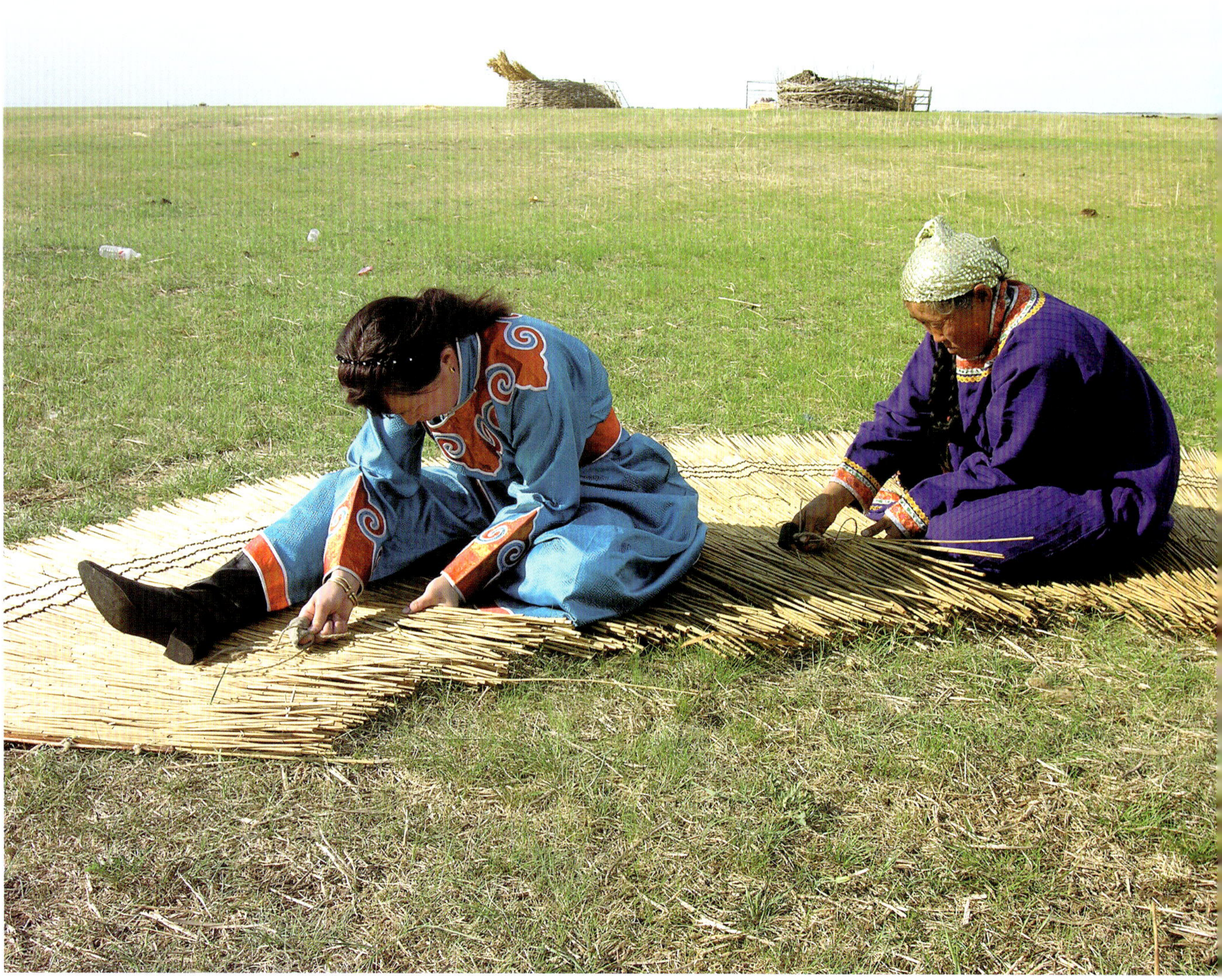

编苇帘

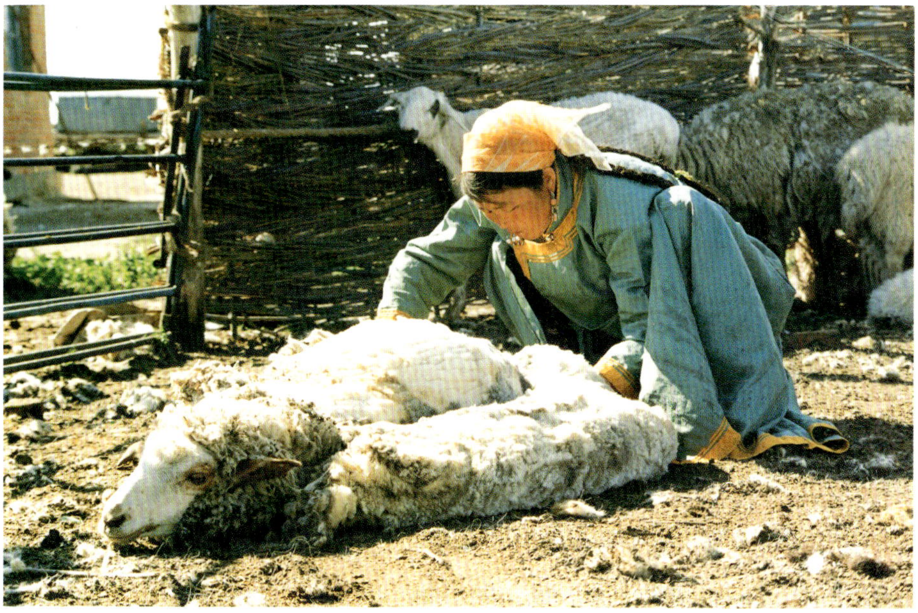

剪羊毛

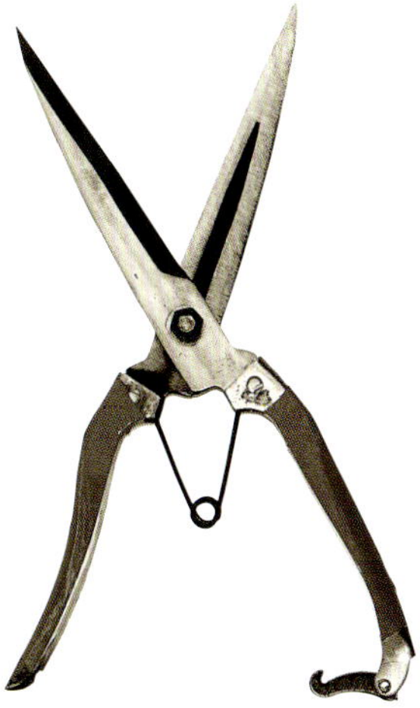

羊毛剪 长30cm 宽5cm

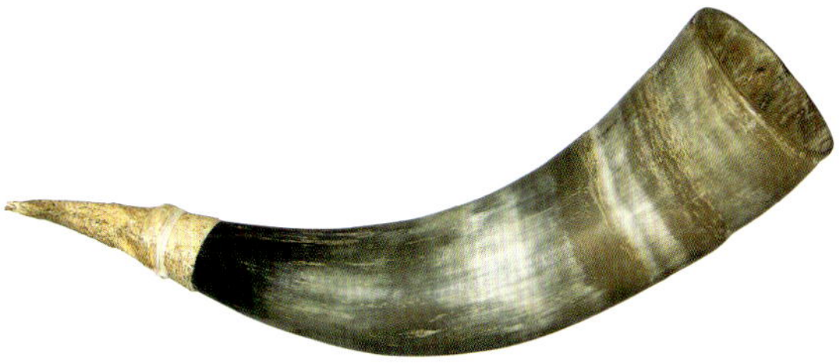

牛角哺乳器 长20cm 直径5cm

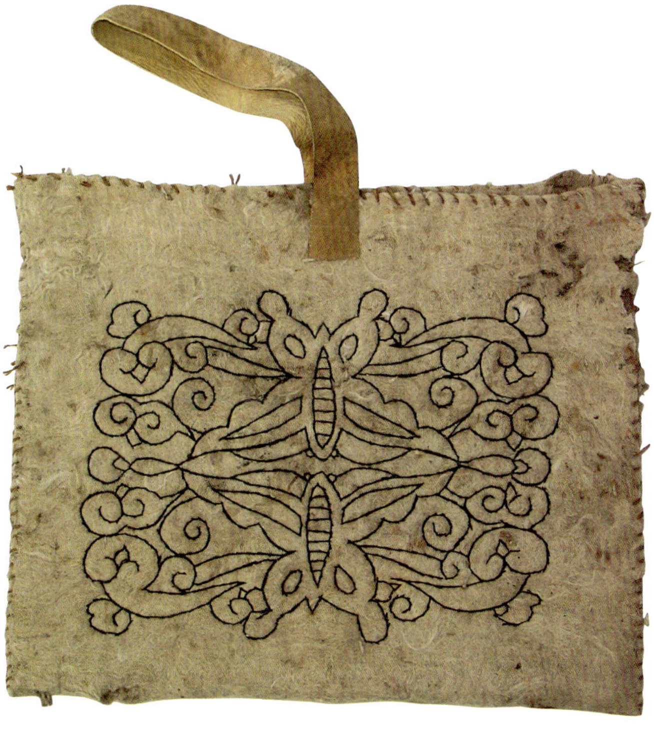

刺绣蝴蝶图案毡接羔袋 长48cm 高41cm

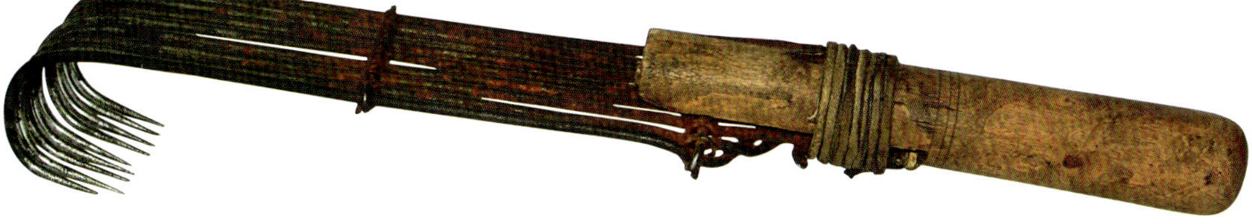

羊绒挠子 长40cm 宽7cm

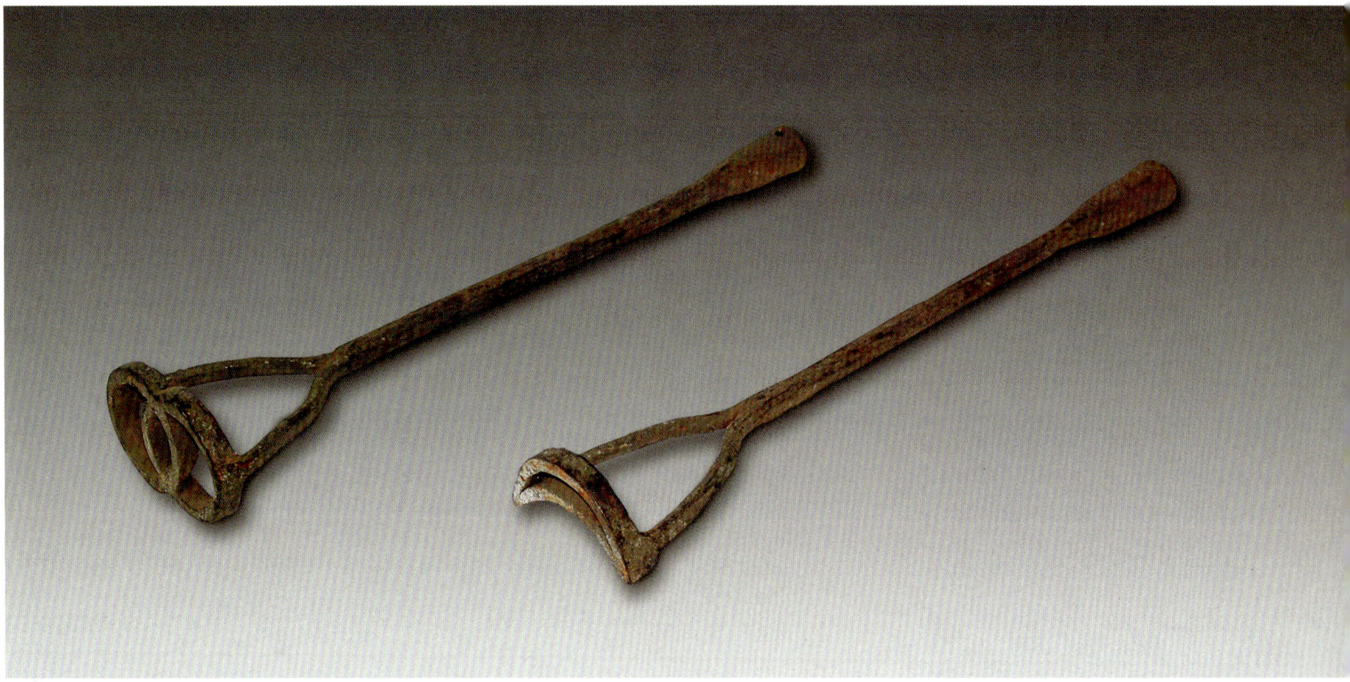

马烙印　杆长45.5cm　印径8.5cm

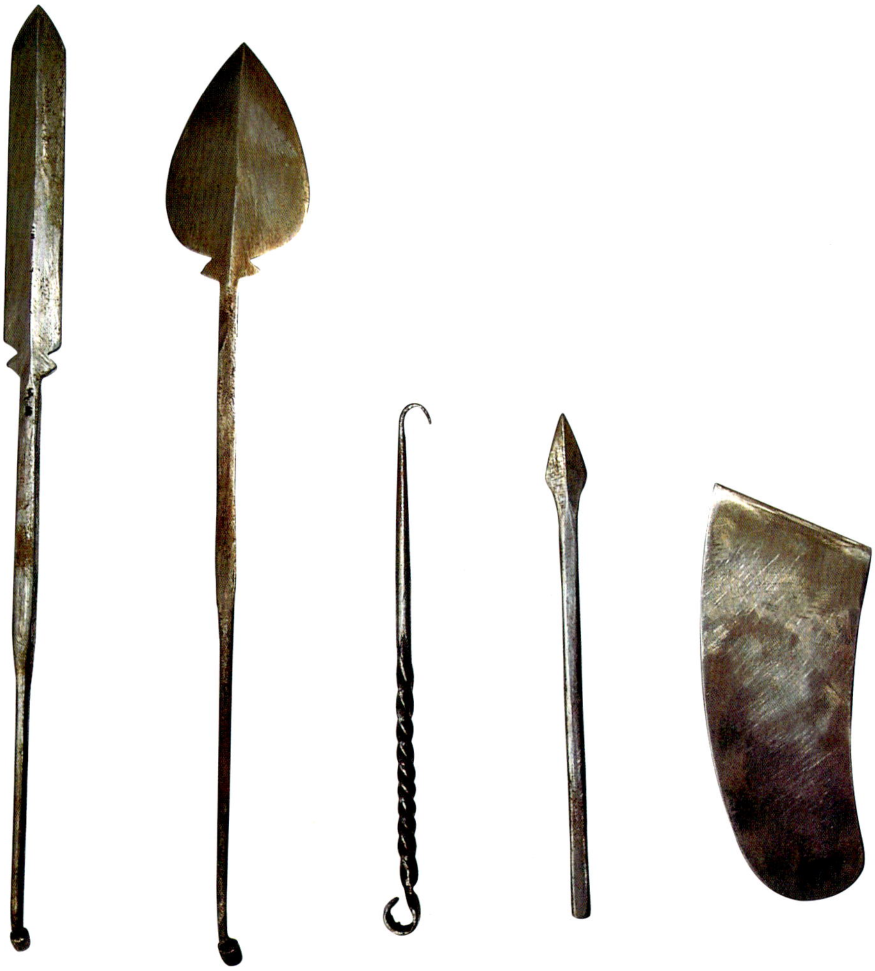

兽医用具

为病畜放血、去势、针灸等。

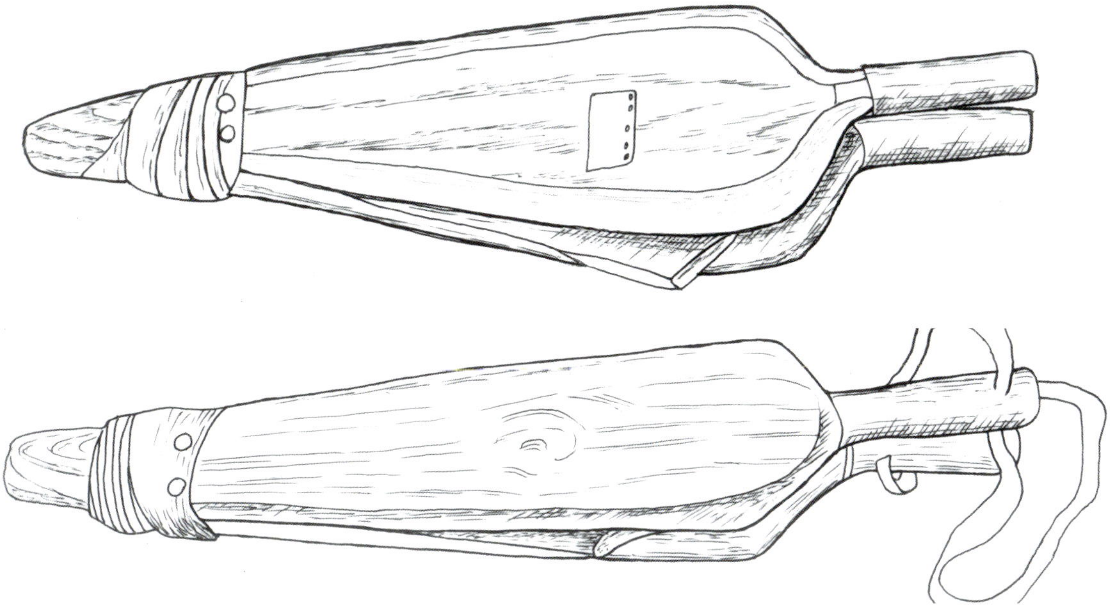

风囊　长62cm 宽15cm 柄长10cm

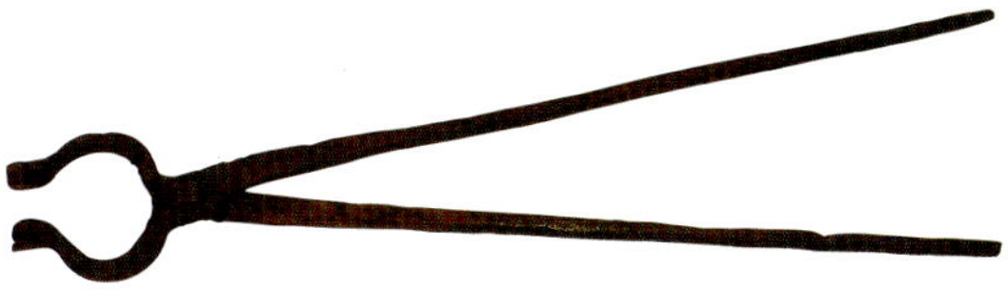

锻铁工具——钳子

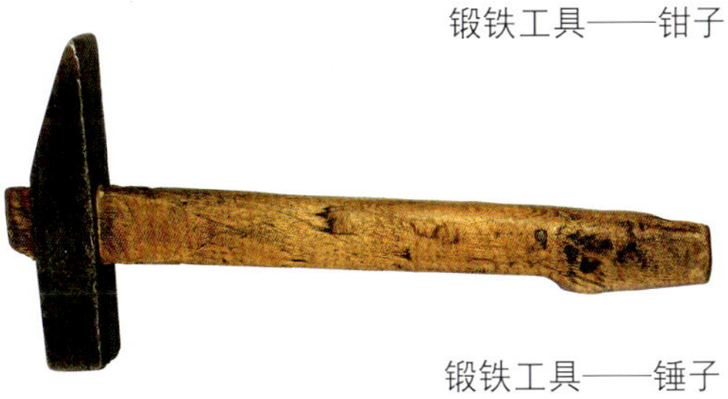

锻铁工具——锤子

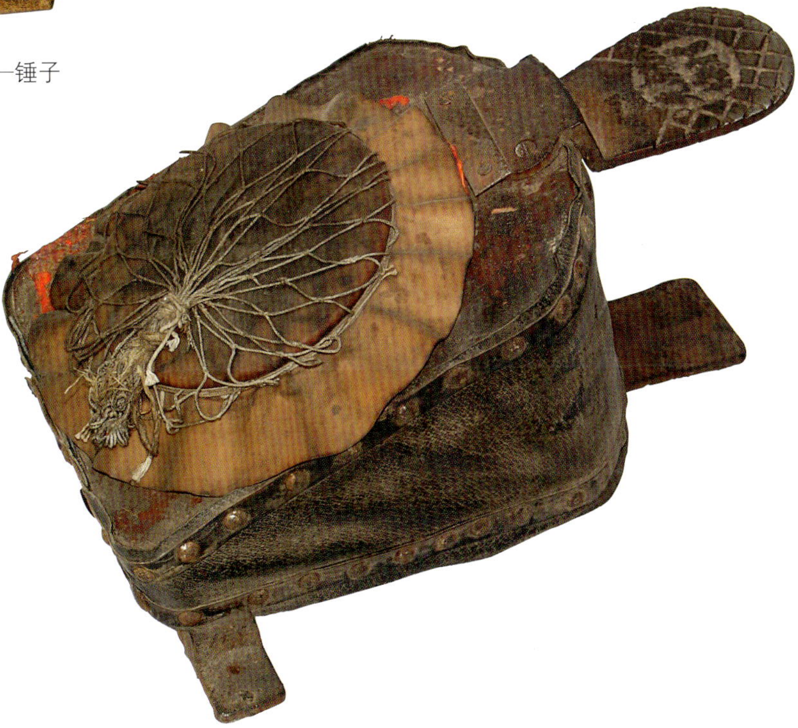

锻铁工具——风囊　长39cm 宽19cm

农耕工具——犁 锄头 镐头 镰刀

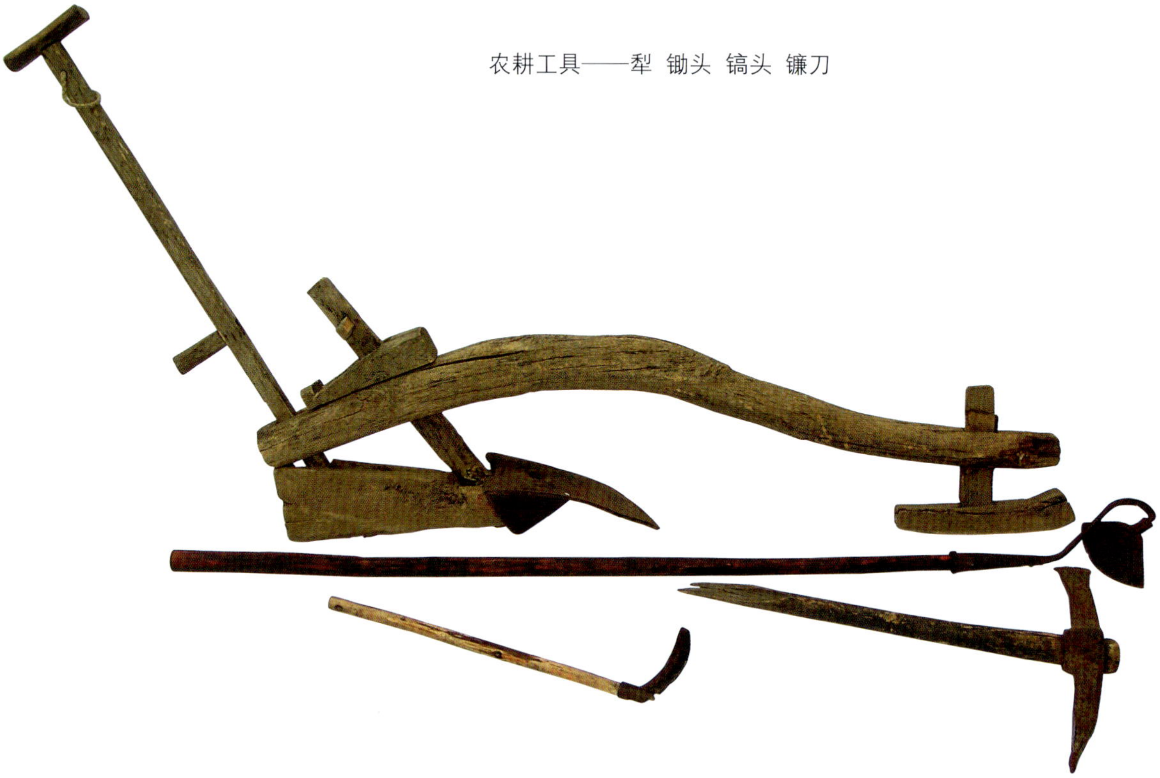

木工工具——锯 锛 刨子 斧子

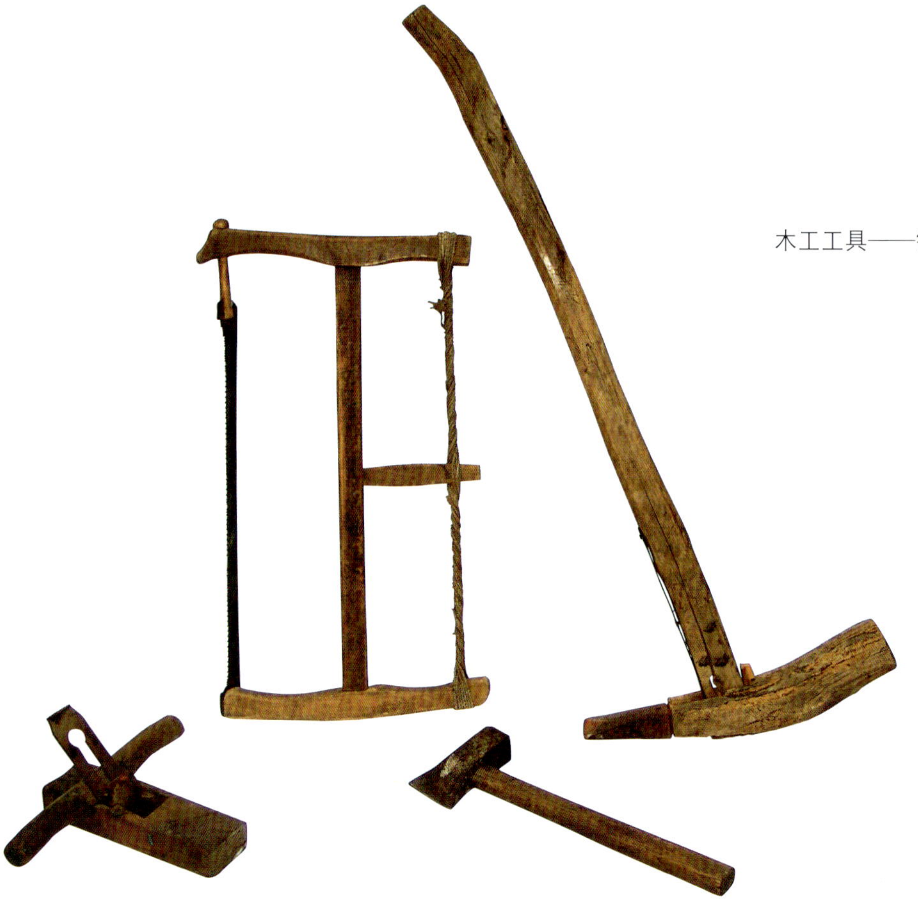

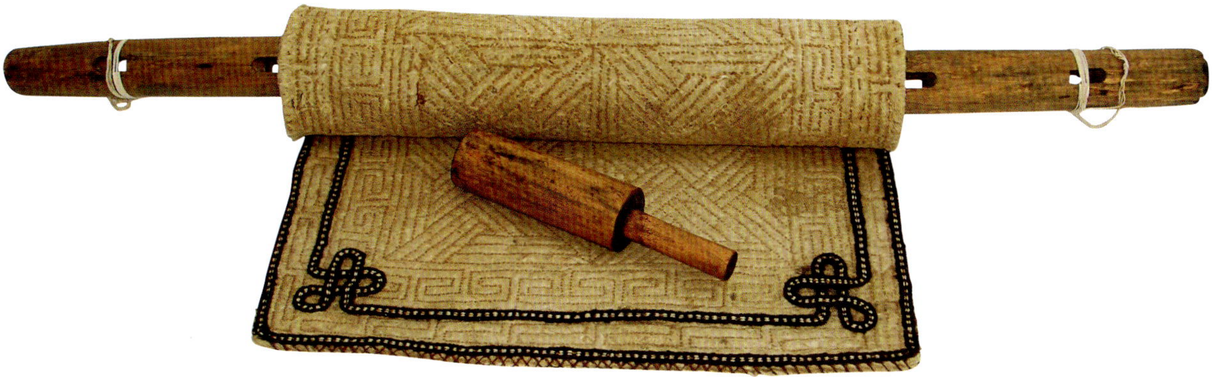

制毡工具　长180cm 直径8cm

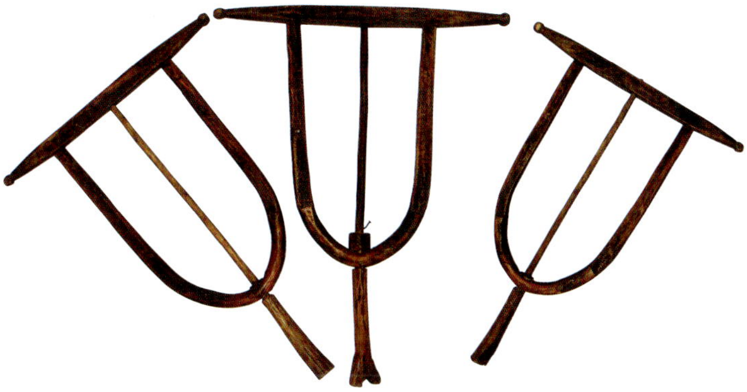

搓绳工具

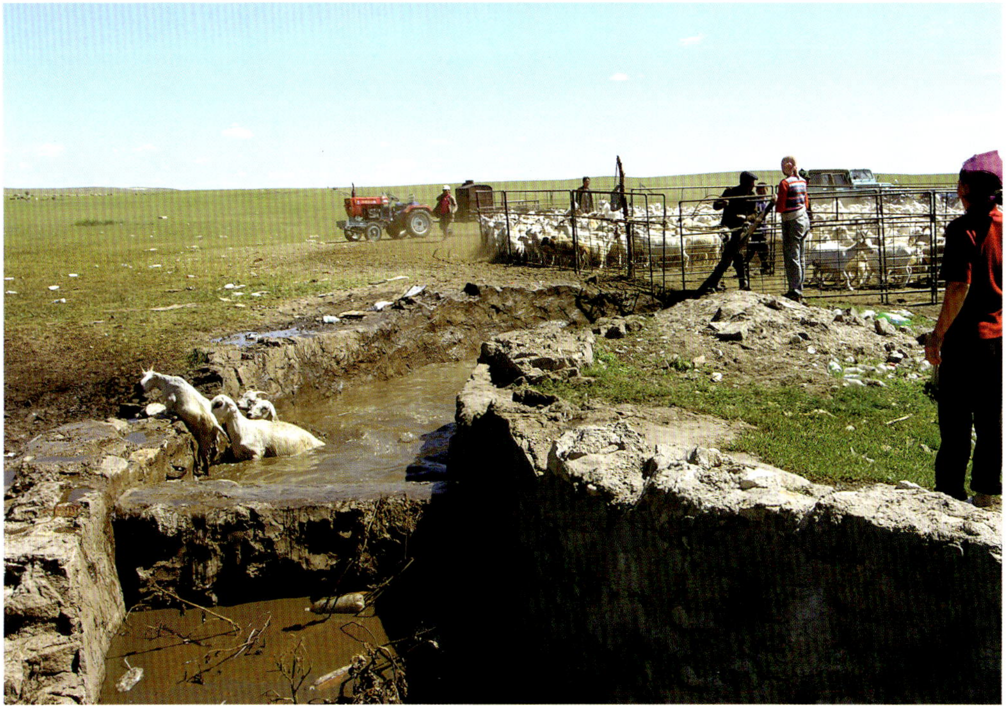

秋季给羊群药浴，防止疾病发生

婚丧嫁娶 HUNSANGJIAQU

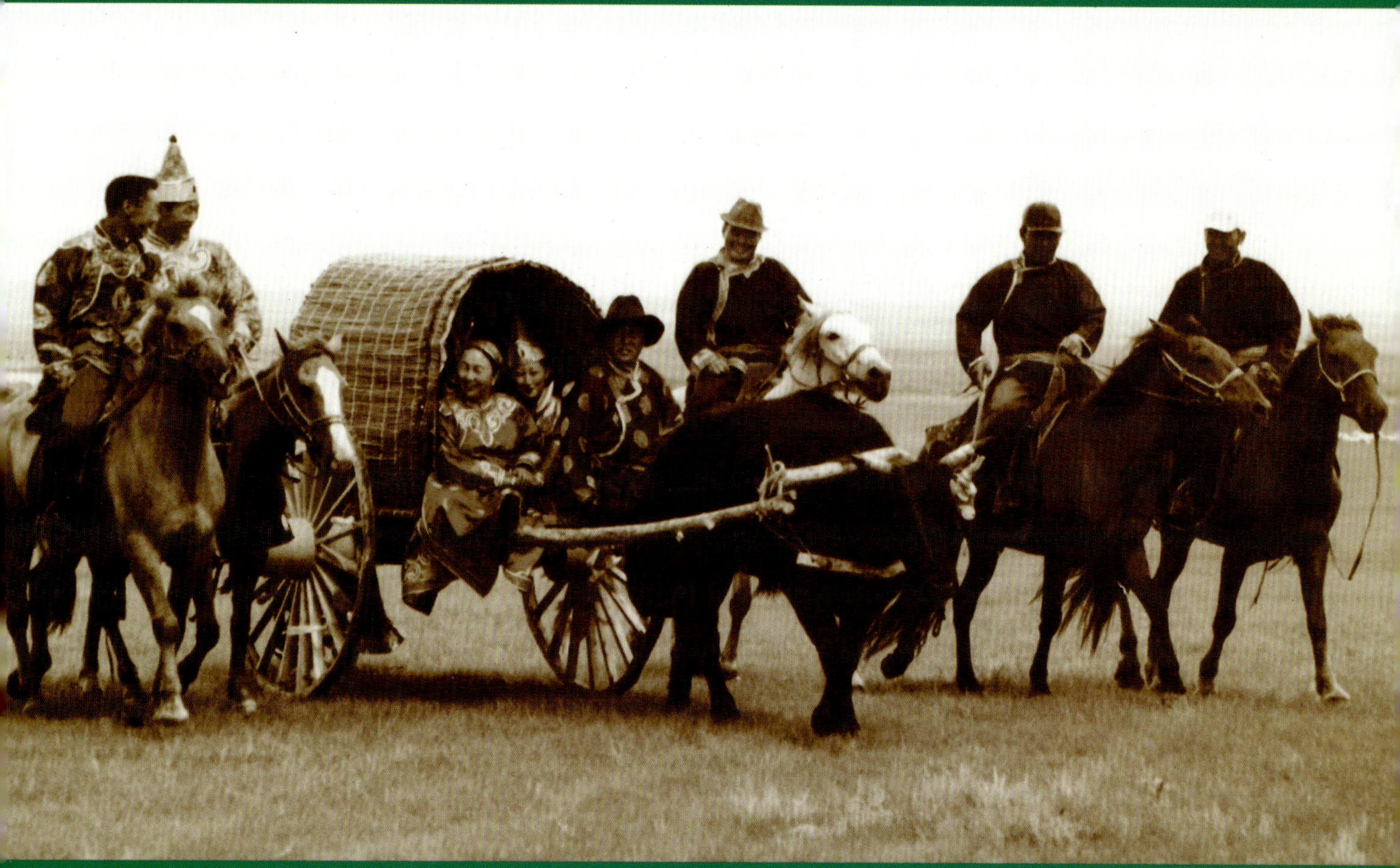

婚丧嫁娶

鄂温克族在漫长的历史发展过程中，形成了自己民族的生活方式和风俗习惯，有其独特的婚俗及丧葬习俗。

鄂温克族的婚姻，历来实行氏族外婚一夫一妻制，同姓之间和氏族内部严禁结婚，婚姻多由父母包办。婚姻的程序大致分为议婚、订婚、结婚三个阶段。议婚，通常是男方选一位媒人到女方家中提亲。提亲时，媒人要带一些酒水，说明来意后，给女方家长敬酒，如果对方喝了，说明亲事说妥了。接下来是订婚，男方要带着置备好的东西，到女方家里，施以亲礼，这时要由女方家长定下结婚日期。订婚以后，男方要根据自家中的经济情况，向女方家赠送一些金、银、牲畜（多是驯鹿或羊）、灰鼠皮张和酒等彩礼。婚礼的形式，鄂温克族三个部落有所不同。使鹿鄂温克人在快到结婚的日子时，男方乌力楞（家庭氏族）要搬到女方乌力楞附近的地方。结婚这天，新郎在自己父母和全乌力楞人员的陪同下，列着长队去女方家里，走在最前边的是一位拿着神像的男性老人，其次是新郎、伴郎、新郎父母、媒人和乌力楞的其他人员，最后是牵驯鹿的人。女方也派出同样的队伍，按约定好的时间前来迎接，两队相遇之后，新郎和新娘首先要亲吻神像，然后二人拥抱亲吻并互赠信物。然后在男方牵来的驯鹿中，各自挑选一匹最好的按顺时针方向牵着围绕女方的“仙仁柱”走三圈。最后，大家到“仙仁柱”中参加宴会。宴会后，新郎留在女方家度过初夜，第二天清早，带着新娘回家。住在农牧区的鄂温克人，在举行婚礼时，当男方迎亲到女方乌力楞之后，由一位德高望重的长者，用一只桦皮碗斟满酒，交给新郎新娘，洒到火堆上敬献火神。然后新郎新娘再给双方父母斟酒，接着新郎新娘拥抱互吻，最后和大家一起手拉手按顺时针方向载歌载舞，直到深夜。新郎在新娘家度过初夜，第二天带着新娘回到家里，拜过火神、祖先神之后，新娘成为男方家庭中的成员。在陈巴尔虎莫勒格尔河流域居住的鄂温克人中，还有逃婚的习俗，恋爱双方商定结婚日期后，男方回家告诉父母，父母先为之搭一新“斡日阔柱”（鄂温克包），并请一位老妇女在里面守着。结婚之日，男女双方先约好相会地点，到了夜间，姑娘就偷偷从家里逃出，到约定地点与男子骑马逃到新搭的“斡日阔柱”内。由老妇女把姑娘的八根小辫改成两根大辫，表示她已经成为少妇了。天亮前，他们共同到父母的包里拜火神和祖先神。同时，男方还要派两个人到女方家的祖先神前献上“哈达”叩头，并给女方父母斟酒，说好话，直到女方父母把酒喝了，表示同意为止。

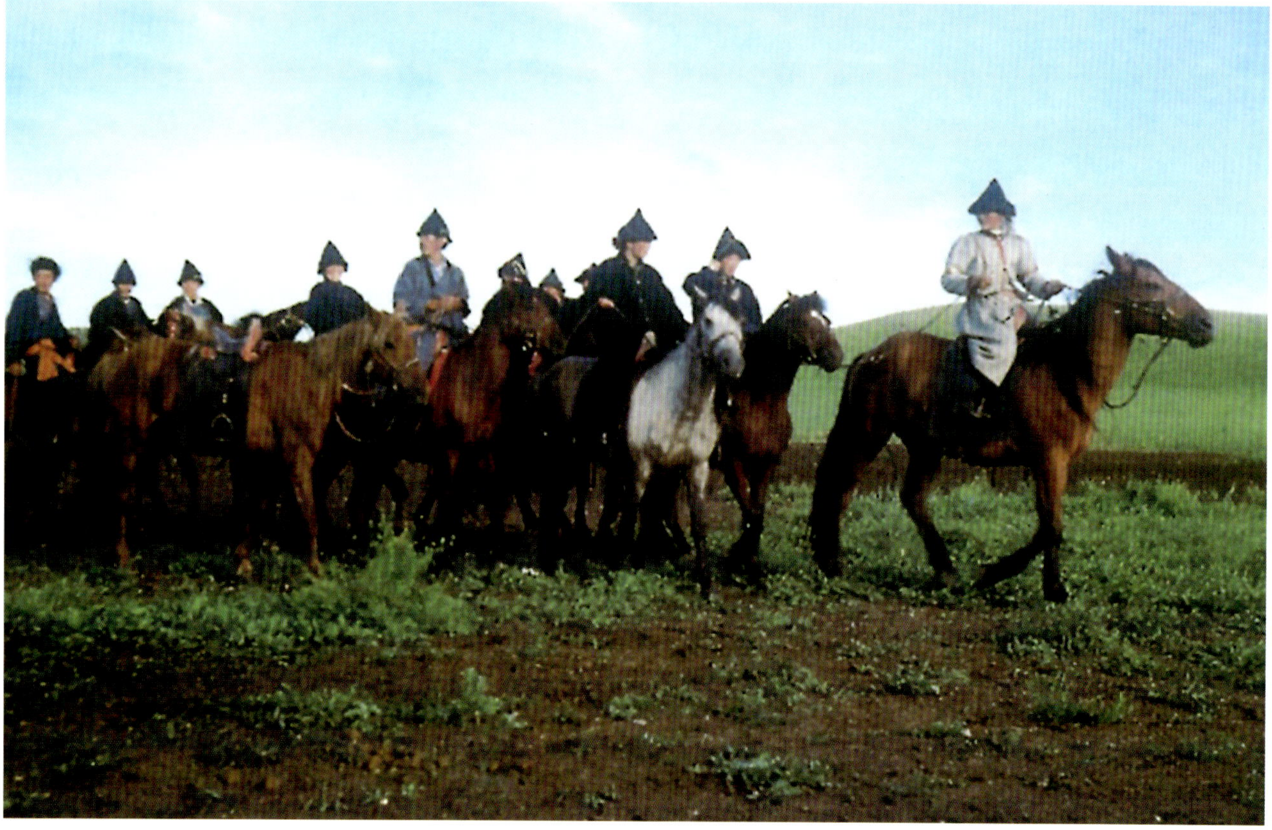

通古斯鄂温克婚礼迎亲马队

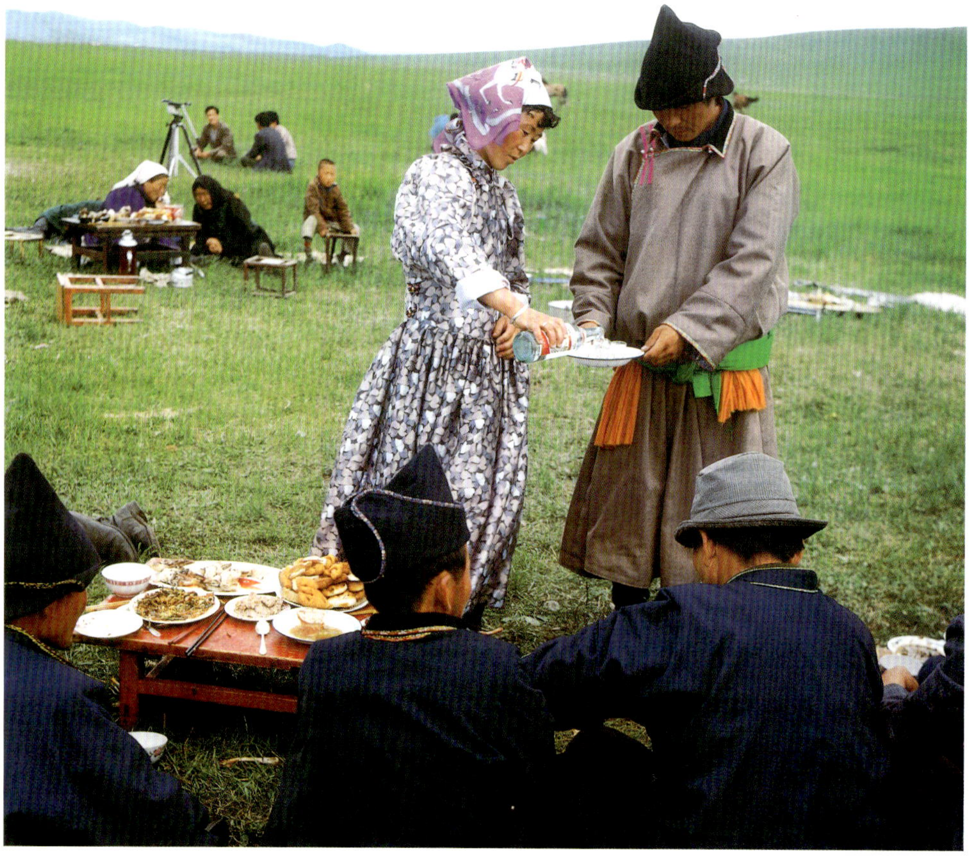

通古斯鄂温克婚礼

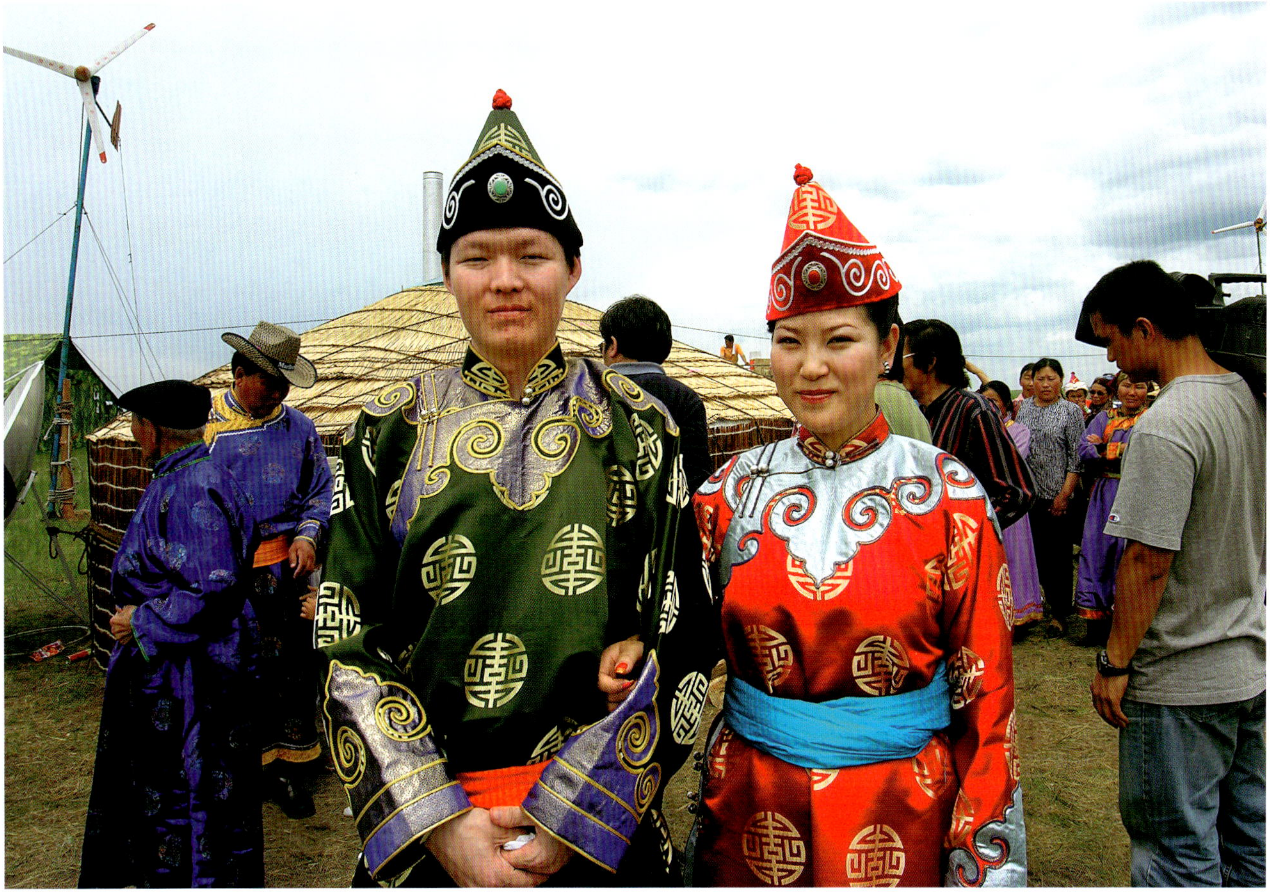

鄂温克族新婚夫妇

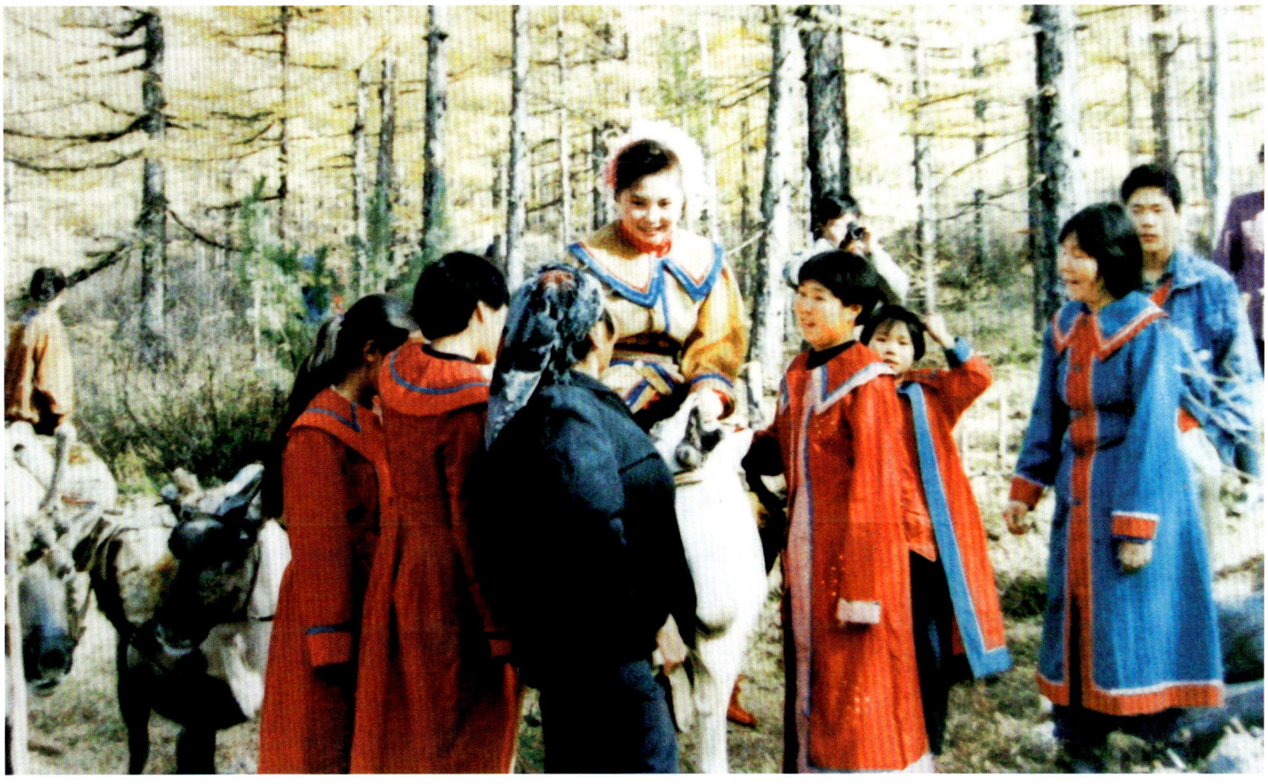

使鹿鄂温克婚礼送亲队伍

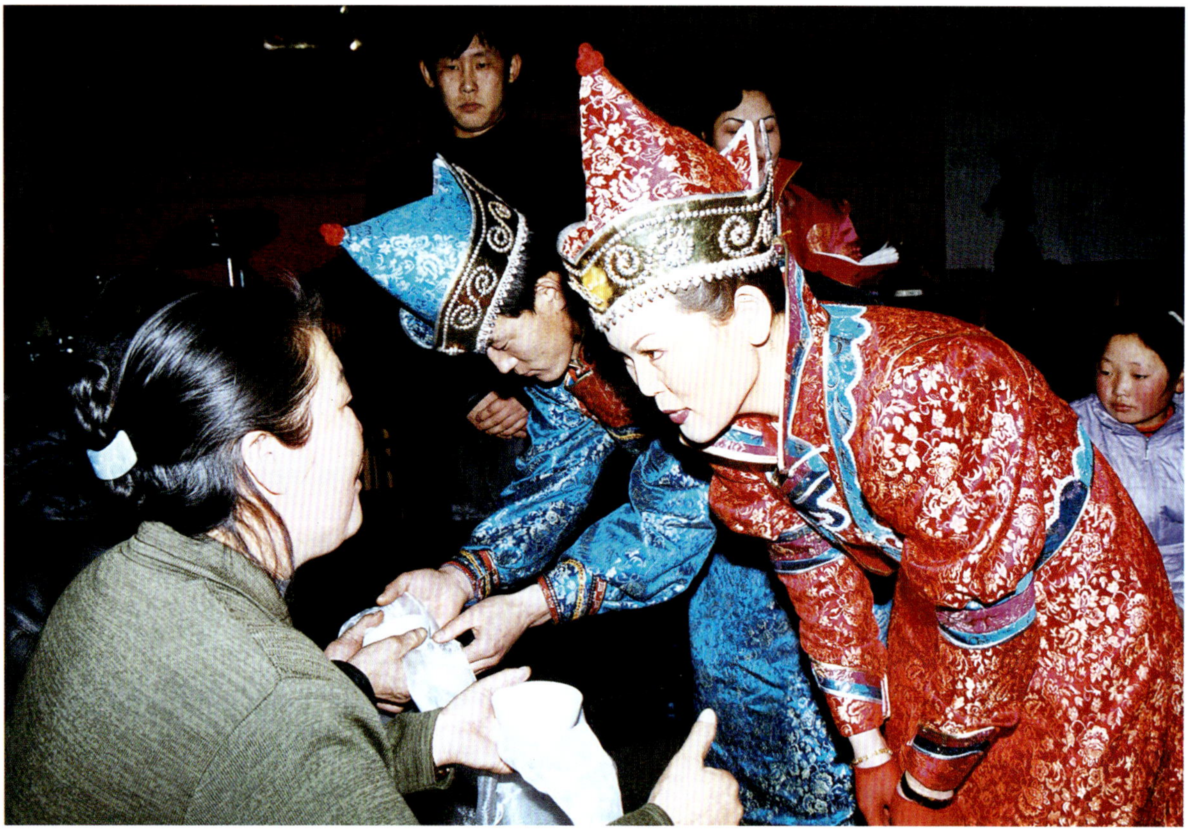

牧区鄂温克婚礼上新郎、新娘向长辈敬酒

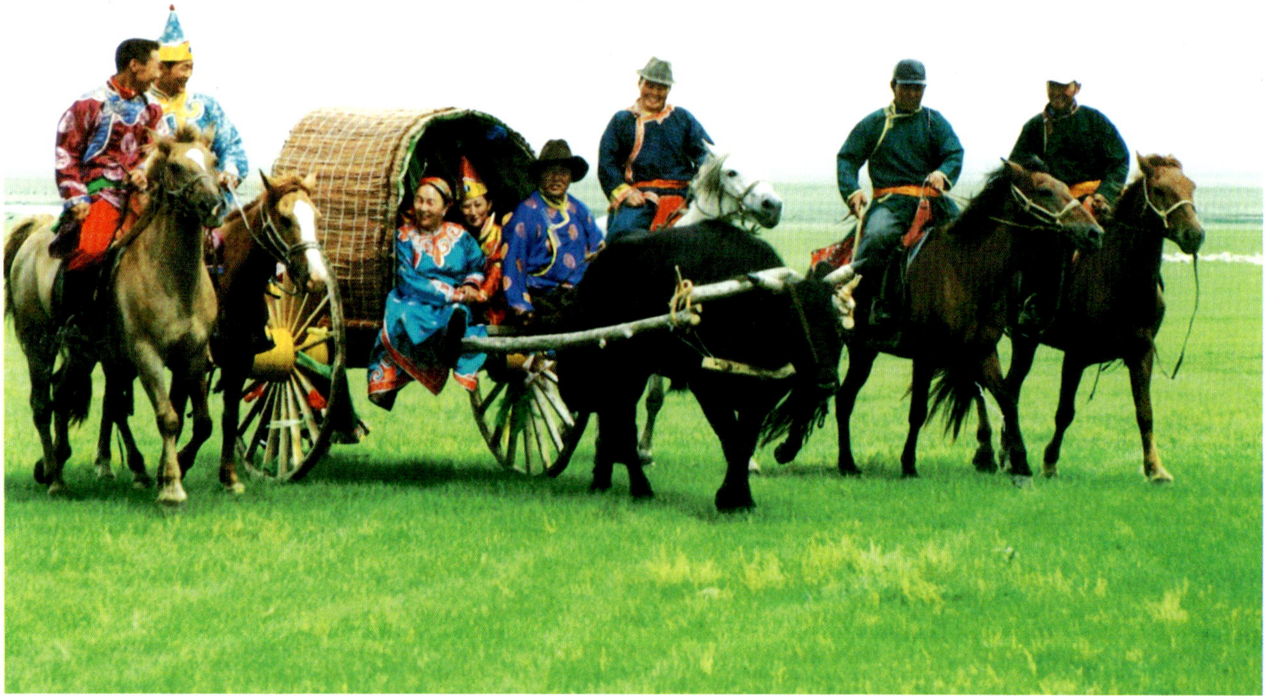

牧区鄂温克人送亲队伍

丧葬

鄂温克族的丧葬形式主要有两种，树葬（又称天葬、风葬）和土葬。

树葬 即在树林中选择四棵近于直角的大树，利用树的枝杈担上木杆，然后用树的枝条铺成平铺，将尸体按照头北脚南的方向置于上面，再在死者身上盖些树的枝叶。也有在人死后，用木棺装殓，然后在旷野处选一处地，支一个近2米高的架子，将棺悬于架上。待三年之后，取下焚烧。

土葬 即将尸体置于棺内，然后再下葬坑中。另一方法是先掘好坑穴，然后在坑的四壁围上编好的柳条笆，或紧密地钉上细木杆，坑底垫以枝条，将尸体用桦树皮裹好后放入坑中，然后在上面盖好木杆和枝叶，再填土埋葬。

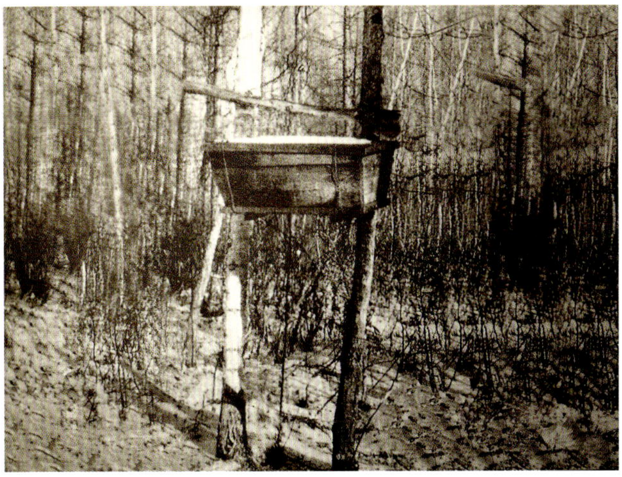

天葬、树葬

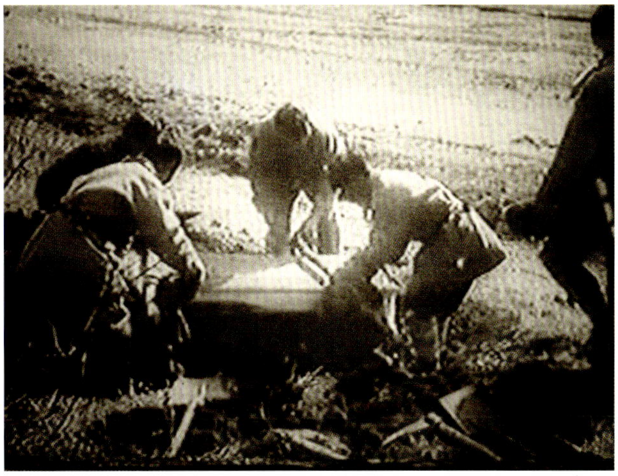

土葬

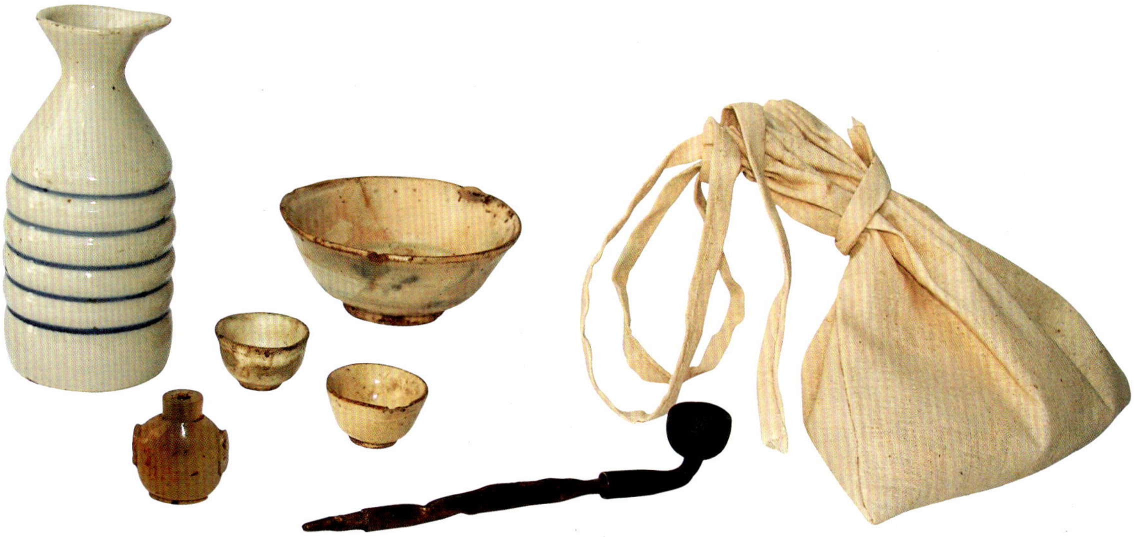

男子丧葬物品 酒壶、酒杯、鼻烟壶、烟袋、装五谷杂粮的口袋。

文 化 娱 乐 WENHUAYULE

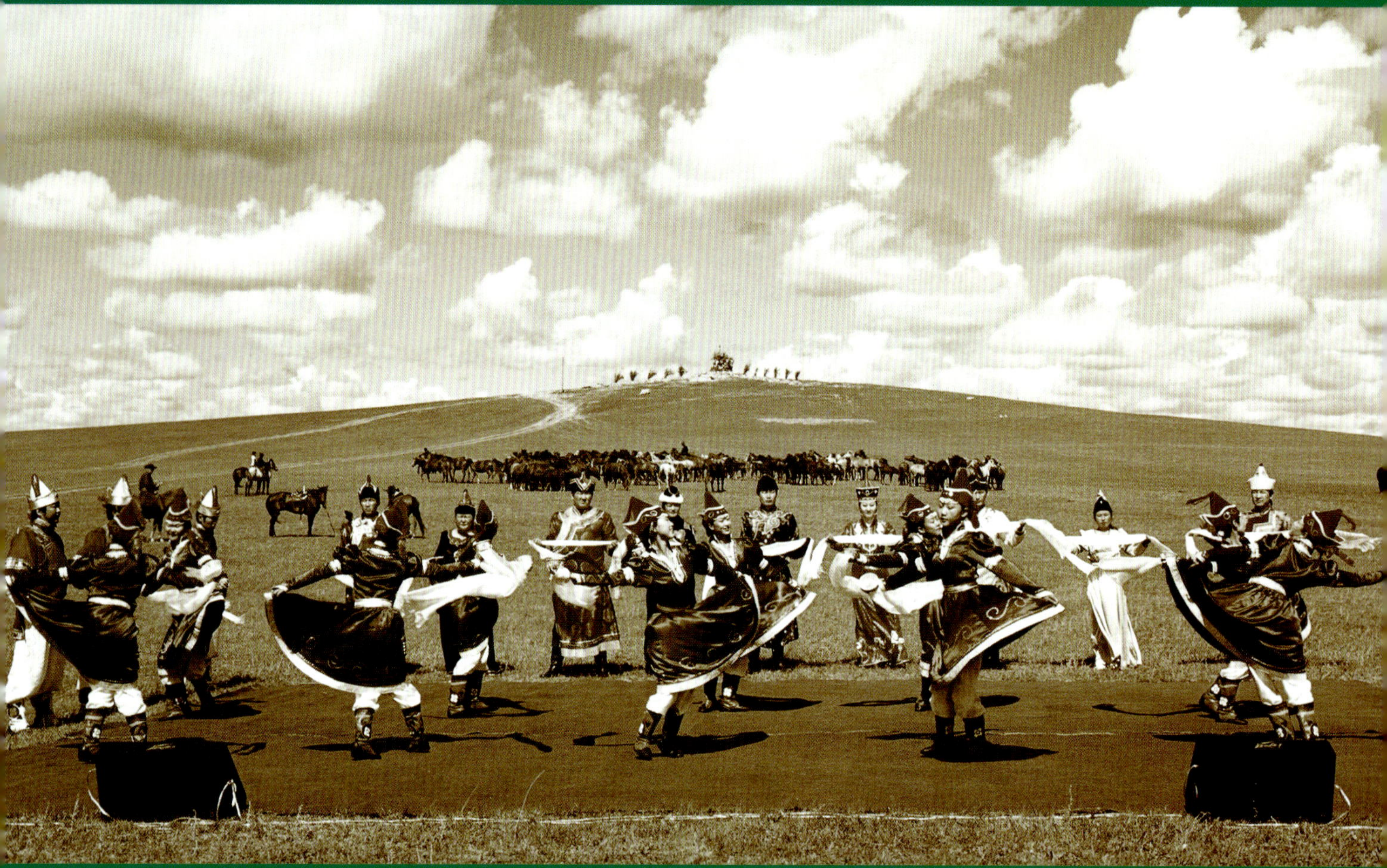

文化娱乐

鄂温克族人民在长期的生产生活中形成了具有森林和草原特色的传统文化艺术，以及摔跤、射箭、赛马、抢枢、抢银碗、扳棍等文体活动；有绘画、刺绣、剪纸、雕刻等工艺美术，还有丰富多彩的民间歌曲、舞蹈、谚语、谜语、故事、传说、神话等，这些都是鄂温克族人民智慧的结晶，也是珍贵的文化遗产，它反映了鄂温克族人民的生产生活方式，也反映了鄂温克族人民的思想情感。

鄂温克族的民间歌曲，曲调悠扬豪放，既有对家乡山水和英雄人物的歌颂，也有对爱情及美好生活的向往，非常优美动听。鄂温克人的舞蹈多为群舞，节奏性很强，舞姿活泼，矫健有力，边舞边唱，极具感染力。鄂温克人还用口弦琴等乐器伴奏来抒发情怀。

鄂温克族的文体活动也很丰富多彩。在草原上婚礼、瑟宾节、“米阔鲁”节、那达慕都是开展文体活动的好时机，每到这时，摔跤、射箭、赛马、扳棍等比赛项目都会吸引周围十里八乡的人前来参加。而在这些项目中获胜的选手，也往往会受到大家的尊敬。

鄂温克族各部落都流传着大量的民间故事，传说，谚语，谜语等，这些是他们在漫长的生活实践中提炼出来的语言艺术结晶，并融汇着其智慧、经验以及做人的道理，所以能代代相传，在今天仍脍炙人口。

鄂温克族民间绘画、刺绣、剪纸、雕刻的水平也很高。绘画主要体现在宗教上。另外，皮毛画艺术也是鄂温克民族独有的。刺绣艺术在服饰和荷包上体现的较多。剪纸艺术最早是用桦树皮剪成各种动物的形状，供孩子玩。后来，才发展为用纸张剪成以对称和幅射状为主的纹样图案形式，雕刻艺术主要体现在驯鹿鞍上、桦树皮制品以及各种棋类和玩具上。

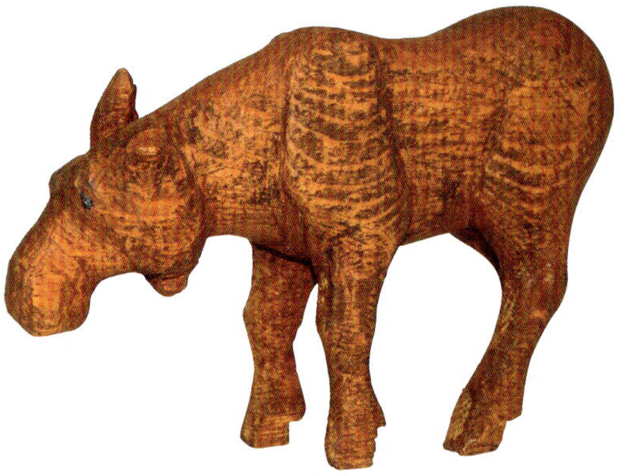

桦木雕玩具——犴　长16cm　高10cm

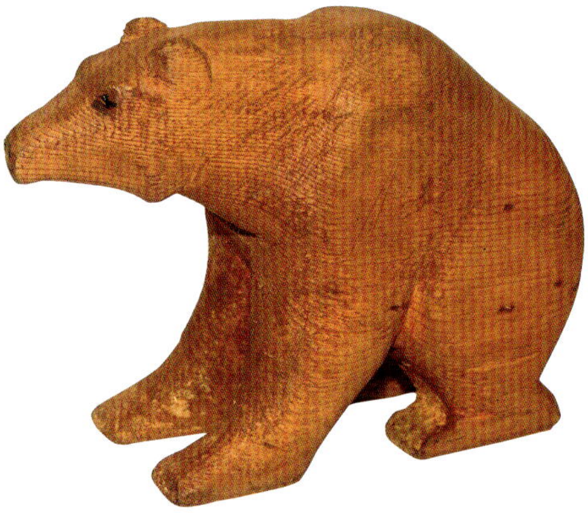

桦木雕玩具——熊　长11cm　高8.5cm

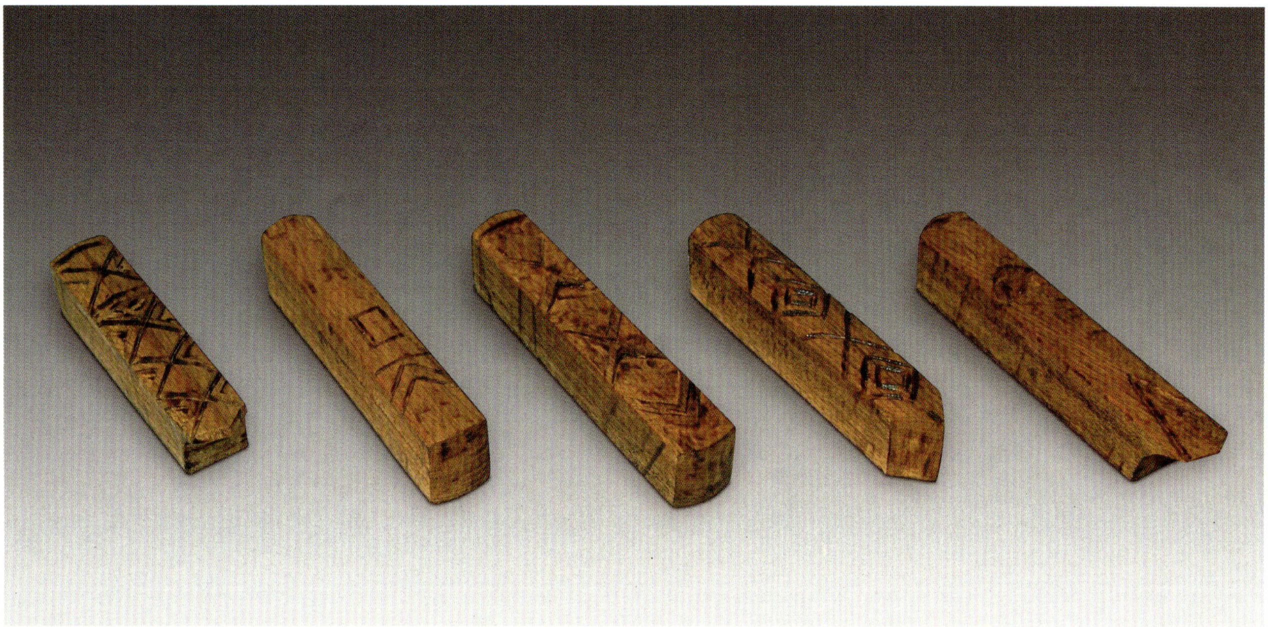

使鹿鄂温克柳木玩具　宽1.7cm　高2cm　长分别是7.7cm　8.3cm　8.5cm　9cm　9.4cm

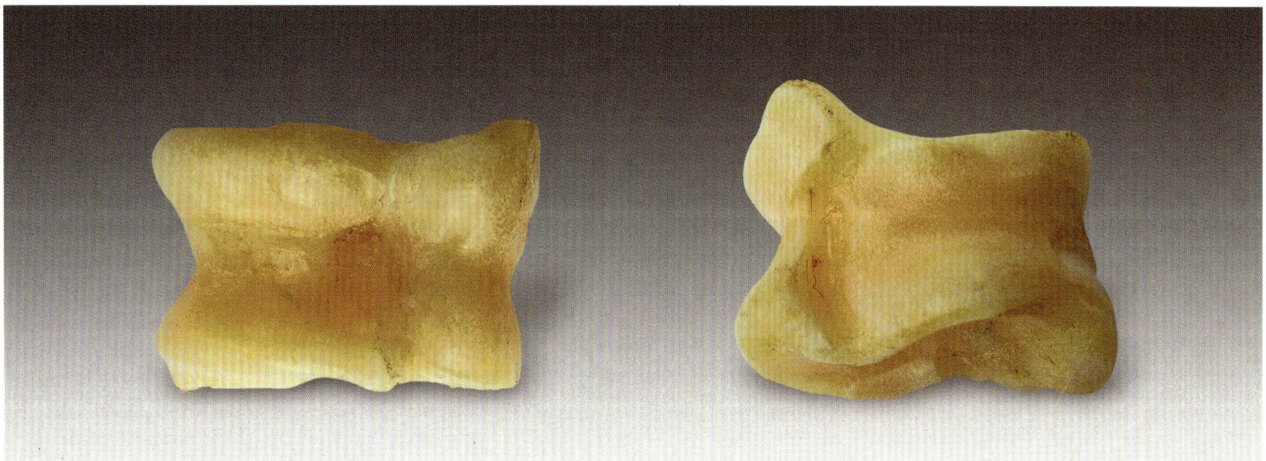

儿童玩具——嘎拉哈（羊踝骨）

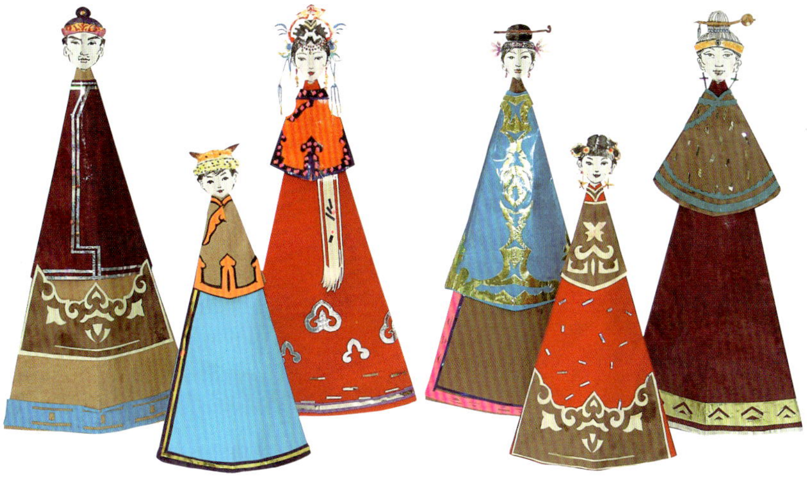

儿童纸偶玩具——阿尼卡

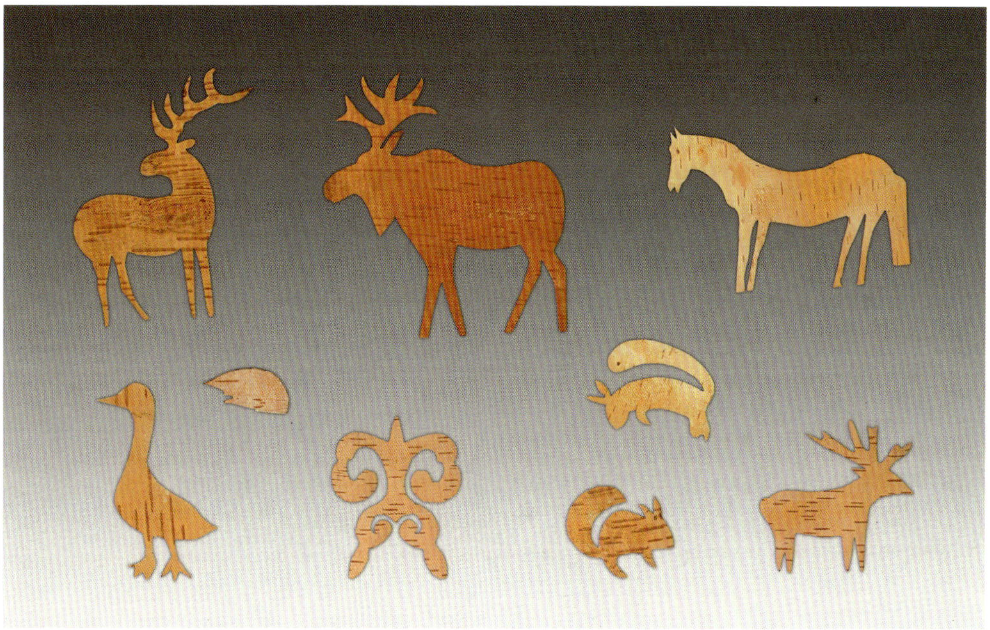

桦树皮剪贴画

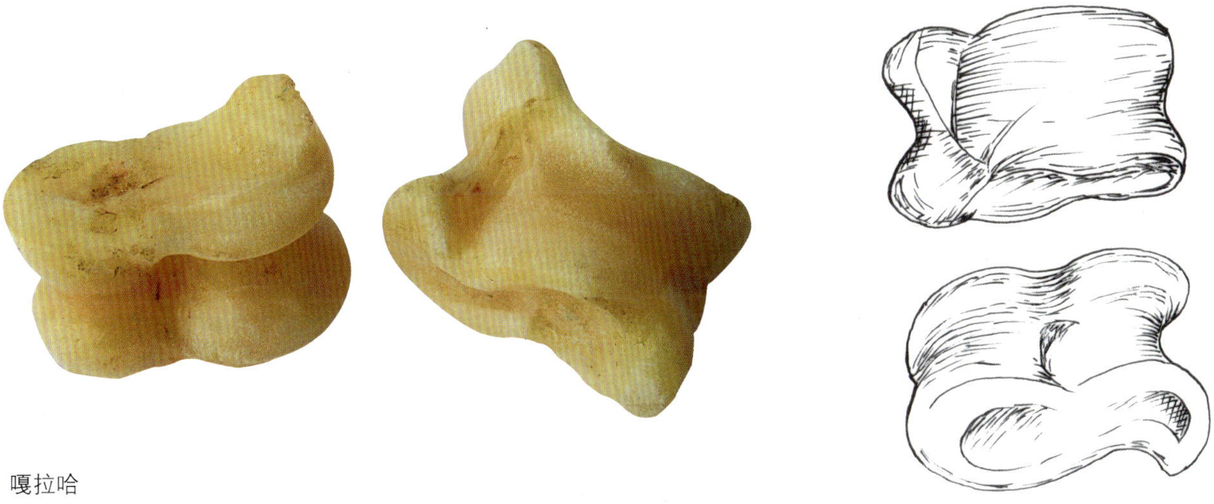

嘎拉哈

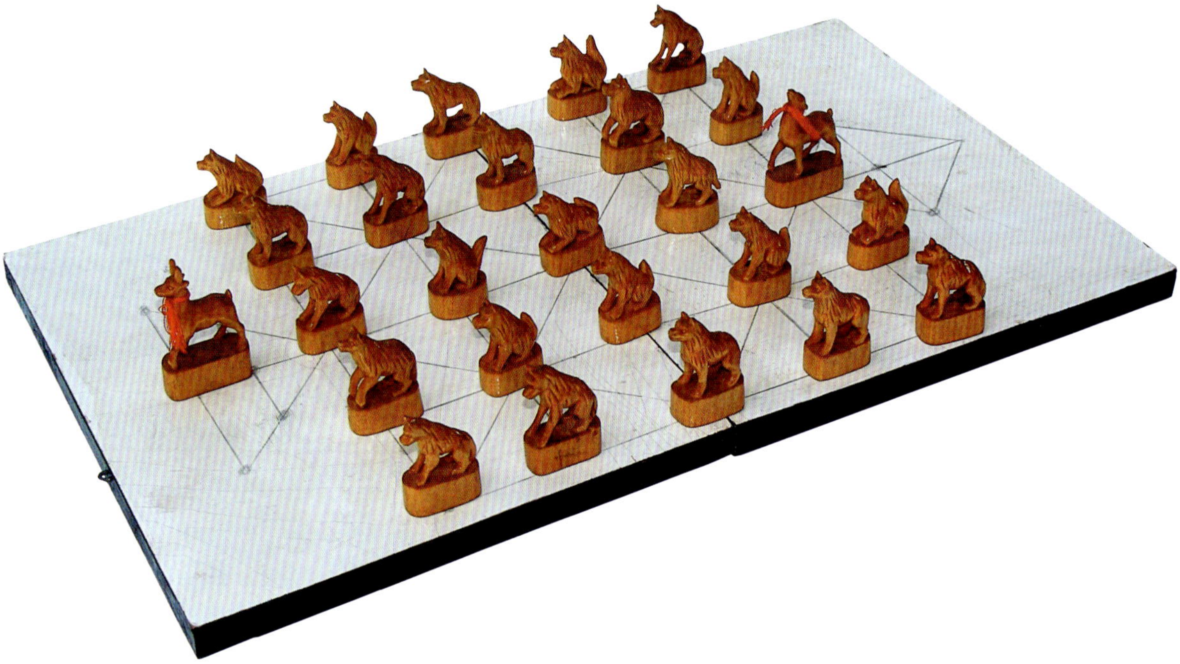

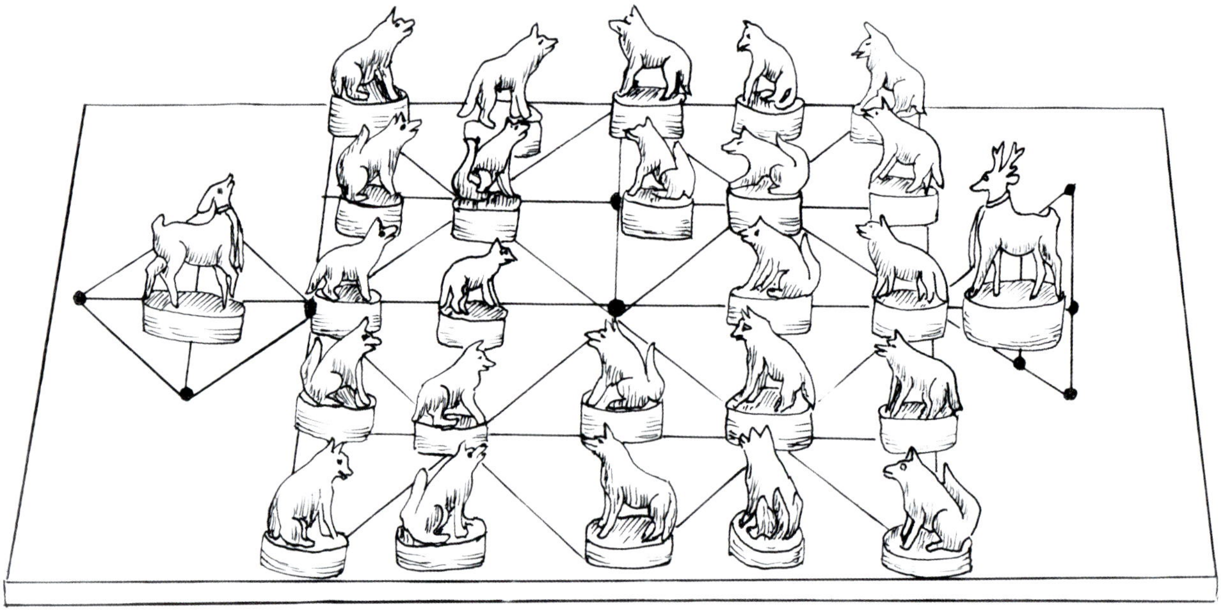

围鹿棋　两人对弈，一人执鹿，一人执狼。棋盘长49.5cm 宽19.5cm

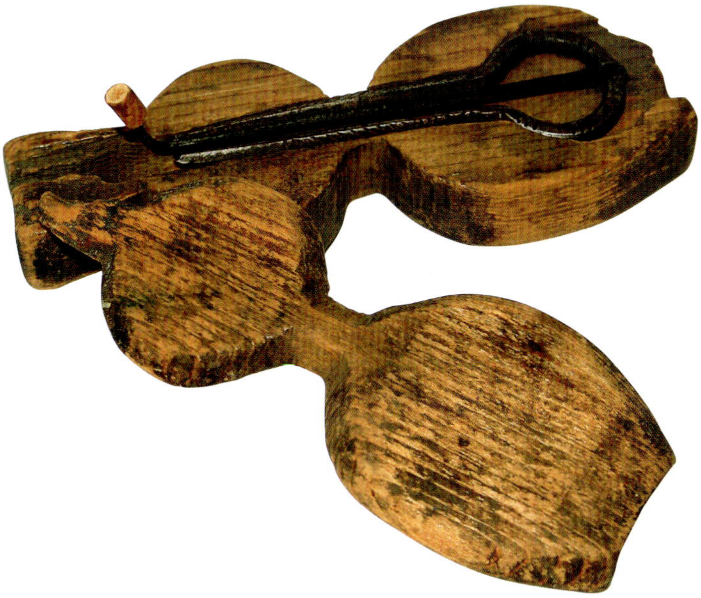

口弦琴　长13cm　宽5cm

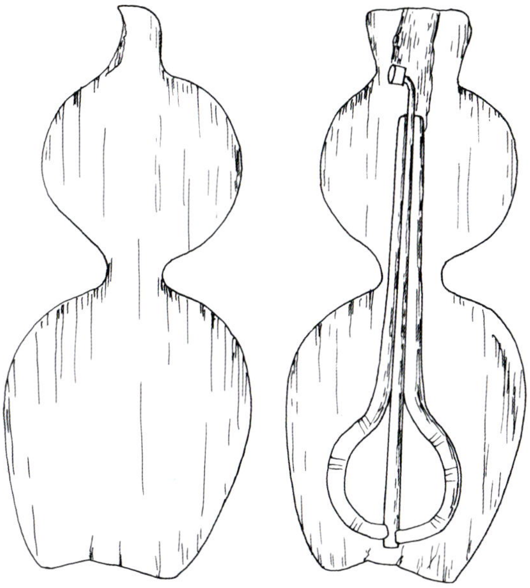

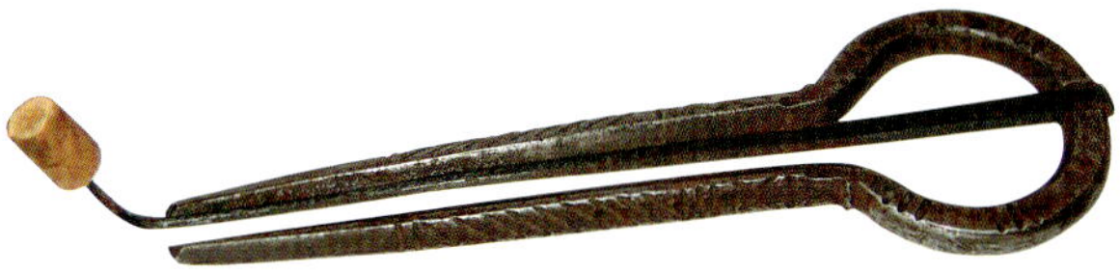

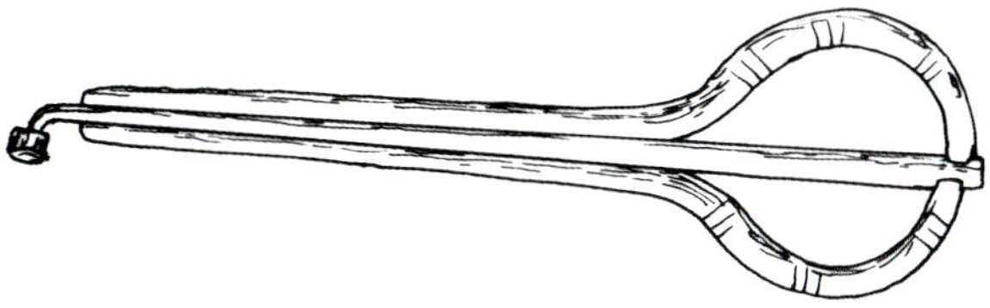

口弦琴　长10cm　宽3cm

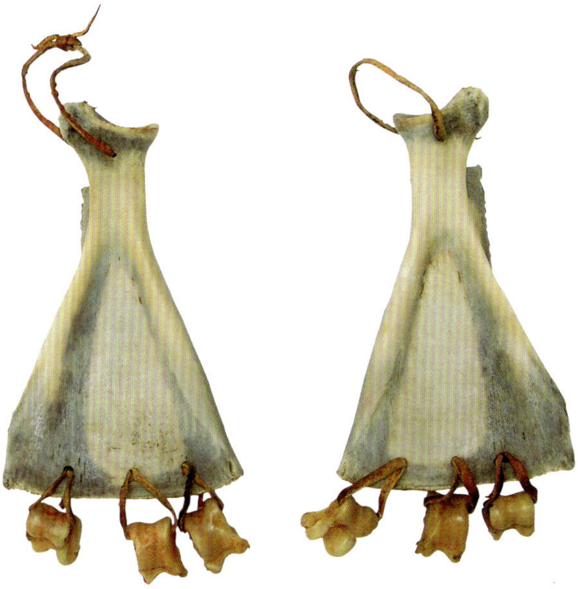

伊协格艾康鼓　唱歌和跳舞时甩动敲击用来伴奏的一种乐器。

瑟宾节

鄂温克族的传统节日。瑟宾是鄂温克语，意为“欢乐祥和”。瑟宾节是鄂温克族的传统节日，每逢“瑟宾”节，鄂温克猎人都聚会进行庆祝活动，各部落男女老少都来参加，由部落酋长主持。纯朴的猎人们点燃篝火，围着篝火边歌边舞，祭祀“巴伊安奈”神，还举行盛大宴会。宴会结束后，猎人们继续跳舞，欢乐到第二天黎明。

根据鄂温克族群众的要求和愿望，自治区鄂温克族研究会广泛征求了对鄂温克族节日名称和时间的意见，在自治区鄂温克族研究会第三届会员代表大会上，一致通过了“瑟宾”为鄂温克族节日名称，节日时间定为每年的6月18日，暂定“彩虹”歌为鄂温克族节日歌。

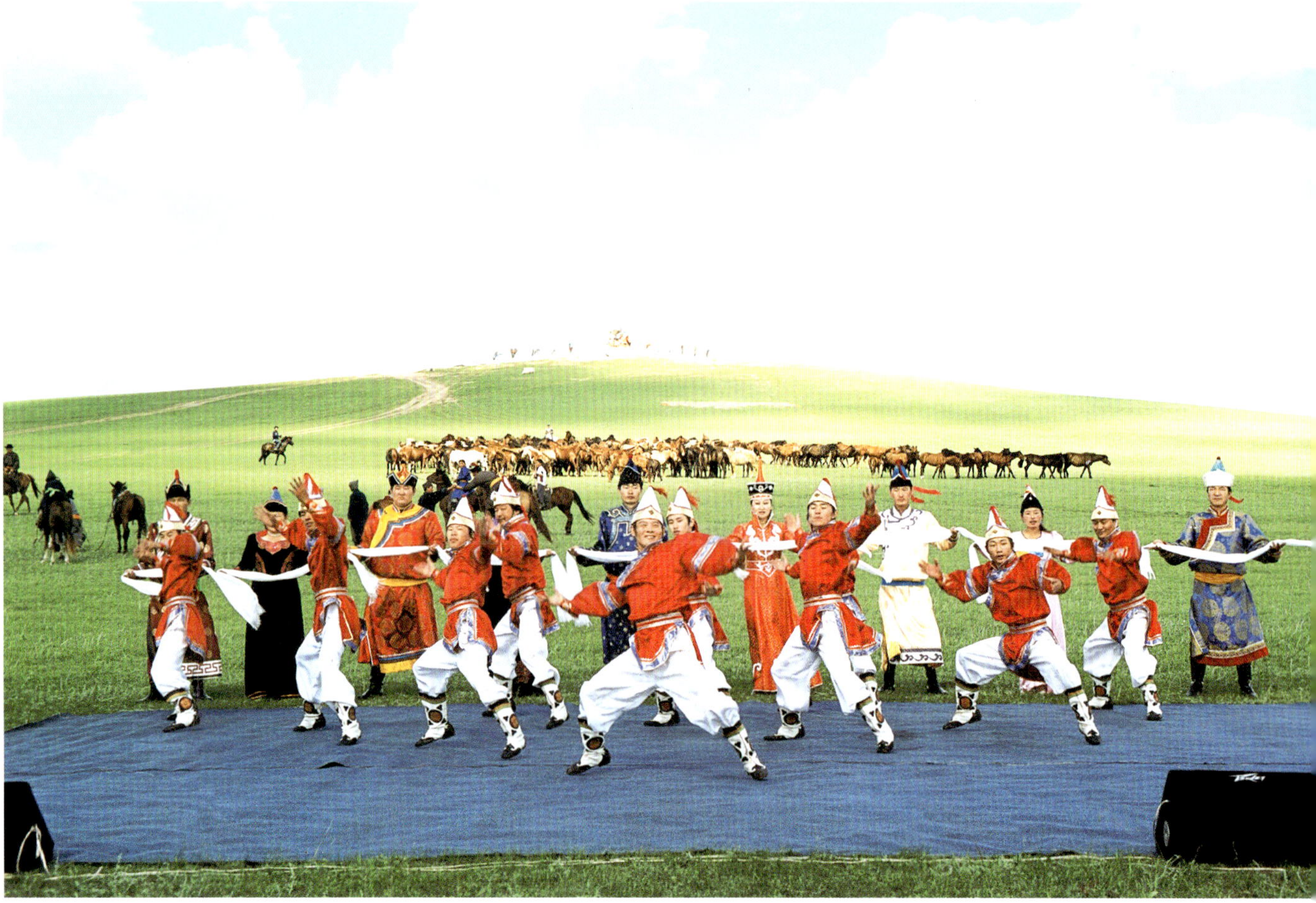

瑟宾节场面（一）

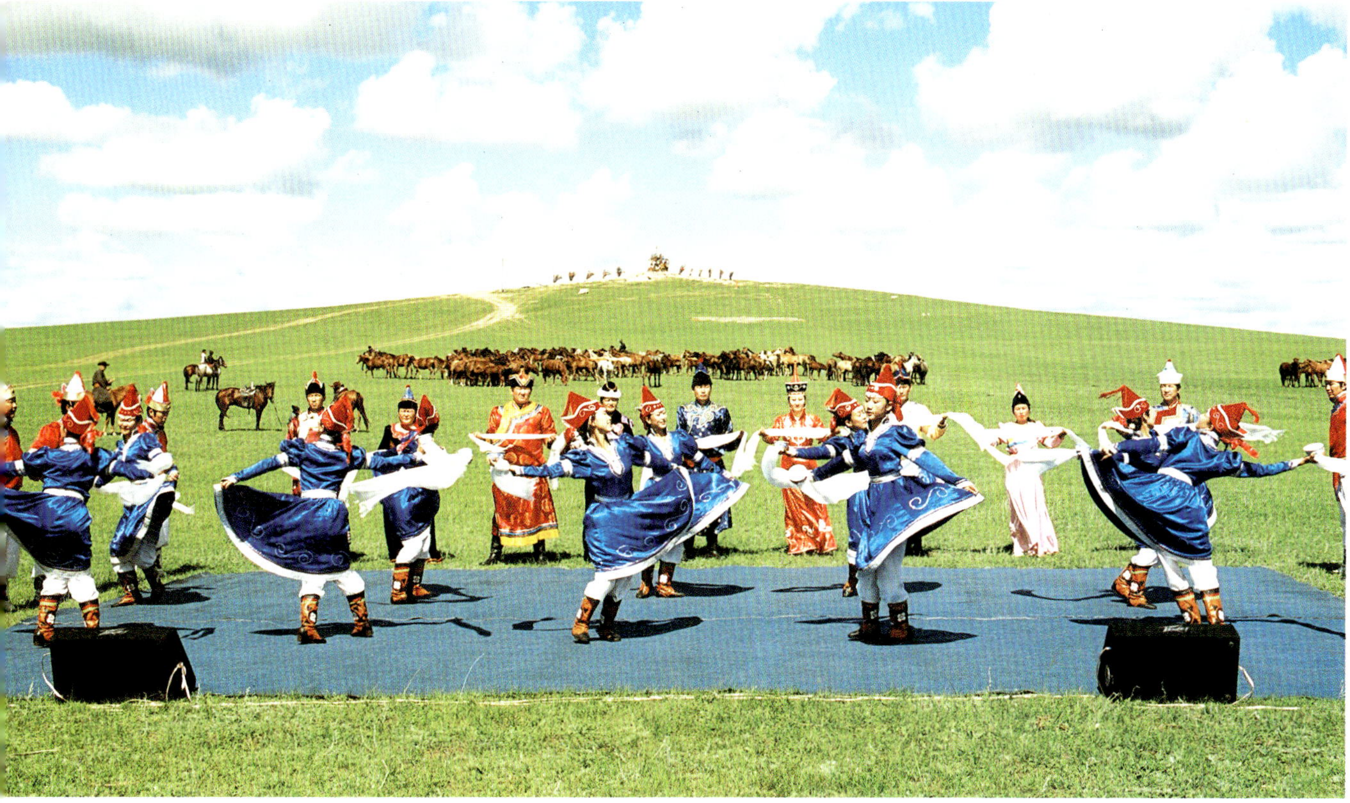

瑟宾节场面（二）

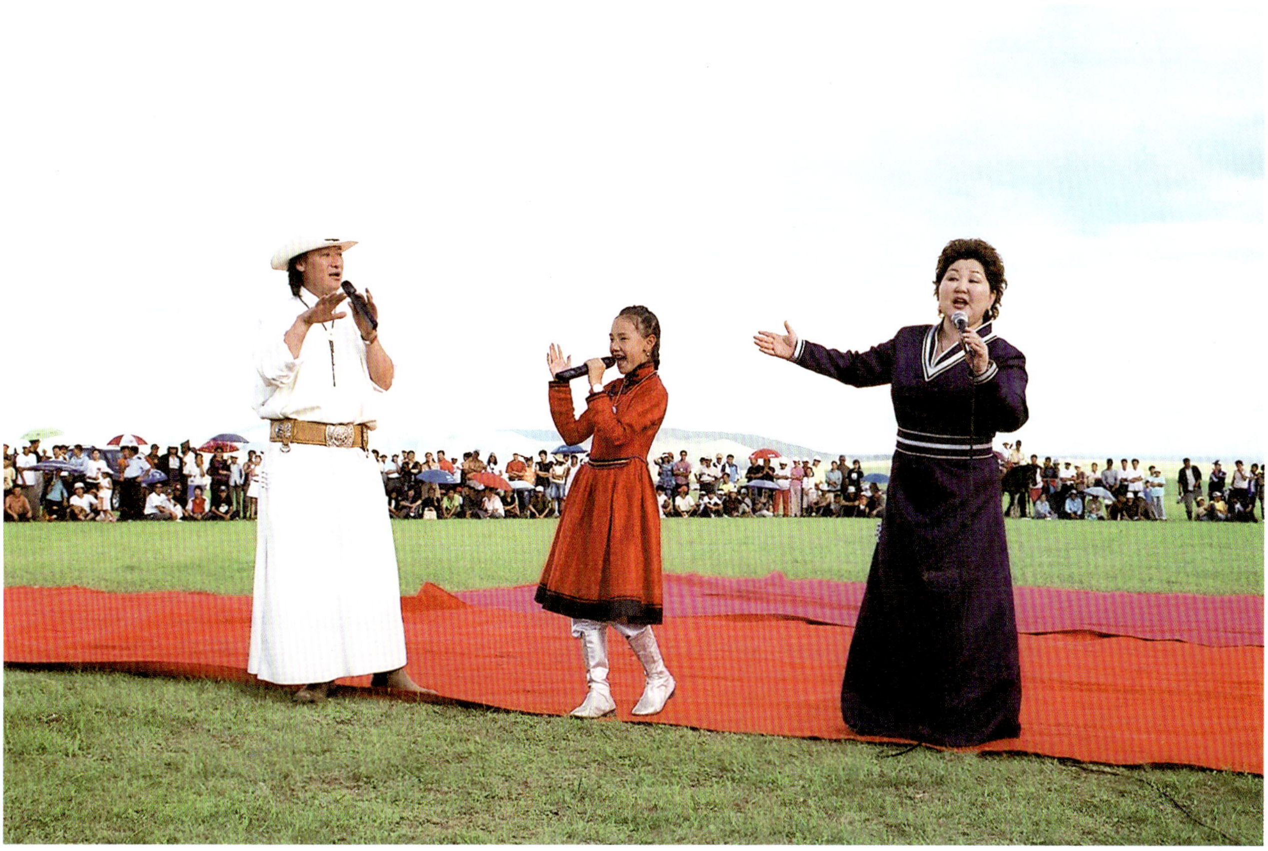

瑟宾节场面（三）

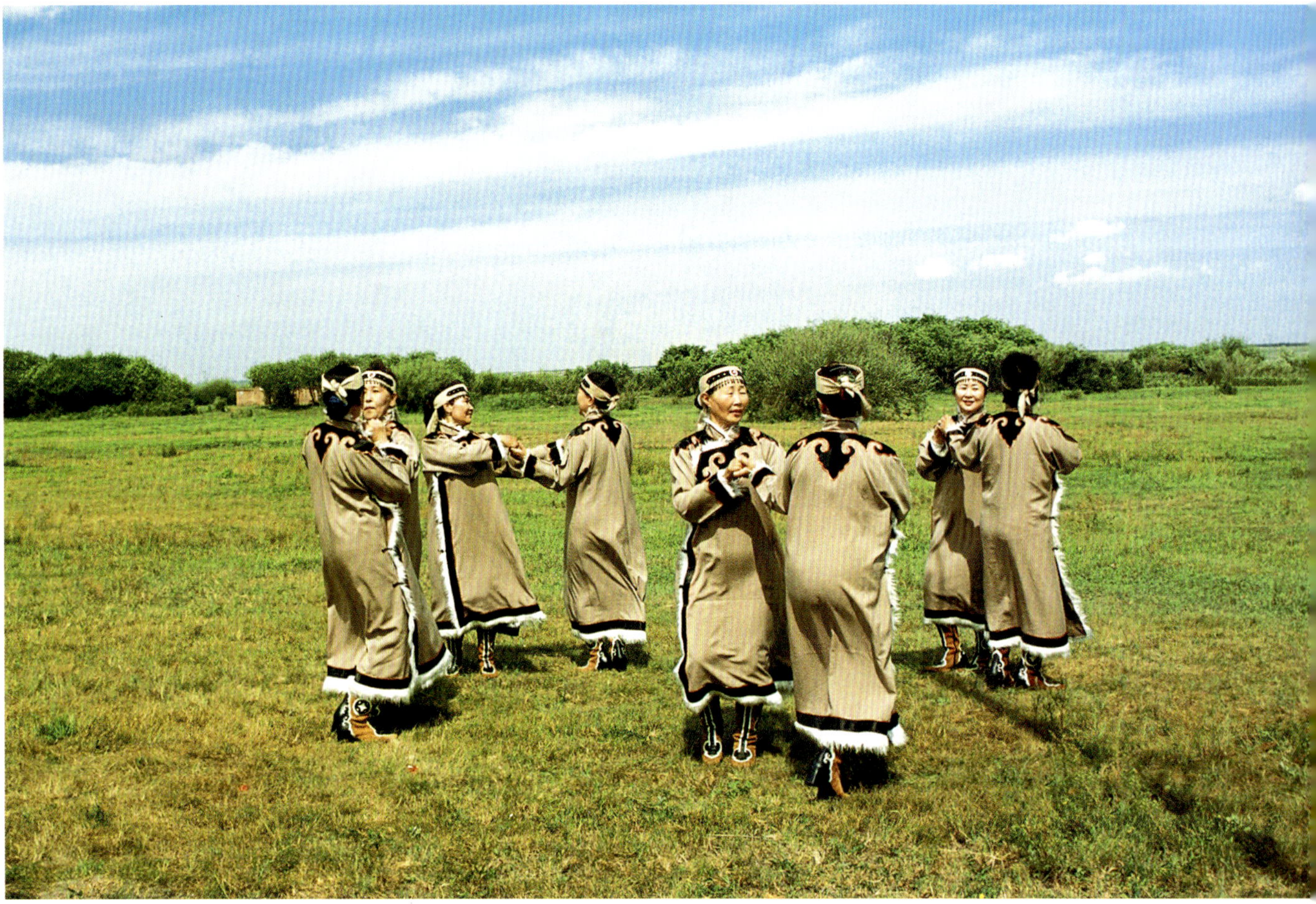

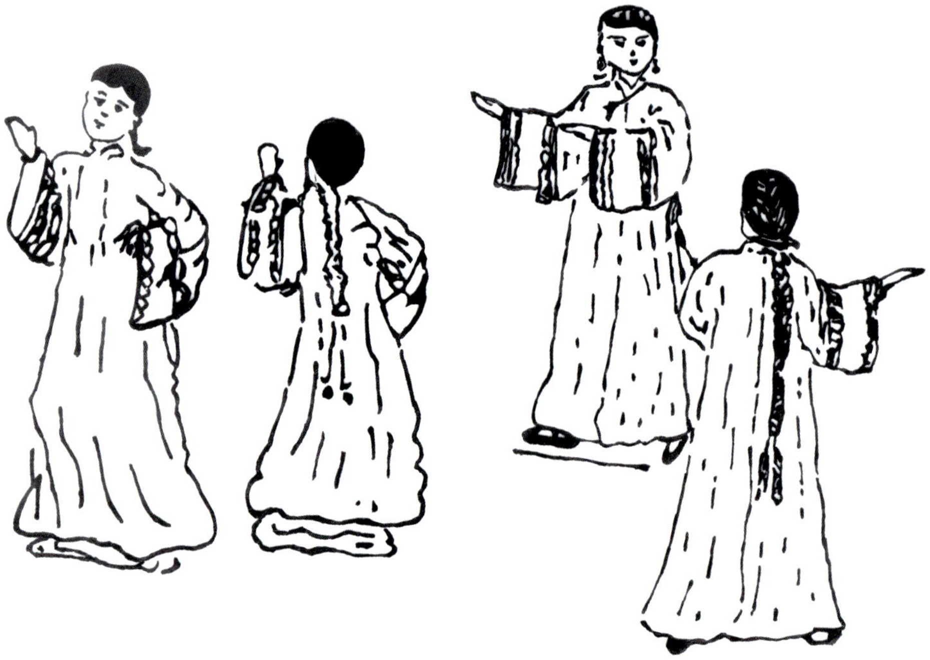

阿罕拜舞　以群舞或集体舞的形式表演，是在喜庆节日时起舞，它的歌词动作取材于生产生活。

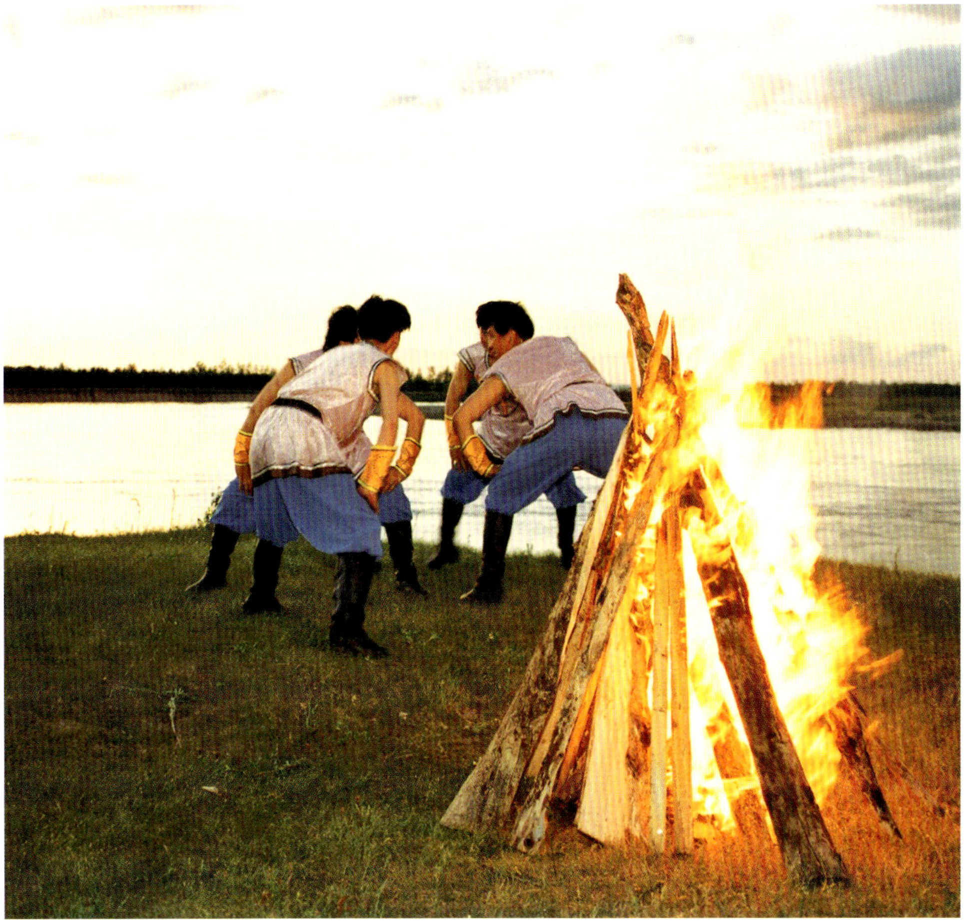

熊斗舞

模仿黑熊斗架动作的舞蹈。一方面表现了鄂温克人对熊的图腾崇拜，另一方面表现了鄂温克猎民粗犷的性格和丰收后的喜悦心情。

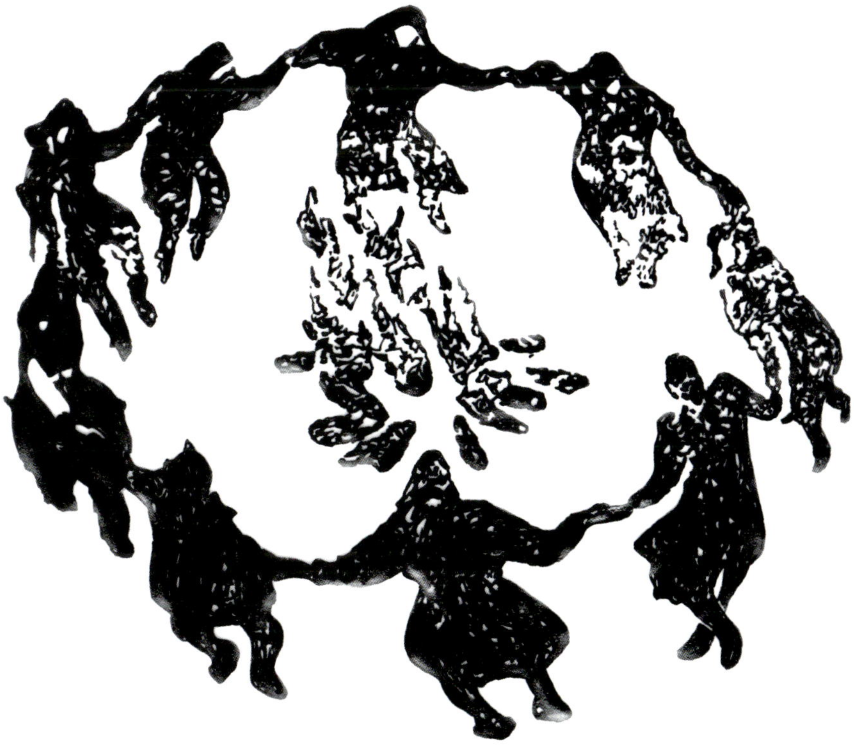

篝火舞

抢枢

是鄂温克民族一种特有的传统体育竞技项目。枢是勒勒车轴上的销子。比赛双方在规定范围内抢夺“枢”，哪方最后抢到“枢”并把它放置在终点的车轮上即为获胜方。

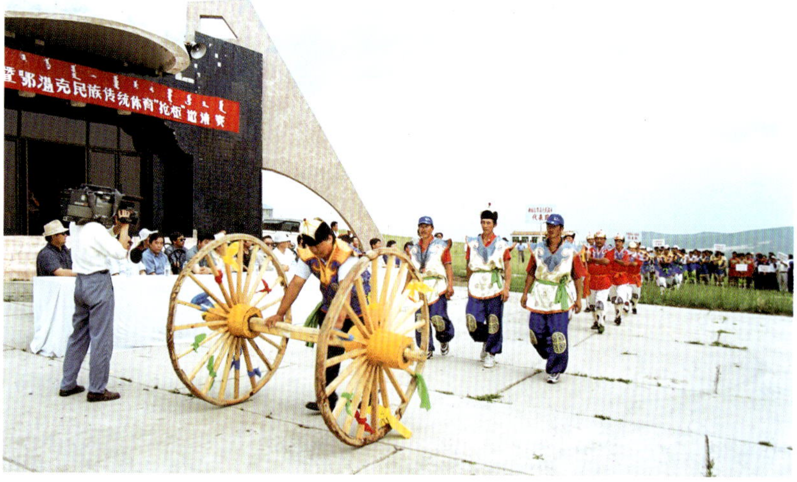

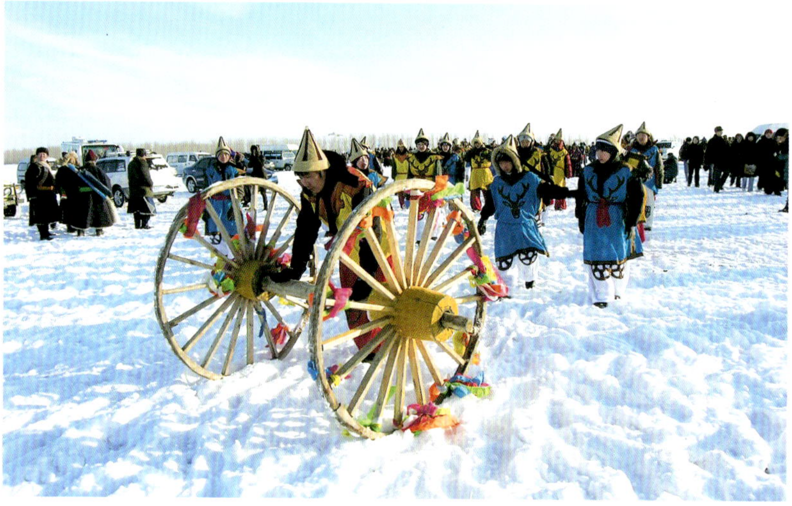

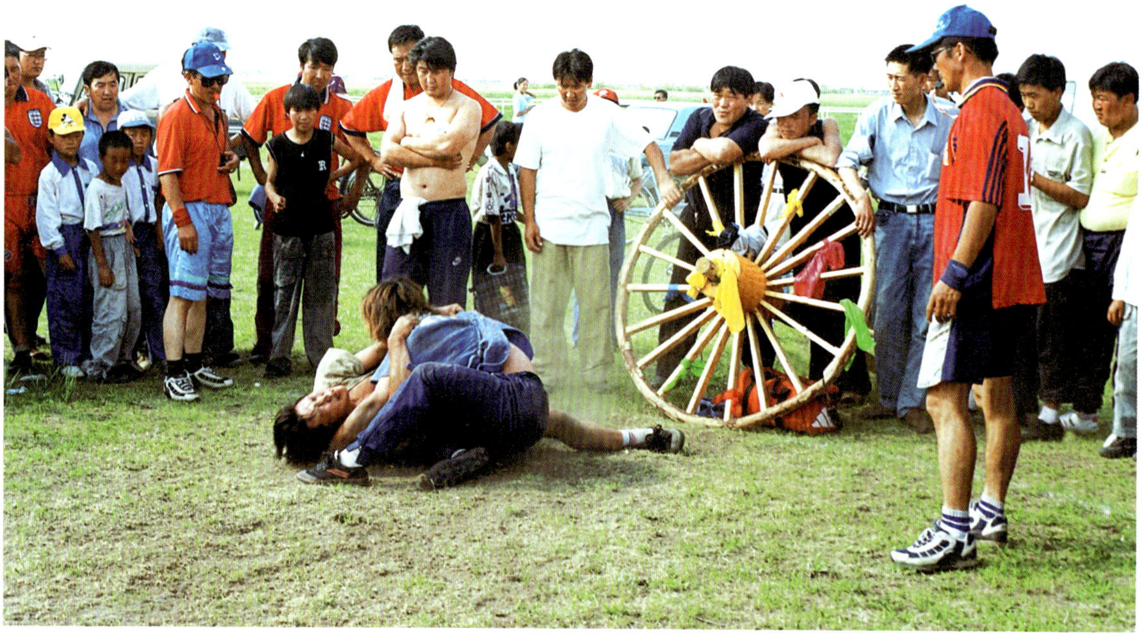

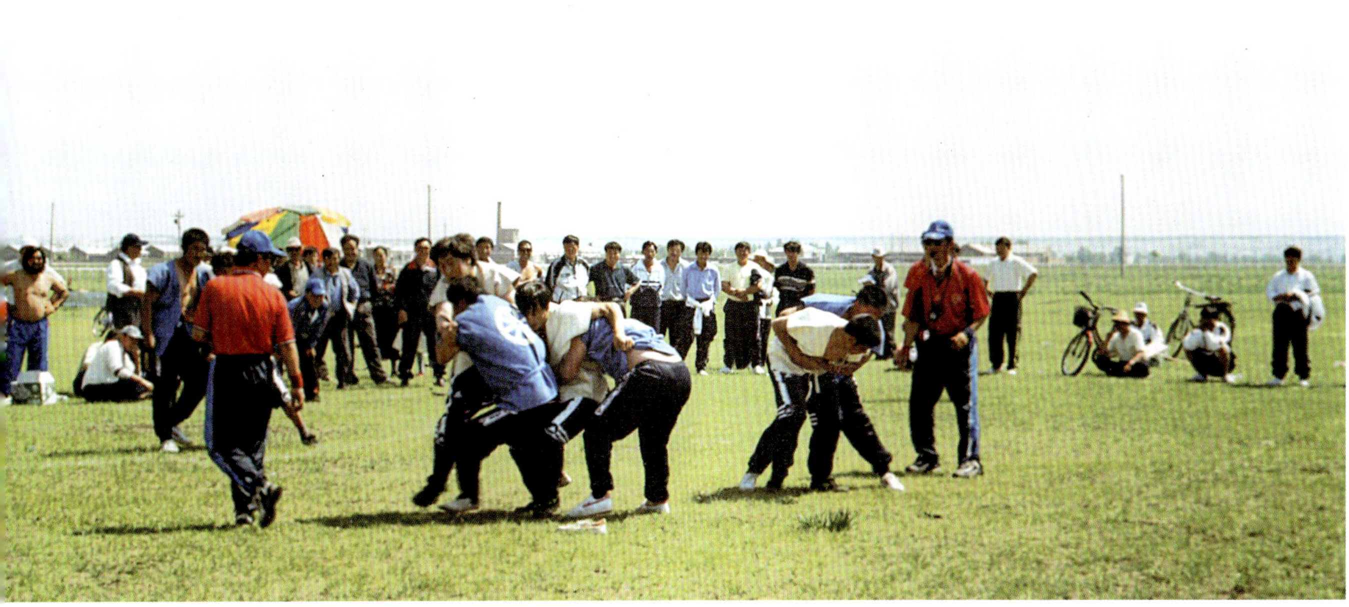

抢枢场地

像一只展翅的雄鹰，头部像一颗星星，尾部像圆月，两侧各有一颗星星。比赛时双方各派五名以上队员上场，开始先将枢埋在头部星星区的位置内，双方先找到枢者喊一声“枢”之后，便开始剧烈争夺。最后抢到枢并打在终点车轮上者为胜方。终点位于尾部圆月区，比赛三局二胜。

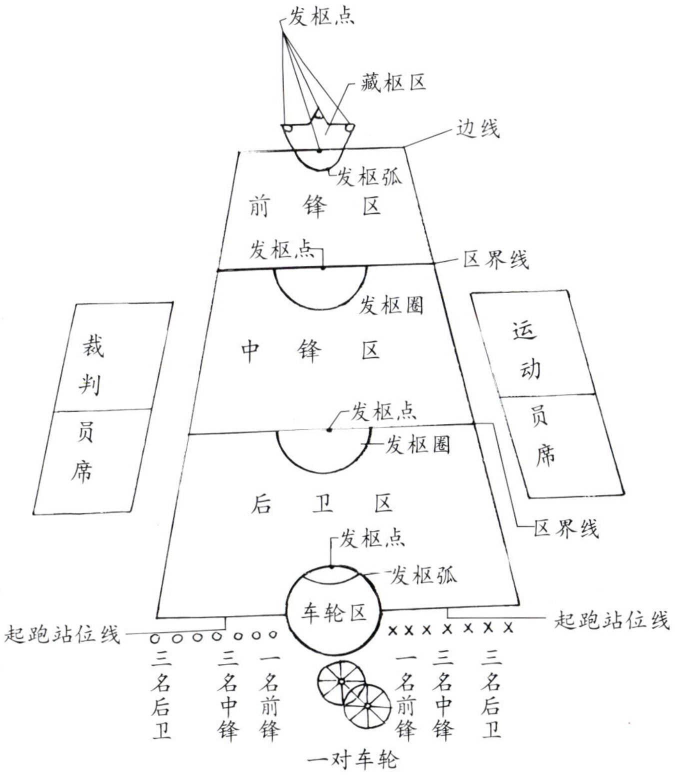

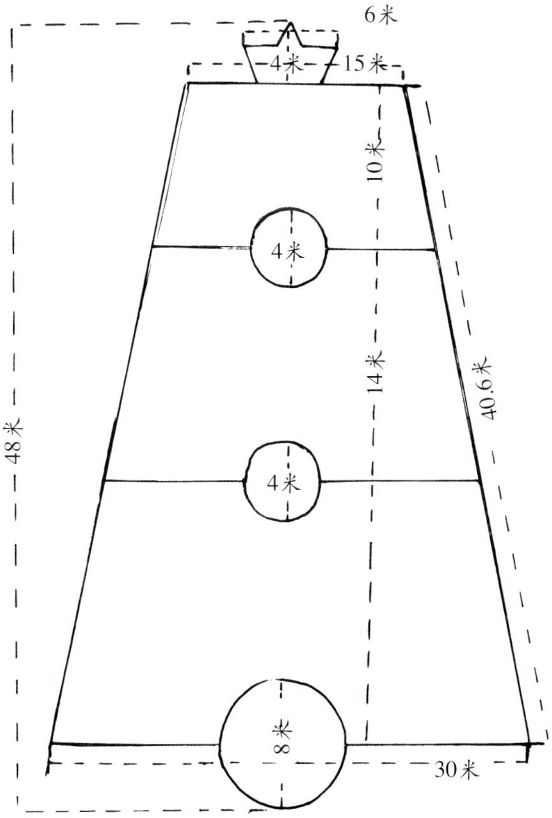

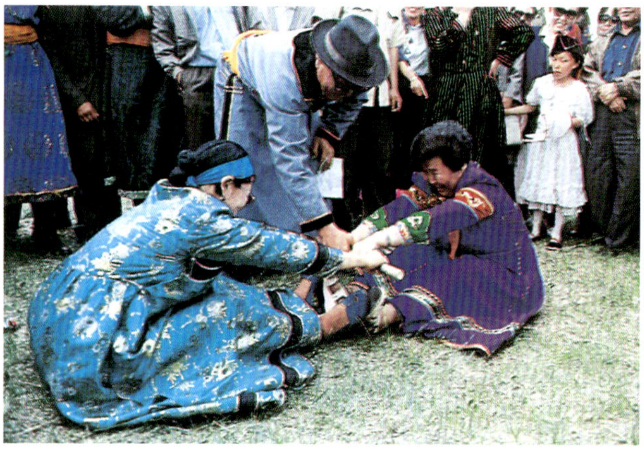

扳棍　鄂温克族民间趣味体育活动，把对方拽离地面者胜。

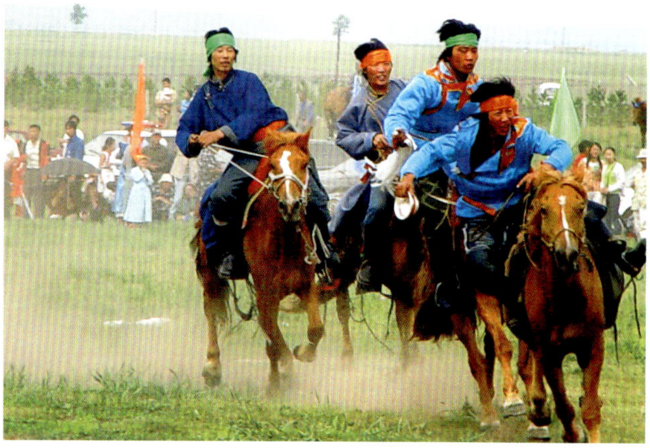

抢银碗　婚礼上的游戏，男女双方各派若干人骑马抢夺一只银碗，抢到银碗先跑到终点者获胜，同时也是双方马技和力量的展示。

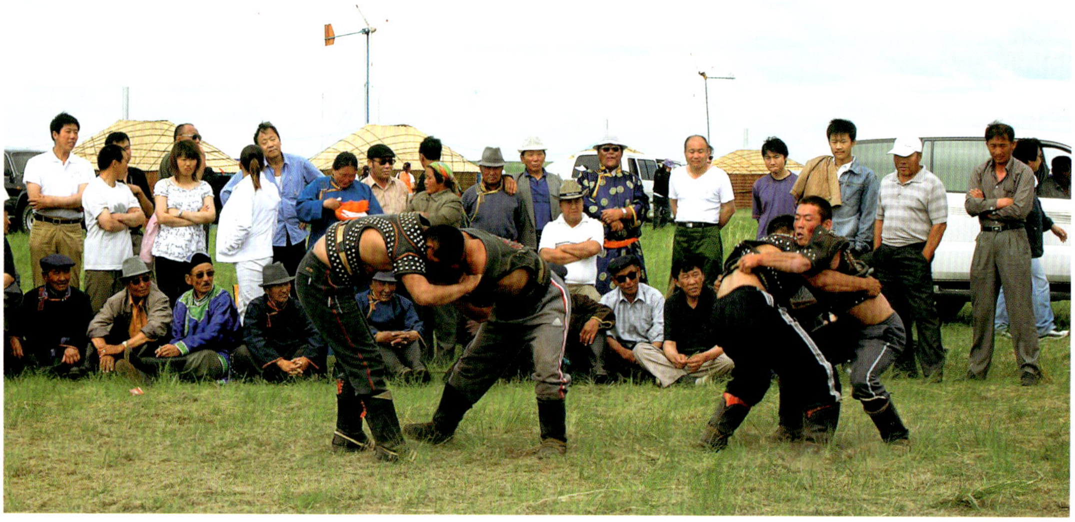

摔跤

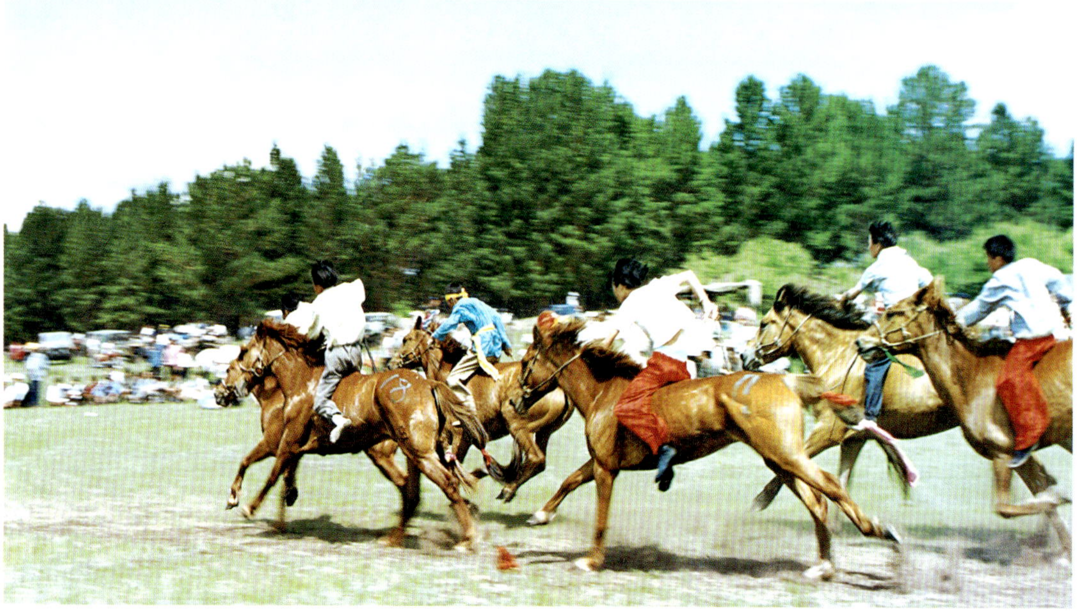

赛马

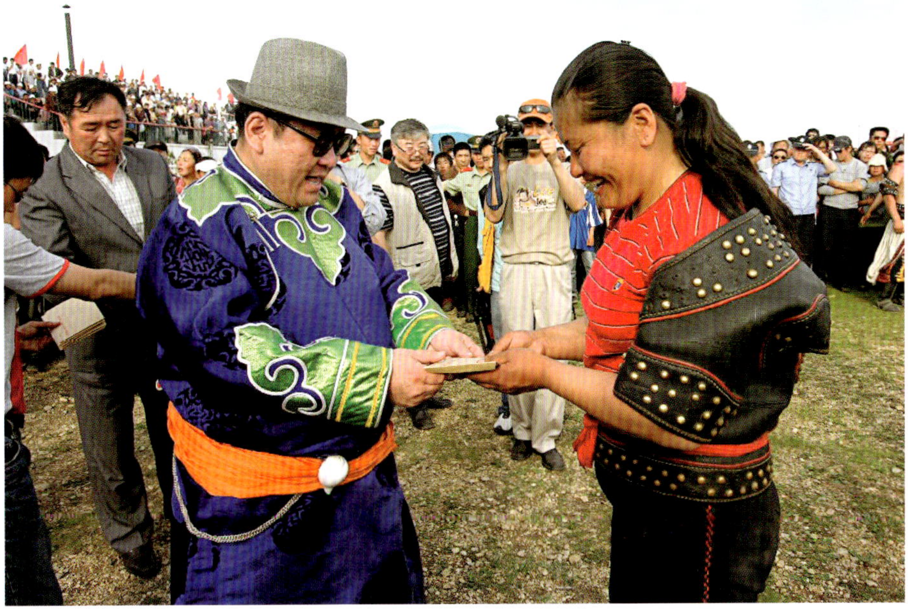

摔跤比赛后的颁奖场面

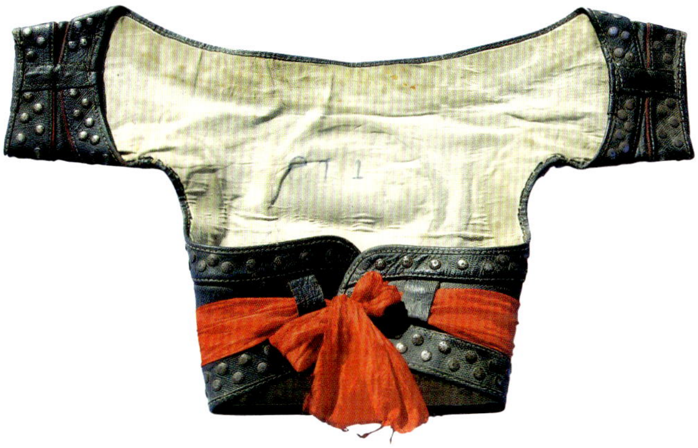

牧区鄂温克摔跤服正面

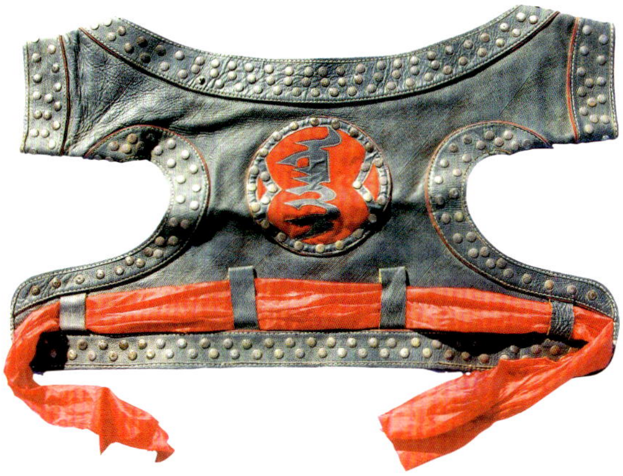

牧区鄂温克摔跤服背面

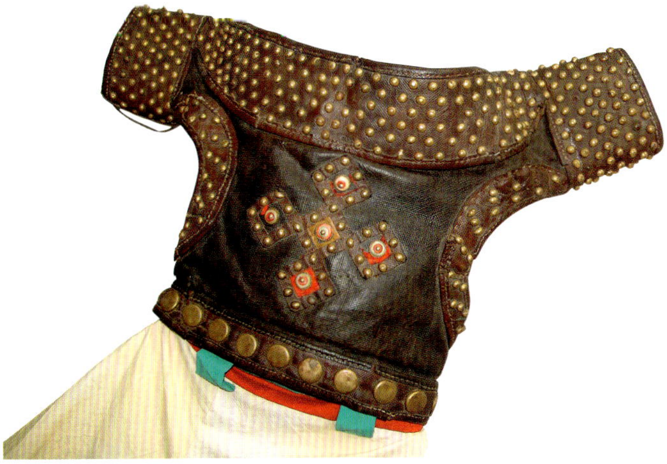

摔跤服

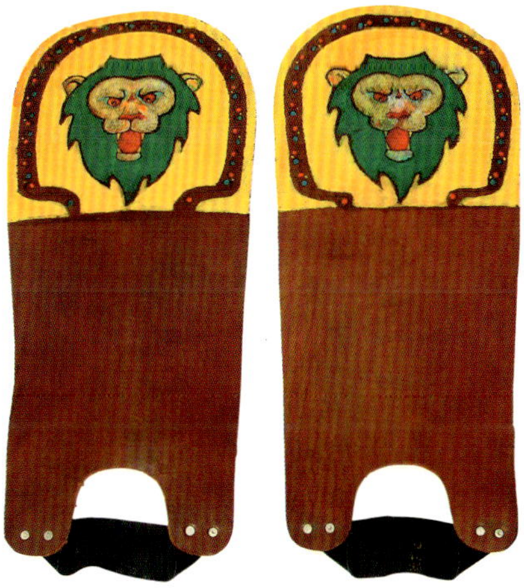

摔跤护膝板　长55cm　宽25cm

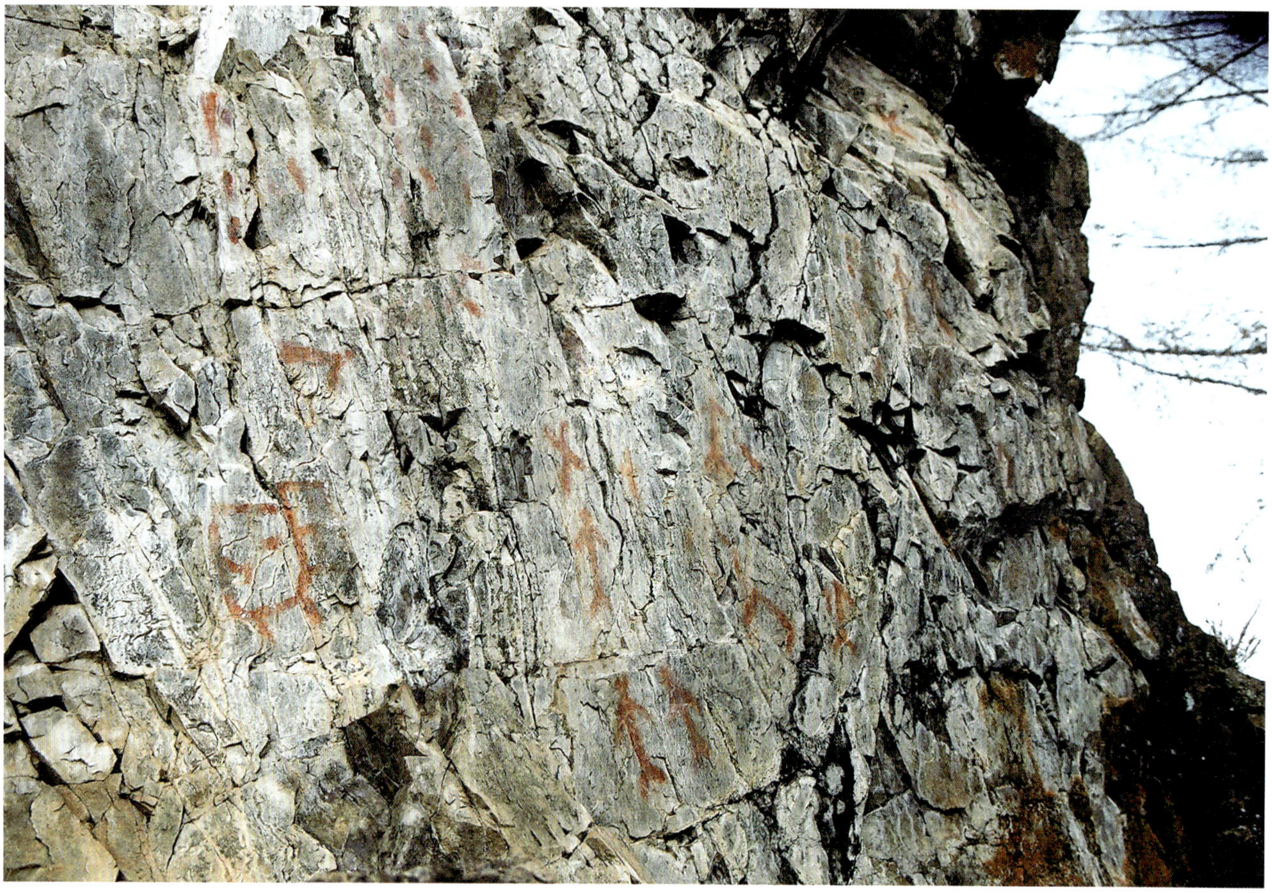

阿娘尼岩画　绘于额尔古纳河支流贝尔次河附近的阿娘尼小河的岩壁上，绘有鹿、人物、天鹅、飞鸟及萨满鼓等图形，造型简单粗犷。

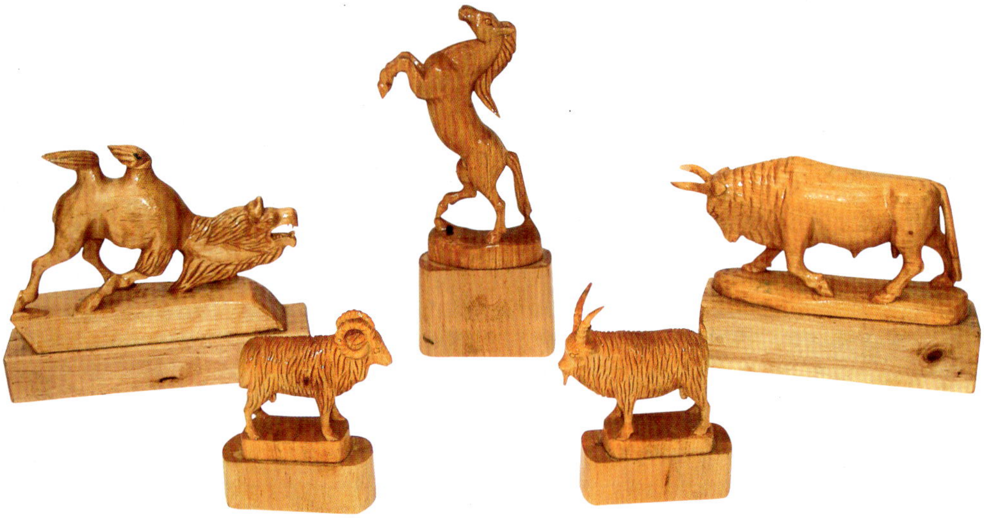

现代鄂温克木雕工艺品——五畜

彩　　虹

——选自鄂温克族舞蹈《彩虹》

锡林巴特尔词
图力古尔曲

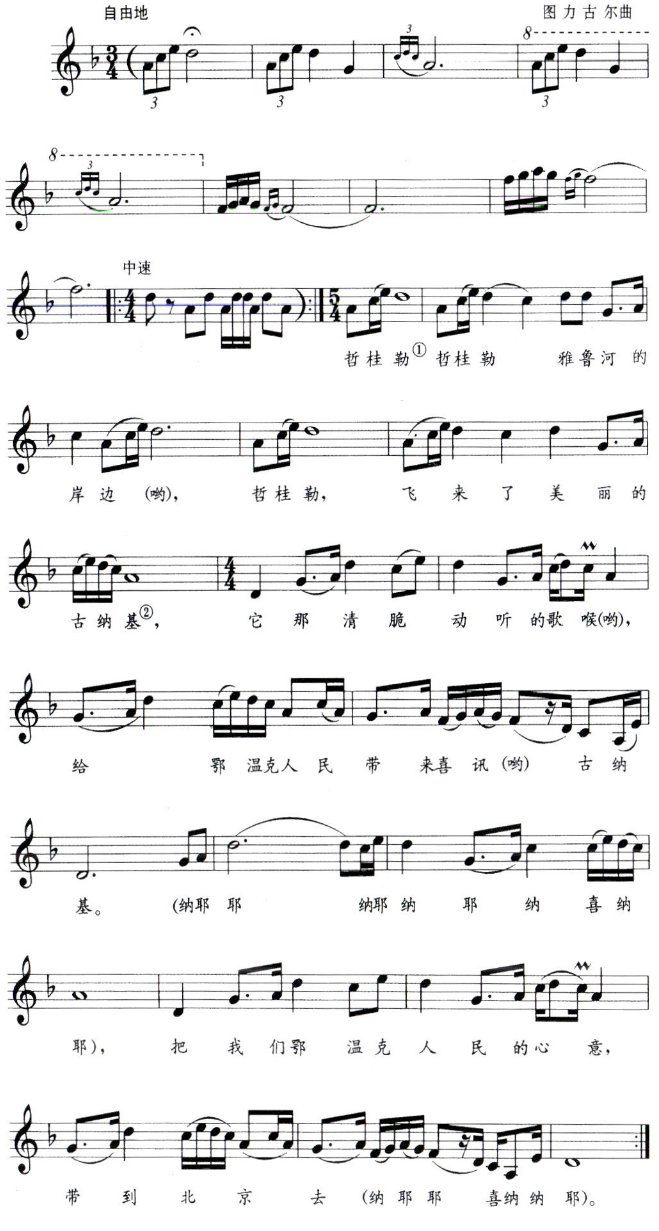

①哲桂勒：号子，表示高兴。②古纳基：象征幸福的鸟儿。

转自人民音乐出版社音乐教育编辑室主编：《音乐》五线谱修订版，人民音乐出版社、内蒙古教育出版社，2001年。

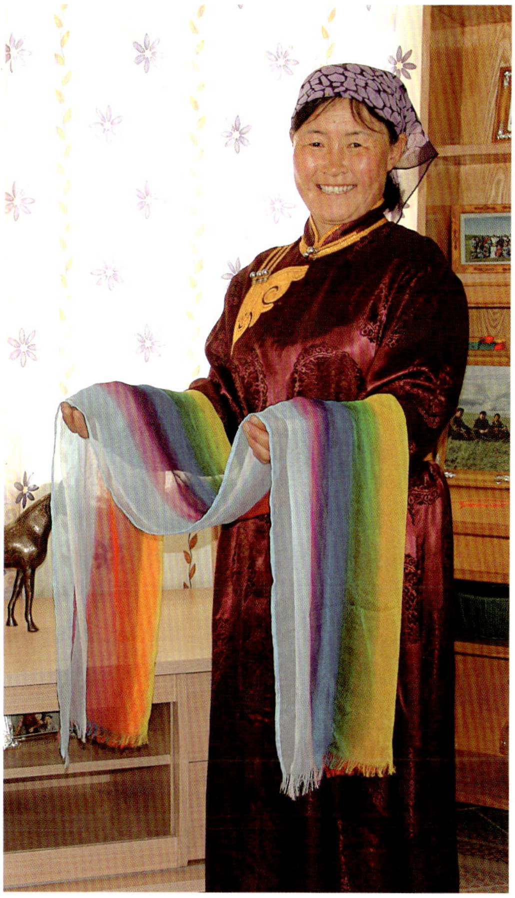

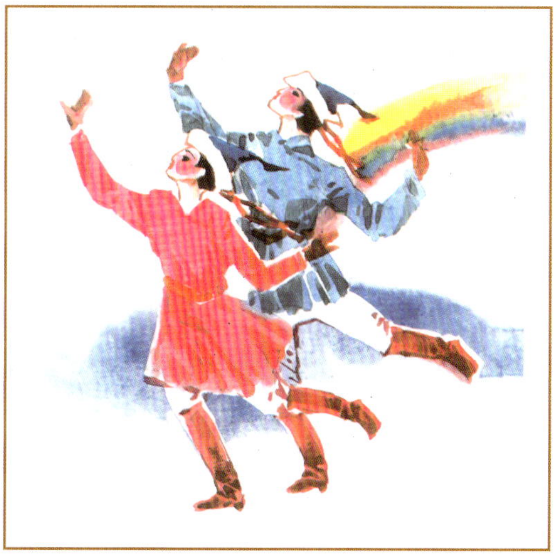

彩虹巾

鄂温克人民把象征吉祥如意的彩虹巾献给尊贵的客人，以表达最美好的祝福。

神话传说

大蛇的传说

很久很久以前，在一条大河附近，有一个大湖。大湖的日出方向有个河口，河口水深，里面住着大蛇，蛇从天上来，十五庹长，有两只犄角。在湖岸上，大蛇遇上留辫子的人，怀了孕，生育了儿女，儿女繁衍为鄂温克人。

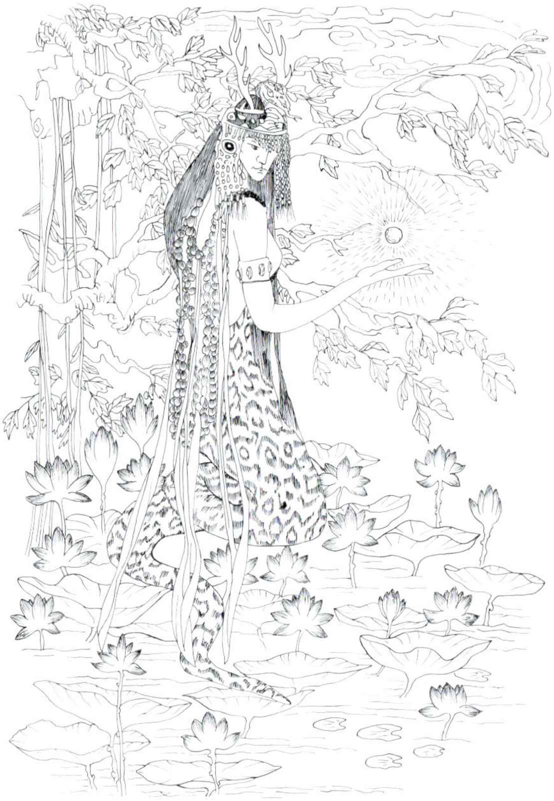

希温·乌娜吉传说

在鄂温克民族的传说中，太阳是一位年轻勤劳的姑娘，名叫希温·乌娜吉，她每天按时给宇宙万物送来光明和温暖。

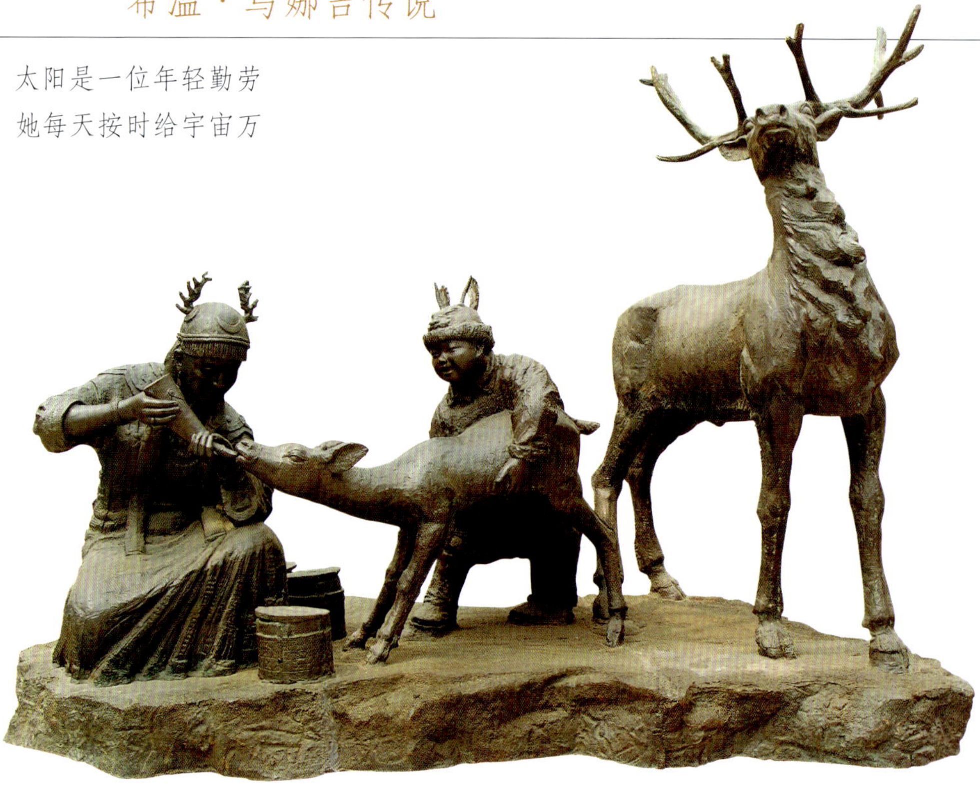

“白那查”的传说

在很久很久以前，一位鄂温克氏族部落酋长率领全部落的猎人进山围猎。在酋长的统一指挥下，猎人们很快把一处方圆近二百里的大山围了起来，而此时已到了太阳要落山的时候了，酋长决定缩小围猎圈，让猎人们在原地停下搭建撮罗子准备过夜，并让大家点上篝火架起吊锅吃饭休息，准备第二天继续围猎。当晚酋长召集会议，叫大家估计一下当天究竟围住了多少种类、多少数目的野兽。这可难住了众多猎人。正在这时有一位老猎人站起来回答了当天围住野兽的种类及每种野兽的个数，如鹿有多少只、犴有多少只、狍子有多少只……说得有鼻子有眼，好像亲自数过似的，数字点得非常具体清楚，使在座的猎人们听后感到非常惊讶。酋长听完老猎人的回答后对大家说，刚才这位老猎人讲的具体数字大家记好，明天围猎结束后，我们好好验证一下老猎人所说的数目究竟是否正确，我们能不能真的捕捉到那么多的猎物。

第二天天刚蒙蒙亮，猎人们在酋长的指挥下继续围猎。围猎结束后酋长亲自带领几个猎人认真清点所捕获的各种野兽，竟然与老猎人昨天所说的丝毫不差。酋长顿时觉得这位老猎人非常神奇，他百思不得其解，于是叫猎人去请来那位老猎人，想问问其中的秘密。酋长刚问完话老猎人却不见了。酋长更加疑惑不解，叫猎人们分头去找老猎人，可是找遍了整个大山密林也没有见到。酋长立刻醒悟过来了，这位老猎人不是猎人，是赐给大家猎物的“白那查”神（山神爷）啊！自此，鄂温克人便把“白那查”神刻在树干上进行祭祀。

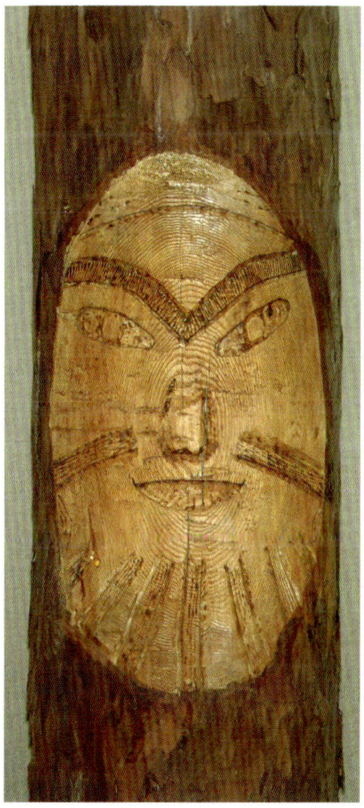

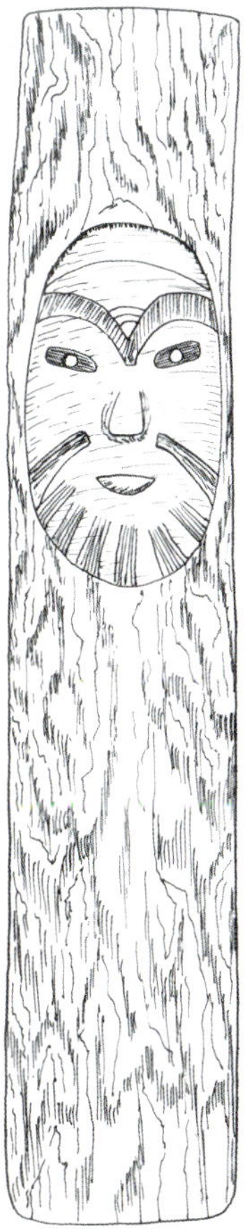

白那查神

宗教信仰 ZONGJIAOXINYANG

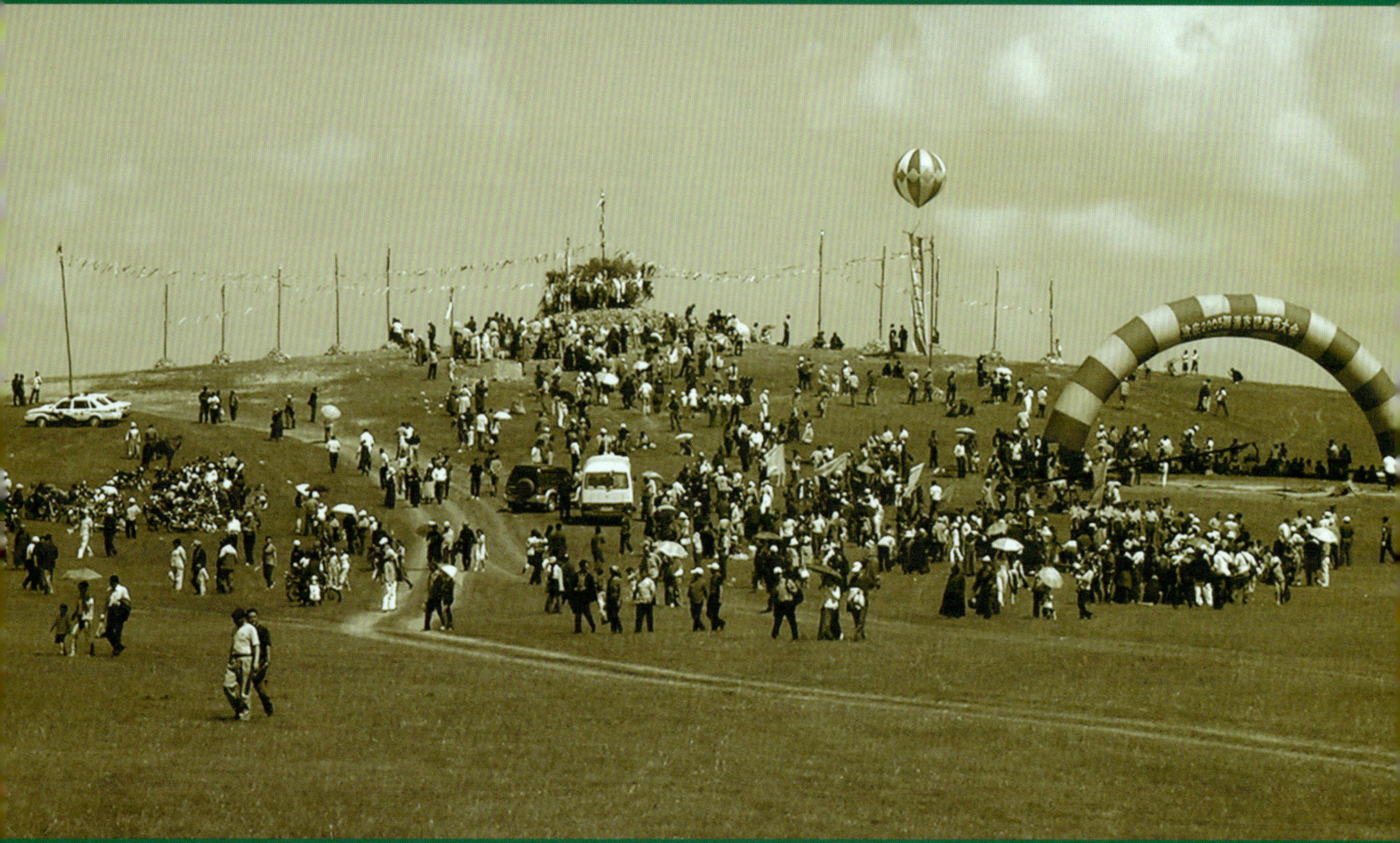

宗教信仰

鄂温克族人信仰萨满教，萨满教是一种以“万物有灵论”观念指导下的原始宗教形式，没有教义教规。萨满教的主要仪式是由萨满进行“祭祀”，通过“祭祀”，人们向大自然、图腾信物及祖先的神灵祈求生产发展、民族部落繁荣、驱鬼治病等。

“萨满”一词在通古斯语言中，意为“极其兴奋、激动、不安和疯狂的人”，鄂温克族的萨满日常特指宗教活动中的中心执行者。这种担任“祭祀”职务的萨满，不是专职。在神事之后，与常人一样参加生产。

鄂温克族萨满的用具包括神衣、神帽、神鼓、面具等，因居住地方的不同，鄂温克族中索伦部落、通古斯部落、使鹿部落的萨满服不尽相同。

后来，喇嘛教和东正教相继传入鄂温克民族中，牧区鄂温克人在供奉萨满教偶像的同时供奉喇嘛教的偶像。使鹿鄂温克人在供奉萨满教偶像的同时供奉东正教的偶像。形成两种宗教并存的情形。但比较起来，萨满教仍然是鄂温克人的主要信仰。

使鹿鄂温克萨满服饰

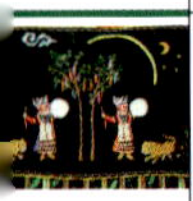

使鹿鄂温克萨满服饰由神帽、神衫、胸兜、神裙等组成。神帽是以铜条或铁条制作框架帽，内衬帽以鹿皮制作，略呈瓜皮帽形。在内衬帽所饰宽边饰带的两侧又加饰彩线，帽下沿前额处垂饰15根以鹿皮条拧成的辫绳，长约20cm，垂摆于面前至颈部，形成了皮辫绳垂饰遮面罩，为萨满面具的代替形式。框架帽顶部镶一对左右对称的铜制鹿角，鹿角叉的数目因萨满的等级而有所不同。神衫和神裙均以鹿皮熟制后缝制，神衫的造型通常为窝领，紧袖对襟式短衫，神裙由裙腰和飘带两个部分组成。其裙腰上有红、蓝等颜色交替的长宽不等的条线式装饰，其飘带又分为上下两层，上层较短，约长20cm，宽5cm，飘带的末端有8cm长的十几根穗饰，下层飘带长约50cm、宽5cm，末端边饰有8cm左右的十根穗饰，在上下飘带的正面，饰有距离相等的蓝、红交替的横式彩线道饰，在飘带间，又加饰有以两种反差较大的皮毛缝成的筒形造型，以黑白两色或黄白两色缝制的皮毛条。以及用黑色线绳与红色线绳拧成的辫式带，其末端也饰有皮穗，总计有6～8条。在神衣短衫的前胸左右（在腋下略前部位）各饰一排十二根上下有间隔的横列置于皮面上的铁片条，示意为鹿的双排肋骨，在胸兜左右两侧有竖式横列的天鹅、水鸭等动物图腾造型，左右两排各有十八只。在神衣上臂及双袖上，又有其他动物图腾造型。在日、月、星神造型佩饰间有以铁片制作的敖腾鸟图腾饰件，在敖腾鸟的脖子上拧有三四个麻花形纹饰。在以黑白两种毛皮组成的蛇形造型及以鹿皮制作的蛇皮图案带饰中间，以铁链或皮毛缀饰狼、熊、鸟、水鸭、野猪等动物造型。在萨满神衫胸兜靠下处有似铜镜的圆形铜片饰，为鹿的肚脐造型。在神衫双袖内侧，分别饰有两根宽约1.5cm、长约20cm的铁条，在两根铁条饰物之间饰一个半圆形铁片做的环形装饰物。分别代表了臂骨和肘关节的造型。在萨满神衫的背面，七颗铜盘下面从左到右，依次为雷神，雷神造型似一种“昆虫”，挂于萨满神衫左右肩上共有两个，视为雷公雷母。日神的造型是环形圆铁片，直径约10cm，中间镂空，其次为两只敖腾鸟，星辰在萨满神衫的后背正中，垂饰两条长约100cm的象征脊椎骨和脊髓的饰物。脊椎骨造型是以柳叶形的铁片连接而成的，共有十节，每片都可以活动。脊髓造型也是一节一节的两端以环形铁片相扣而成的链条状造型，每节造型是用铁条拧成的麻花形状，共有十节，节数与脊椎骨造型相等。右肩垂饰造型为：两只天鹅。月神造型为月牙形铁片，最后为雷神。

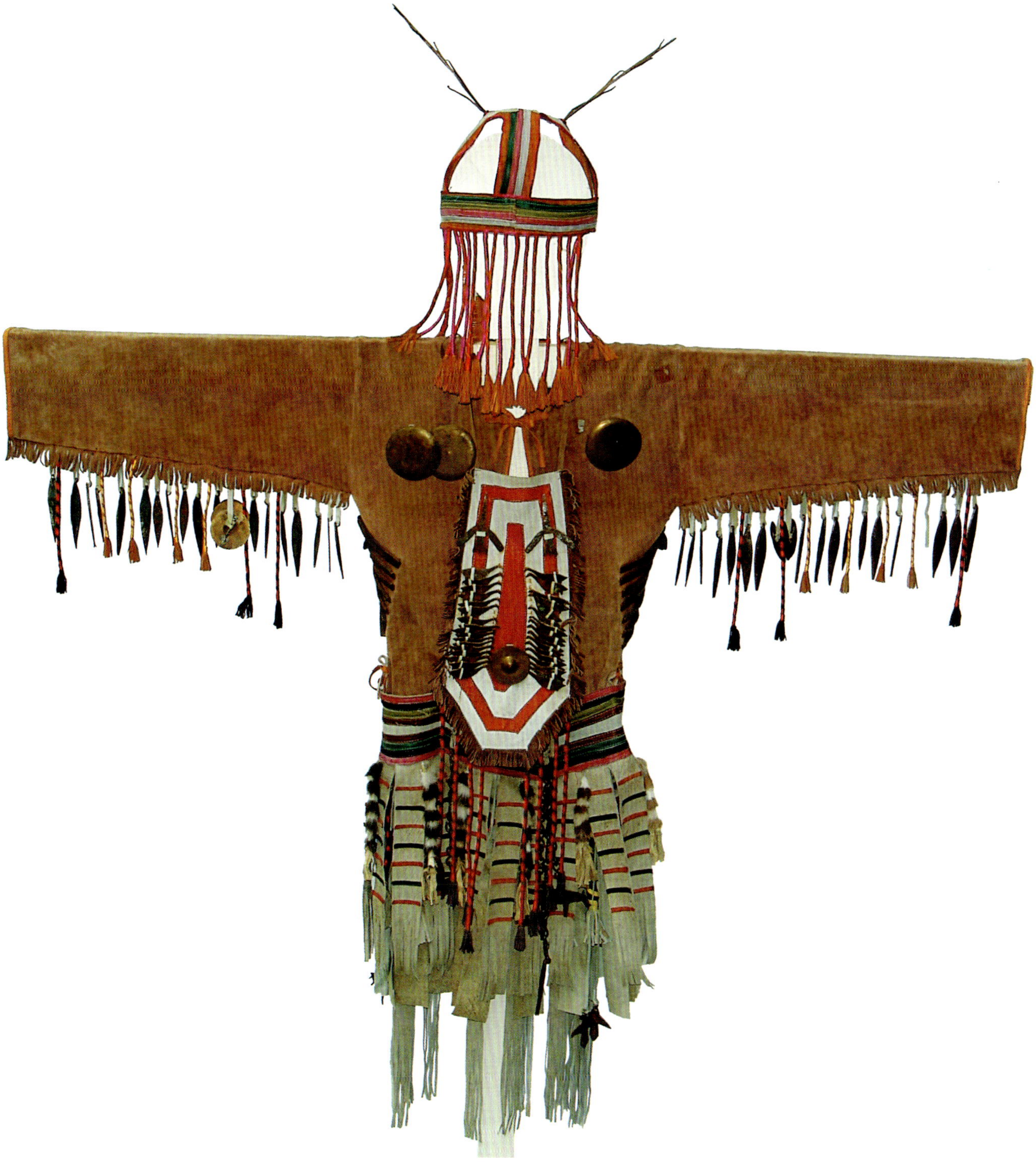

使鹿鄂温克萨满服（正面）

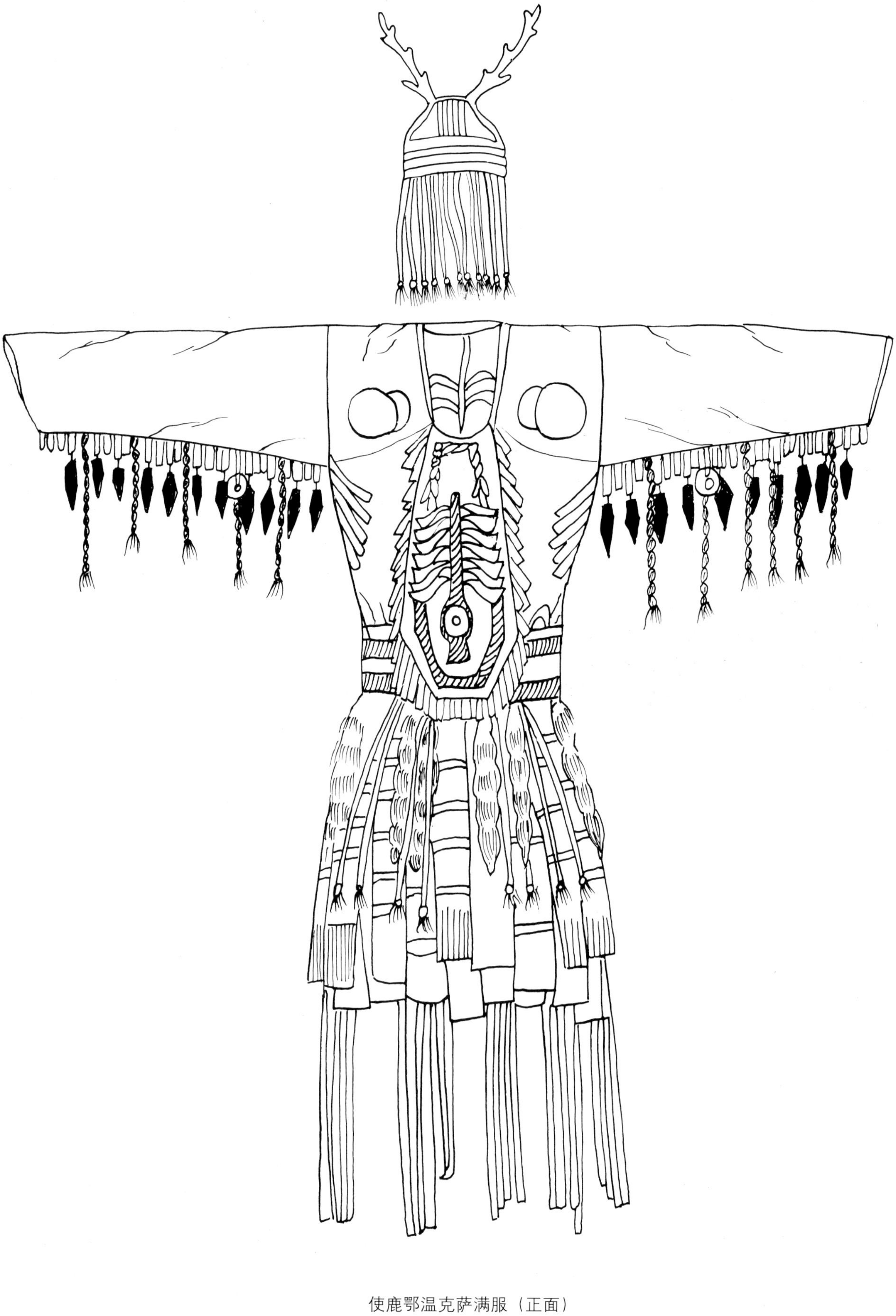

使鹿鄂温克萨满服（正面）

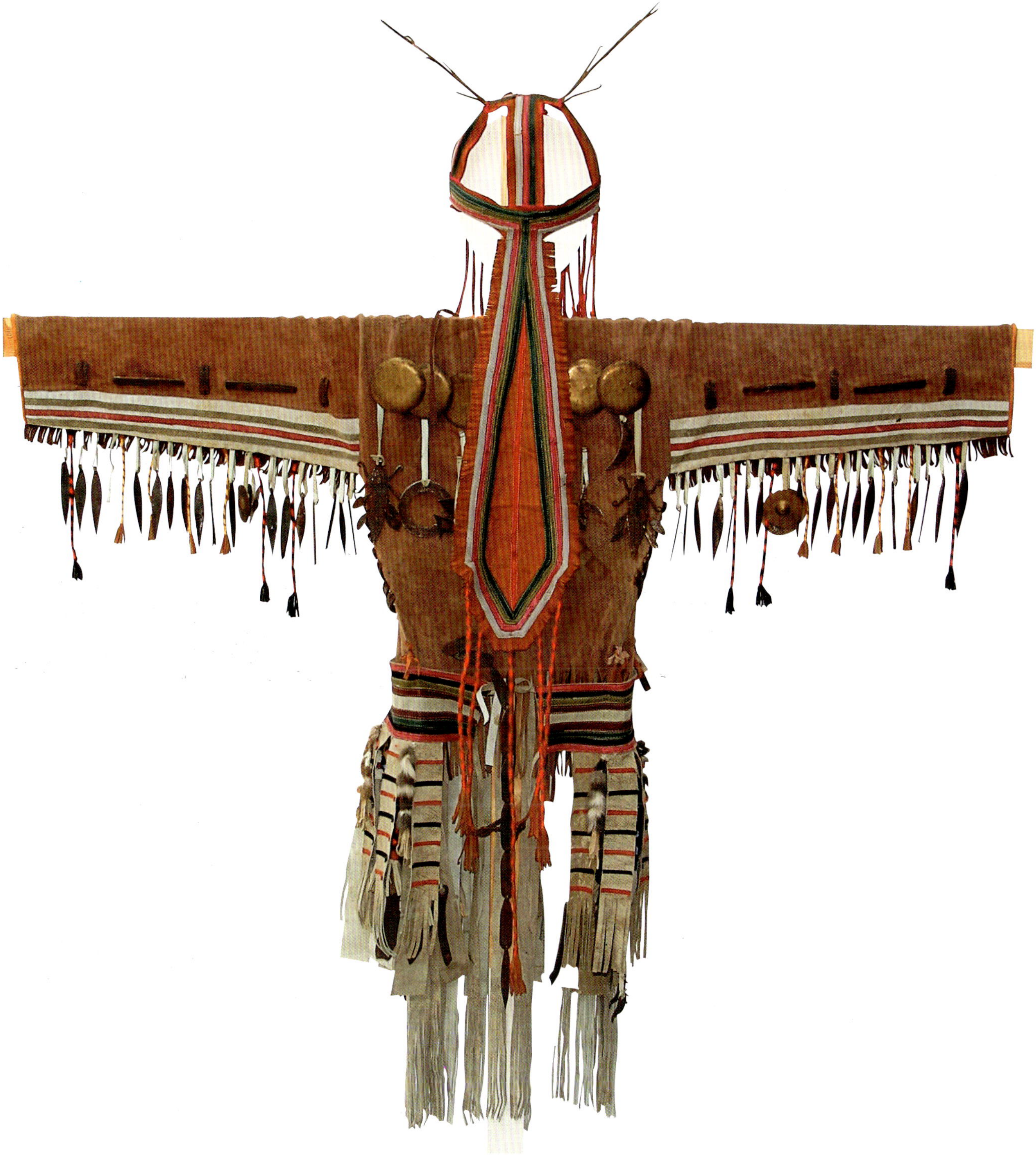

使鹿鄂温克萨满服（背面）

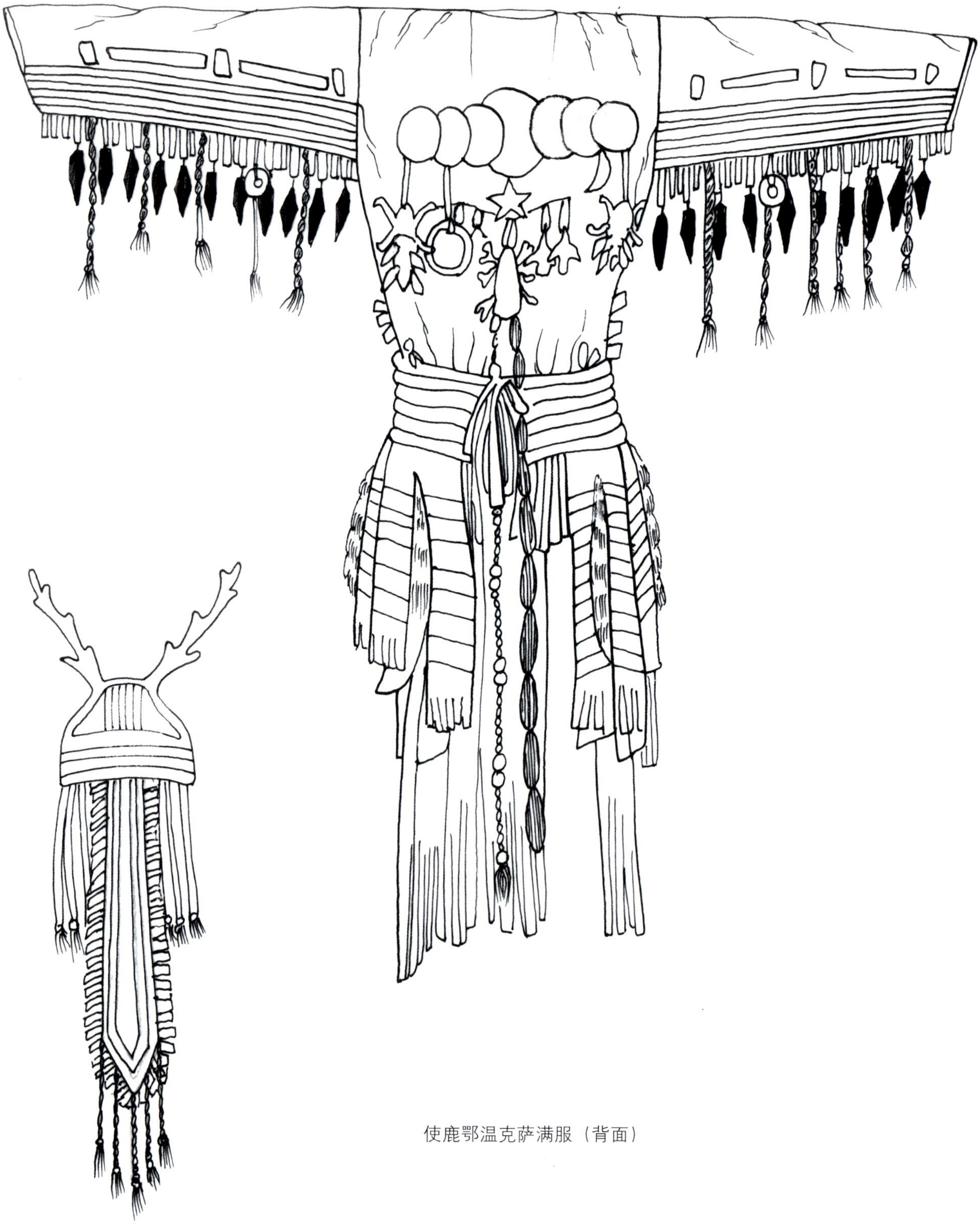

使鹿鄂温克萨满服（背面）

使鹿鄂温克萨满帽（背面）

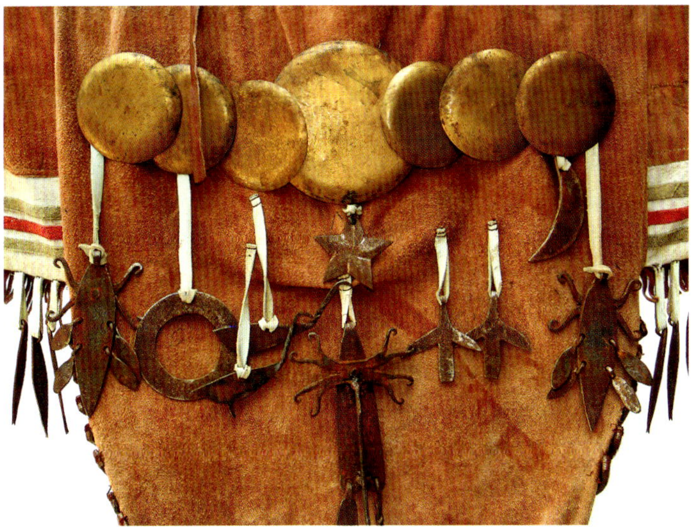
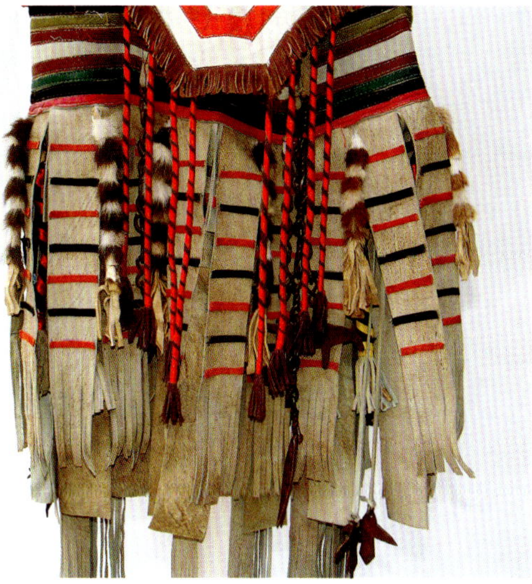

使鹿鄂温克萨满服（细部）

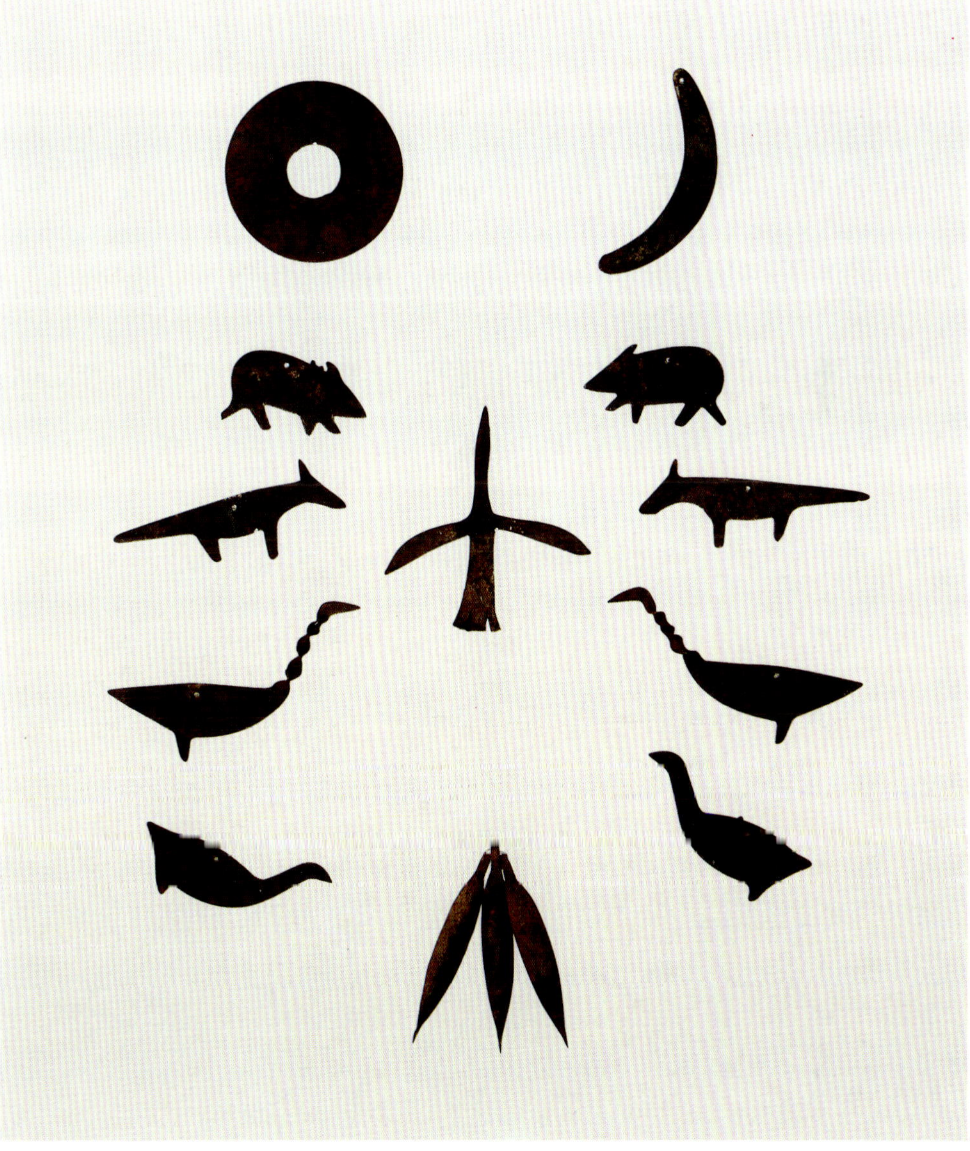

图腾崇拜物　日、月、熊、狼、救腾鸟、水鸭、鱼、天鹅。

牧区鄂温克萨满服饰

牧区鄂温克萨满用具包括：神袍、神帽、神鼓等法具。神袍是用鹿、犴皮等精制绣花紧身对襟长袍。神袍的紧袖上饰有三条宽约15cm的黑皮缝制的环形皮带，神袍外罩黑色坎肩，前胸左右饰以海贝饰，共镶饰海贝360枚，其意象征一年360天。在坎肩后背上多饰刺绣图案，后背正中为一棵大树，大树顶部左为日、右为月，其下为白色云朵，再下为左右对称的龙形图案，其下为一对相向展翅的凤鸟，最下方为大地。起着防妖护心作用的铜镜，有小铜镜（胸部）20个，护背镜5个，膝下部铜铃54个。肩上部左右两侧有布谷鸟神指路传播信息，下身配有各种五颜六色的后飘带，绘各种神偶像，如日、月、树木、鹿、蛇等，飘带共12条组成，象征十二个属相，腰间左右两侧垂下皮绊带各一条，用双手晃动，显示威风。神帽用铁条或铜条制作帽架及用大绒做帽头，帽上部有铜制鹿角，角叉分三至九叉不等，鹿叉越多表明萨满的品级、资历和威望越高。神鼓用狼皮或羊皮制作，鼓槌用狍腿皮制作，毛朝外，神鼓是显示萨满威力的器具。

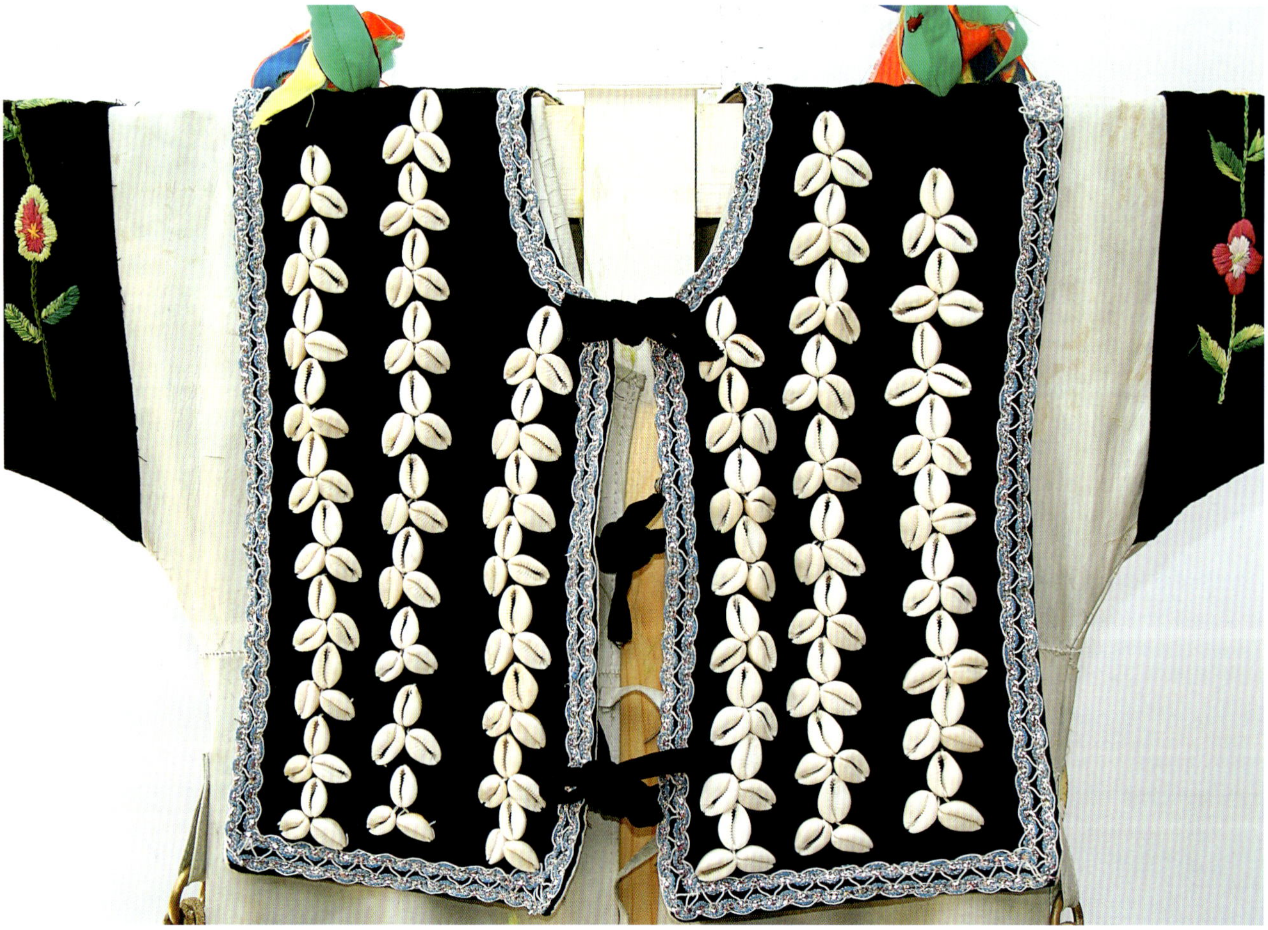

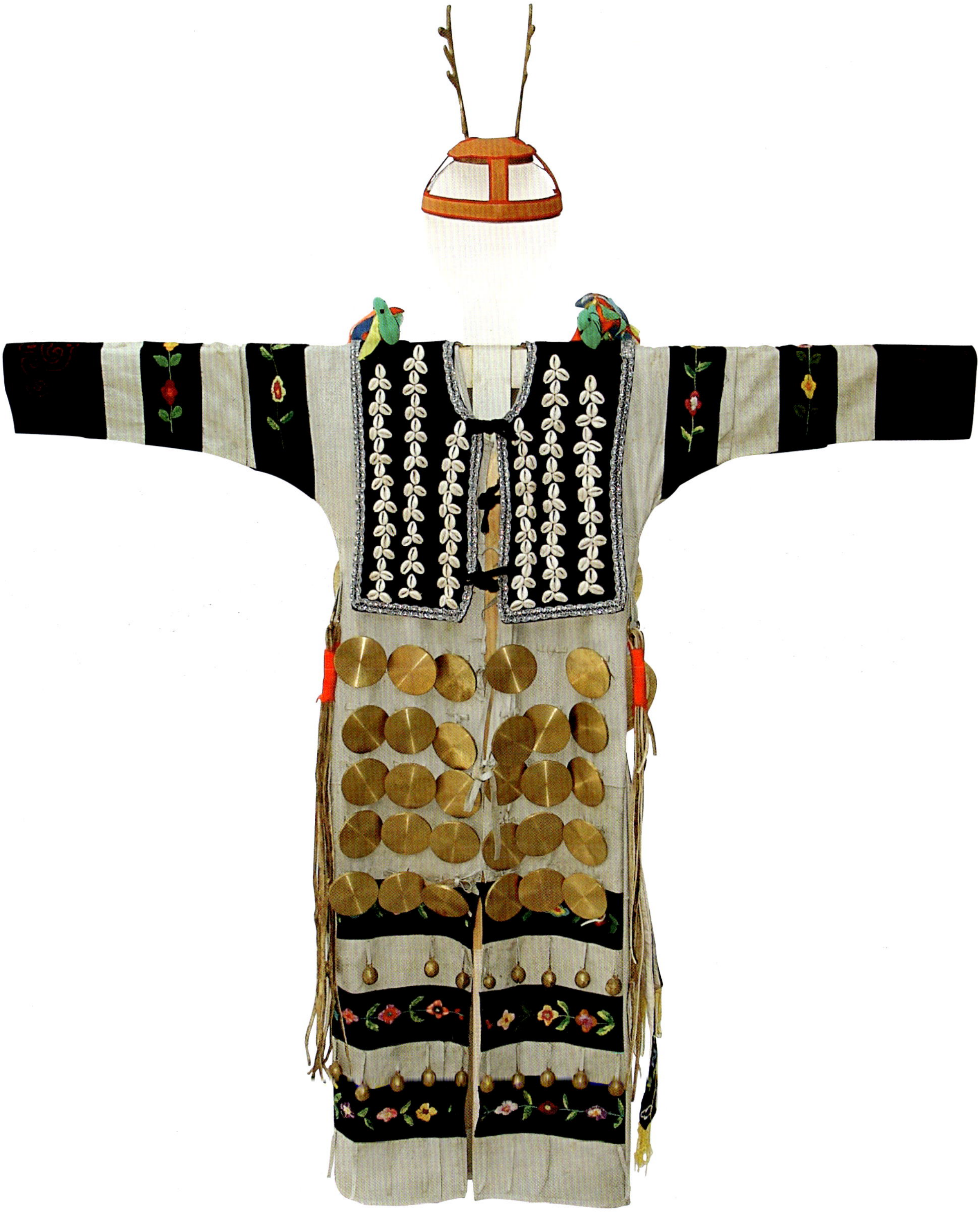

牧区鄂温克萨满服（正面）

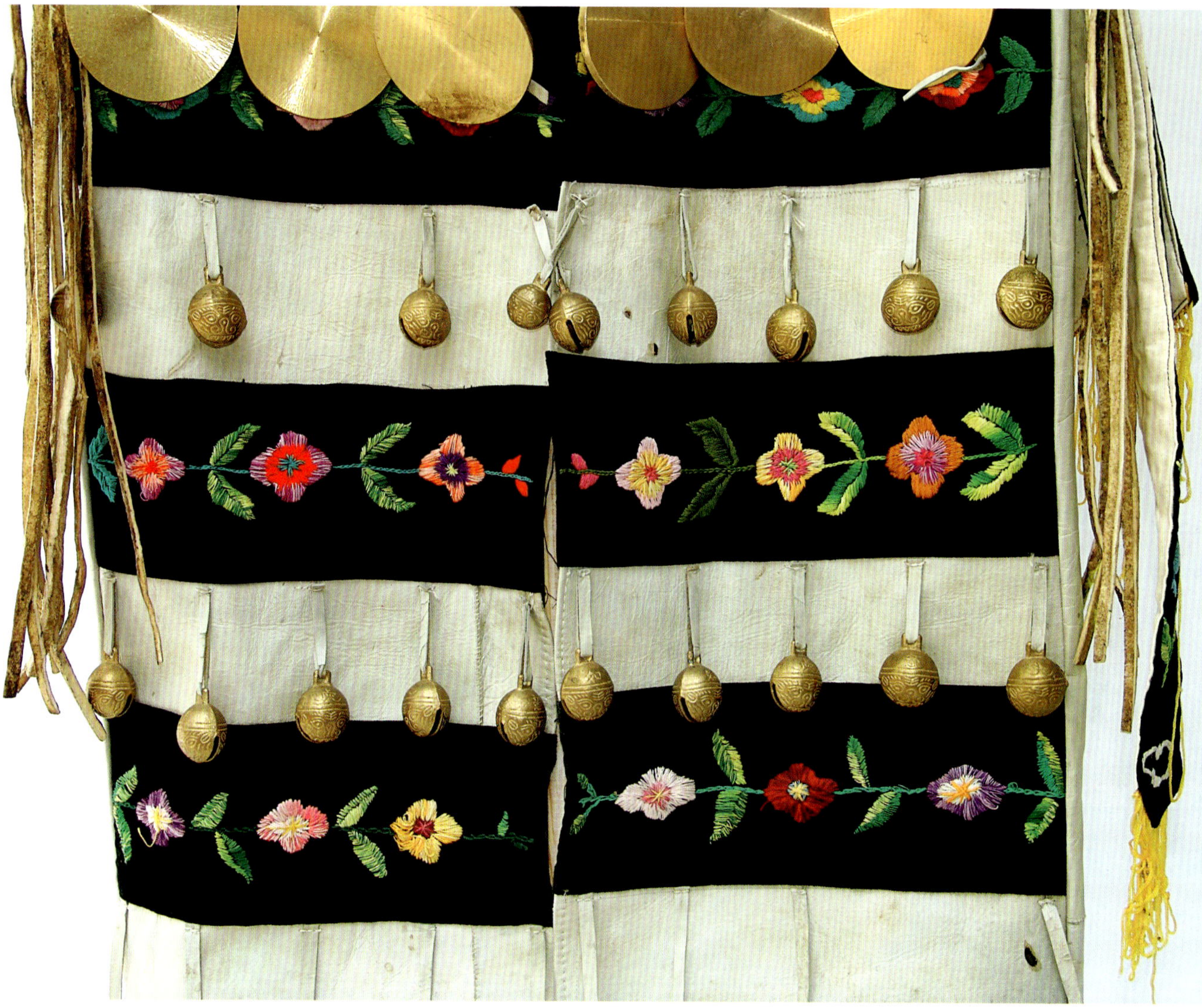

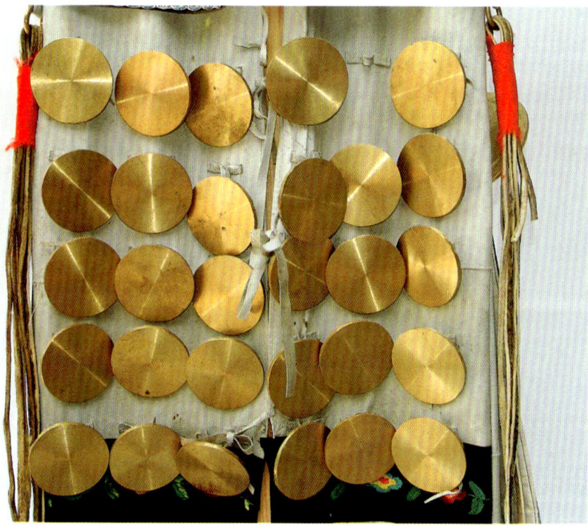

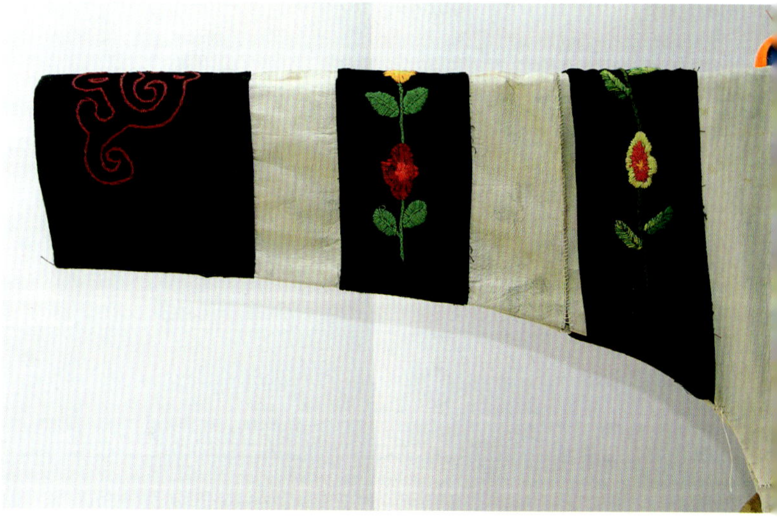

牧区鄂温克萨满服（细部）

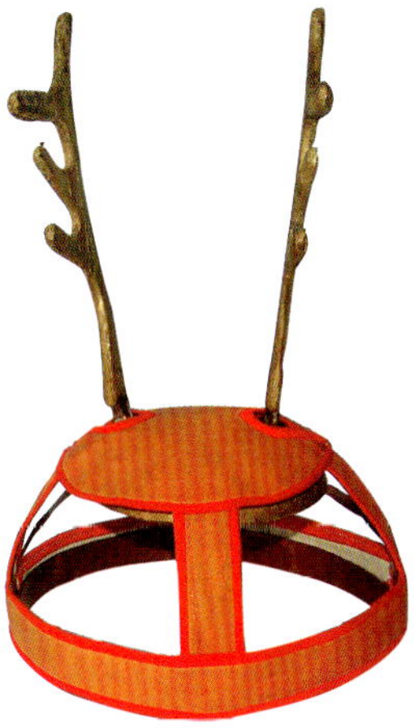

帽子

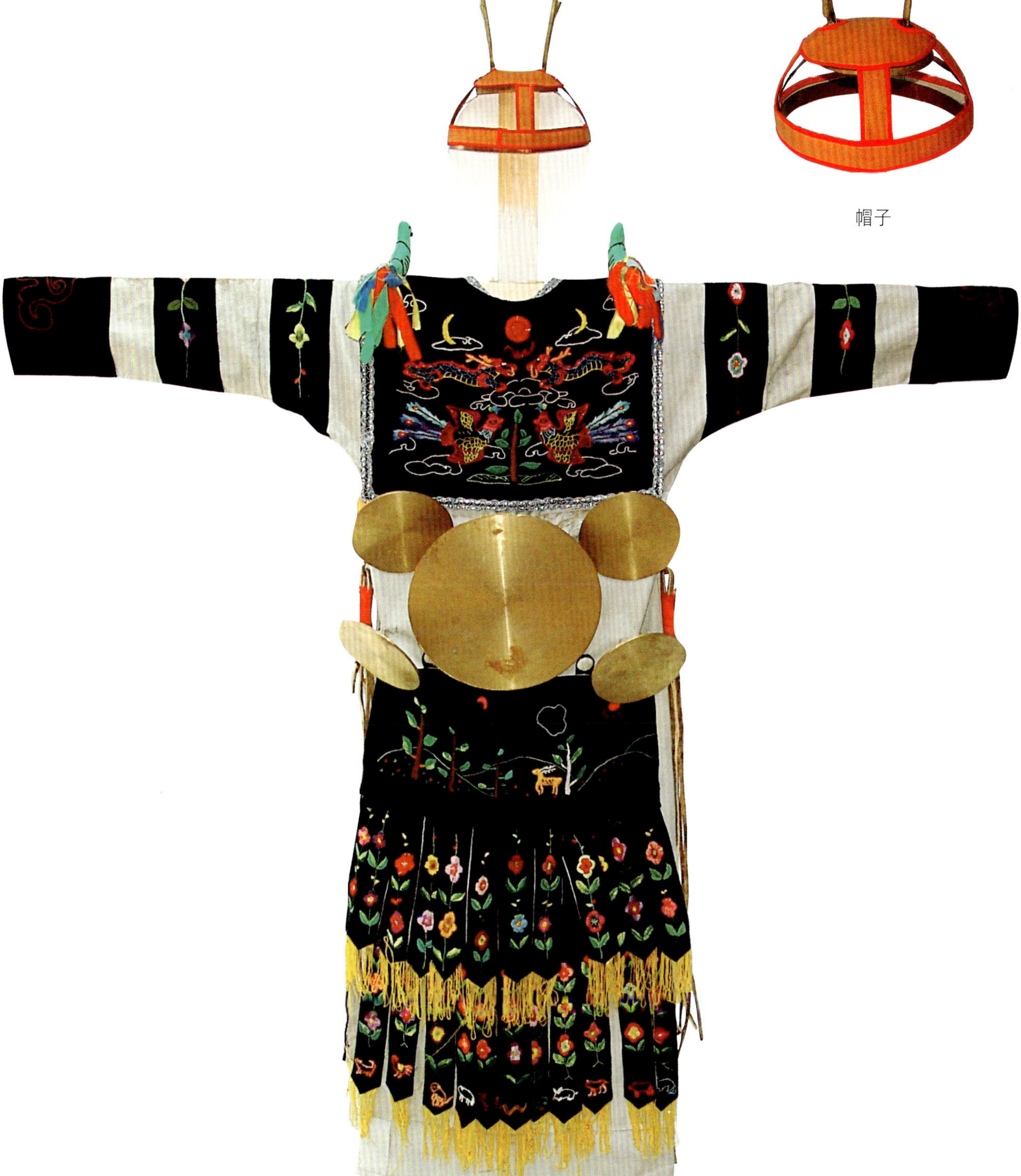

牧区鄂温克萨满服（背面）

通古斯鄂温克萨满服

通古斯鄂温克部落的萨满有神袍、神帽、神鼓等法具。萨满衣以鹿皮制作，分为长袍和护胸兜两个部分。神帽是在铁条弯成的圆圈上，以两条弧形铁片相交于帽顶呈“十”字形的帽架，并以鹿皮镶包铁皮做的框架帽，以红、黄、蓝三色彩线饰于包镶皮上。内衬帽以鹿皮制作，呈瓜皮状。在神帽铁条框架顶部左右的铁条上，镶嵌左右对称的，以铜或铁条制作的二枝杈鹿角饰，高约20cm（神帽鹿角枝杈的多少，同样显示出萨满的等级区别），在神帽前沿垂饰遮面的鹿皮条，每根长约20cm，面部所饰皮条总宽为15cm左右（以此绶穗式皮条代替了古代所用的面具）。萨满神袍为长筒形的对襟式袍服，窄长袖，在双袖下方中缀饰宽约15cm、长约18cm的皮穗饰带。在皮袍的下摆处左右各饰有长约17cm的双层皮穗条，在皮条饰的上方缀以绿色彩线边饰，在护胸兜的下端边沿也饰有长10cm、宽约33cm的皮条穗饰带。在萨满神衣各个部位上所饰的各种皮条穗饰，在这里均象征着鹿身上的短毛。在萨满神袍后背两肩之间饰有长49cm左右、宽8cm左右的横向铁片，起到横梁支架作用，在横向铁皮两端，又分别塑造出五个向上凸起的爪形装饰，其可能为肩部装饰，在背部横向铁片的下边凿出圆孔垂挂蛇造型和象征脊椎骨、骶骨、大腿骨、小腿骨的铁片、铁丝、铁环，使各部位骨骼造型不但能连成一体，也可以自由摇摆而产生活动感。

通古斯鄂温克部落萨满神袍上，缀饰的蛇形造型共有17条，其中小蛇造型有12条，大蛇造型5条。通古斯鄂温克部落萨满神袍及神帽上缀饰蛇神造型时，是一个蛇形造型和一个蛇皮图案饰带放在一起用，蛇形造型在里边蛇皮图案饰带盖在蛇形造型之上。在萨满左右对称的鹿角叉上，分上、中、下三层挂饰小蛇形布塑与小蛇皮图案饰带，每层挂2条，左右共为12条，又在其间缀饰红、黄、蓝三色布条。

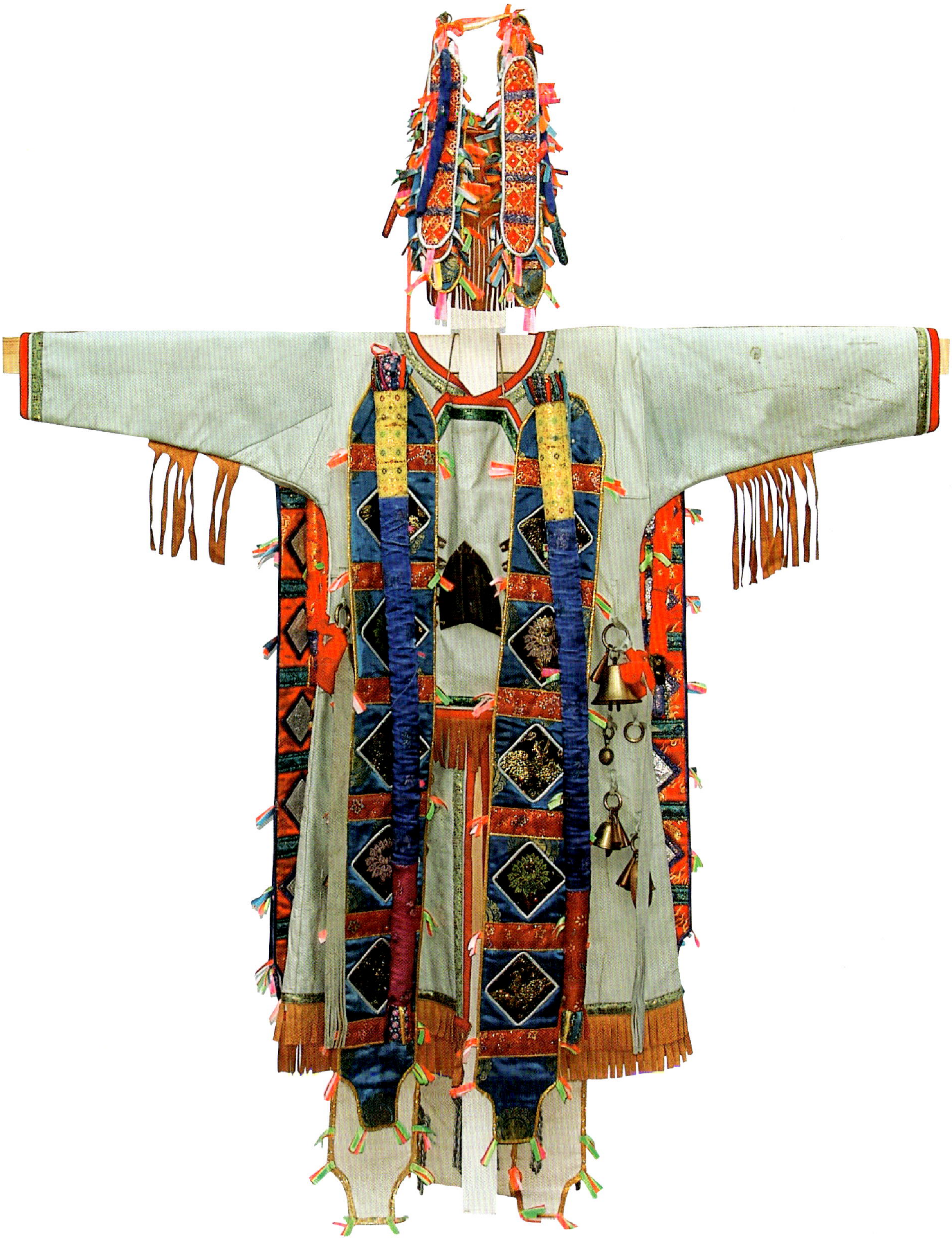

通古斯鄂温克萨满服（正面）

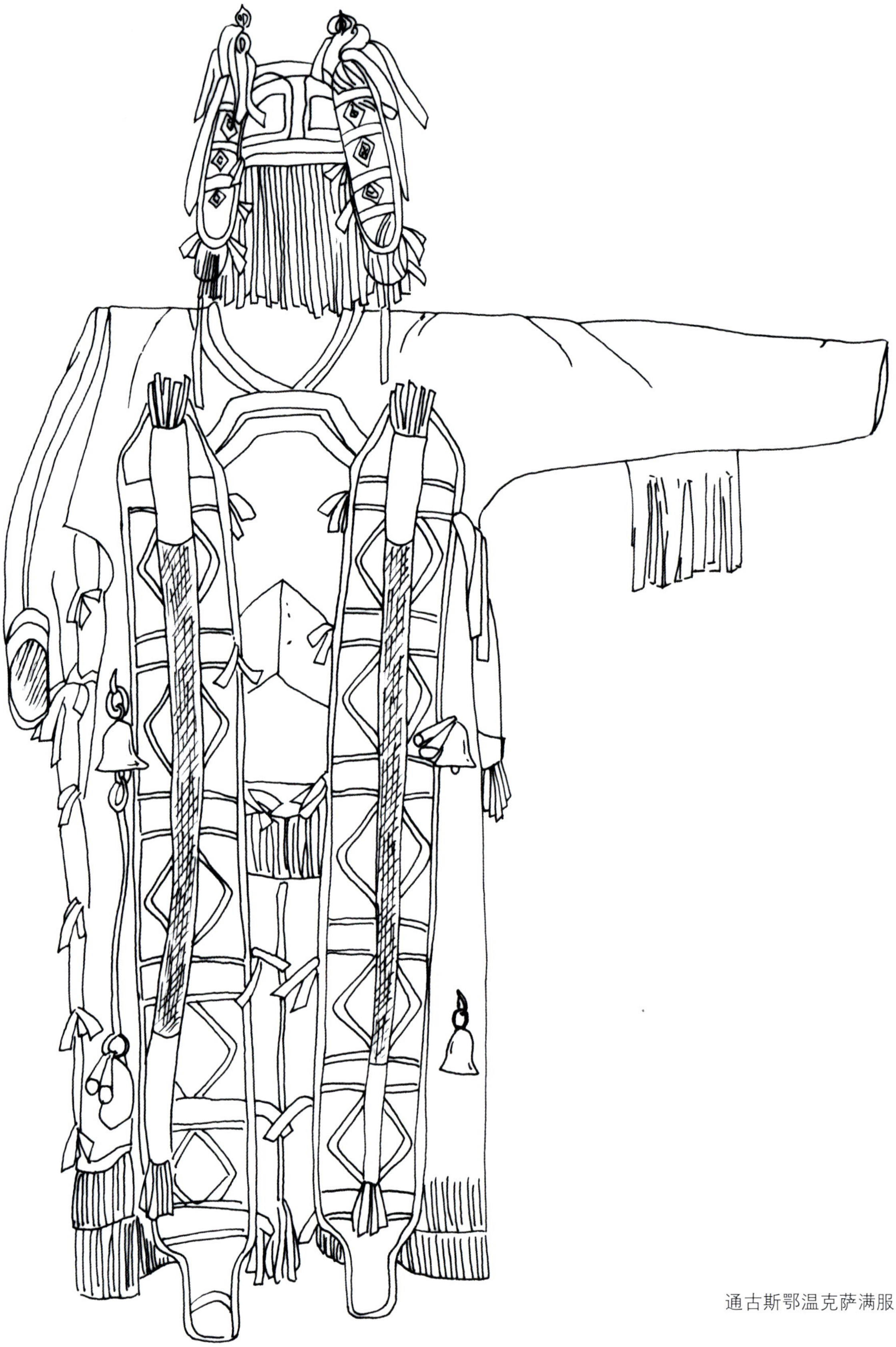

通古斯鄂温克萨满服（正面）

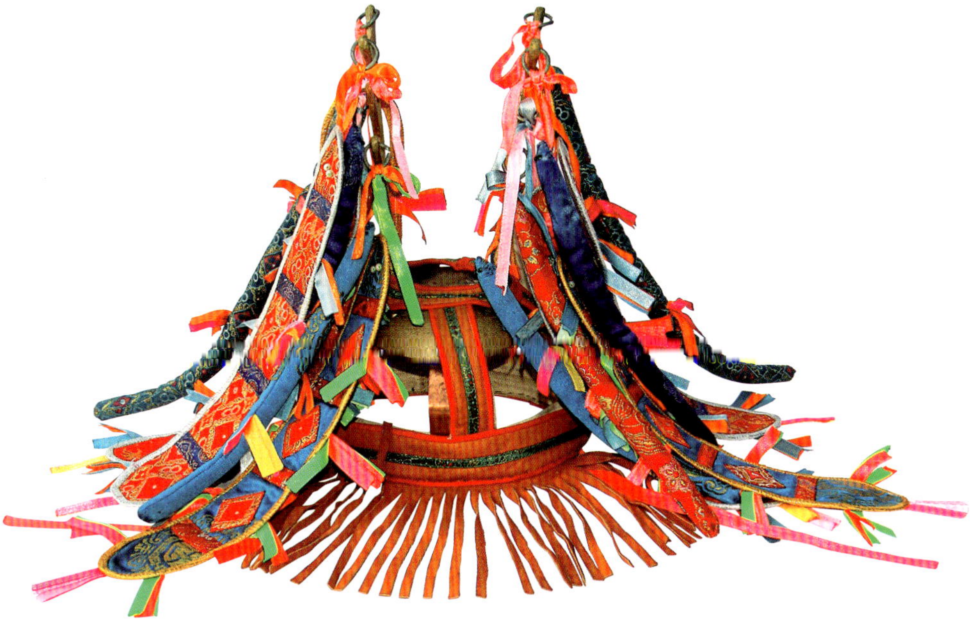

萨满帽

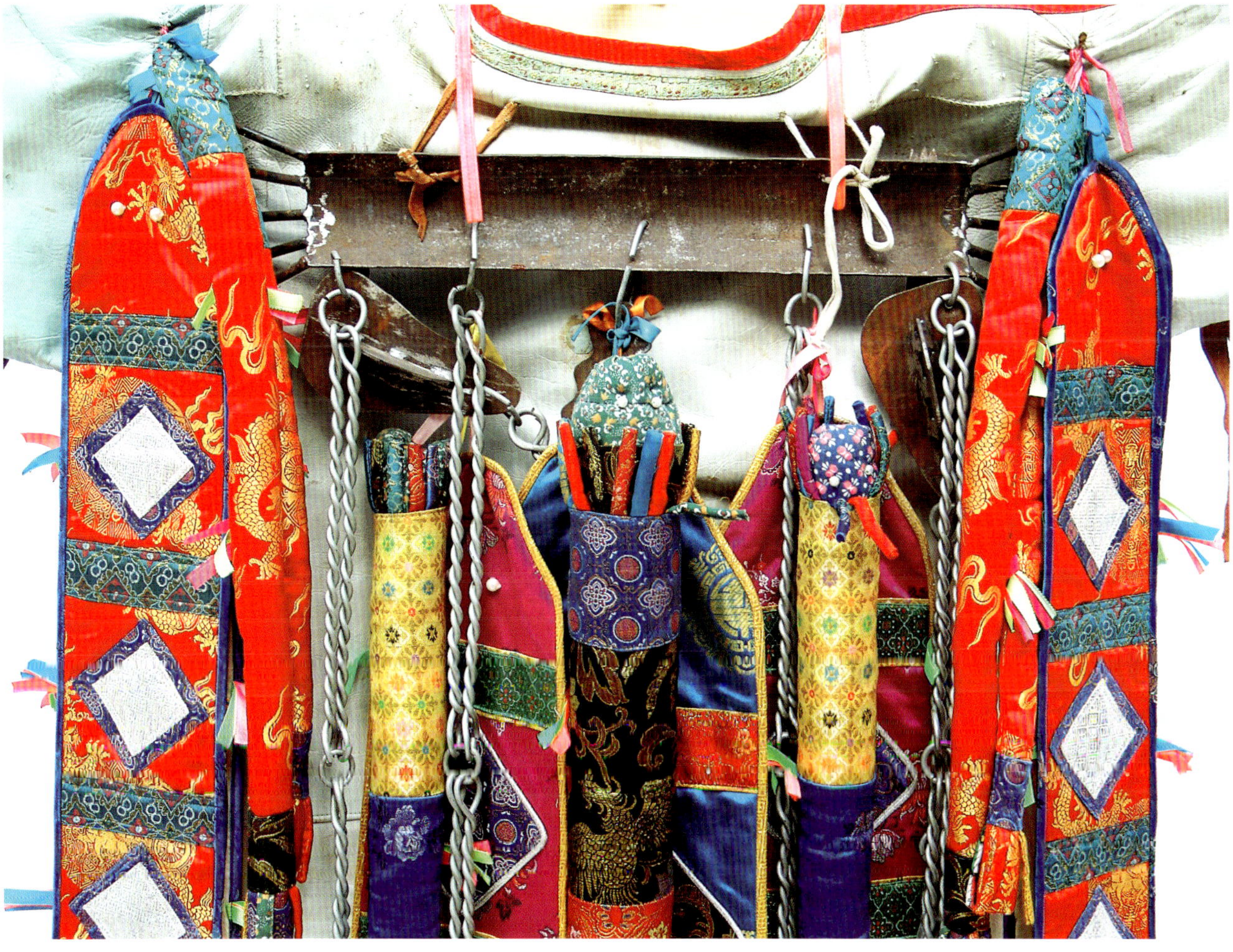

通古斯鄂温克萨满服（细部）

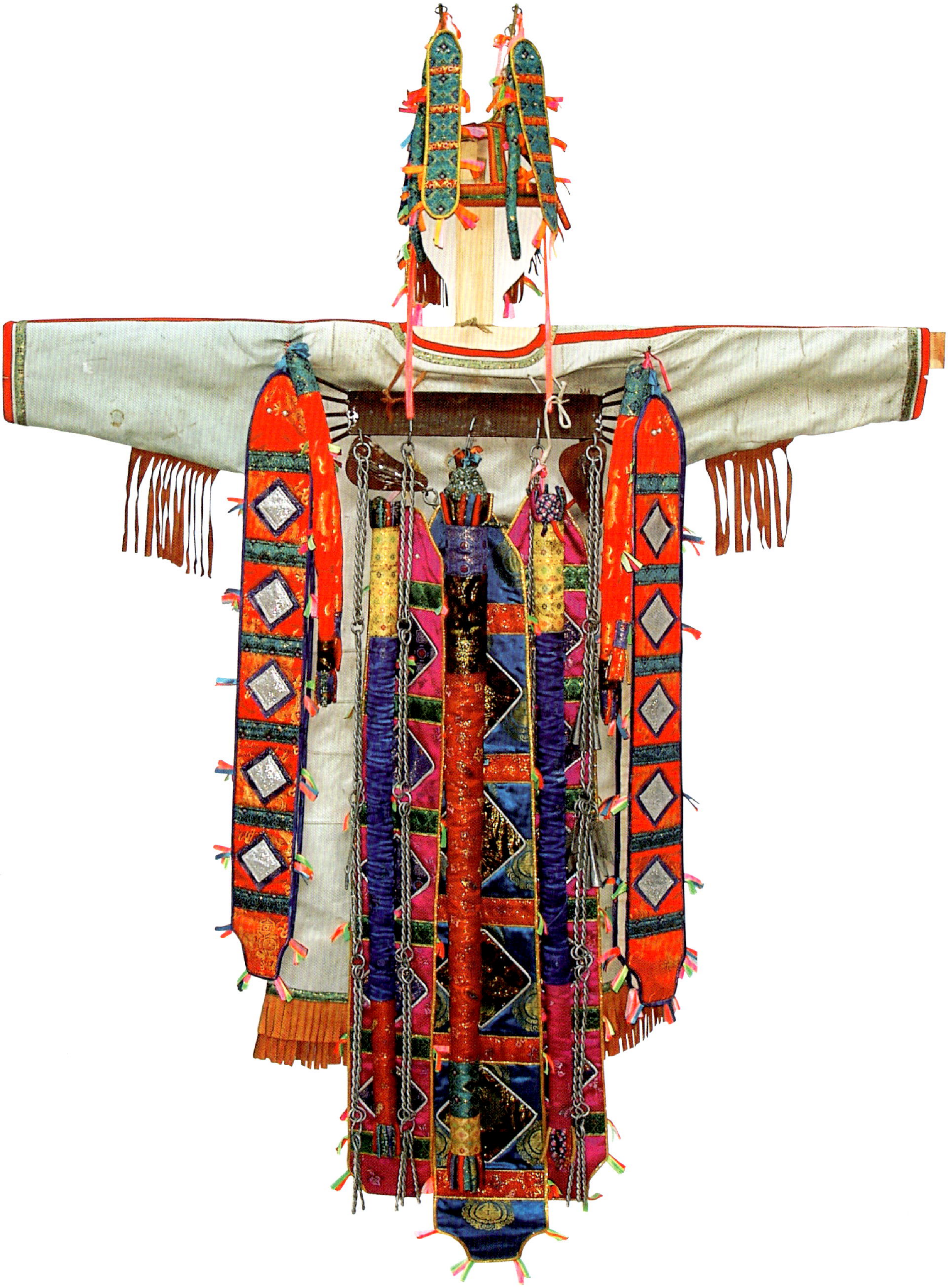

通古斯鄂温克萨满服（背面）

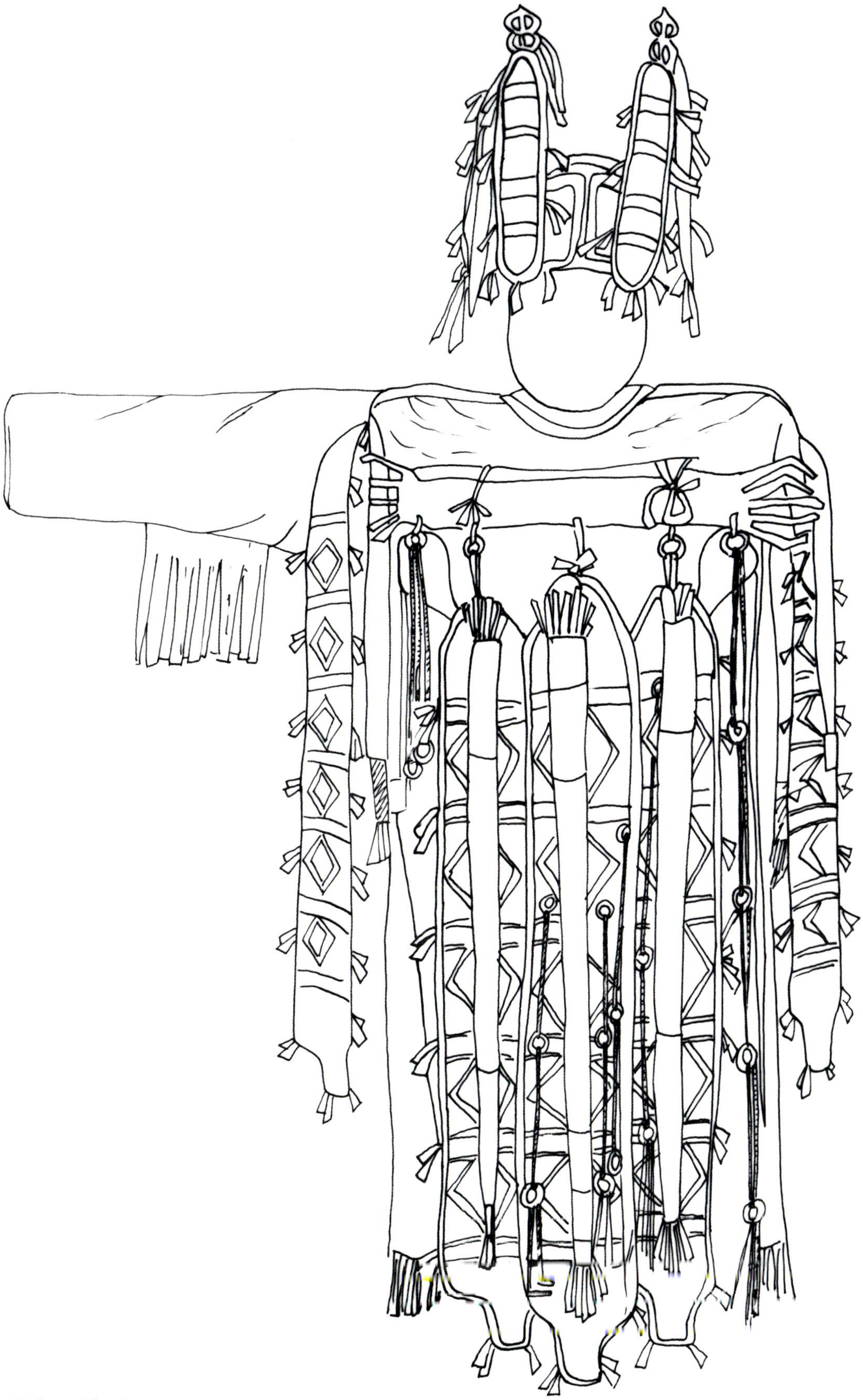

通古斯鄂温克萨满服（背面）

农区鄂温克萨满服饰

居住在内蒙古扎兰屯市、阿荣旗和黑龙江一带的鄂温克人由于受周围其他民族文化影响相对较快，个别氏族的萨满神衣、神帽的造型及装饰艺术发生了根本性变化。如在萨满神帽上出现佛教的“五福冠”，而在五福冠的五个莲花瓣造型上，开始出现了佛的形象。在原萨满神袍上又出现了红或紫红外罩，这同样是受佛教文化影响。

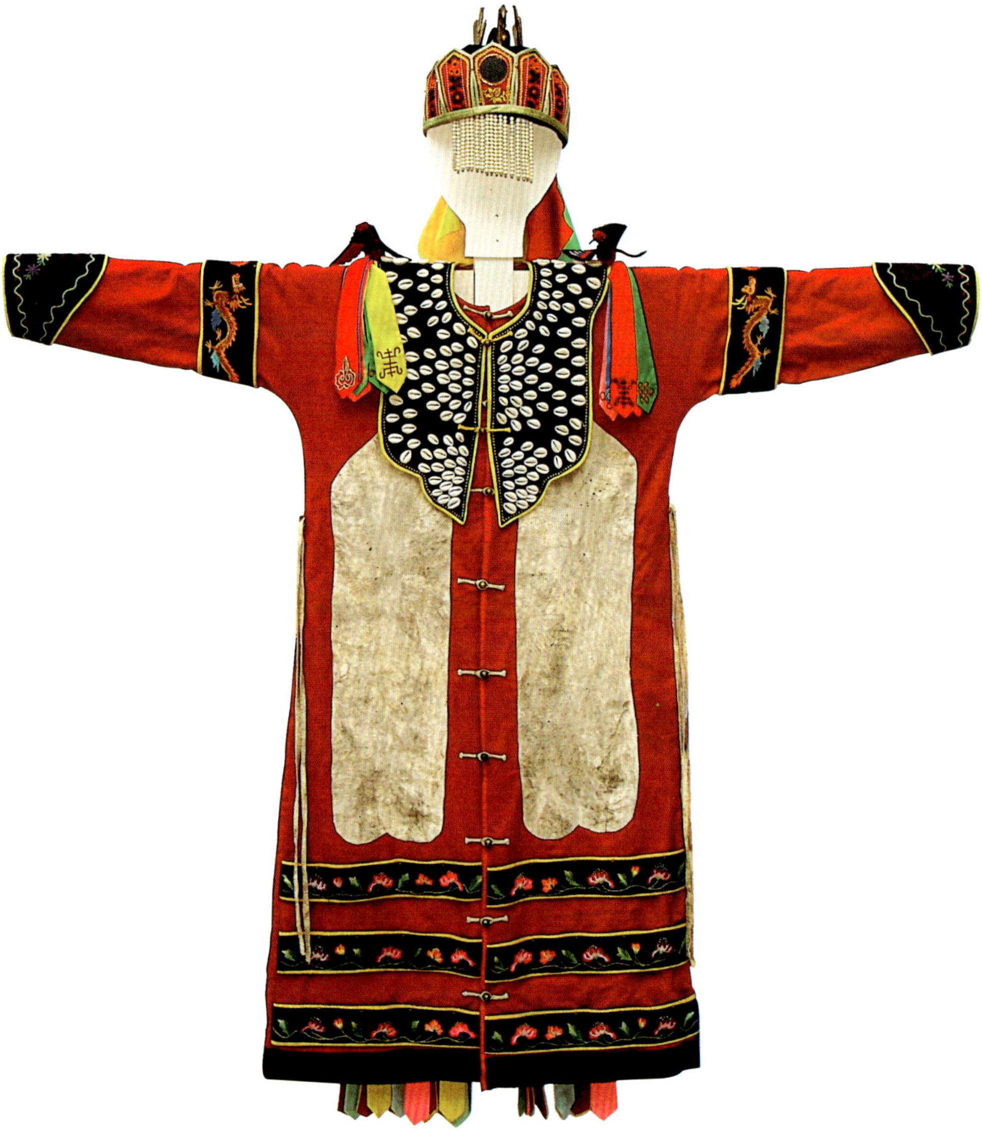

农区鄂温克萨满服（正面）

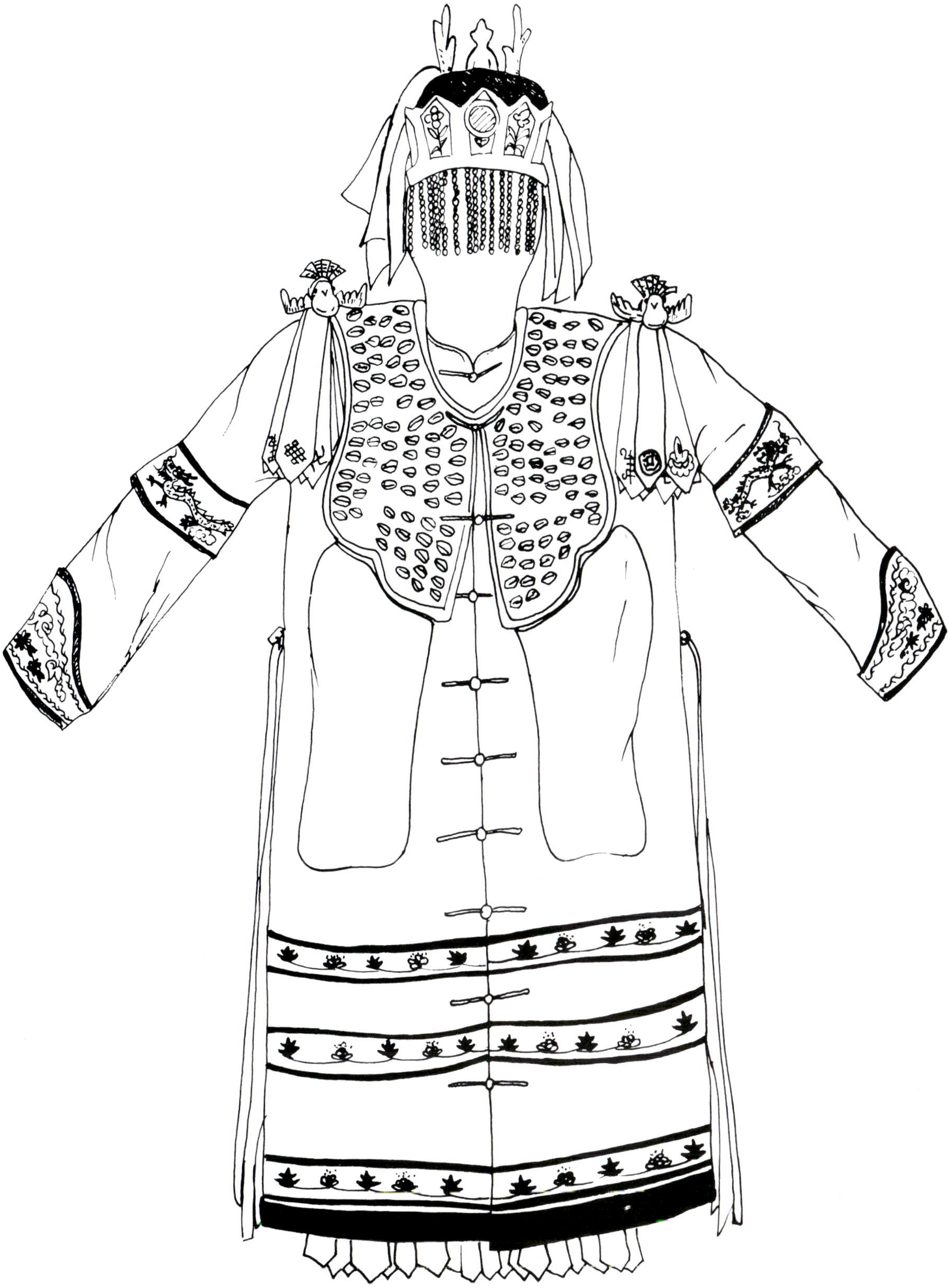

农区鄂温克萨满服（正面）

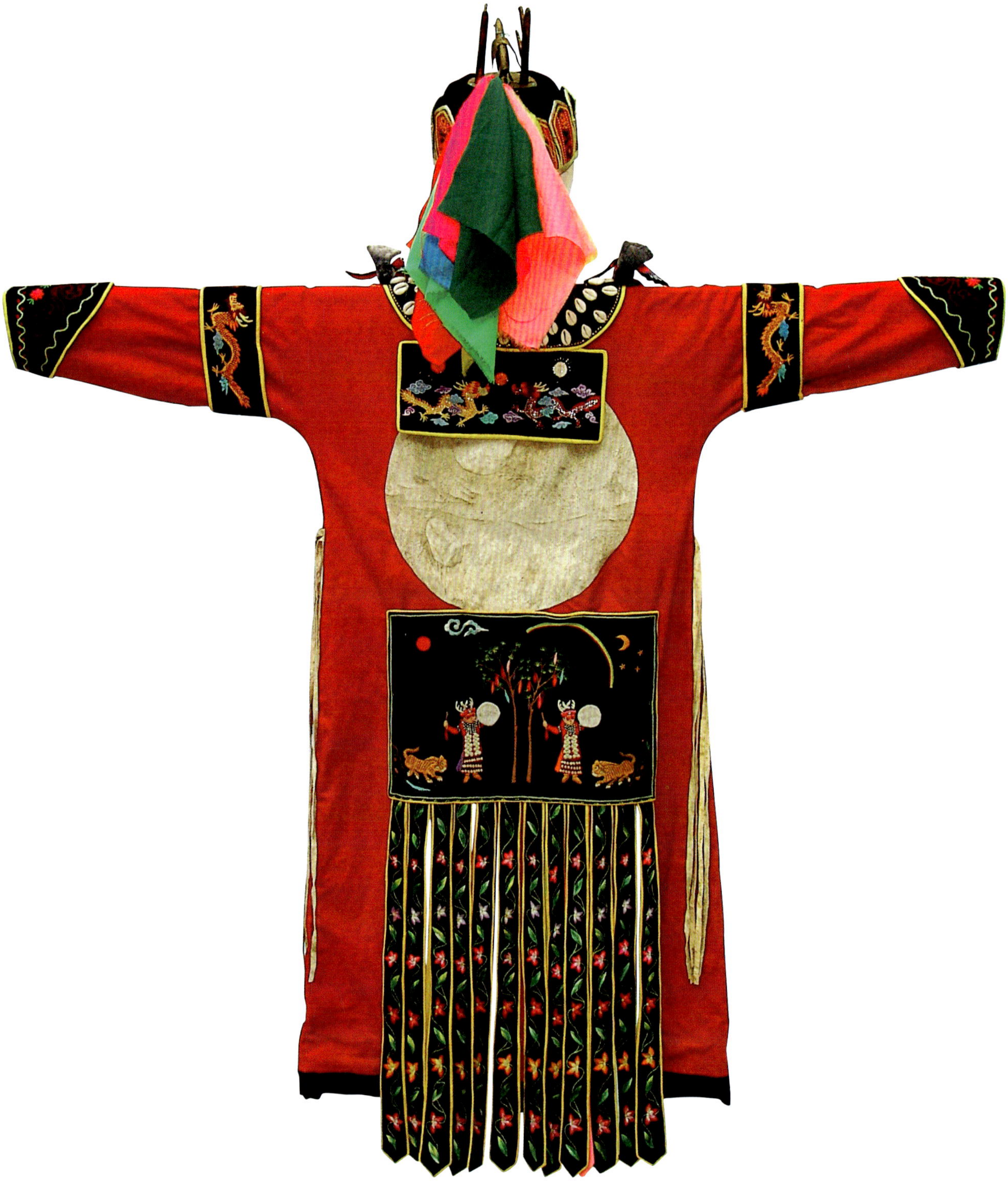

农区鄂温克萨满服（背面）

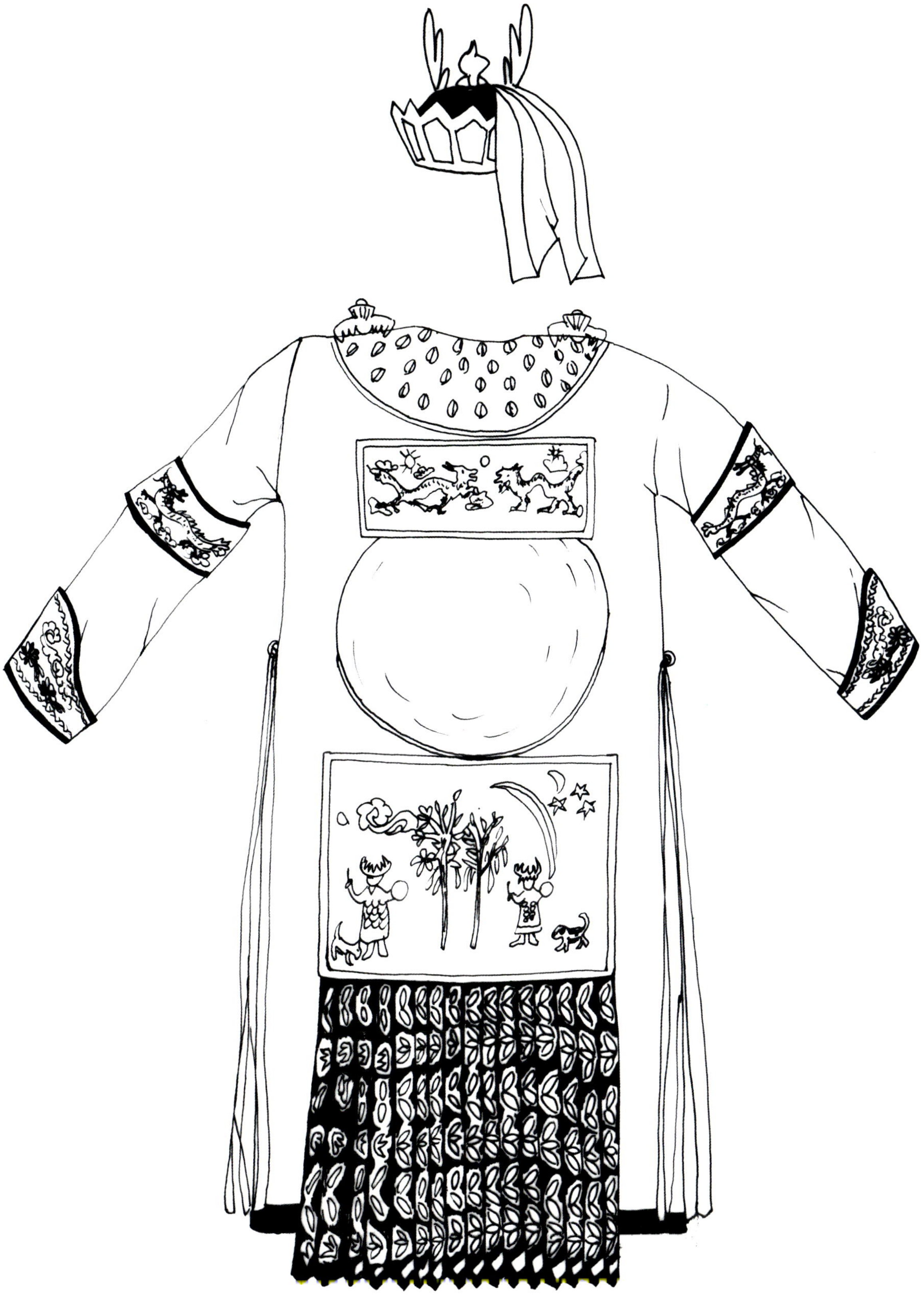

农区鄂温克萨满服（背面）

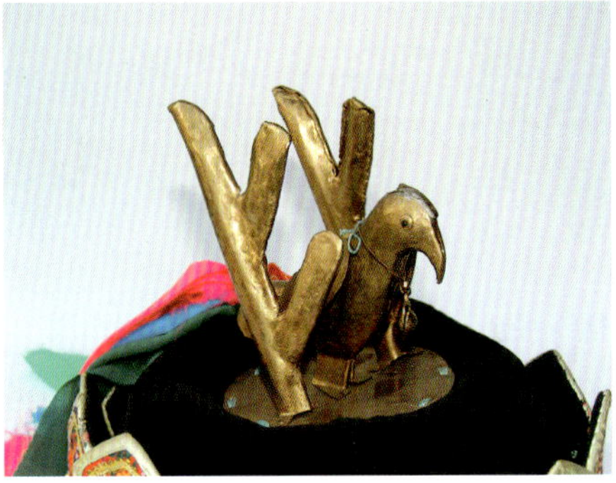

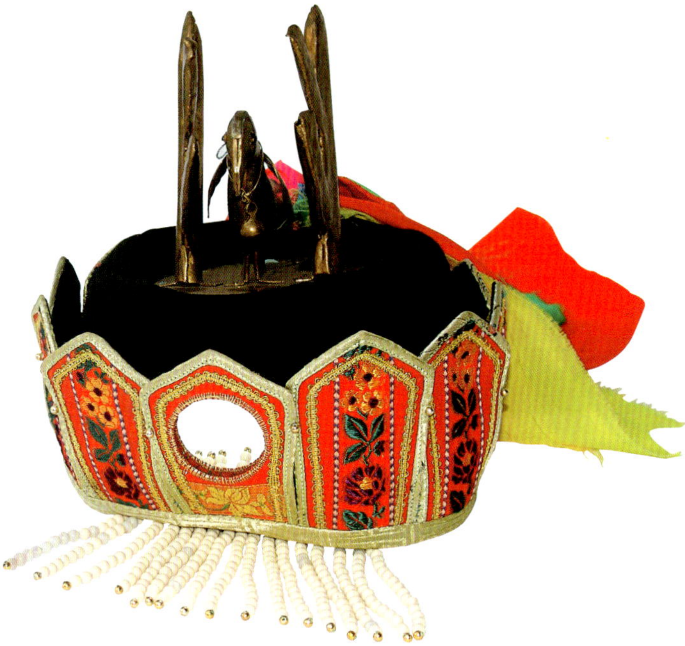

萨满帽及细部

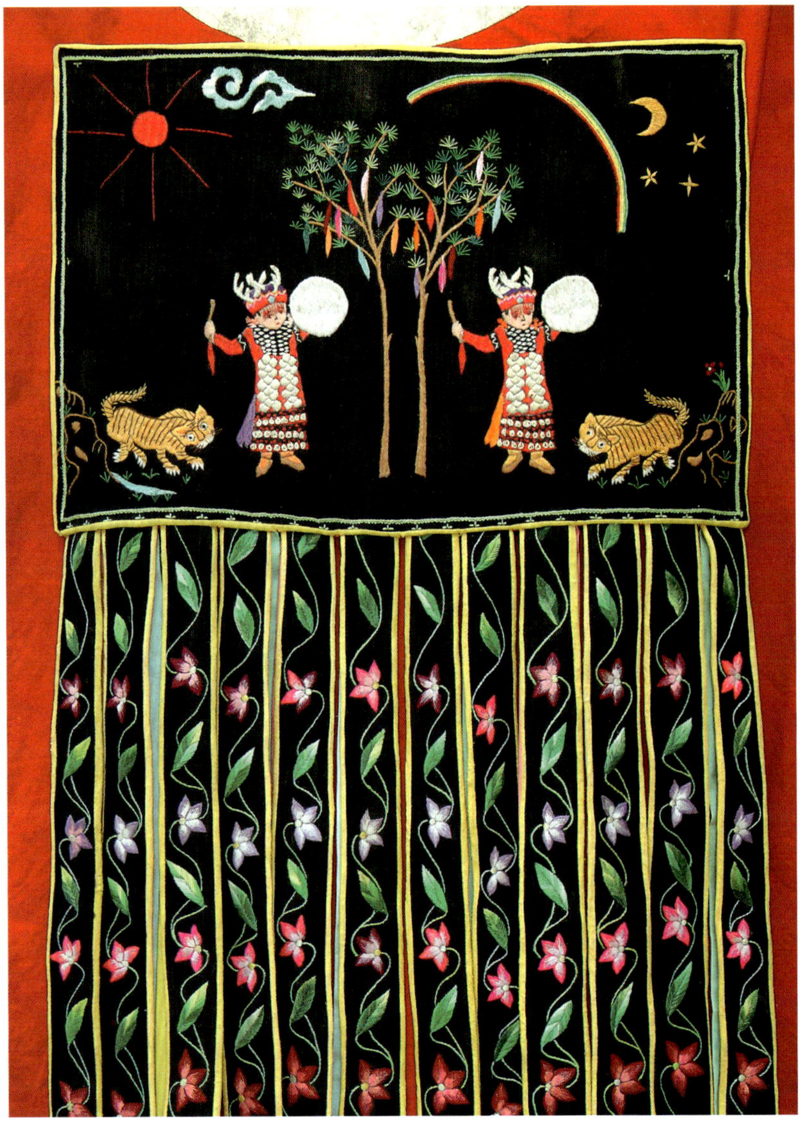

农区鄂温克萨满服（细部）

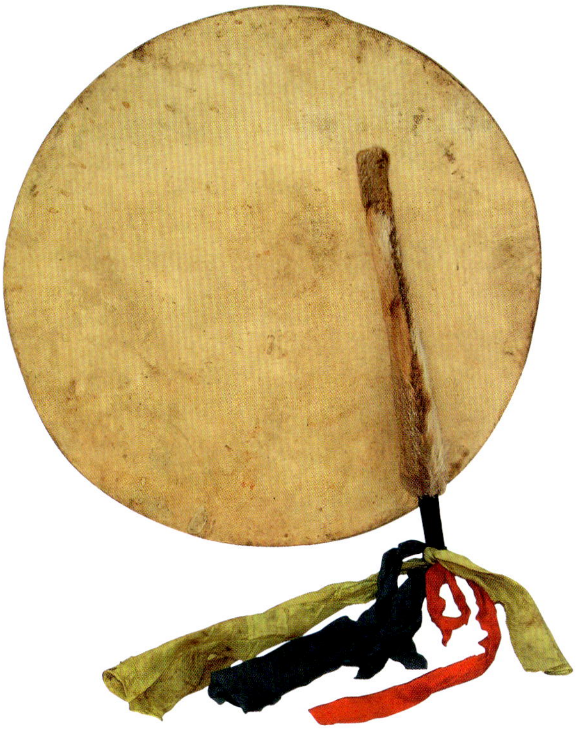

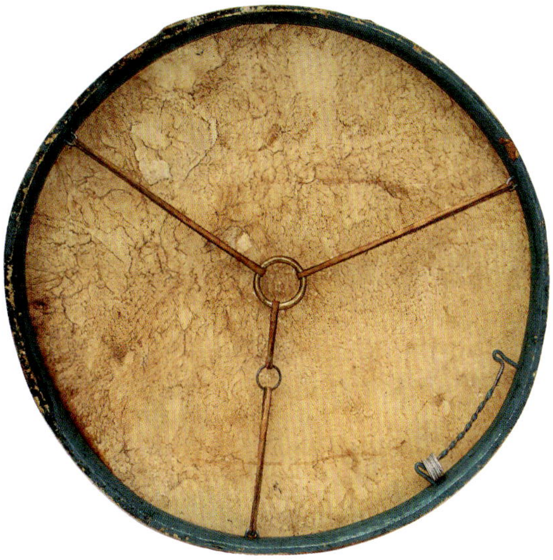

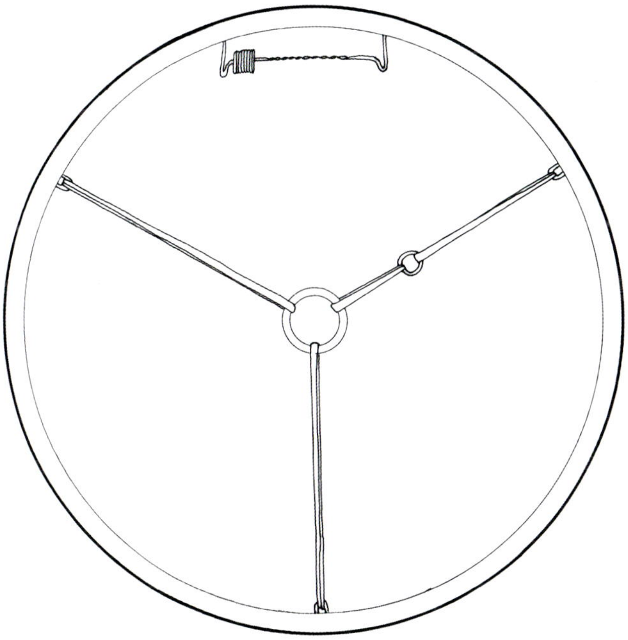

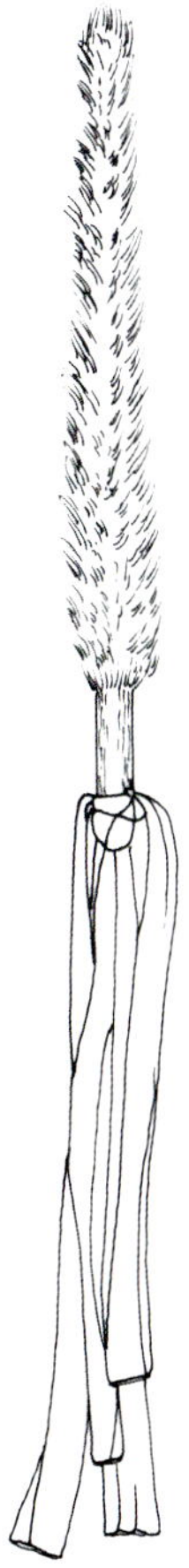

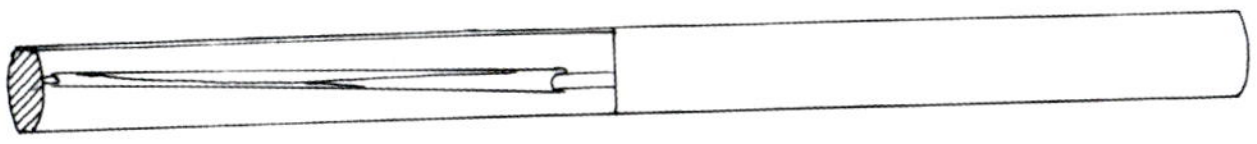

萨满鼓　直径59cm 厚3cm

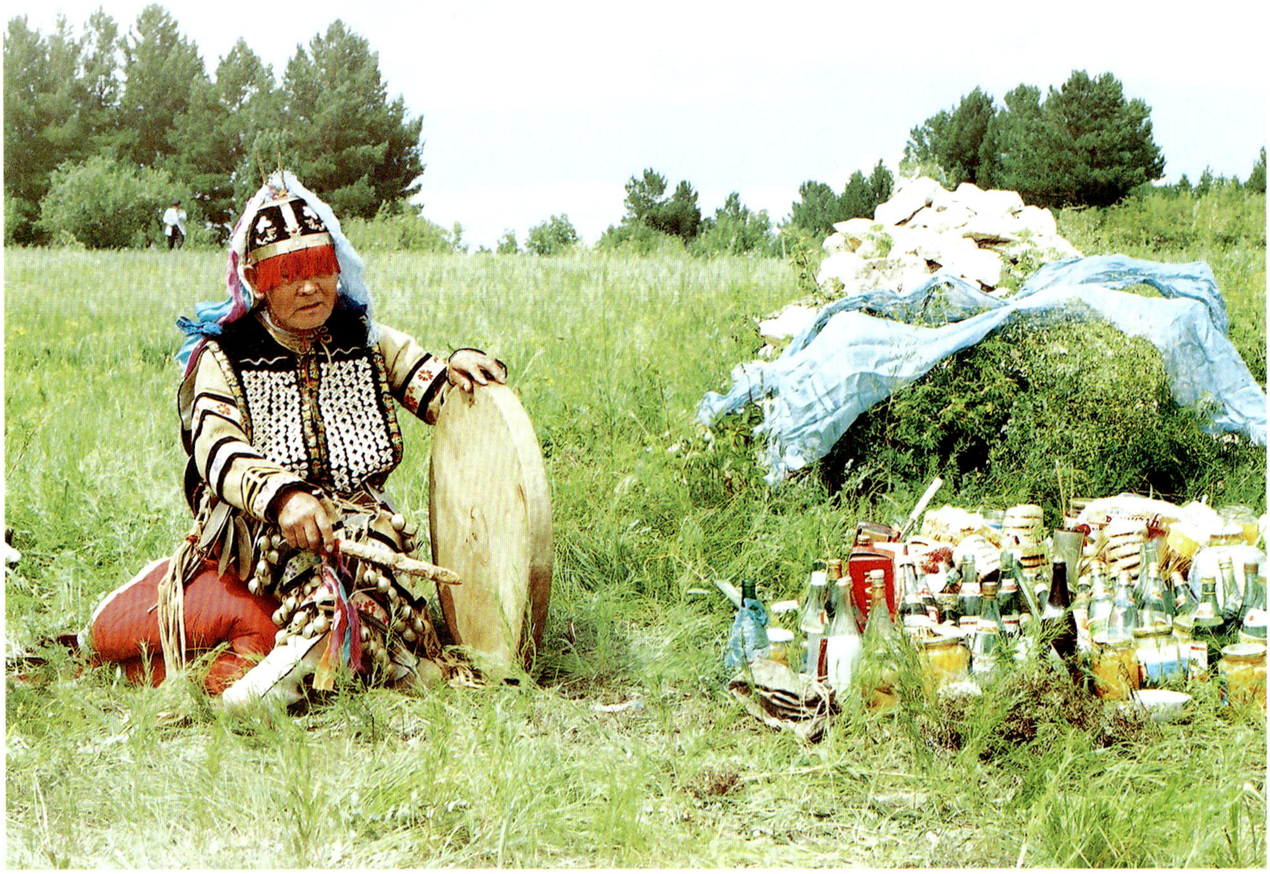

萨满作法图　萨满作法时，口中念诵祝福词。

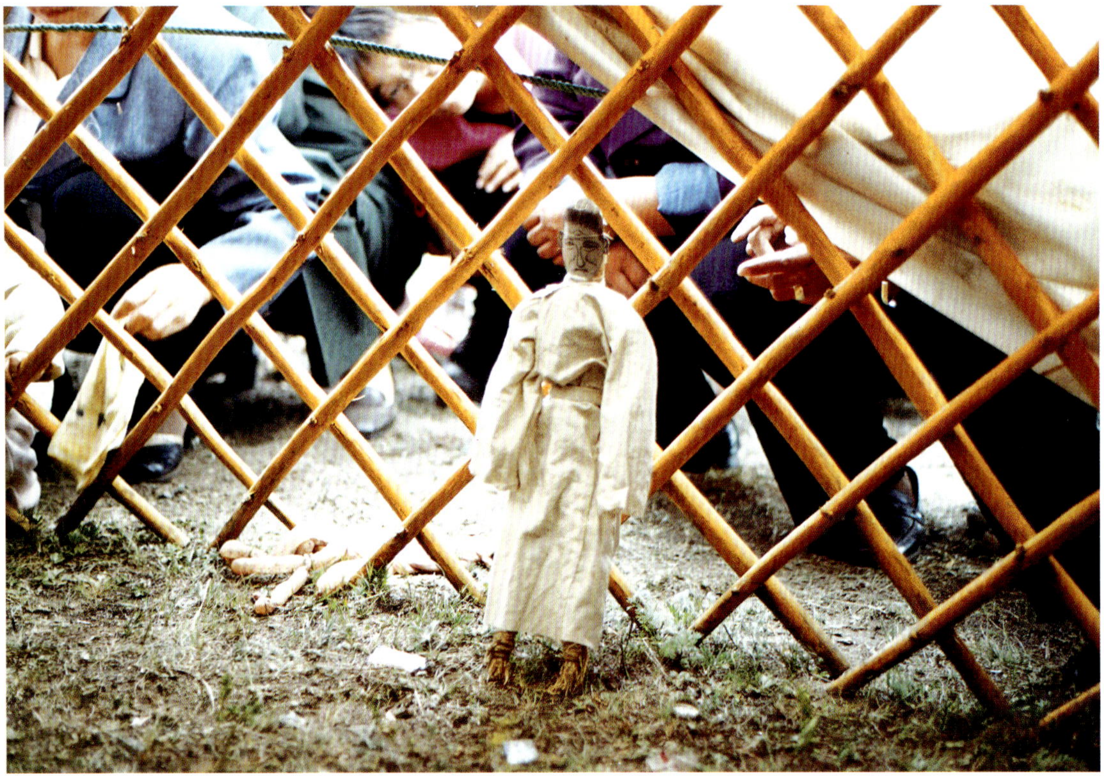

萨满为人治病时所祭的神偶

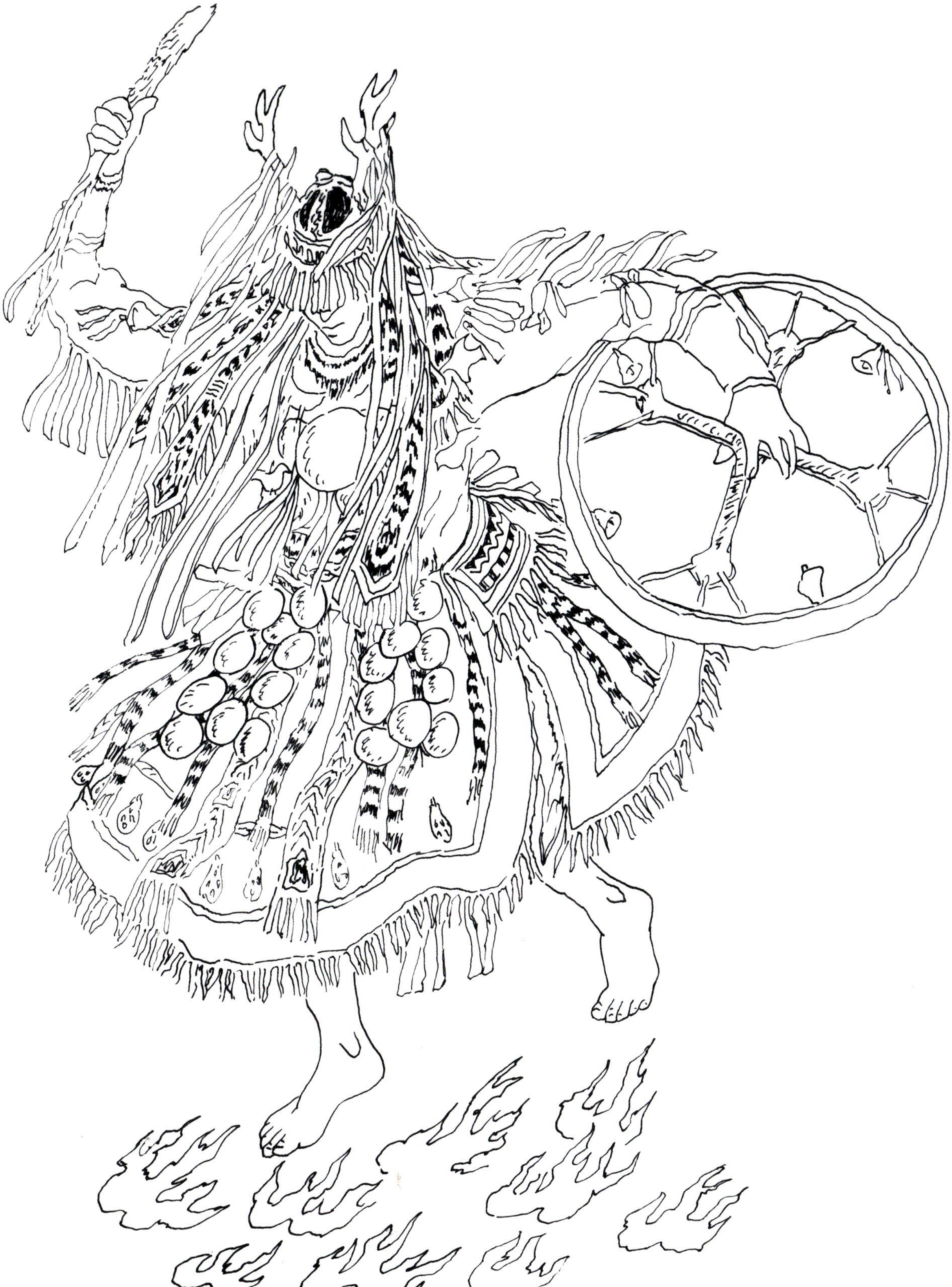

萨满作法图

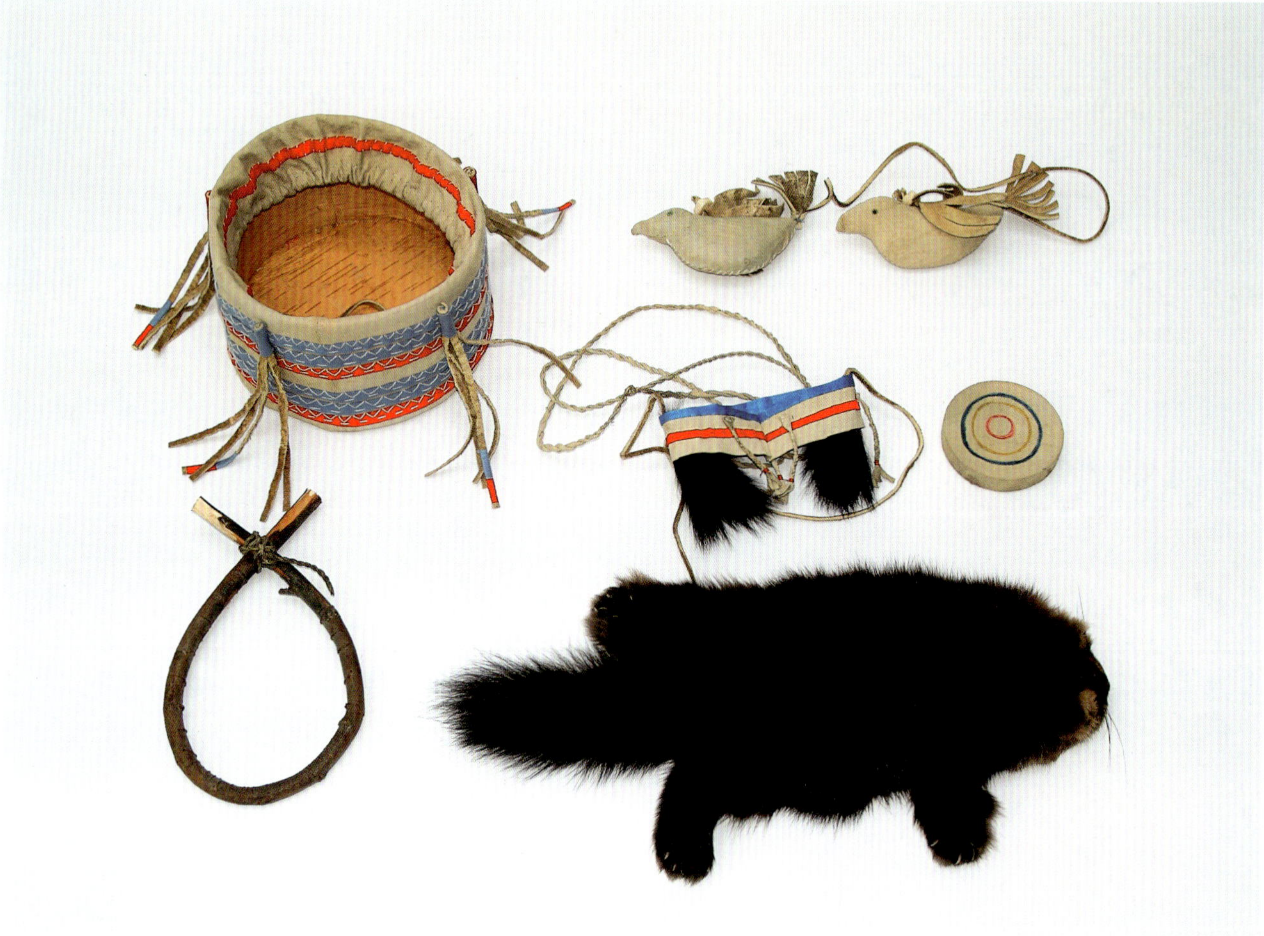

使鹿鄂温克玛鲁神

为众神之统称，包括12种神像。主神为舍卧克，副神有小鼓、“嘎黑”鸟、皮绳、驯鹿笼头、灰鼠皮、刻如那斯皮、水鸭皮、舍利、乌麦、阿隆、熊神。12种神像一并装入用桦树皮制作的盒内，即称“玛鲁”。供奉在撮罗子东北角或者西北角的树杈上。出猎前后，将部落供奉的玛鲁神从树杈上取下来祭祀一番；搬迁时用专门的驯鹿驮载玛鲁神，走在搬迁的最前面。

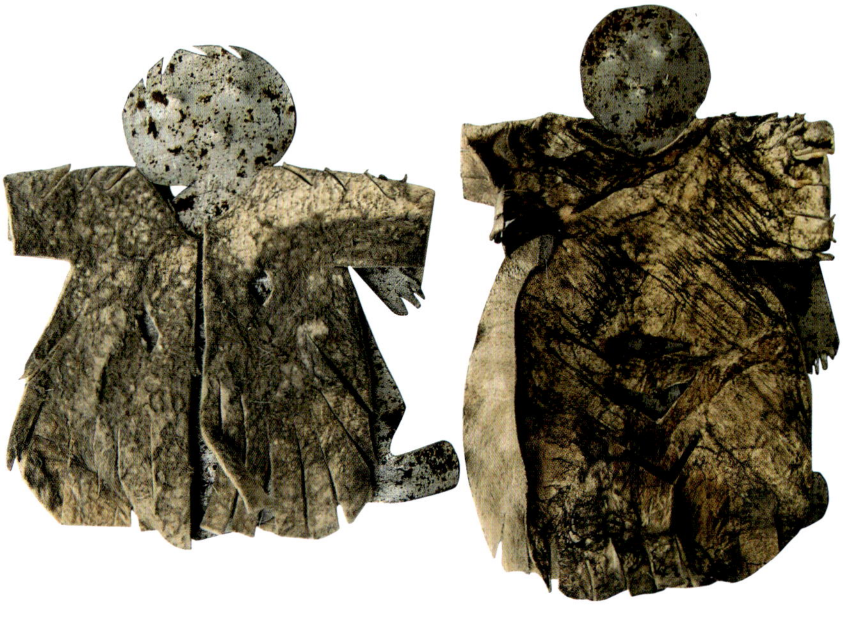

舍卧克神　使鹿鄂温克的祖先神。

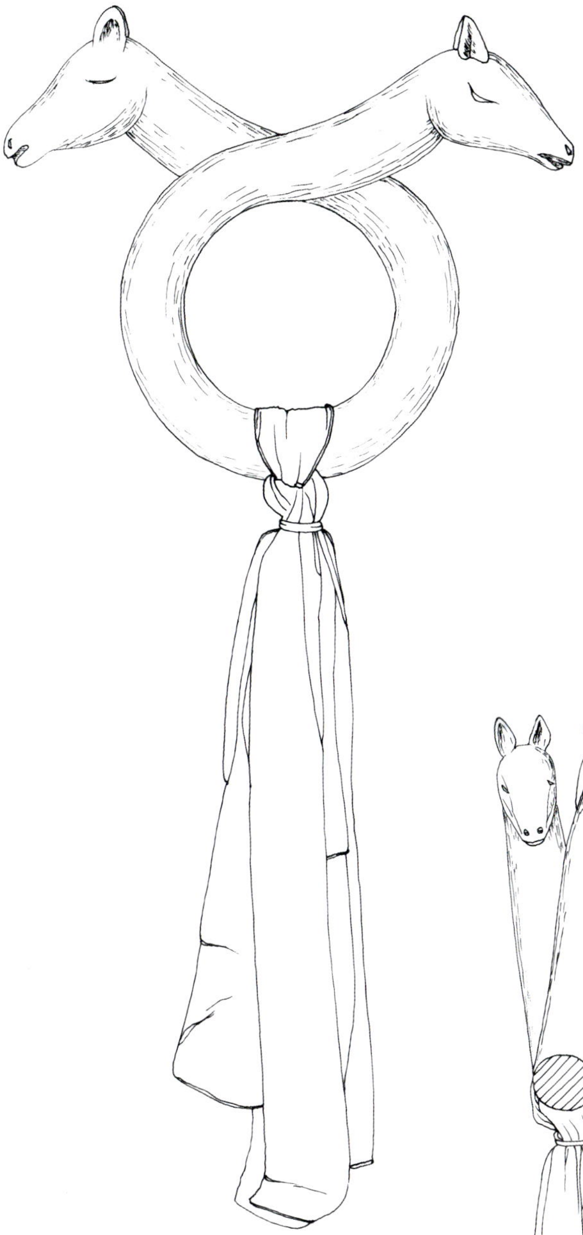

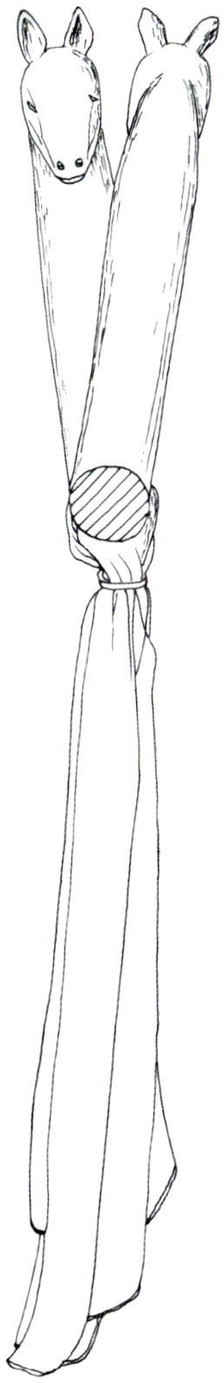

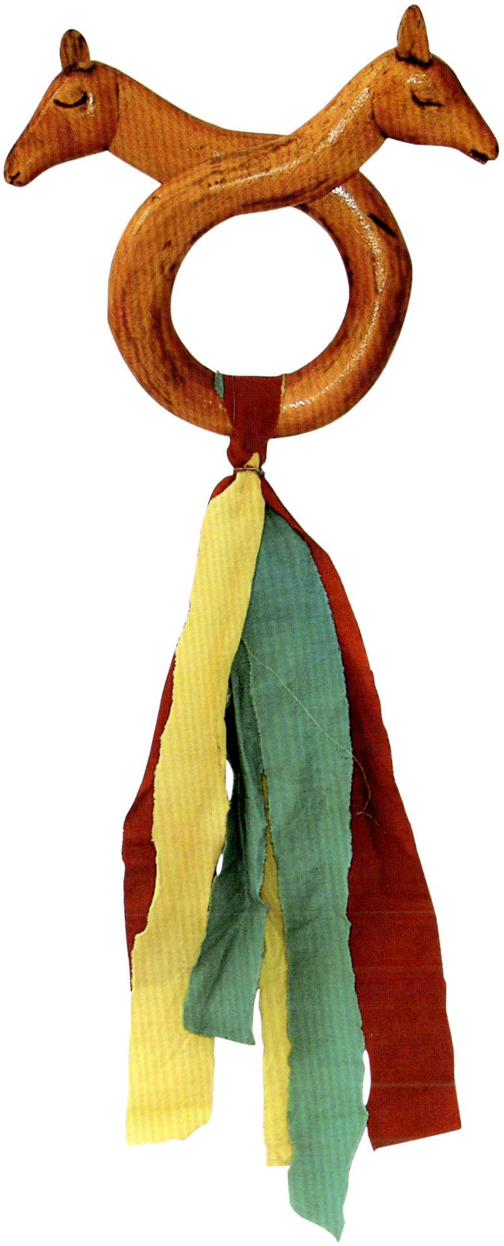

阿隆神　驯鹿的保护神。长26cm 宽21cm

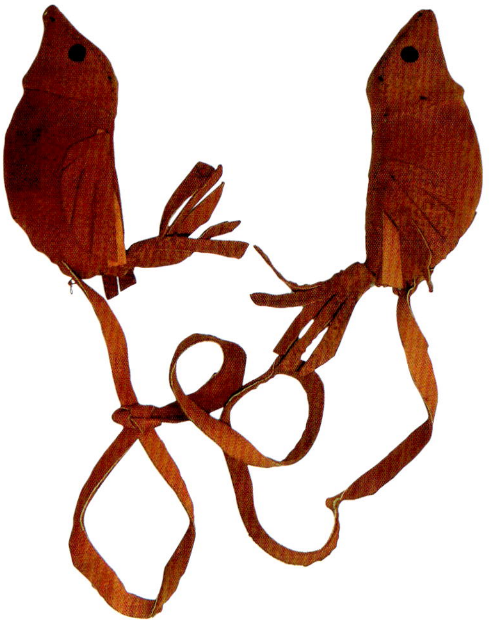

乌麦神　儿童的保护神。长10cm 高4cm

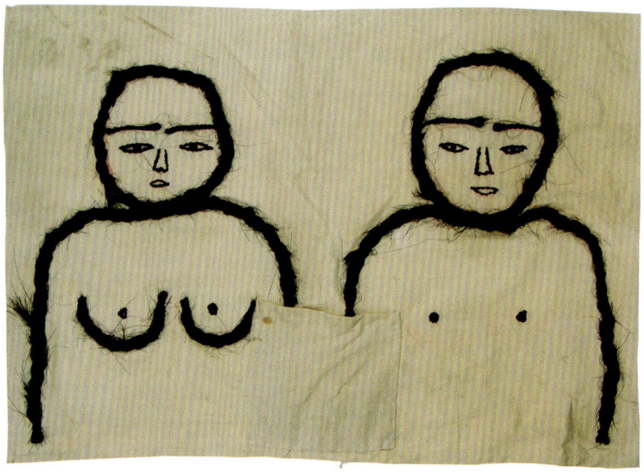

饲畜神　长50cm 宽35cm

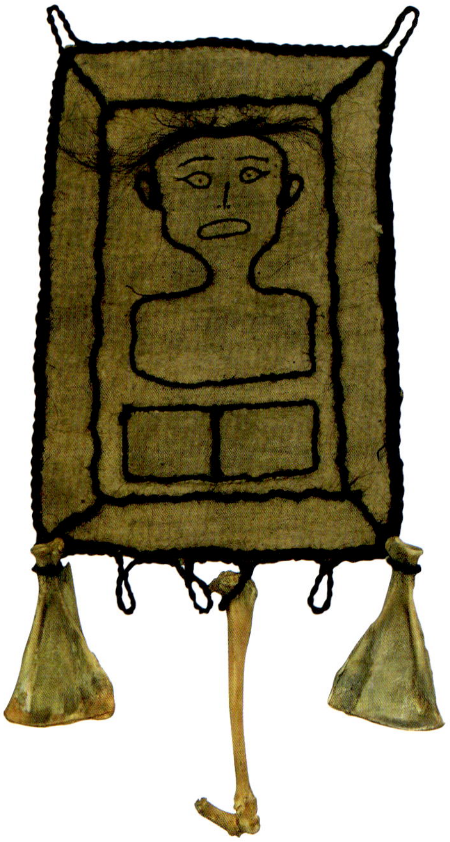

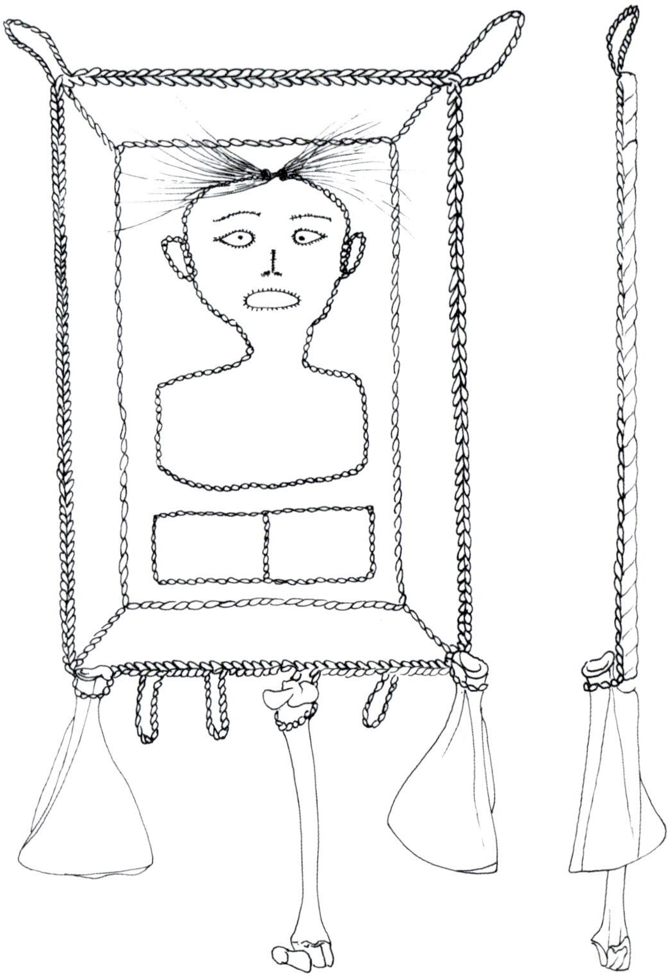

笊篱神　保佑牲畜兴旺、平安的神，每年五六月份，接羊羔时把割下的羊耳朵放进口袋里供祭。长50cm 宽34cm

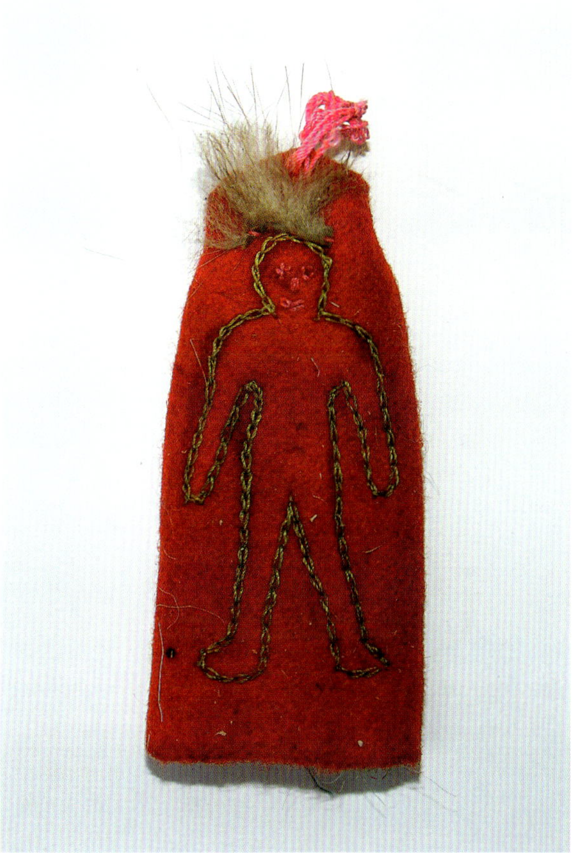

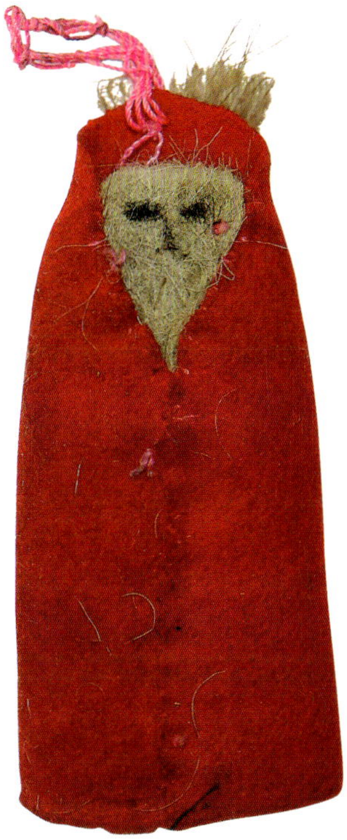

舍卧克神　通古斯鄂温克的祖先神。

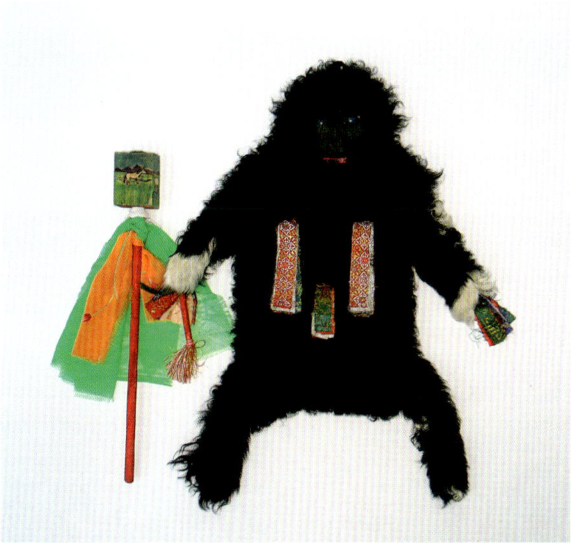

吉雅其神　牲畜之神。据信，该神可以赐人以牲畜，保佑人畜兴旺，每年正月十五和六月间，要以稷米或大米粥祭之。
高55cm　宽42cm

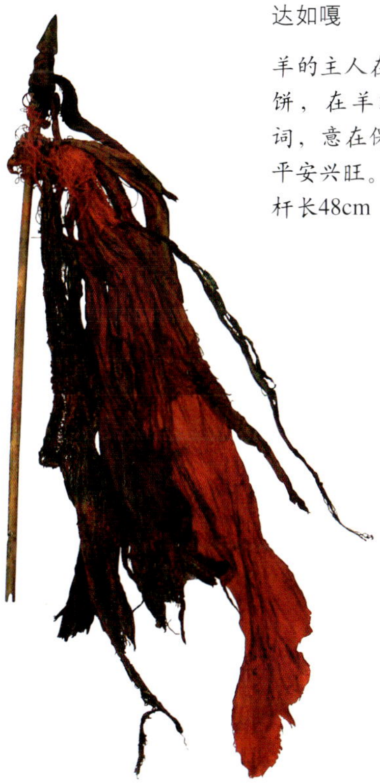

达如嘎

羊的主人在此物的头上插上面饼，在羊群中挥动，口中诵词，意在保佑羊群不得疾病，平安兴旺。
杆长48cm　穗长55cm

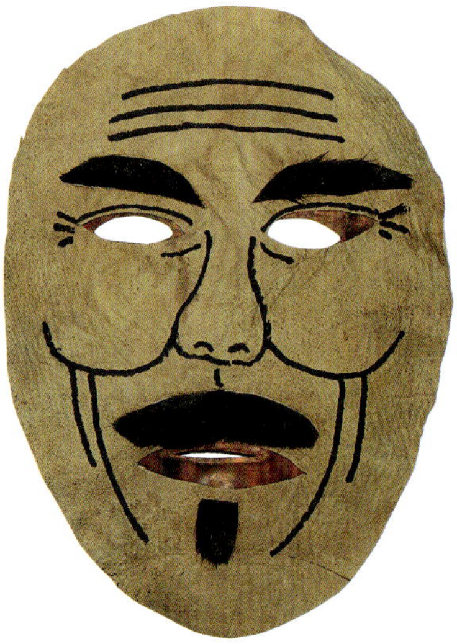

面具神

供神时献祭小米粥和狍胸骨头。
长29cm 宽22cm

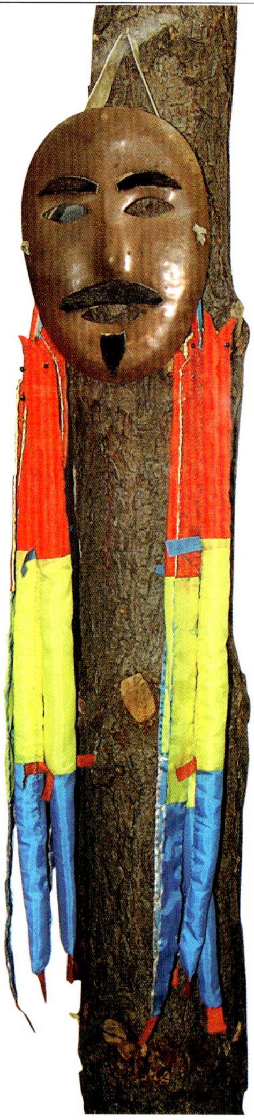

挂在树上的面具神

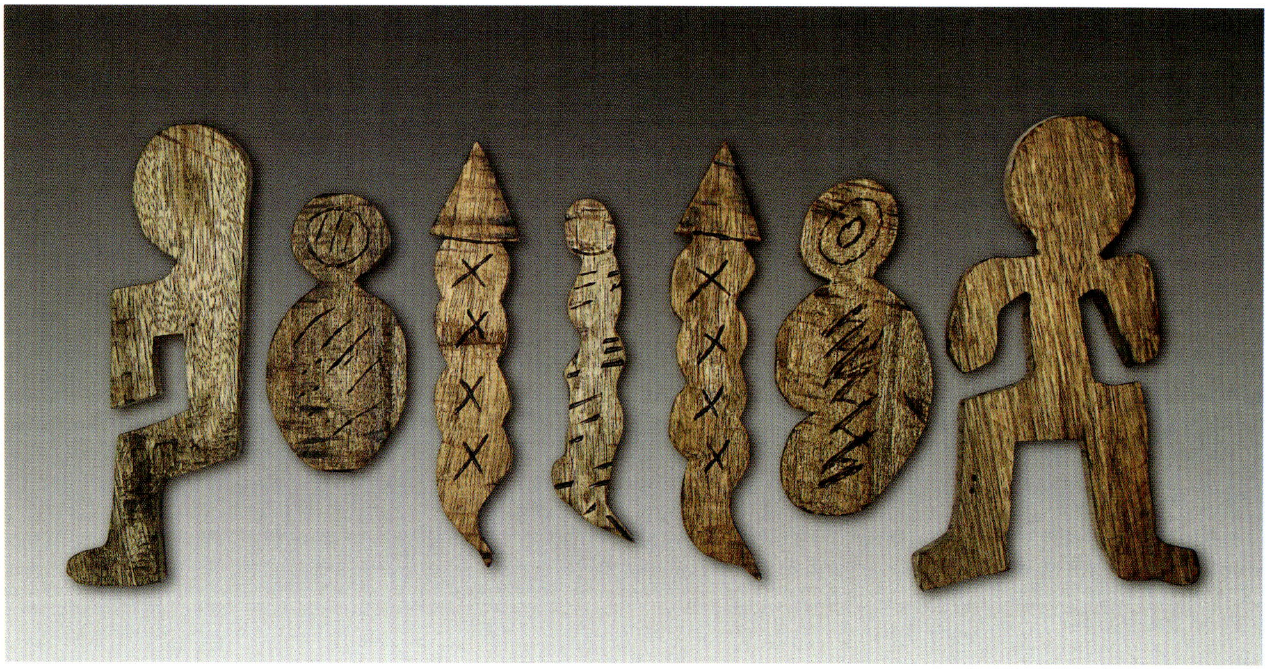

谢考达热勒神 氏族的保护神。

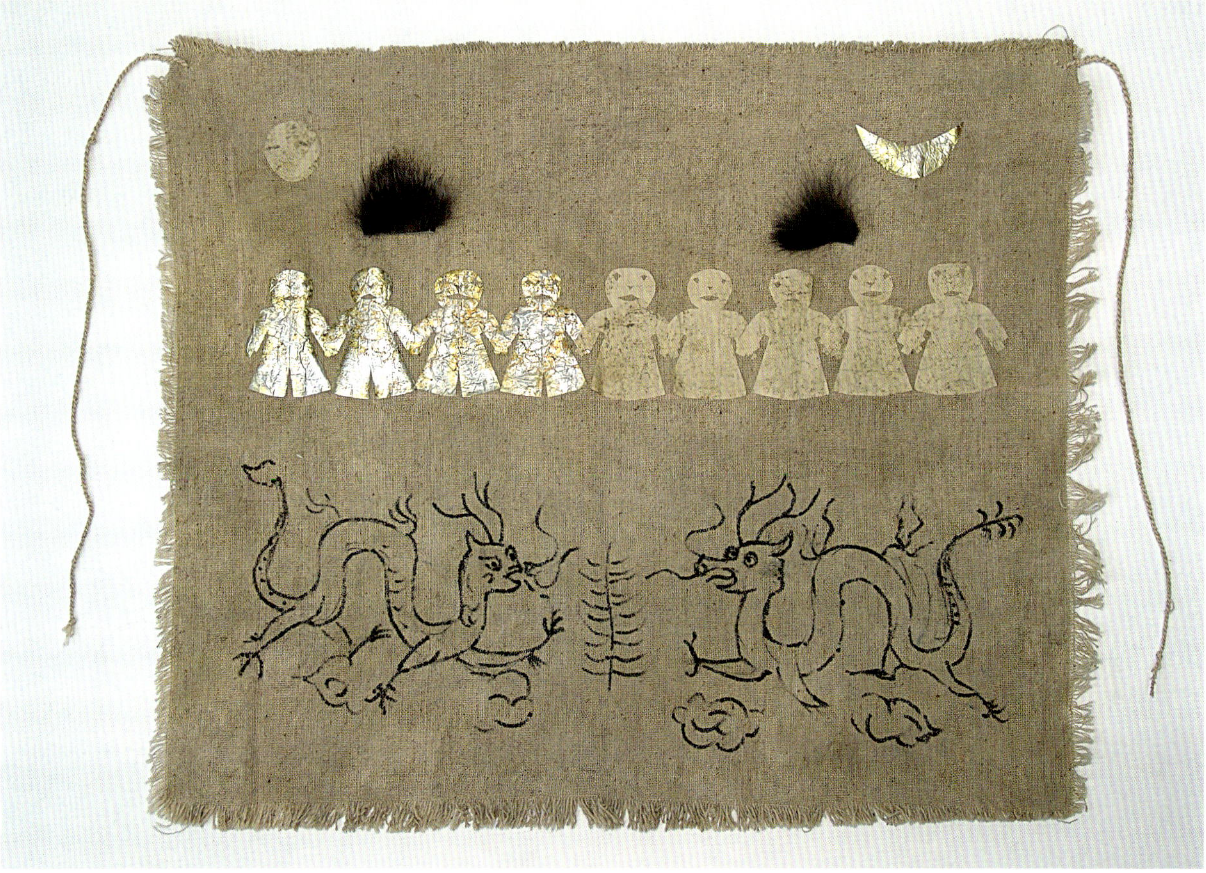

农区鄂温克始祖神像　高35cm　宽39cm

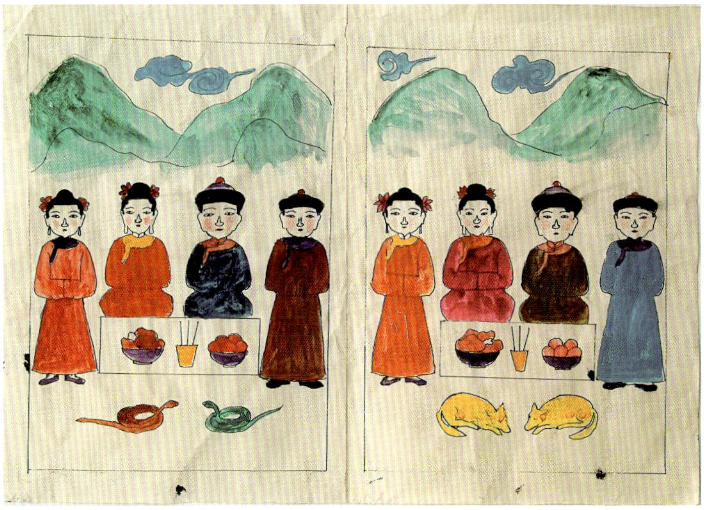

萨满山神画像　长39cm　高27cm

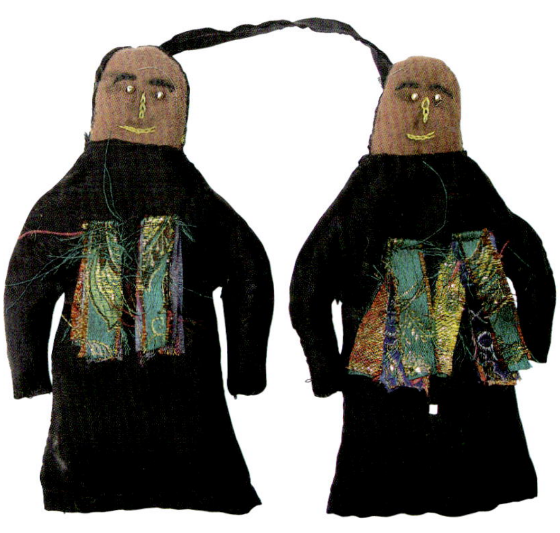

达卫神

女性神。挂在居所的架上，据信，此神如恼怒，牛的乳房肿胀，妇女便患病。

长18cm　宽9cm

祭敖包

敖包通常设在高山或丘陵上，各个部落拥有自己的敖包。敖包的风格在各地不太一样，有的是单独一个敖包，有的是敖包群，即七个敖包并列，中间大的为主体，两旁各陪衬三个小敖包，形成由13个敖包组成的敖包群。中间的主体敖包设立神杆，杆子的顶端设有陶克，周围插上柳木条，下面用石块堆积石堆。祭祀一般在农历的五月中旬。通过祭祀活动，祈求风调雨顺、四季平安、人畜两旺。

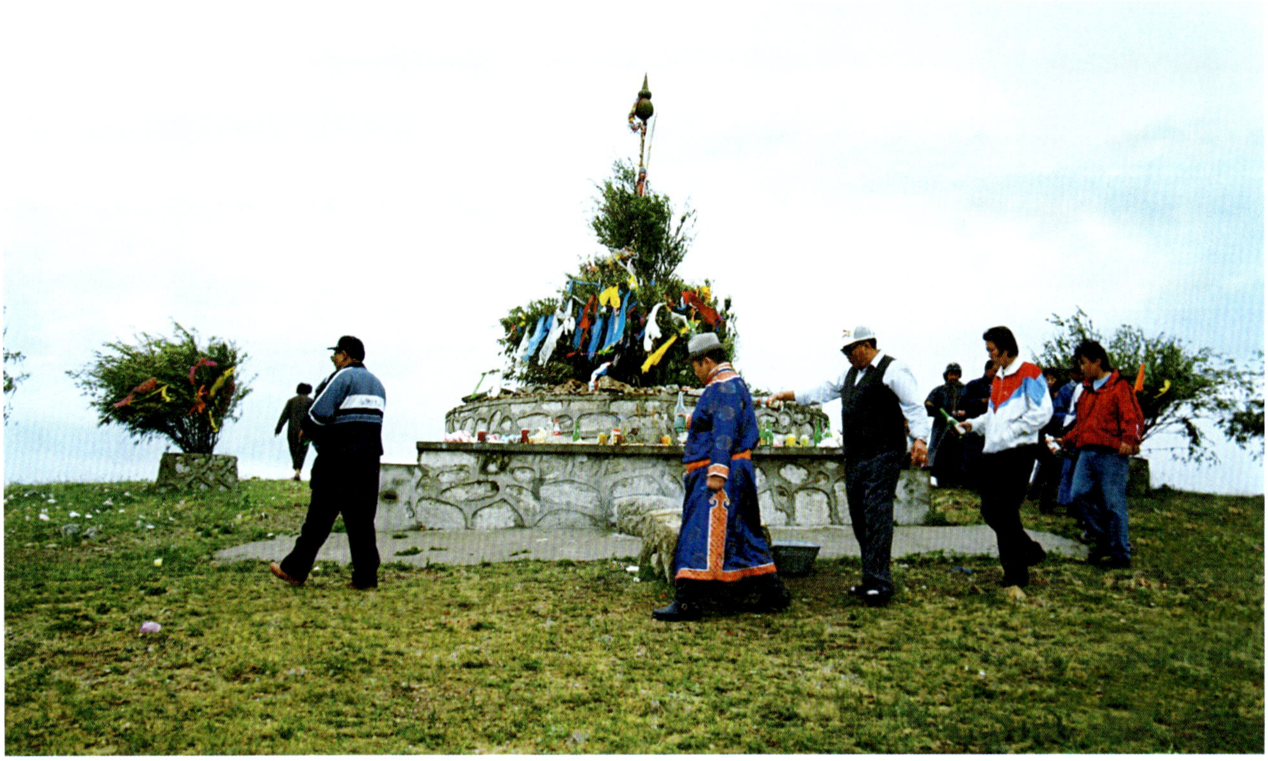

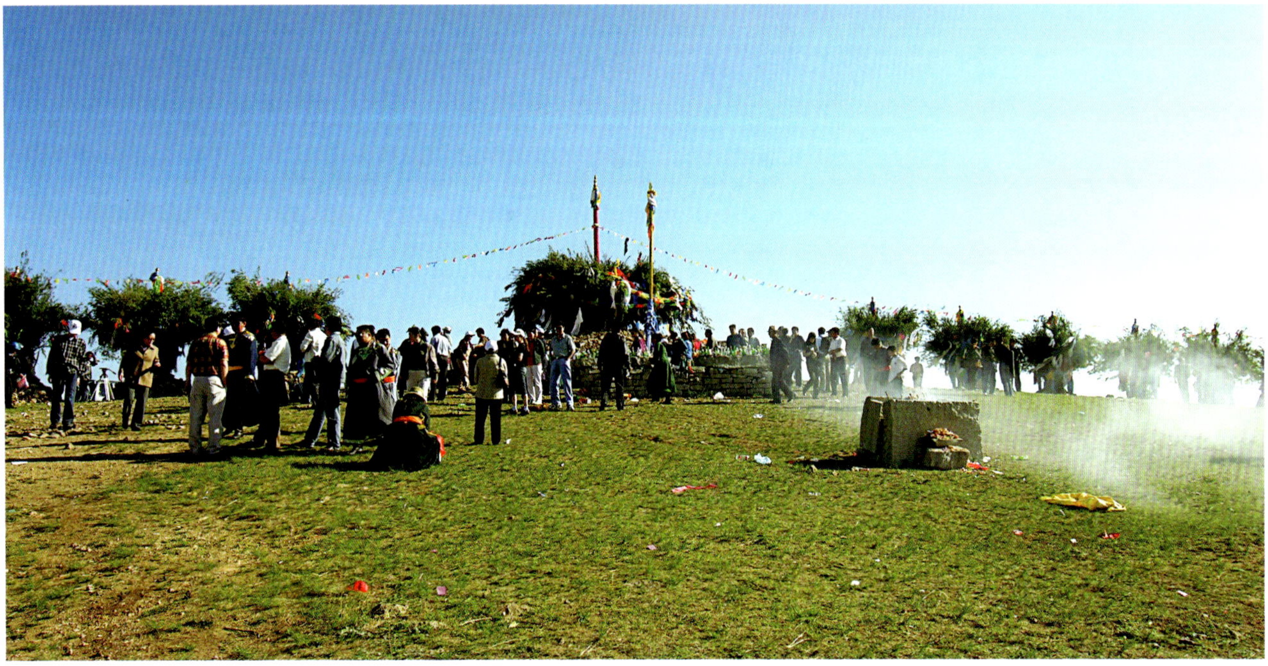

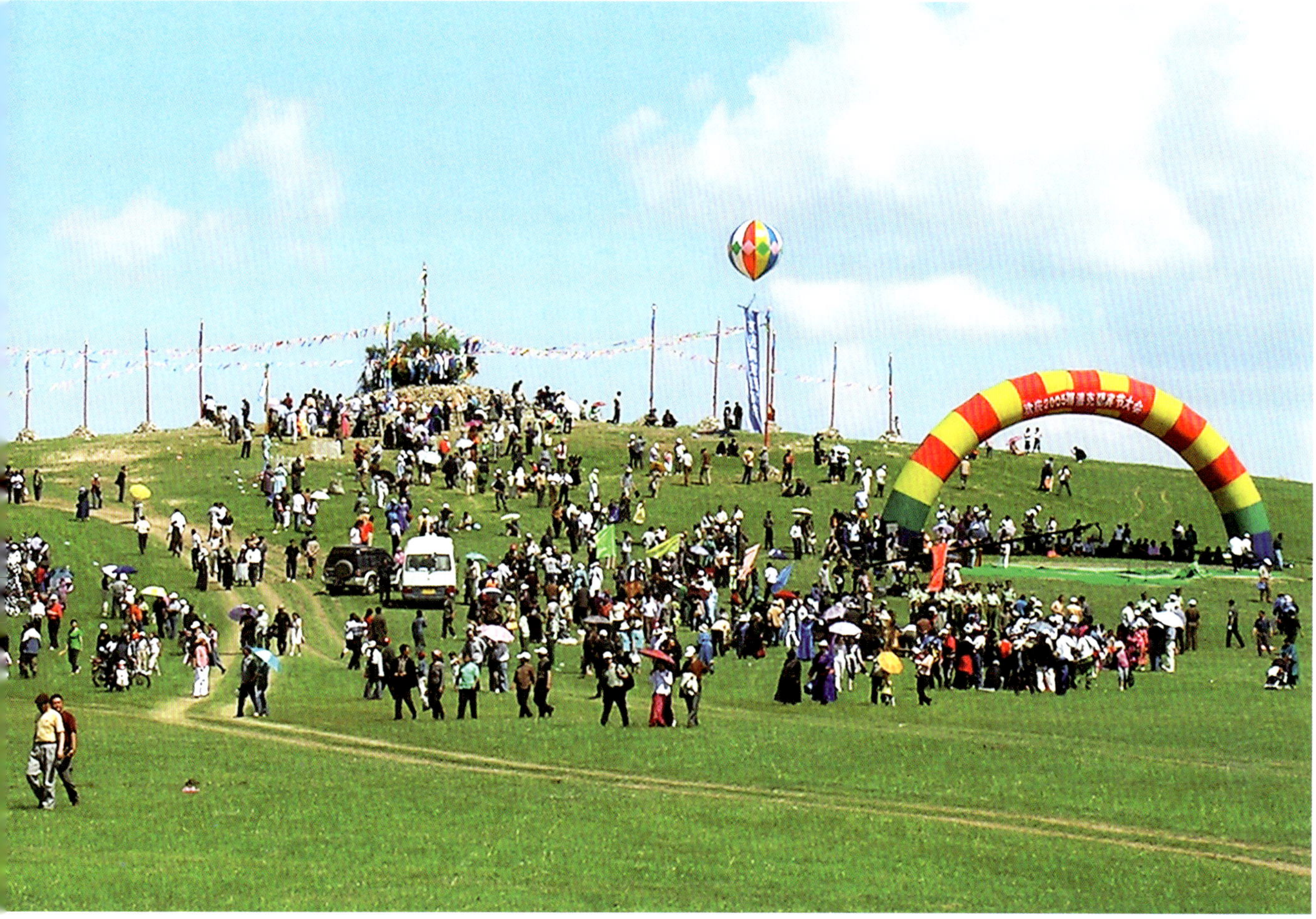

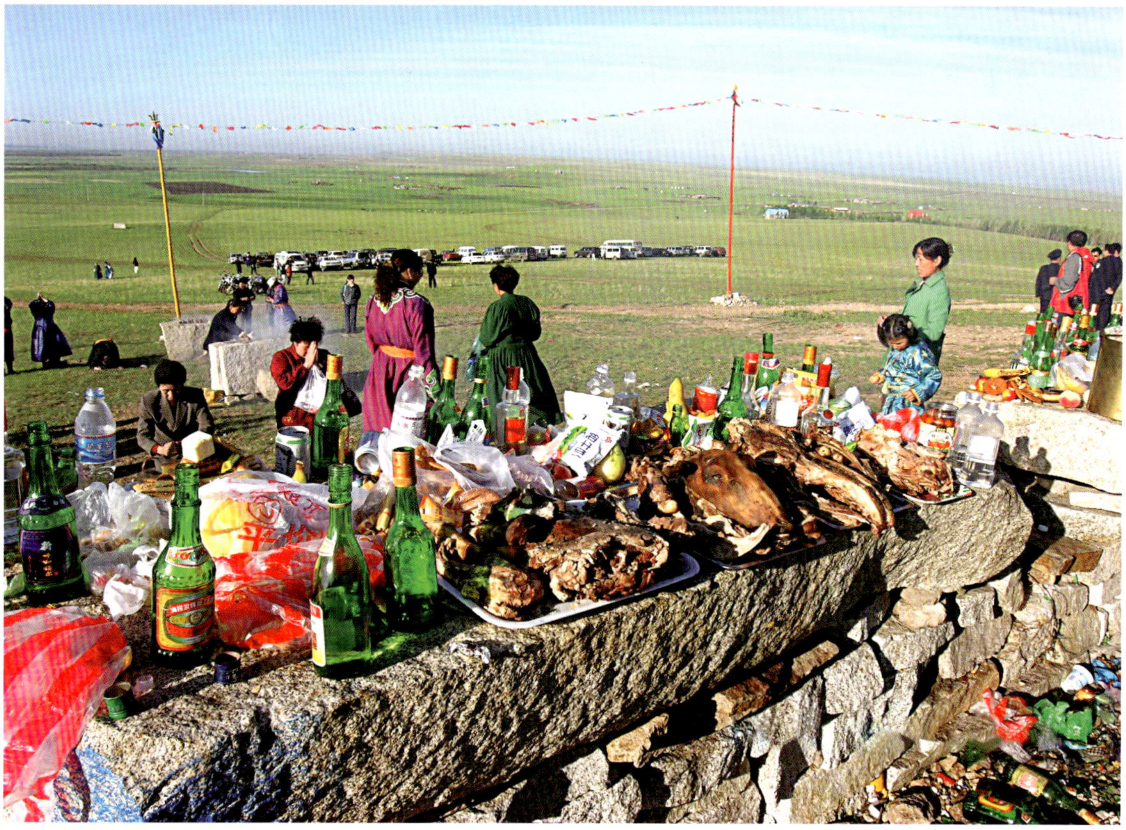

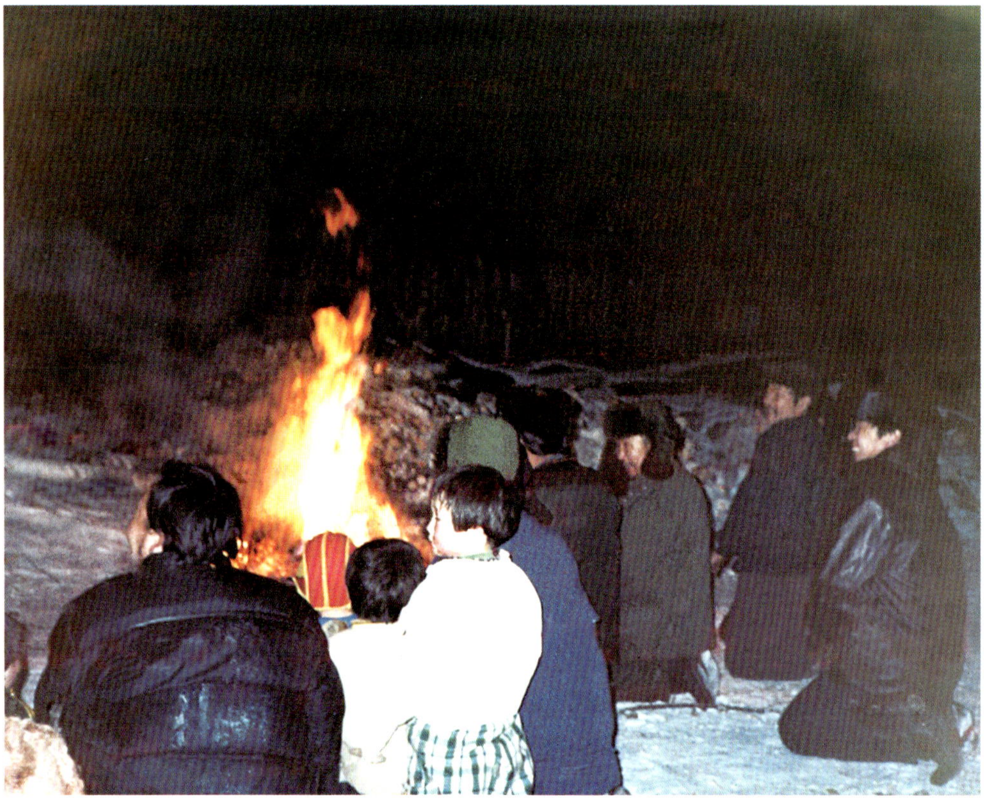

农区鄂温克在除夕夜祭拜北斗星

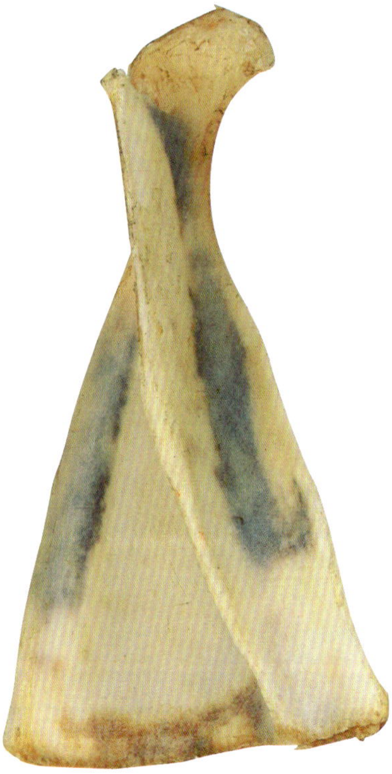

占卜用的羊肩胛骨

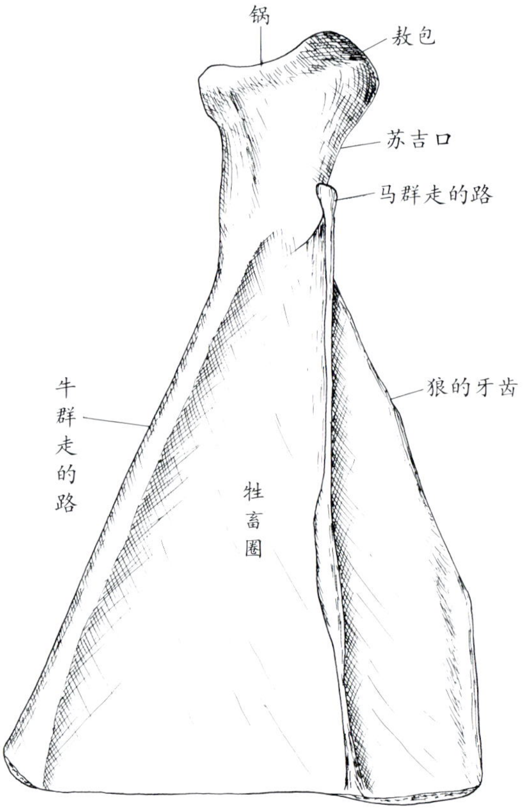

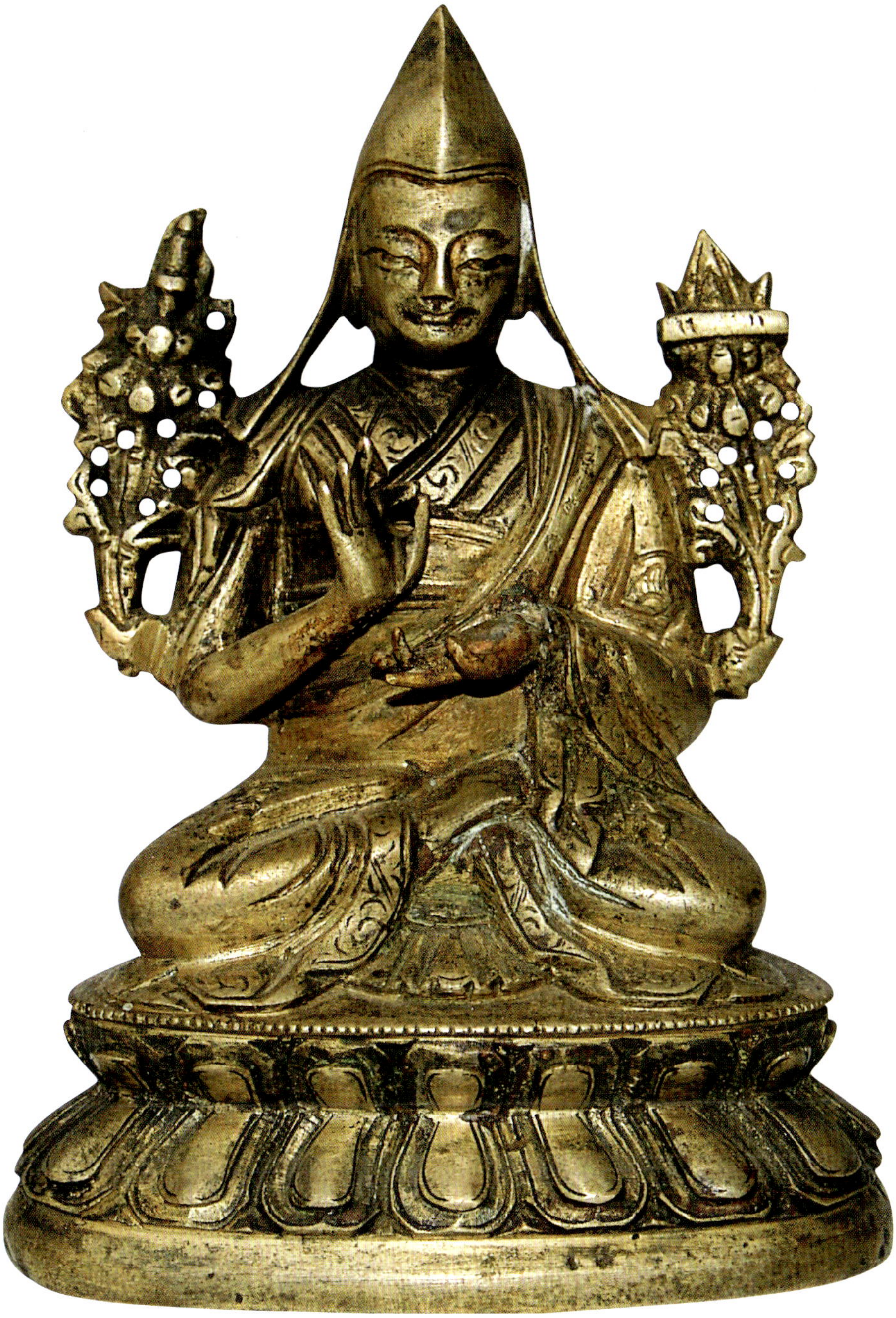

宗喀巴佛像

高10cm 宽6cm

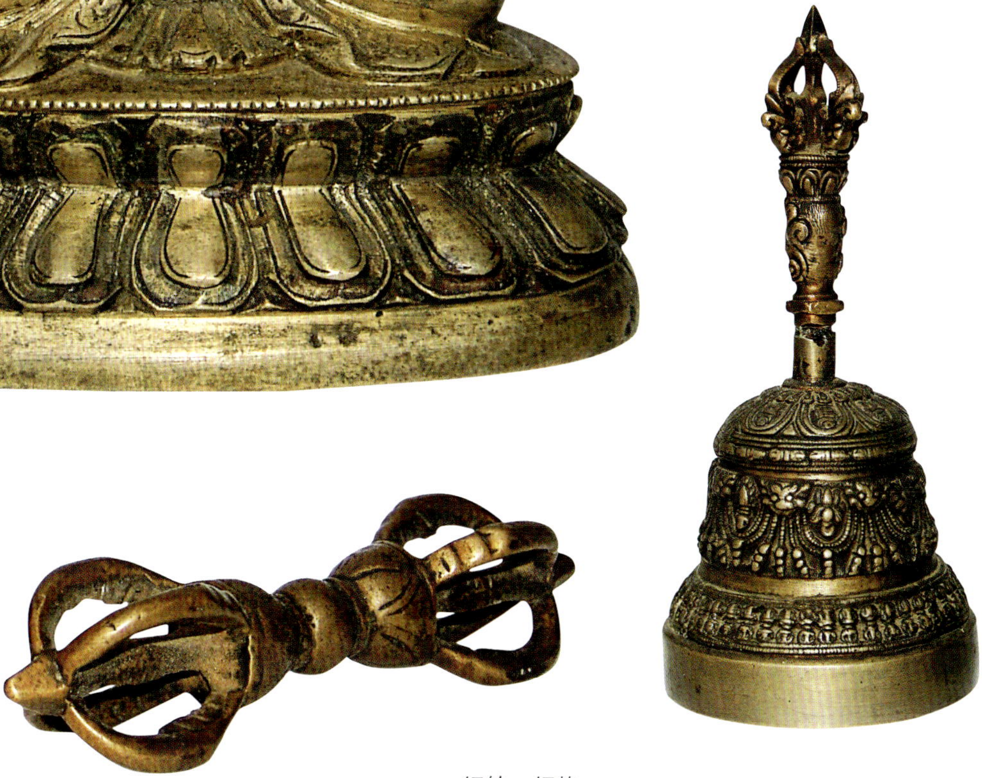

铜铃、铜杵

铜铃：直径8cm 高16.5cm 铜杵：长11cm 宽3cm

历史人物 LISHIRENWU

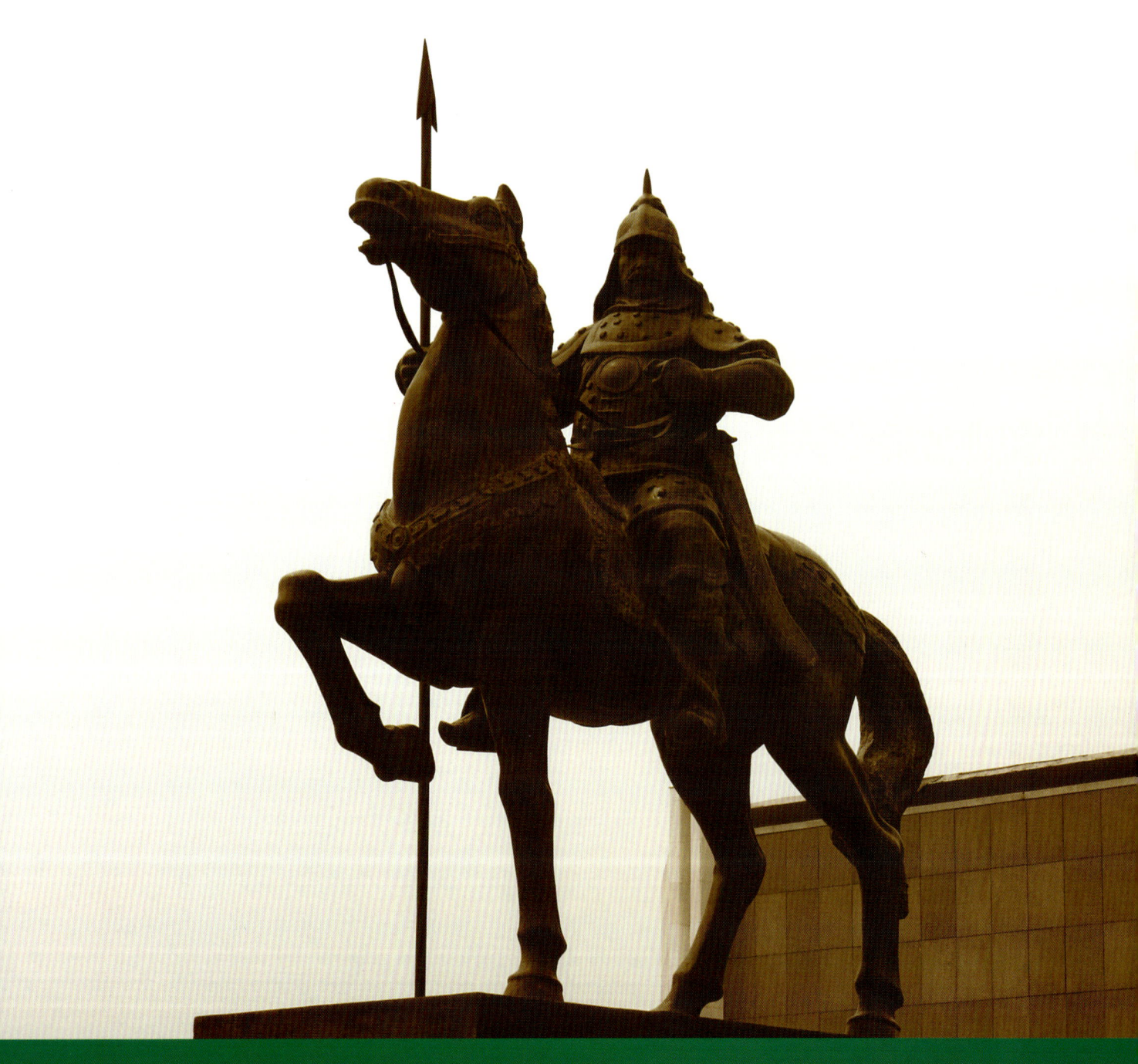

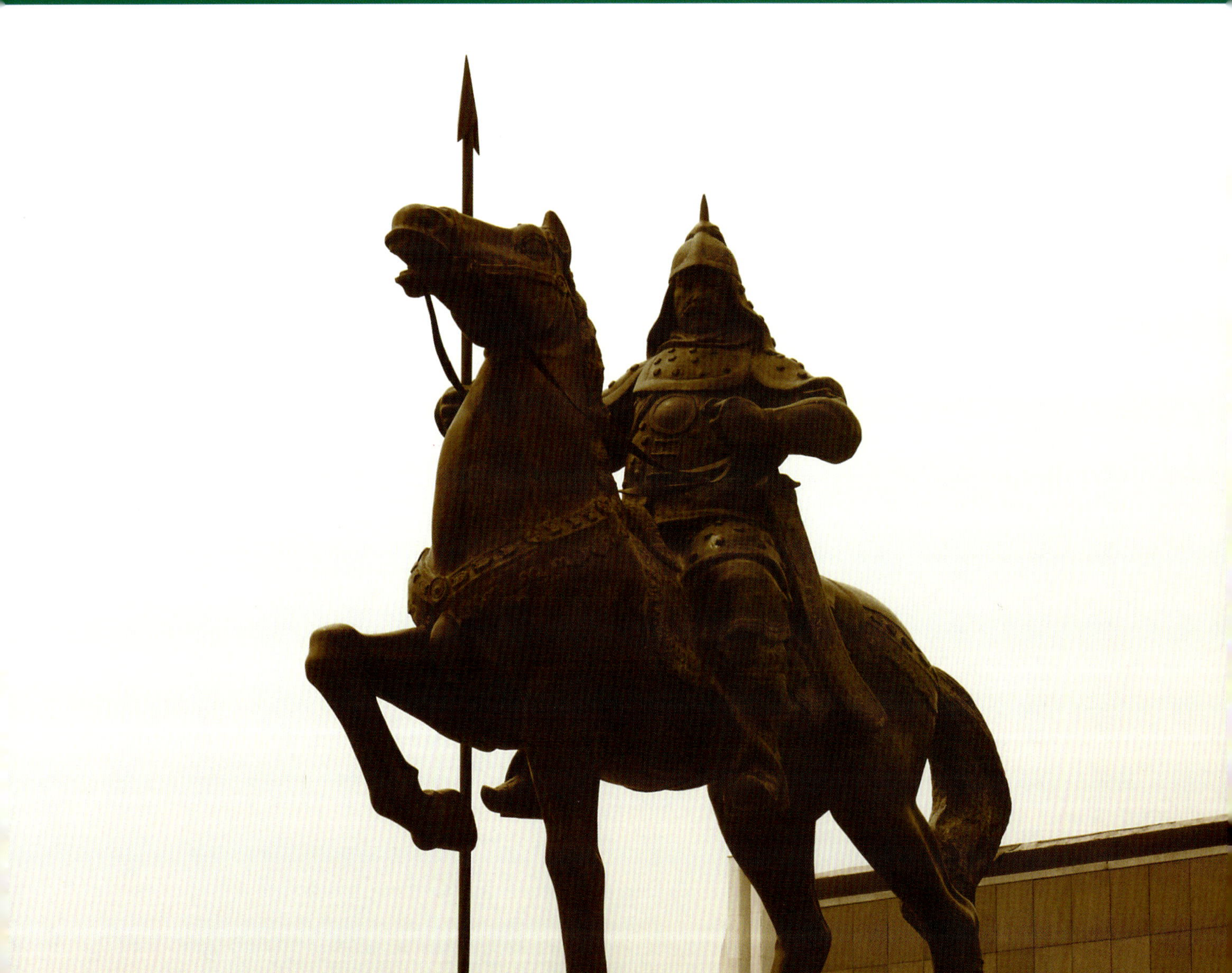

历史人物

鄂温克民族勤劳勇敢，骁勇善战，英雄辈出，历史上在保卫祖国北部边疆，抗击外敌入侵中发挥过重要作用。有史料记载的早在17世纪中叶，沙俄入侵黑龙江流域广大地区时，鄂温克人民就在民族领袖的率领下，同其他民族一道，积极配合清军，拿起扎枪、弓箭等奋起反击侵略军，到处打击敌人。在作战、侦察、建驿站、筑城堡、运输军需粮草中，都作出了卓越的贡献。特别是清代康熙至乾隆年间，为反对外国入侵，反对分裂，维护祖国统一，在保卫边疆的战斗中索伦（鄂温克）官兵转战四方，参加过新疆准格尔和伊犁、云南四川、大小金川、西藏、台湾等战役，出征六七十次，转战二十二省，被称为“索伦劲旅”。在战斗中涌现了许多指挥有方，英勇善战，战功赫赫的英雄人物，本书中仅列举三位鄂温克族的杰出代表。

博尔本察

鄂温克族，敖拉氏，清代康熙至乾隆年间人。初任呼伦贝尔索伦右翼总管，后擢升为正黄旗都统，再升为内大臣。乾隆二十一年（1756年）率鄂温克官兵从征新疆回部叛乱，立有大功，绘像紫光阁。战后留清廷供职，直至逝去，为清代名将名臣。

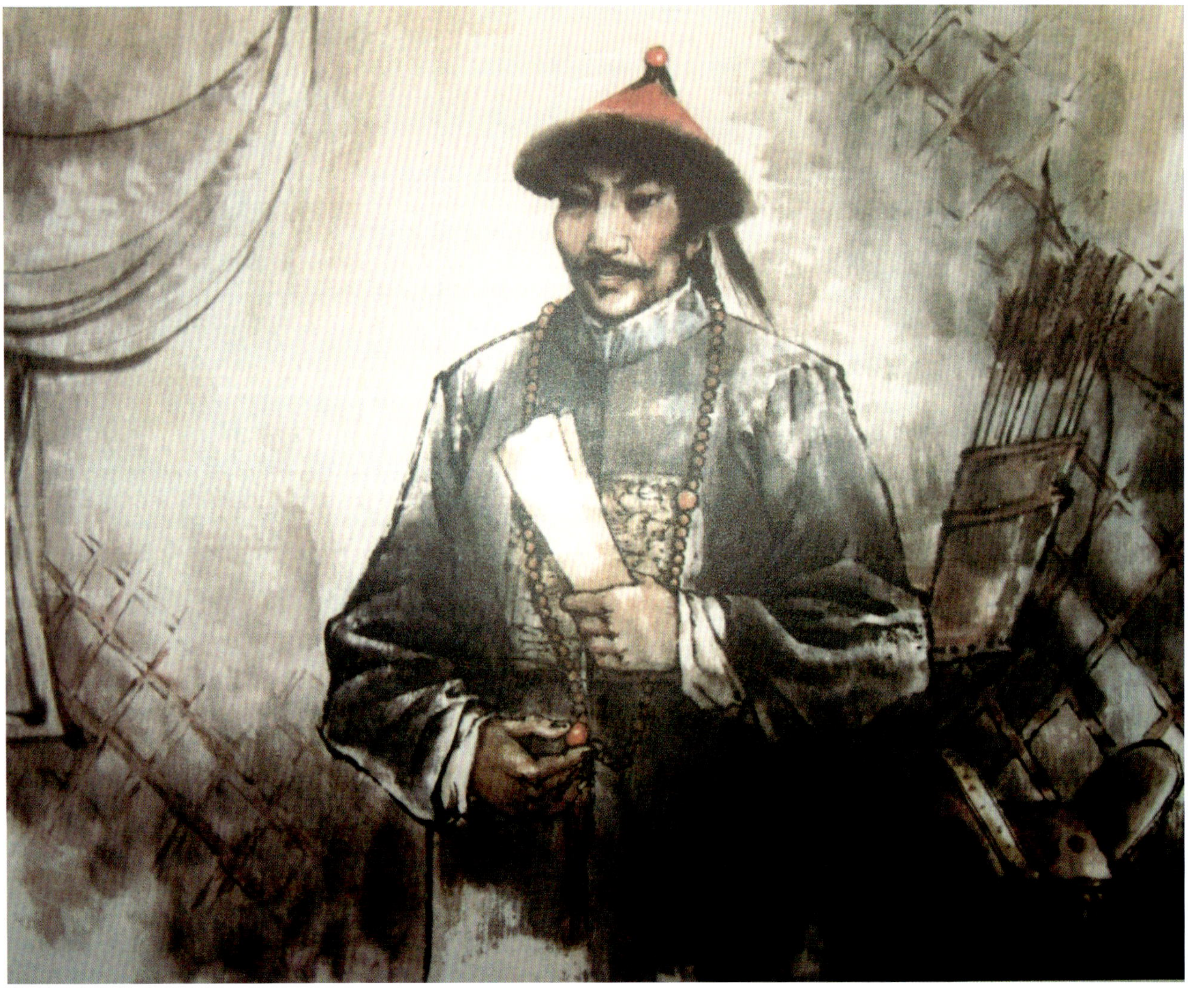

海兰察

鄂温克族，杜拉尔氏，乾隆年人。以马甲入伍，先后参加平定准噶尔，大小金川、西藏、台湾之战，从征三十八年，屡立功勋累迁至领侍卫大臣，一等超勇公，曾四次绘像紫光阁。为维护祖国统一作出重要贡献，是清代著名将领。

海兰察自幼长得面色乌黑，膂力过人，擅长骑射，长大后，应征从戎，在鄂温克骑兵中当一名马甲。

乾隆二十年（1755年），海兰察随军到伊犁参加平定准噶尔叛乱战争。

准噶尔，又名绰罗斯准噶尔，清卫拉特（又称厄鲁特）蒙古四部之一，原游牧于天山北路塔尔巴哈台（今新疆塔城市）东和博克河，萨里山一带，后以伊犁为中心，兼并其余三部，势力达到天山南路。清初，准噶尔上贵族噶尔丹等，里通沙俄，引狼入室，制造分裂，攻掠喀尔喀蒙古，侵袭青海、西藏，袭击哈萨克、布鲁特（柯尔克孜）等部，严重破坏祖国的统一和各民族的团结。清朝面临的形势是：准噶尔的叛乱一日不平，国家的统一就一日不能实现。所以，自康熙二十九年（1690年）到乾隆二十二年（1757年），清朝多次出兵平叛。海兰察就是在这期间，即乾隆二十年到二十三年（1755～1758年），参加了这次具有爱国主义的战争行动。

海兰察在这次战争中，表现骁勇善战，战功卓著。他以少胜多，单枪匹马活捉了准噶尔的一员战将巴雅尔。传说海兰察当时正在山中砍木头，巴雅尔追进山来，海兰察立即骑马抡斧和敌将打了几十个回合。巴雅尔被海兰察打得筋疲力尽，为了保存生命，被迫下马投降，并割下一角衣襟给海兰察做凭信。海兰察把他送至兵营，战争结束评功论赏时，许多将领都说巴雅尔是自己俘获的，互相争执不下，上级让巴雅尔在高级军官中认人，一个也没认到，后来又让他到下级军官和士兵中去认，结果认出海兰察来，那些高级军官还不服气，要求海兰察拿出证据来，海兰察就将巴雅尔的一角衣襟拿出。于是，海兰察大获奖赏，从马甲升为头等侍卫。

清乾隆五十六年（1791年），英国殖民势力指使廓尔喀（尼泊尔）的统治者，勾结西藏大封建主舍玛尔图，武装侵略后藏地区。一直洗劫到日喀则，七世班禅被迫退避拉萨，扎什伦布寺被洗劫一空，西藏人民面临严重的灾难，达赖、班禅急请清廷出兵。清廷命海兰察率领鄂温克和达斡尔军队，由青海、四川两路进藏。据史书记载："现派海兰察率领巴图鲁侍卫章京一百员，副都统乌什哈达、岱森保带领索伦（鄂温克）、达斡尔兵一千名，前去西藏"（《清高宗实录》卷1412）剿办廓尔喀。在这次战斗中，海兰察屡次出奇制胜，累立战功，因获乾隆赏给玉戒指一个，大荷包一对，小荷包两个及奶饼一匣，并由二等公爵晋升为一等公爵，御赐"行军坐轿"之权利。乾隆五十八年（1793年），由西藏归来后不久在北京病故。

海兰察的一生，他在清朝统一祖国大业，特别是在粉碎外国殖民主义对我新疆、西藏的侵略阴谋，平定由外国殖民势力指使的某些民族反动上层的武装叛乱，保卫祖国边疆，维护祖国统一等方面，曾经建立过不少功勋。

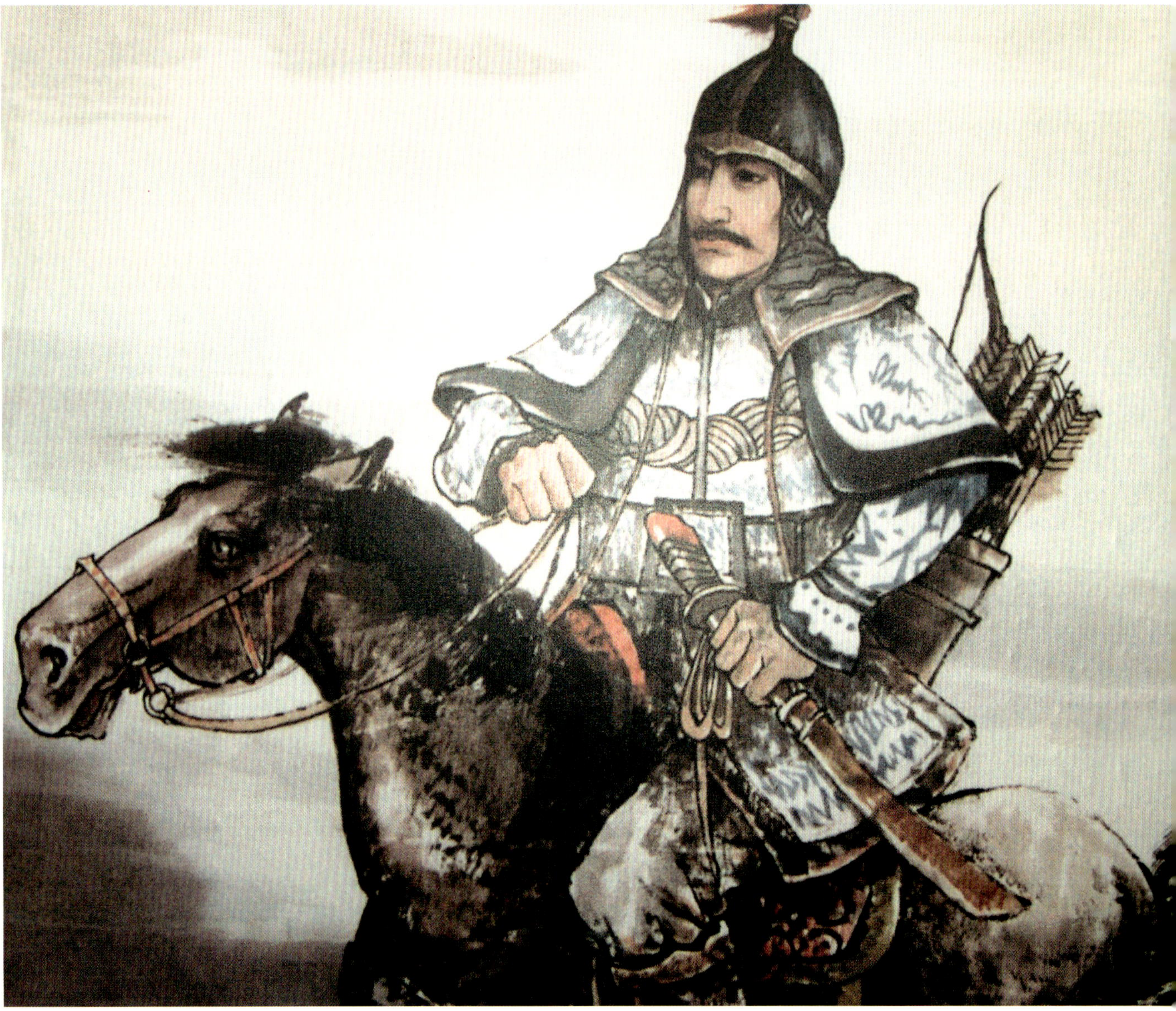

海兰察

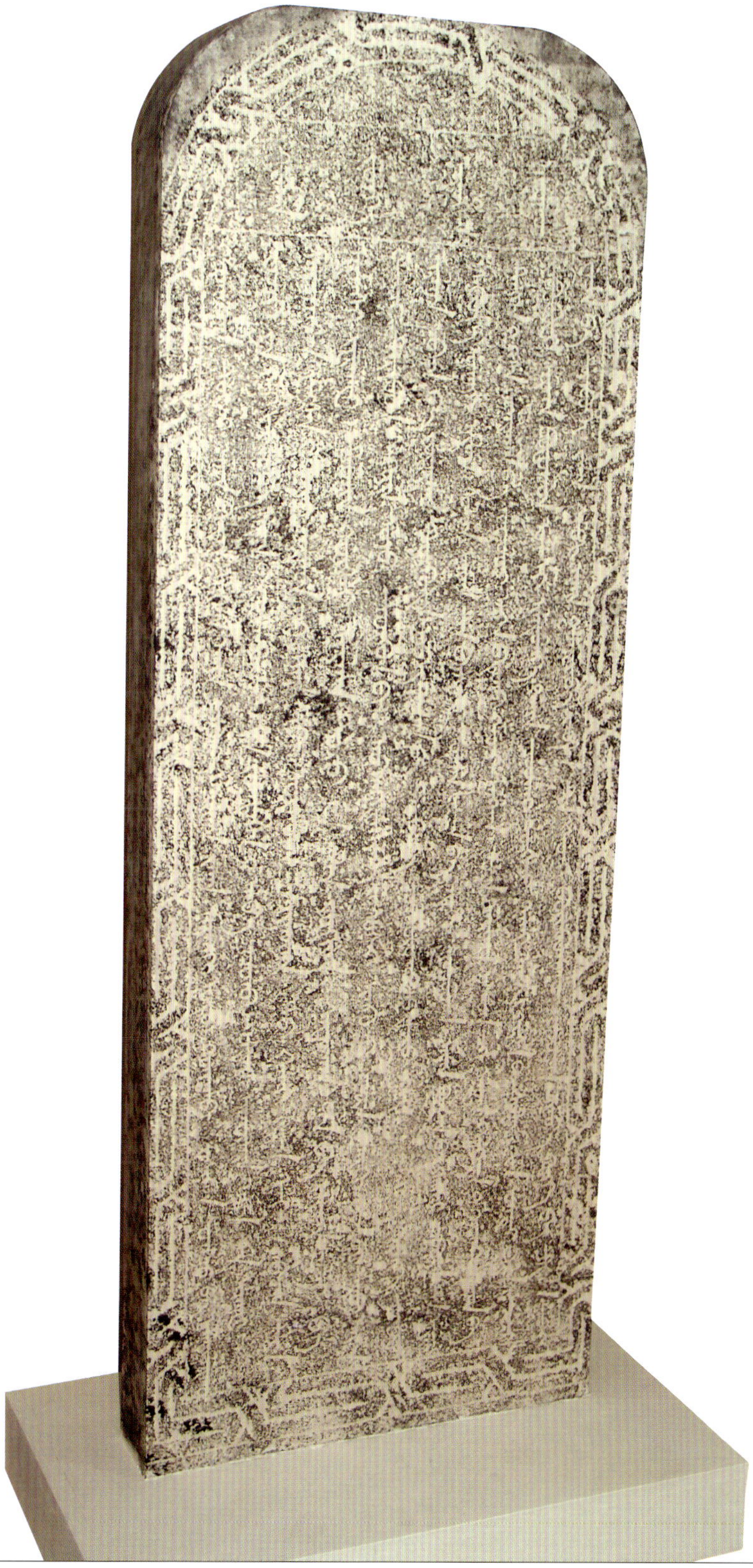

海兰察将军碑

高1.62m，宽0.56m，厚0.15m，呈长方形。碑身平面边缘四周以5cm的宽度雕刻雷花纹。在碑体正面上部书“万古流方”四个汉字，在其左下方竖刻“芝田”两个汉字。碑体背面上部横书“百世遗后”四个汉字。碑体前后文为满文。

碑文大意：清乾隆五十八年立。海兰察，索伦杜拉尔氏，隶呼伦贝尔正黄旗。生有殊力，善射，积功擢正黄旗蒙古都统，内大臣，晋一等超勇公。四次图像紫光阁。慰尔莫灵，绥兹吉兆。

穆图善

鄂温克族，那哈塔氏，咸丰光绪年间人，以骁骑校入伍从征，身经百战，屡建大功，次递升迁为副都统、荆州将军，署理甘陕总督，吉林将军等职。既畅晓军机，又深通政务，为清代名将名臣。

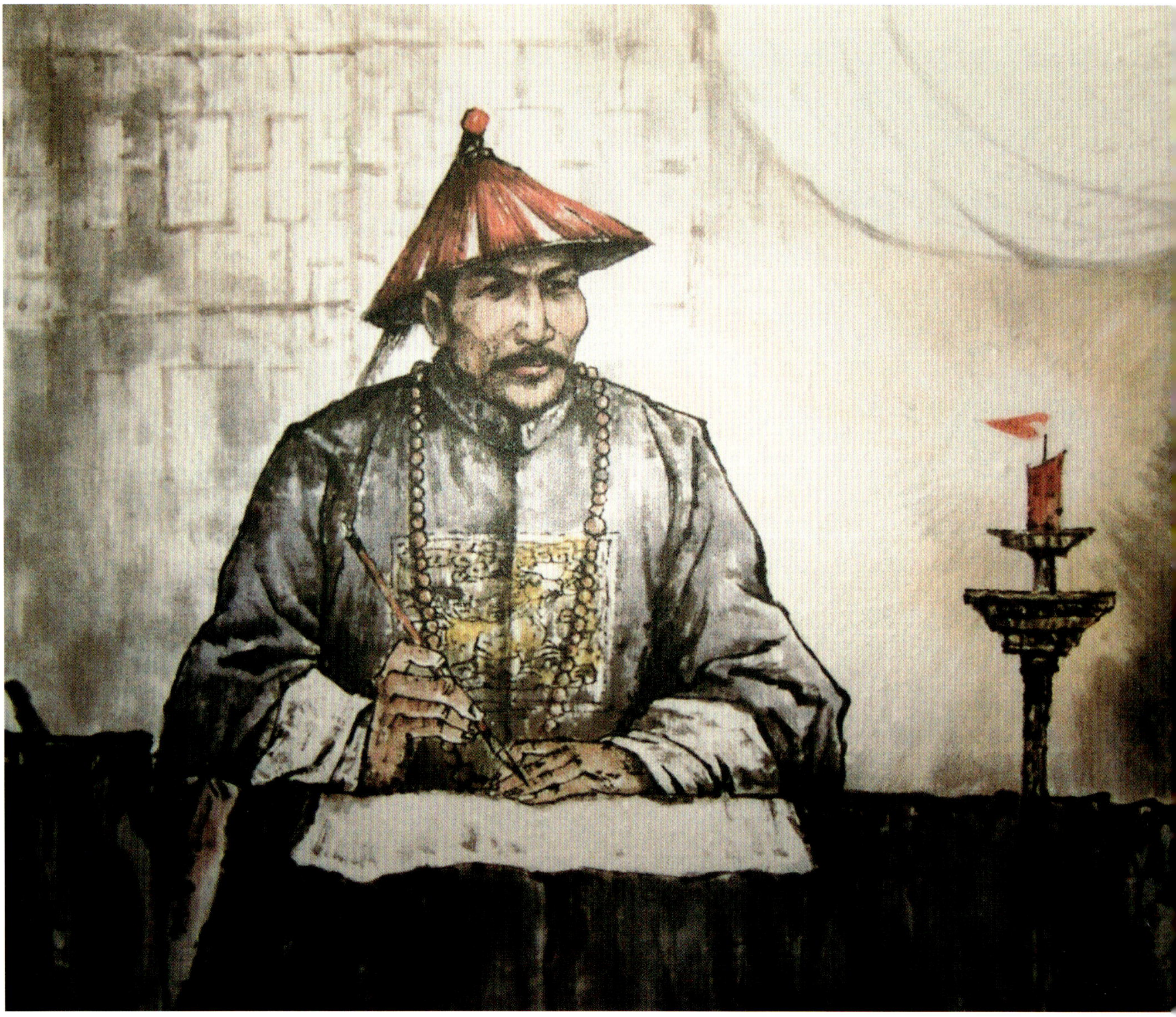

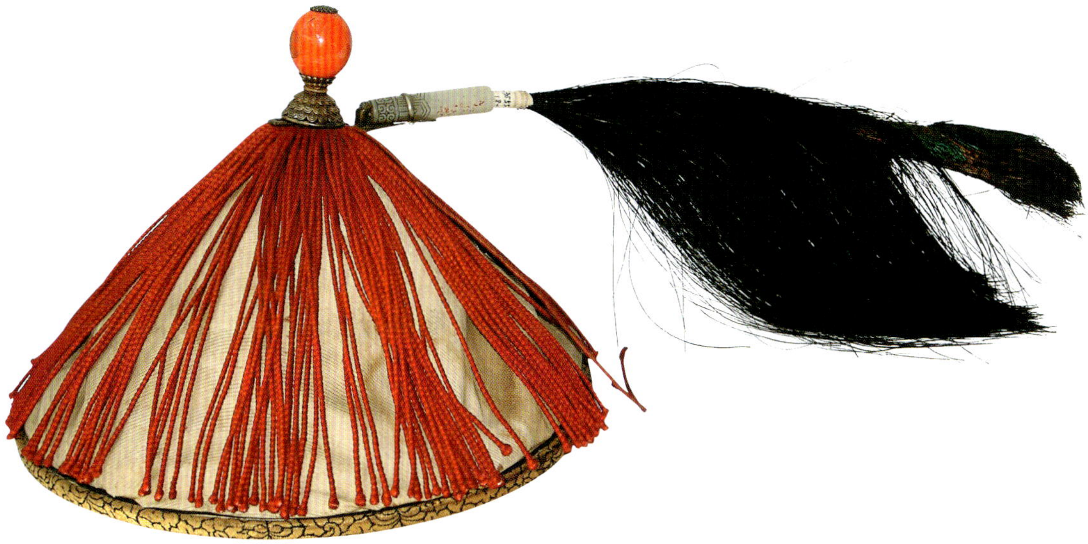

清代索伦官帽 直径34cm 高22cm

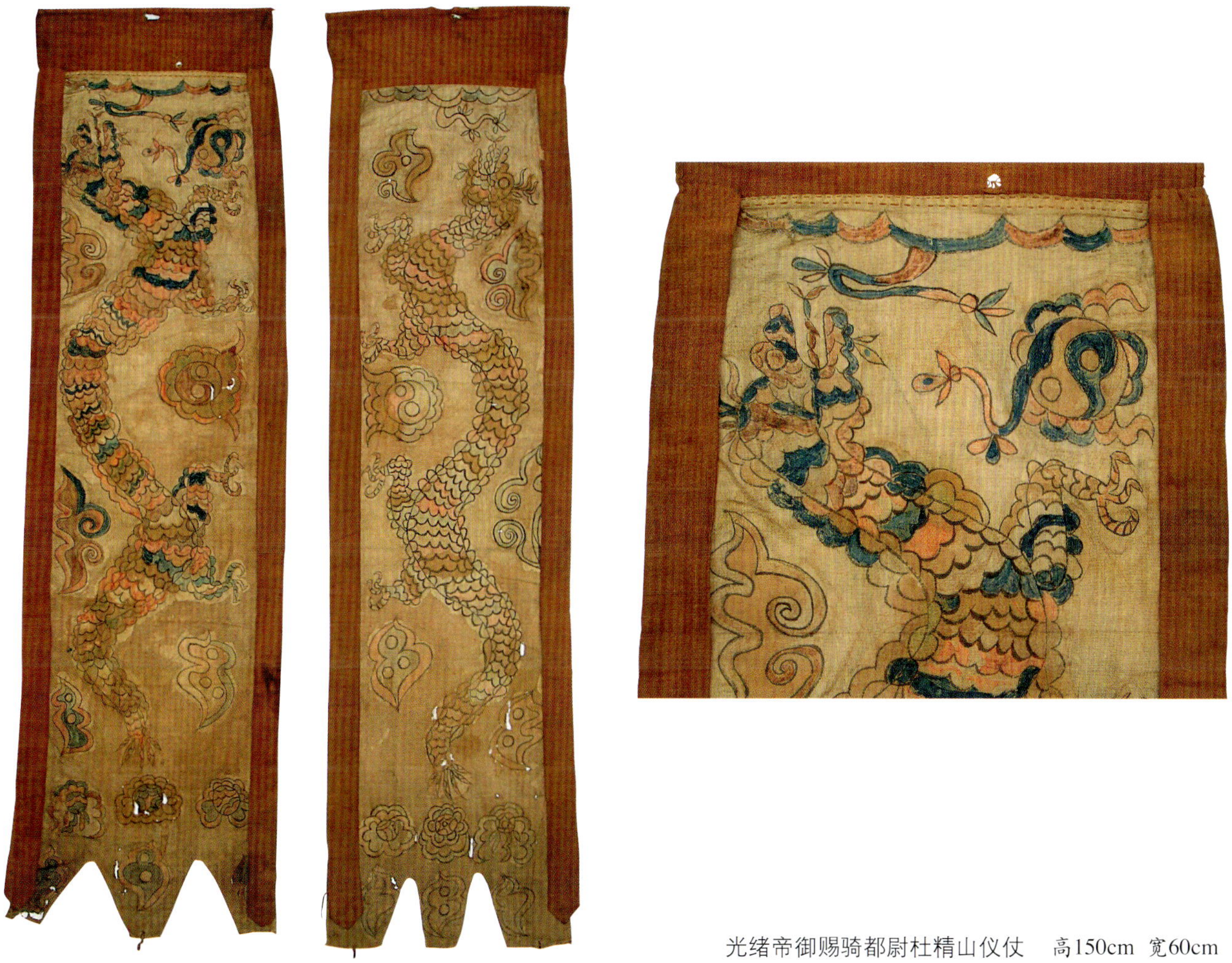

光绪帝御赐骑都尉杜精山仪仗 高150cm 宽60cm

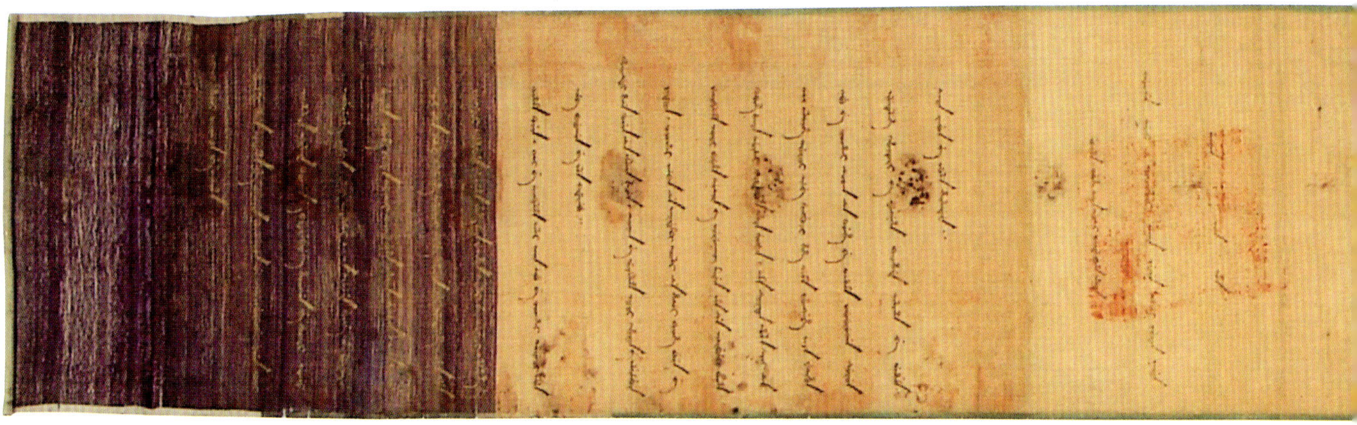

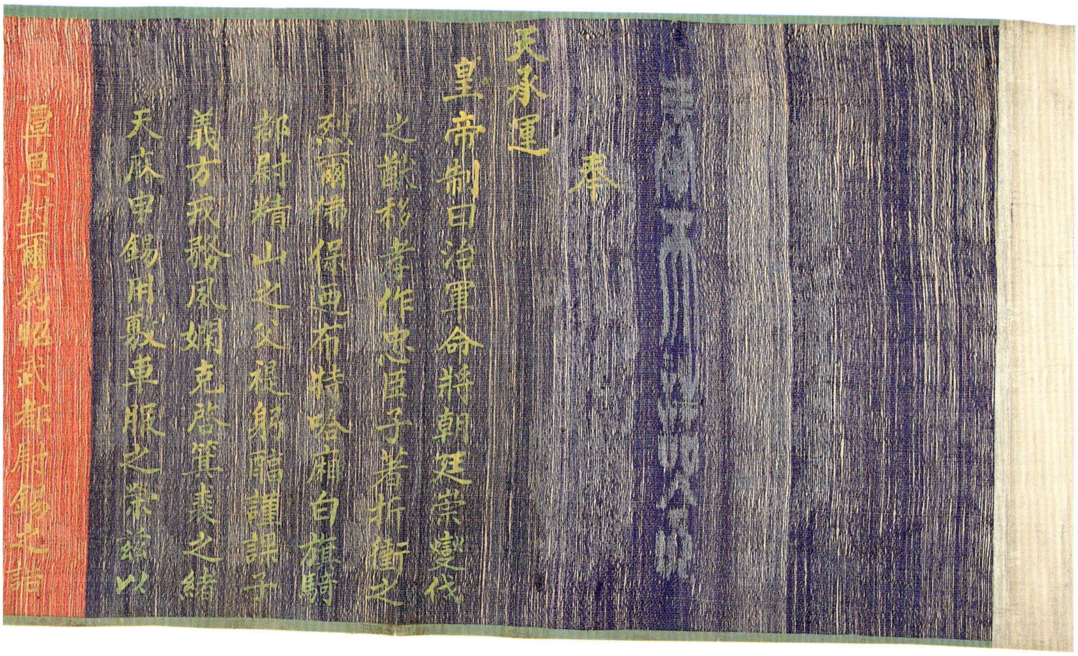
奉
天承運
皇帝制曰治軍命將朝廷崇奕代
之勳移孝作忠臣子著折衝之
烈爾佛保迺布特哈廂白旗騎
都尉精山之父祖躬韜謹課子
義方戎務夙嫻克啓箕裘之緒
天庥申錫用敷車服之榮茲以
覃恩封爾為昭武都尉錫之誥

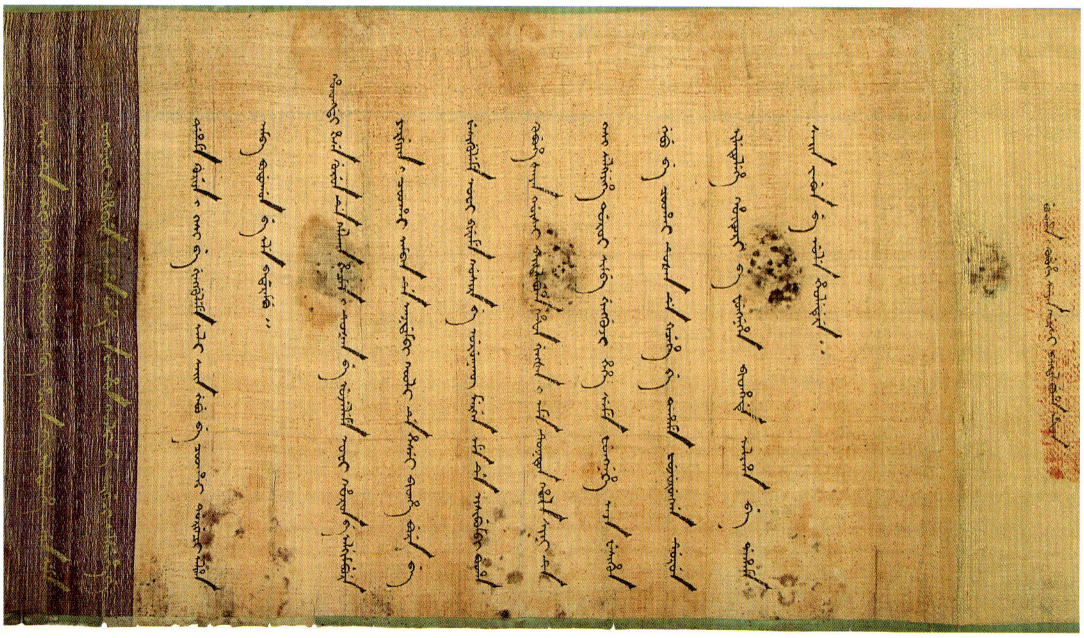

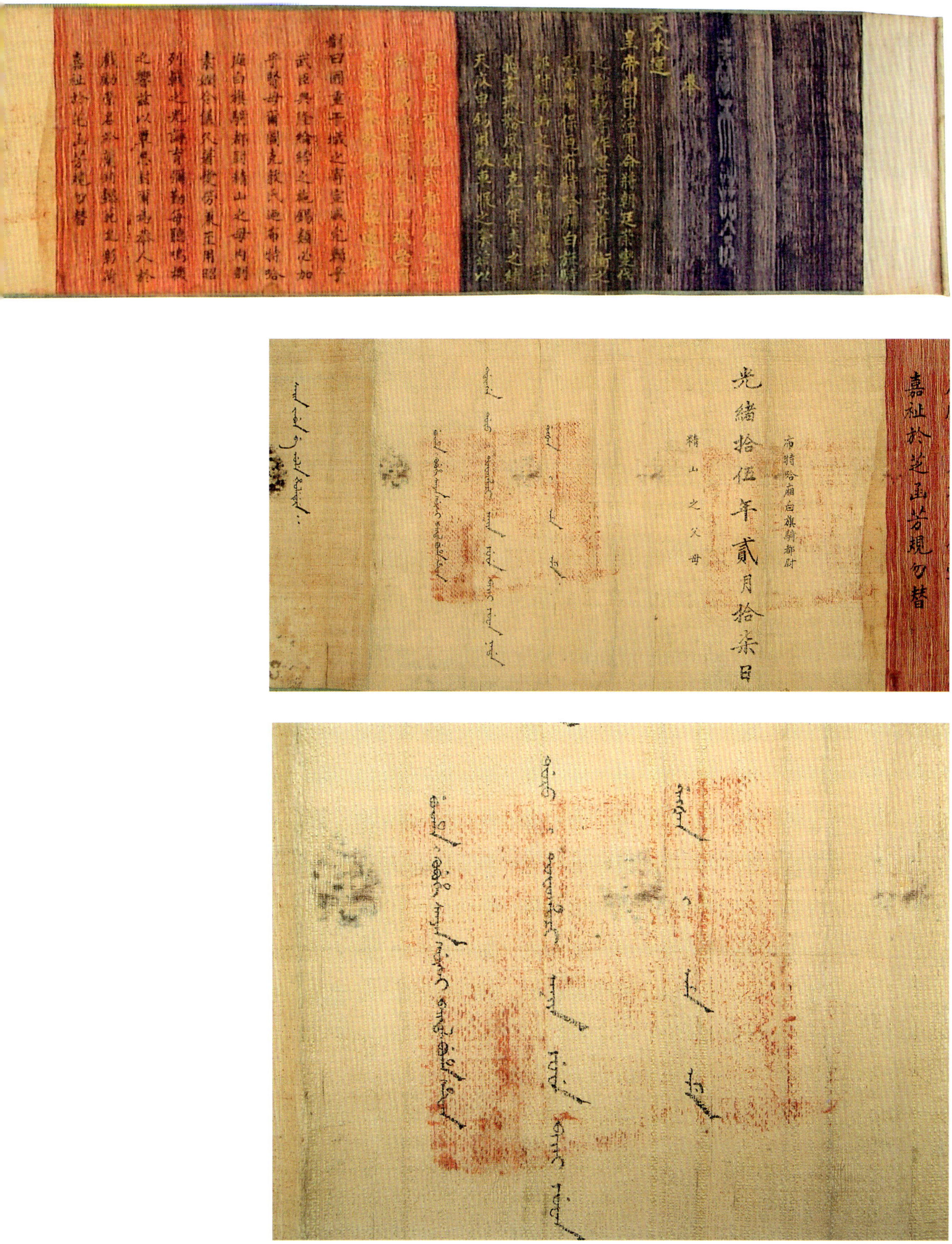

光绪帝赐骑都尉杜精山父母诏书 长230cm 宽30cm

后记 / AFTERWORD

2007年是内蒙古自治区成立60周年。为保护和弘扬优秀的鄂温克民族物质文化和非物质文化遗产，宣传展示鄂温克民族文化的研究成果，依据自治区文化厅、文物局的安排部署，我们编辑了《鄂温克民族传统社会与文化》一书，向自治区60周年大庆献礼。

内蒙古自治区文化厅、文物局、鄂温克族自治旗有关领导对本书给予了极大的关心、支持和帮助。鄂温克族自治旗旗长达喜扎布先生为本书撰写了序言。达喜扎布先生作为本书的编委会主任，自始至终关注着本书编写和出版进展情况，并亲自参加了出版前的终审，令我们备受感动，在此表示衷心的感谢。

通过调查、收集和对馆藏文物及传统文化进行研究，揭示出其中的文化内涵，进而反映鄂温克民族社会生活、文化的全貌，是本书的使命。随着现代化建设的不断发展，鄂温克民族传统的生产方式正在发生迅速变革，民族文化的重要载体——传统生产生活用品也在急剧消失，对它们的抢救、收藏、保存和研究，不仅对于宣传党的民族政策具有重要意义，而且在对广大群众及子孙后代进行爱国主义教育和优秀民族文化传统教育、扩大鄂温克民族文化的影响力方面有着不可替代的作用。

《鄂温克民族传统社会与文化》一书，以图文并茂的形式突出科学性、资料性、知识性、直观性，文字生动简洁，图片典型准确，力求以此将其中的内在信息尽可能多地传输给读者。

在撰写过程中，曾多次邀请当地有关专家、学者就该书的内容、图片等方面进行专题讨论，聆听了各方面的意见和建议。从这个意义上说，《鄂温克民族传统社会与文化》一书是所有关心、热爱鄂温克民族社会文化的社会各界人士共同智慧的结晶。在此要感谢鄂温克族自治旗鄂温克研究会会长哈森其其格女士、呼伦贝尔市北方民族民俗学专家鄂·苏日台先生，他们为本书的编纂提出了许多具体的意见和建议；根河市鄂温克研究会会长古新军先生在拍摄照片期间不辞辛苦，与工作人员一道跋山涉水，在工作上给予了许多关照。本书的如期成稿、出版与张柏青、奇金、庞雷、王瑞昌等同志的辛勤付出和热情帮助是密不可分的，在此表示衷心的感谢。敖鲁古雅鄂温克博物馆为本书提供了部分照片，一并致谢。在编辑期间，得到了自治区文化厅副厅长、文物局局长刘兆和先生，文化厅文物处处长王大方先生，呼伦贝尔市文化局局长诺敏先生、副局长高茹女士的热情关心与支持，在此表示感谢。

本书承蒙内蒙古鄂温克研究会主席乌热尔图先生在百忙中帮助审阅了全部书稿，并提出修改意见，为本书定稿付出了艰辛劳动，谨特致谢忱。本书在编撰过程中还得到了一些同仁的关心与支持，由于篇幅所限，不再一一致谢。

本书中的文字、照片均经编委会审定，编委们做了多次修改，但疏漏和错误之处仍然在所难免，真诚希望得到大家的批评指点。

主　编：[illegible]

副主编：黎霞　金铭峰

2007年6月